Jörg Lüdicke · Martin Diewald (Hrsg.)

Soziale Netzwerke und soziale Ungleichheit

Sozialstrukturanalyse

Herausgegeben von
Peter A. Berger

Jörg Lüdicke · Martin Diewald (Hrsg.)

Soziale Netzwerke und soziale Ungleichheit

Zur Rolle von Sozialkapital in modernen Gesellschaften

VS VERLAG FÜR SOZIALWISSENSCHAFTEN

Bibliografische Information Der Deutschen Nationalbibliothek
Die Deutsche Nationalbibliothek verzeichnet diese Publikation in der
Deutschen Nationalbibliografie; detaillierte bibliografische Daten sind im Internet über
<http://dnb.d-nb.de> abrufbar.

1. Auflage Juni 2007

Alle Rechte vorbehalten
© VS Verlag für Sozialwissenschaften | GWV Fachverlage GmbH, Wiesbaden 2007

Lektorat: Frank Engelhardt

Der VS Verlag für Sozialwissenschaften ist ein Unternehmen von Springer Science+Business Media.
www.vs-verlag.de

Das Werk einschließlich aller seiner Teile ist urheberrechtlich geschützt. Jede Verwertung außerhalb der engen Grenzen des Urheberrechtsgesetzes ist ohne Zustimmung des Verlags unzulässig und strafbar. Das gilt insbesondere für Vervielfältigungen, Übersetzungen, Mikroverfilmungen und die Einspeicherung und Verarbeitung in elektronischen Systemen.

Die Wiedergabe von Gebrauchsnamen, Handelsnamen, Warenbezeichnungen usw. in diesem Werk berechtigt auch ohne besondere Kennzeichnung nicht zu der Annahme, dass solche Namen im Sinne der Warenzeichen- und Markenschutz-Gesetzgebung als frei zu betrachten wären und daher von jedermann benutzt werden dürften.

Umschlaggestaltung: KünkelLopka Medienentwicklung, Heidelberg
Druck und buchbinderische Verarbeitung: Krips b.v., Meppel
Gedruckt auf säurefreiem und chlorfrei gebleichtem Papier
Printed in the Netherlands

ISBN 978-3-531-15182-3

Inhalt

Jörg Lüdicke
Einleitung 7

Martin Diewald und Jörg Lüdicke
Akzentuierung oder Kompensation? Zum Zusammenhang von sozialer
Ungleichheit, Sozialkapital und subjektiver Lebensqualität 11

Betina Hollstein
Sozialkapital und Statuspassagen – Die Rolle von institutionellen
Gatekeepern bei der Aktivierung von Netzwerkressourcen 53

Sonja Haug
Soziales Kapital als Ressource im Kontext von Migration und Integration 85

Beate Völker und Henk Flap
Community at the Workplace 113

Alexandra Manske
Zum ungleichen Wert von Sozialkapital – Netzwerke aus einer Perspektive
sozialer Praxis 135

Michael Windzio und Dirk Baier
Soziale Netzwerke, Persönlichkeit und Jugendgewalt in der
multi-ethnischen Gesellschaft: Wie einflussreich ist die informelle soziale
Kontrolle gegenüber der „Kultur der Ehre" und der Selbstkontrolle? 163

Sebastian Braun
Freiwillige Vereinigungen als Katalysatoren von Sozialkapital? Ergebnisse
einer repräsentativen Bevölkerungsbefragung in Deutschland 201

Petra Böhnke
Solidarität im Wohlfahrtsstaat – Prekäre Lebenslagen und soziale Integration ... 235

Jörg Lüdicke und Martin Diewald
Modernisierung, Wohlfahrtstaat und Ungleichheit als gesellschaftliche
Bedingungen sozialer Integration – Eine Analyse von 25 Ländern 265

Einleitung

Jörg Lüdicke

Individuelles soziales Kapital ist in vielfacher Weise mit dem System sozialer Ungleichheit verknüpft. Auf der einen Seite ist die Konstitution individueller Nahumwelten mitbestimmt durch die sozialstrukturelle Einbettung von Personen, nicht zuletzt durch ihre Ressourcen und ihre Positionierung innerhalb der Ungleichheitsstruktur. Auf der anderen Seite können soziale Ungleichheiten direkt und indirekt durch soziales Kapital produziert und reproduziert werden. Was aber überhaupt ist soziales Kapital? Kann man informelle Beziehungen und Unterstützungsleistungen umstandslos als „Sozialkapital" definieren? Suggeriert nicht schon die Rede von „Kapital", dass es sich bereits für sich genommen schon um eine Dimension sozialer Ungleichheit handelt, da dieses Kapital – wie alle anderen „Kapitalien" auch – gesellschaftlich betrachtet nicht gleich verteilt ist? Und inwiefern hängt diese Form des Kapitals mit anderen Formen von Kapital – etwa mit kulturellem oder ökonomischem Kapital – zusammen? Die Beiträge in diesem Band gehen zum einen konzeptuellen Fragen nach dem Begriff von Sozialkapital nach und fragen zum anderen nach den Ursachen und den Wirkungen dieser Kapitalart sowie nach den Zusammenhängen mit den übrigen Kapitalarten. Sie gehen auf eine Tagung zurück, die die Herausgeber im November 2005 in Bielefeld zu diesem Thema veranstaltet haben.

Im ihrem Beitrag „Akzentuierung oder Kompensation? Zum Zusammenhang von sozialer Ungleichheit, Sozialkapital und subjektivem Wohlbefinden" beschäftigen sich Martin Diewald und Jörg Lüdicke mit dem Zusammenhang von sozialer Ungleichheit, persönlichen Netzwerken und persönlichem Wohlbefinden. Die zentrale Fragestellung dabei ist, ob sich die individuelle Positionierung im gesellschaftlichen Statusgefüge sowie die Qualität individueller sozialer Einbindung in Abhängigkeit voneinander auf das persönliche Wohlbefinden auswirken oder ob es sich um eher unabhängige bzw. ergänzende Dimensionen handelt. Verfügen beispielsweise Personen mit höherem Einkommen über eine „bessere" soziale Einbindung und haben über diese Einbindung vermittelt einen zusätzlichen Gewinn an Lebenszufriedenheit? Oder können gerade Personen mit weniger Einkommen die daraus möglicherweise entstehenden Defizite im persönlichen Wohlbefinden durch eine verstärkte soziale Einbindung kompensieren?

Betina Hollstein wirft in ihrem Beitrag „Sozialkapital und Statuspassagen – Die Rolle von institutionellen Gatekeepern bei der Aktivierung von Netzwerkressourcen" einen akteurstheoretischen Blick auf Effekte der Aktivierung sowie der Signalisierung von Sozialkapital. Anhand des Falles von Sekundarschulempfehlungen von Grundschullehrern zeigt sie auf, inwiefern die seitens der Lehrer wahrgenommene Qualität des sozialen Umfeldes eines Schülers ausschlaggebend sein kann für die Entscheidungen der institutionellen „Gatekeeper". Auf der Grundlage eines anderen Fallbeispiels, der Danksagungen in wissenschaftlichen Publikationen, weist Betina Hollstein auf die Möglichkeiten der Signalisierung von Sozialkapital gegenüber potentiellen Gatekeepern hin. Damit analysiert sie eingehend die Praxis der symbolischen Vermittlung von Sozialkapital und klärt die Bedingungen, unter denen eine solche Vermittlung durch die Zuschreibungen Dritter relevant werden kann.

Sonja Haug beschäftigt sich in ihrem Kapitel „Soziales Kapital als Ressource im Kontext von Migration und Integration" mit der begrifflichen Klärung des Konzeptes des sozialen Kapitals sowie der entsprechenden empirischen Umsetzung. Darüber hinaus gibt sie einen Überblick über die Anwendung des Konzepts in der Migrationsforschung. Der Schwerpunkt ihres Beitrags liegt dabei auf der Definition von sozialem Kapital als Ressource sowohl bei der Migration als auch der Integration. Anhand von Beispielen aus der Forschungspraxis versucht Sonja Haug die Anwendung des Konzepts des sozialen Kapitals zu veranschaulichen, um schließlich einen Vorschlag zur Präzisierung des begrifflichen Konzepts für die weitere Forschung zu machen.

Beate Völker und Henk Flap untersuchen in ihrem Beitrag „Community at the Workplace" vor dem Hintergrund modernisierungstheoretischer Thesen Gemeinschaftspotentiale im Kontext von Arbeitsbeziehungen. Sie gehen dabei der Frage nach, inwiefern innerhalb der Sphäre der Arbeitsbeziehungen Verluste an nachbarschaftlichen Gemeinschaften kompensiert werden können. Auf der Grundlage einer aktuellen repräsentativen Umfrage in den Niederlanden können die Autoren zeigen, dass das Ausmaß von solidarischem Verhalten unter Arbeitskollegen insgesamt eher begrenzt ist. Darüber hinaus werden die Bedingungen analysiert, die für ein solidarisches Verhalten unter Arbeitskollegen förderlich sind.

Auf der Grundlage einer qualitativen Untersuchung beschreibt Alexandra Manske in ihrem Beitrag „Zum ungleichen Wert von Sozialkapital – Netzwerke aus einer Perspektive sozialer Praxis" die ungleichheitsgenerierenden Effekte von sozialem Kapital im Organisationskontext. Am Fallbeispiel von beruflichen Netzwerken von Mitgliedern der Internetbranche – eine Branche, die sich, so die These der Autorin, durch schwache institutionelle Regulierung auszeichnet und somit die Bedeutung von Netzwerken hinsichtlich der Regulation und der

Organisation dieser Branche verstärkt – verdeutlicht Alexandra Manske die fundamentale Verflechtung von organisatorischen Strukturen und Netzwerken hinsichtlich der Konstitution von sozialer Ungleichheit.

Michael Windzio und Dirk Baier unternehmen in ihrem Beitrag „Soziale Netzwerke, Persönlichkeit und Jugendgewalt in der multi-ethnischen Gesellschaft – Wie einflussreich ist die informelle soziale Kontrolle gegenüber der ‚Kultur der Ehre' und der Selbstkontrolle?" den Versuch, den Erklärungsbeitrag sozialer Netzwerke für das Gewalthandeln von Jugendlichen zu bestimmen und mit dem Beitrag des persönlichkeitspsychologischen Konzepts der Selbstkontrolle sowie der „Kultur der Ehre" zu vergleichen. Mit Hilfe von Vorhersagen für die besondere Population männlicher Jugendlicher mit türkischem Migrationshintergrund wird die jeweilige Relevanz beider Dimensionen – der soziologischen Dimension der Netzwerke einerseits sowie der psychologischen Dimension der Selbstkontrolle und der „Kultur der Ehre" andererseits – ermittelt und einander gegenübergestellt.

Sebastian Braun geht in seinem Beitrag „Freiwillige Vereinigungen als Katalysatoren von Sozialkapital? Ergebnisse einer repräsentativen Bevölkerungsbefragung in Deutschland" der Frage nach, inwiefern freiwillige Vereinigungen als „Katalysatoren" von Sozialkapital betrachtet werden können. Auf der Grundlage aktueller Umfragedaten werden Mitglieder und Nicht-Mitglieder von freiwilligen Vereinigungen hinsichtlich bestimmter Orientierungen und Einstellungen miteinander verglichen, um aufzeigen zu können, inwiefern freiwillige Vereinigungen – und welche – in der Lage sind, als Produzenten von Sozialkapital zu fungieren.

Die beiden letzten Beiträge gehen über die alleinige Betrachtung der Individualebene hinaus und fragen nach der Bedeutung gesellschaftlicher Merkmale für die Kontitution des Sozialkapitals. In ihrem Beitrag „Solidarität im Wohlfahrtsstaat – Prekäre Lebenslagen und soziale Integration" unternimmt Petra Böhnke einen Vergleich von 25 europäischen Ländern und fragt nach dem Zusammenhang zwischen Armut oder Deprivation auf der einen und sozialer Integration auf der anderen Seite. Gibt es hier einen kumulativen Zusammenhang, sind materiell Benachteiligte also auch sozial benachteiligt? Und wenn ja, wird dieser Zusammenhang moderiert durch bestimmte Kontextmerkmale auf Länderebene? Diesen Fragen geht die Autorin auf der Grundlage einer empirischen Studie mit Daten des „European Quality of Life"-Surveys von 2003 nach.

Schließlich gehen Jörg Lüdicke und Martin Diewald in ihrem Beitrag „Modernisierung, Wohlfahrtsstaat und Ungleichheit als gesellschaftliche Bedingungen sozialer Integration – Eine Analyse von 25 Ländern" der Frage nach den gesellschaftlichen bzw. den nationalstaatlichen Bedingungen von sozialer Integration nach und betrachten makrostrukturelle Merkmale wie gesellschaftlichen Wohlstand, soziale Ungleichheit und Wohlfahrtsstaatlichkeit als Faktoren der Konstitution persönlicher Netzwerke. Die Autoren vergleichen dabei auf der Basis des Moduls „Social Networks" des ISSP von 2001 ebenfalls 25 Länder.

Akzentuierung oder Kompensation? Zum Zusammenhang von Sozialkapital, sozialer Ungleichheit und subjektiver Lebnsqualität

Martin Diewald und Jörg Lüdicke

1 Einleitung

Soziales Kapital kann sowohl für das individuelle Wohlergehen als auch für die gesellschaftliche Entwicklung eine wichtige Ressource darstellen. Wir betrachten im Folgenden Sozialkapital jedoch ausschließlich im Hinblick auf seine *individuelle* Bedeutung. Für das Erhebungsjahr 2006 wurde im Soziooekonomischen Panel (SOEP) das Erhebungskonzept für den Schwerpunkt Familie, soziale Netzwerke und soziale Unterstützung erheblich erweitert, woran die Autoren dieses Beitrags maßgeblich beteiligt waren. Diese Instrumente wurden in einem repräsentativen Pretest im Jahr 2005 erprobt (TNS Infratest 2005), und erste deskriptive Ergebnisse wurden vorgestellt (Diewald et al. 2006). In diesem Beitrag wollen wir die Bedeutung von Sozialkapital im Hinblick auf seinen Stellenwert im Kontext anderer Kapitalarten in zweierlei Hinsicht einer Überprüfung unterziehen. Zum einen soll es darum gehen, wie Sozialkapital mit anderen Kapitalarten zusammenhängt, die soziale Ungleichheiten generieren. Zum zweiten geht es darum, ob und unter welchen sozialstrukturellen Bedingungen Sozialkapital sich auf das individuelle Wohlbefinden auswirkt und damit selbst ungleichheitsrelevant bzw. darüber überhaupt erst als Sozialkapital im eigentlichen Sinn zu identifizieren ist. Hinsichtlich beider Fragestellungen gehen wir davon aus, dass „Sozialkapital" keineswegs ein homogenes eindimensionales, sondern ein mehrdimensionales Konstrukt darstellt mit je spezifischen, sozialstrukturell variierenden Wirkungszusammenhängen.

Im Folgenden werden zunächst beide Fragestellungen in einen theoretischen Rahmen des Wirkungszusammenhangs Sozialkapital, soziale Ungleichheiten und Lebensqualität eingebettet und die grundlegenden Hypothesen daraus abgeleitet (Abschnitt 2). Der dritte Abschnitt stellt die Datenbasis, die Operationalisierungen und das Pfadmodell für die folgenden Analysen dar (Abschnitt 3). Der vierte Abschnitt stellt die Ergebnisse der Untersuchungen dar, woraus dann im abschließenden fünften Abschnitt Schlussfolgerungen für die weitere Forschung zu Sozialkapital und sozialen Ungleichheiten gezogen werden.

2 Theoretischer Hintergrund: Sozialkapital, soziale Ungleichheiten und Lebensqualität

2.1 Definition von Sozialkapital

Sozialkapital ist zunächst nur eine Metapher, denn es gibt im Gegensatz zum ökonomischen Kapital keine messbare und eindeutig in der Größe bestimmbare Rendite von Investitionen in Beziehungen. Davon abgesehen handelt es sich um eine mehrdimensionale und hoch aggregierte Größe, für deren Messung keine klar definierten Vorgaben oder Regeln existieren (van Deth 2003). Nun ist zwar durch viele Untersuchungen belegt, dass Sozialkapital in verschiedenen Erscheinungsformen eine wichtige Rolle bei der Verfolgung von Lebenszielen und der Bewältigung zahlreicher Lebenserfahrungen und Herausforderungen in verschiedenen Kontexten spielen kann (Diewald 2003; Hollstein 2003). Allerdings können bestimmte Merkmale, Qualitäten und Ressourcenflüsse innerhalb von Beziehungen sowie generalisierte Einschätzungen wie Vertrauen und Reziprozitätsnormen nur bedingt als kontext- und personenunabhängige, valide Sozialkapitalien angesehen werden. Von Sozialkapital im eigentlichen Sinne kann nur dann gesprochen werden, wenn diese Ressourcen bestimmte Handlungen von Individuen begünstigen (Coleman 1990:302), die wiederum für die Verfolgung von Lebenszielen wichtig sind. Inhalte und Qualitäten von Beziehungen können demnach nur unter bestimmten Bedingungen als tatsächlich hilfreiche Ressource eingestuft werden. Das heißt, die gleichen Arten von persönlichen Beziehungen, die in einer Situation nützlich sind, können eben dies in einer anderen Situation auch nicht sein (s.a. van der Gaag/Snijders 2004). Ein oft vergessener Aspekt sind mögliche negative Begleiterscheinungen und Auswirkungen sozialer Netzwerke (Rook/Schuster 1996, Diewald et al. 2006): Beziehungen kosten generell Zeit und Energie, sie können durchaus auch Belastungen darstellen, konfliktreich sein, Gestaltungsspielräume einengen und die Partizipation in anderen Lebensbereichen einschränken.

Dies legt nahe, die verschiedenen Bestandteile des Konzepts zunächst für sich zu betrachten und zu untersuchen, ob sie, erstens, in einer systematischen Weise miteinander zusammenhängen, und ob, zweitens, von ihnen jeweils tatsächlich bestimmte positive Wirkungen ausgehen. Ohne hier en detail auf unterschiedliche Versuche einer Dimensionierung des Konzepts eingehen zu wollen (vgl. z.B. Paxton 1999, Flap 1999, van der Gaag/Snijders 2004, Narayan/Cassidy 2001), scheinen uns folgende Komponenten allgemein bedeutsam zu sein[1]:

---

[1] Die ersten beiden Dimensionen sind nicht immer trennscharf zu unterscheiden. Dies betrifft insbesondere die Qualität von Beziehungen auf der einen und konkrete Unterstützungsleistungen auf

a. die verschiedenen Unterstützungsleistungen von Seiten derjenigen Personen, mit denen man über die Einbindung in soziale Netzwerke in Verbindung steht;[2]
b. der potentielle Zugang zu Ressourcen, die Netzwerkmitglieder haben (van der Gaag/Snijders 2004);
c. die Qualität der einzelnen Beziehungen zu Personen inklusive des darin enthaltenen Vertrauens und der darin enthaltenen Verpflichtungen im Sinne aufgeschobener oder generalisierter Reziprozität;
d. formale Merkmale von einzelnen Beziehungen – wie etwa räumliche Nähe oder Dauer - und von Netzwerken – wie etwa Dichte oder soziale Homogenität. Sie sind allerdings selbst nicht Bestandteil des Sozialkapitals, aber unter Umständen wichtige Voraussetzungen für die Verfügbarkeit von Sozialkapital. Unterstützungsprozesse kann es nur in Beziehungsnetzen geben, die auch tatsächlich existieren; aufgeschobene Reziprozität setzt eine gewisse Beziehungsdauer voraus, und Kontrolle der Einhaltung von Verpflichtungen ist eher in dichten Netzwerken möglich;

Doch die entscheidende und im vorangegangenen Abschnitt bereits angesprochene Frage ist, wann in sozialen Beziehungen inkorporierte Qualitäten und Ressourcen auch faktisch segensreiche Auswirkungen haben, indem dadurch Transaktionskosten gesenkt werden, bzw. indem sie von der Empfängerseite als soziale Unterstützung empfunden werden. Der Stand der Netzwerk- und Unterstützungsforschung legt nahe, dass solche Wirkungen vom Vorhandensein anderer individueller Ressourcen sowie von sozialstrukturellen, institutionellen und kontextuellen Lebensbedingungen und Umwelten abhängen. Inwiefern kann es dann überhaupt eine allgemeine Sozialkapital-Operationalisierung geben? In diesem Zusammenhang sind die aus der Unterstützungforschung bekannte Unterscheidung von Direkteffekt und Puffereffekt sowie die Unterscheidung zwischen allgemeineren und spezifischeren Lebenszielen hilfreich (Diewald 2003, Lang 2003). Bindungsziele (z.B. emotionaler Rückhalt, Geborgenheit) sind eher allgemeiner Natur. Niemand kann ohne emotionale Nähe und persönliche Zuwendung leben, auch wenn Bedürfnisse danach unterschiedlich stark ausgeprägt sind. Direkte informelle Beziehungen sind zu ihrer Erfüllung unmittelbar notwendig und nicht durch andere Ressourcen substituierbar. Die zu

---

der anderen Seite. So könnte emotionale Nähe oder die fast unbewusste Vermittlung eines Zusammengehörigkeitsgefühls beiden Kategorien zugeordnet werden.

[2] Hier kann man wiederum verschiedene Möglichkeiten der Konzeptionalisierung und Operationalisierung diskutieren, z.B. tatsächlich Transfers versus Verfügbarkeit versus Angemessenheit (vgl. dazu Diewald 1991), bzw. inwiefern es sich dabei um Beziehungskapital, also Eigenschaften der Beziehung, oder Positionskapital, d.h. die Ressourcen der Personen handelt, zu denen man in über diese Beziehungen Zugang hat (Esssser 2000).

Grunde liegenden Mechanismen sind eher einem Direkteffekt zuzuordnen, d.h. das Vorhandensein von Bindungen wird als normal, erst das Fehlen entsprechend wirksamer Netzwerke bewusst als Verlust wahrgenommen. Dagegen sind andere, konkrete Interessen stärker kontextabhängig und damit auch entsprechende Unterstützungsleistungen als mögliche Form des Sozialkapitals: Hilfe beim Hausbau benötigt man nur dann, wenn man ein Haus baut, Kinderbetreuung ist von Kinderlosen nicht gefragt, und finanzielle Hilfe ist für Leute ohne Geldknappheit kein relevantes Thema. Damit erlaubt erst die Zusammenschau der Bedingungen von Genese und Wirkung von Sozialkapital eine angemessene Einschätzung der Bedeutung des Sozialkapitals bei unterschiedlichen Personengruppen in unterschiedlichen Kontexten und Gesellschaften. Wir wollen im Folgenden diskutieren und empirisch prüfen, inwiefern verschiedene der oben als Bestandteile des Sozialkapitals genannten Beziehungsaspekte eher allgemein oder nur sehr kontextabhängig als Sozialkapital angesehen werden können.

2.2 Sozialkapital und soziale Ungleichheit

Insofern Sozialkapital im Sinne eines über soziale Beziehungen laufenden Zugangs zu Ressourcen überhaupt zur Verfügung steht, ungleich verteilt ist sowie die Verfolgung von Lebenszielen unterstützt und darüber das Wohlbefinden fördert, ist es eine Kompenente der Ungleichheitsstruktur einer Gesellschaft. Die Bedeutung des Sozialkapitals innerhalb der Ungleichheitsstruktur bestimmt sich einerseits aus seinem Zusammenhang mit anderen Komponenten dieser Ungleichheitsstruktur und andererseits aus seinen Folgen für die Verteilung von Lebenschancen und –risiken. Einerseits kann Sozialkapital die Genese ökonomischen oder kulturellen Kapitals (bzw. von Humankapital; vgl. Coleman 1988) positiv beeinflussen. Andererseits ist seine Verfügbarkeit und Qualität selbst von sozialstrukturellen Ungleichheiten abhängig, etwa indem sozialstrukturelle Positionen Ressourcen für die Aufrechterhaltung von sozialen Netzwerken bereit stellen und die eigene Attraktivität als Austauschpartner erhöhen oder auch schwinden lassen (vgl. Burt 1992; Diewald 1998; Lin 2001; Wellman 1985). In beiden Richtungen wird also überwiegend ein Zusammenhang in Form eines *Spill-overs* bzw. einer *Generalisierung*[3] zwischen Sozialkapital und anderen ungleich verteilten Ressourcen angenommen. Dies entspricht auch den meisten bisherigen empirischen Ergebnissen (vgl. Lin 2000) und der Kapital-Theorie von Bourdieu

---

[3] Vgl. zu den verschiedenen Möglichkeiten ausführlicher Diewald 2003.

(1985), die postuliert, dass die verschiedenen Kapital-Arten des ökonomischen, kulturellen und sozialen Kapitals ineinander überführbar sind und sich akkumulieren lassen. Dies muss jedoch nicht für alle Formen des Sozialkapitals gleichermaßen der Fall sein. Die vorgebrachten Argumente sind, erstens, eher auf Wahlbeziehungen gemünzt, in denen Attraktivität und Gegenseitigkeit eine große Rolle spielen. Sie gelten weniger für Familie und Verwandtschaft, in denen eher Nähe und Zugehörigkeit vermittelt werden.[4] Zum zweiten kann eine Eigenlogik informeller Beziehungen angenommen werden, die sich weniger aus einem Gesamt-Beziehungsmarkt speist, sondern nach den Regeln sozialer Ähnlichkeit funktioniert und nicht der absoluten Bevorzugung ressourcenreicherer Alteri folgt. Drittens können mit dem Erwerb anderer Ressourcen auch zeitliche Kosten verbunden sein, die für den Aufbau informeller Beziehungen fehlen. Die sprichwörtliche Jagd nach dem Gelde, aber auch – weniger pathetisch – hohe Arbeitszeiten oder Stress sind Beispiel dafür. Es gibt demnach also auch die Möglichkeit der *Konkurrenz zwischen Investitionen in Sozialkapital und anderen Kapitalien*. Und zum vierten könnten biographisch dann, wenn Erfolgsaussichten in einem Lebensbereich gering sind bzw. Enttäuschungen aufgetreten sind, Investitionen verstärkt in einem anderen Lebensbereich getätigt werden, also etwa wenn beruflicher Misserfolg zu einer zu einer verstärkten Hinwendung zu Familie und Freundschaft führt (im Hinblick auf Elternschaft: Kreyenfeld 2005). Wir können dann von *Kompensation* bzw. *Substitution* zwischen Sozialkapital und anderen Kapitalien sprechen.

Die Ungleichverteilung von Sozialkapital im Hinblick auf andere Kapitalien und damit als Dimension der Ungleichheitsstruktur einer Gesellschaft ist also theoretisch durchaus offen und möglicherweise nur spezifisch für verschiedene Komponenten des Sozialkapitals zu beantworten. Empirische Untersuchungen dazu sind insbesondere für Deutschland bisher Mangelware. In der bisherigen Diskussion ging es um den Zusammenhang von Sozialkapital mit anderen Kapitalien und damit um die Frage, wie sich verschiedene Dimensionen von Sozialkapital in das Gesamtgefüge sozialer Ungleichheiten einfügen. Eine weitere wichtige Frage betrifft die *Wirkung* von Sozialkapital: Welche Auswirkungen haben welche Komponenten von Sozialkapital? Und inwiefern hängt deren Wirkung von der Lebenssituation des Einzelnen, insbesondere vom Vorhandensein anderer Kapitalarten ab? Wirkt sich Sozialkapital vor allem dann positiv aus, wenn es an anderen Kapitalarten mangelt? In diesem Fall könnte man von einem Puffereffekt bzw. ebenfalls von Kompensation sprechen.

---

[4] Zur Unterscheidung von Näheregulation und Aushandlung von Reziprozität vgl. Neyer/Lang 2003.

Insbesondere dieser zweite Fragekomplex erlaubt Antworten darauf, ob bestimmte Merkmale von Beziehungen, Netzwerken, oder bestimmte Formen des Vertrauens, universell oder nur unter bestimmten Bedingungen als Sozialkapital wirksam werden.

3 Untersuchungsmodell und Hypothesen

3.1 Das Wirkungsmodell

Als Kriterium für die potentielle Wirkung von Merkmalen von Beziehungen, Netzwerken und des Vertrauens als Sozialkapital fokussieren wir im Folgenden auf das *subjektive Wohlbefinden*. Der dahinterliegende Gedanke ist, dass damit – zunächst jenseits der Spezifik einzelner Wirkungen bestimmter Sozialkapital-Dimensionen für bestimmte Lebensziele – eine allgemeine Relevanz von Sozialkapital hinsichtlich einer zusammenfassenden Bewertung des aktuellen Lebens getestet wird. Insofern Sozialkpaital für spezifische Lebensziele bedeutsam ist, sollte sich dies dann auch in den zusammenfassenden Bewertungen niederschlagen. Damit haben wir es insgesamt mit einem Wirkungsmodell zu tun, in dem einerseits sozialstrukturelle Merkmale und hier vor allem die beiden anderen Kapitalarten, nämlich ökonomisches und kulturelles Kapital, als *Voraussetzungen* der Bildung von Sozialkapital untersucht werden (vgl. Abbildung 1, Pfeil 1).[5] Andererseits werden die *Auswirkungen* des Sozialkapitals auf das individuelle Wohlbefinden betrachtet (Pfeil 2)[6], allerdings unter Berücksichtigung gleichzeitiger Wirkungen auch der anderen Kapitalarten auf das Wohlbefinden (Pfeil 3). Sozialkapital wird dabei nicht über einen summarischen Index oder ähnliches abgebildet, sondern separat über verschiedene Komponenten, die je für sich auf ihre spezifischen Voraussetzungen und Wirkungen überprüft werden (s. Abschnitt 3.2). Darüber hinaus prüfen wir schließlich, ob die Wirkung von verschiedenen Sozialkapital-Dimensionen auf das Wohlbefinden danach variiert, ob man eher viel oder wenig an ökonomischem bzw. kulturellem Kapital zur Verfügung hat (Pfeil 4). Berechnet wird dieses Wirkungsmodell über eine Pfadanalyse und darauf

---

[5] Zwar sind noch weitere sozialstrukturelle Merkmale im Modell enthalten (Alter, Geschlecht, Differenzierung Ost-/Westdeutschland), doch haben sie hier lediglich den Status von Kontrollvariablen, zu denen keine Hypothesen gebildet werden.
[6] Freilich muss man auch hier von einer möglichen Wechselwirkung ausgehen, denn das subjektive Wohlbefinden kann auch umgekehrt die Beziehungsgestaltung beeinflussen. Nichtsdestotrotz interessieren wir uns hier nur für die erstgenannte Richtung.

aufbauende multiple Gruppenvergleiche, in denen die im Folgenden beschriebenen Variablen enthalten sind.

Abbildung 1: Zusammenhänge zwischen Sozialstruktur, Sozialkapital und Wohlbefinden

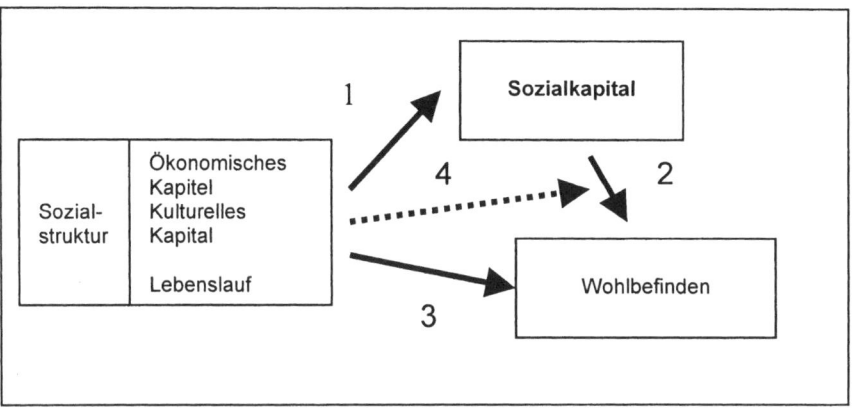

3.2 Datengrundlage und Operationalisierungen

Die Datengrundlage bildet eine im Juni 2005 durchgeführte umfangreiche Testerhebung zum SOEP 2006 mit dem Schwerpunkt „Persönlichkeit und Alltag" mit insgesamt 1012 realisierten Interviews in Ost- und Westdeutschland (TNS Infratest 2005). Die Auswahl der Befragungspersonen erfolgte nach dem Random-Route-Verfahren auf Basis des ADM-Stichprobensystems (Steuerung mit Nettovorgabe) in Form mündlich-persönlicher sowie computerunterstützer Interviews (CAPI) mit Listenheftergänzung für die Befragten. Zielgruppe waren ausgewählte Personen ab 16 Jahren in Privathaushalten. Unter anderem wurde hier ein im Vergleich zu den bisherigen Schwerpunkterhebungen 1991, 1996 und 2001 erheblich erweitertes Instrument zur Erfassung sozialer Beziehungen und Unterstützungsleistungen getestet, welches den Mittelpunkt der hiesigen Erfassung der Sozialkapitalkomponenten bildet. Die einzelnen Operationalisierungen werden im kommenden Abschnitt ausführlich dargestellt.

3.2.1 Sozialkapital

Für die Operationalisierung war es aus Kapazitätsgründen von vorneherein ausgeschlossen, dass soziale Netzwerke und Unterstützungsbeziehungen über Namensgeneratoren erhoben würden. Es wurden jedoch fünf theoretisch wesentliche Differenzierungen von Unterstützungsleistungen unterschieden, für die jeweils maximal drei Arten von Beziehungen als Quellen dieser Unterstützung angegeben werden konnten:

a) Teilen persönlicher Gedanken und Gefühle
b) Unterstützung hinsichtlich einer erfolgreichen Ausbildung oder Berufstätigkeit
c) Potentielle Unterstützung im Falle einer Pflegebedürftigkeit
d) Streit und Konflikte
e) Personen, die gegenüber der Zielperson „unangenehme Wahrheiten" aussprechen dürfen.

Damit wurde nicht nur die angesprochene Unterscheidung zwischen instrumentellen und emotionalen Unterstützungsarten berücksichtigt, sondern auch negative Beziehungsdimensionen. Während a) emotionale Unterstützung abbildet, stellen b) und c) Varianten instrumenteller Unterstützung dar, die alle für möglichst breite Bevölkerungskreise relevant sind. Das Aussprechen unangenehmer Wahrheiten stellt eine positiv verstandene soziale Kontrolle zur Vermeidung selbst- oder fremdschädlicher Verhaltensweisen dar. Mögliche Helfer-Nennungen waren differenziert in Partner, verschiedene Verwandtschaftsgrade, sowie verschiedene Herkunftskontexte von Beziehungen wie z.B. Arbeitskollegen oder Nachbarn.

Aus diesen Angaben wurde zum einen über 0 bis maximal drei Nennungen bei allen fünf Beziehungsinhalten näherungsweise deren jeweiliges quantitatives Potential operationalisiert. Zusätzlich haben wir über diese Angaben einen Indikator für die Rollenheterogenität im Netzwerk berechnet, allerdings ohne den negativen Beziehungsgenerator. Maßgeblich dafür ist die Vermutung, dass verschiedene Rollenbeziehungen auch tendenziell unterschiedliche Funktionen innerhalb der sozialen Netzwerke erfüllen. Die häufigen Nennungen von Partnern bei insgesamt nur drei möglichen Nennungen hätten dabei allerdings dazu geführt, dass jedes Heterogenitätsmaß in starkem Umfang eine Funktion des Vorhandenseins einer Partnerschaft wäre. Wir haben deshalb unter Ausschluss der Partnerkategorie die Rollenheterogenität innerhalb des Unterstützungsnetzwerks als „Index of Qualitative Variation" (Agresti 1977) berechnet, wobei wir dazu die einzelnen Kategorien zu Generationen–

beziehungen (Eltern, Kinder), weiteren Verwandten und Nichtverwandten zusammengefasst haben. Zweitens liegen uns Angaben über das „Freundschaftsnetzwerk" der Zielpersonen vor. Die Befragten konnten drei Personen nennen, „mit denen sie näher befreundet sind und mit denen sie sich häufig treffen", die allerdings mit den Befragten nicht im gleichen Haushalt leben. In Bezug auf diese Personen wurden verschiedene Merkmale erfragt, die auf die Zusammensetzung dieser Beziehungen schließen lassen. Hier haben wir den Anteil von Verwandten an den drei wichtigsten Freunden gemessen, ebenfalls als Maß der Heterogenität des Netzwerks. Drittens stehen uns Informationen über das Verwandtschaftsnetzwerk einer Person zur Verfügung. Zum einen lässt sich bestimmen, welche Verwandten überhaupt existieren, wie weit entfernt sie leben und inwiefern sie damit potentiell als Unterstützer zur Verfügung stünden. Daraus lässt sich die Größe des Verwandtschaftsnetzwerks bestimmen. Die Anzahl „enger Freunde" repräsentiert, viertens, die Quantität an Wahlbeziehungen, die die Basis prinzipiell reziproker Austauschbeziehungen sind, aber nicht primär Geborgenheit und Zugehörigkeit vermitteln (Neyer/Lang 2003).

Schließlich betrachten wir zwei Arten von Vertrauen. Zum einen geht es um das Vertrauen in die Mitglieder des direkten sozialen Umfeldes. Auf einer vierstufigen Skala von „sehr viel Vertrauen" bis „überhaupt kein Vertrauen" konnten die Respondenten in Bezug auf ihre „Familie", „Nachbarn", „Freunden" und „Arbeitskollegen" das Ausmaß ihres Vertrauens einschätzen. Diese vier Items haben wir zu einer Skala zusammengefasst (Cronbachs's Alpha = 0.62). Zum anderen messen wir generalisiertes Vertrauen in Bezug auf soziale Beziehungen zu Fremden. Auch hier haben wir eine Skala aus vier Items gebildet (Cronbach's Alpha = 0.63). Zum einen haben wir hier die Einschätzung des Vertrauens in „Fremde, denen Sie erstmals begegnen". Zum anderen haben wir drei Items mit Aussagen, zu denen die Zielpersonen auf einer vierstufigen Antwortskala ihre Zustimmung bzw. Ablehnung notieren konnten. Der Fragetext lautete: „Wie sehr stimmen Sie den folgenden Aussagen zu?"

- „Im Allgemeinen kann man den Menschen vertrauen."
- „Heutzutage kann man sich auf niemanden mehr verlassen."
- „Wenn man mit Fremden zu tun hat, ist es besser, vorsichtig zu sein, bevor man ihnen vertraut."

Während die erste Dimension die Erwartbarkeit von Unterstützung thematisiert, kann Vertrauen in Fremde in dem Sinne Sozialkapital abbilden, in dem dadurch proaktives, zielorientiertes Handeln außerhalb des direkt kontrollierbaren persönlichen Netzwerkes erleichtert wird.

3.2.2 Kulturelles und ökonomisches Kapital

Kulturelles Kapital wird hier lediglich in seiner Form als inkorporiertes, objektiviertes sowie institutionalisiertes kulturelles Kapital erfasst, d.h. als gesellschaftlich anerkannte, formale schulische Bildungsabschlüsse. Unterschieden werden vier ordinale Kategorien: Kein Abschluss (2%), Volks- bzw. Hauptschule (37%), Mittlere Reife/Realschule (36%) und Abitur/Hochschulreife (25%). Allerdings messen wir damit auch Unterschiede an nicht direkt gemessenen, damit aber hoch korrelierten allgemeinen Kompetenzen mit. Insofern sind Bildungseffekte theoretisch schwierig zu interpretieren.

Das ökonomische Kapital wird hier gemessen über das Haushaltsnettoäquivalenzeinkommen. Dafür haben wir auf der Grundlage der sogenannten „Quadratwurzelskala" das gesamte Haushaltseinkommen durch die Quadratwurzel der Anzahl der Haushaltsmitglieder geteilt, mit der Annahme eines quadratisch abnehmenden Bedarfs bei zunehmender Haushaltsgröße. Bedarfsäquivalente wurden zur Berechnung nicht herangezogen, da uns keine Angaben über das Alter der im Haushalt befindlichen Kinder vorgelegen haben. Die Werte rangieren zwischen 140€ und 8485€ bei einem Mittelwert von rund 1460€ und einer Standardabweichung von 784 €. Der Gini-Koeffizient beträgt 0,277.[7]

3.2.3 Positionskapital/ Erwerbsstatus

Auch über die (Nicht-)Positionierung im Arbeitsmarkt werden Ressourcen generiert, die wir hier nicht außer Acht lassen wollen. Sie bestehen nicht nur aus den damit verbundenen materiellen Gratifikationen an Einkommen, sondern auch aus Prestige, Autonomie und Macht. Zur Abbildung des Erwerbsstatus unterscheiden wir zwischen Erwerbstätigen, Nicht-Erwerbstätigen und Arbeitslosen. Erwerbstätige wurden dabei nach ihrer beruflichen Stellung eingeteilt. Aus der differenzierten Abfrage der beruflichen Stellung (19 Kategorien) wurden vier grobe Berufsklassen gebildet (vgl. dazu Tölke/Diewald 2003): erstens un- und angelernte Arbeiter, einfache Angestellte und Beamte, zweitens Facharbeiter inkl. Vorarbeiter, Meister und Poliere, sowie qualifizierte Angestellte und mittlere und gehobene Beamte; drittens hochqualifizierte Angestellte und solche mit Leitungsfunktionen sowie Beamte im höheren Dienst, und schließlich viertens alle Selbstständigen und freiberuflich Tätigen. Die sehr wenigen Landwirte wurden nicht berücksichtigt. Die vergleichsweise grobe Klassifikation

---

[7] Berechnet mit: Wessa, P. (2006), Free Statistics Software, Office for Research Development and Education, version 1.1.18, URL: http://www.wessa.net/. Der United Nations Human Development Report 2006 (S. 335) gibt für Deutschland den Wert von 0,283 an.

ist der Fallzahl geschuldet, denn überhaupt erwerbstätig sind auf Basis der vorliegenden Stichprobe lediglich 384 Personen (40%). Nicht-erwerbstätig hingegen sind 478 Personen (49%), arbeitslos schließlich 107 Personen (11%).

3.2.4 Subjektive Lebensqualität

Die subjektive Lebensqualität wird in der vorliegenden Arbeit anhand von drei Konstrukten gemessen: allgemeine Lebenszufriedenheit, wahrgenommene Qualität der Einbindung in soziale Beziehungen und depressive Neigung. Die *allgemeine Lebenszufriedenheit* der Befragten wurde mittels der Frage „Wie zufrieden sind Sie gegenwärtig, alles in allem, mit ihrem Leben?" auf einer elfstufigen Antwortskala (0-10) erfasst (M=7,6; SD = 1,8). Zur Messung der *„depressiven Neigung"* einer Person wurde eine Skala aus drei Items gebildet (M = 0; SD = 0,8; Cronbach's Alpha = 0,72), die zwei unterschiedlichen Item-Batterien entnommen und für die Skalenbildung standardisiert wurden: „Bitte denken Sie einmal an die letzten vier Wochen. Wie oft kam es in dieser Zeit vor, (a) „dass Sie sich niedergeschlagen und trübsinnig fühlten?" bzw. (b) „dass sie sich ruhig und ausgeglichen fühlten?" Die Befragten konnten auf einer fünfstufigen Skala die Häufigkeit von immer bis nie angeben. Bei dem dritten Item konnten die Befragten ihre Zustimmung/Ablehnung auf einer siebenstufigen Skala hinsichtlich folgender Aussage kennzeichnen: „Manchmal habe ich das Gefühl, dass mich große Leere erfasst." Schließlich wurde auch direkt nach der *subjektiven Angemessenheit der Einbindung in persönliche Beziehungen* gefragt. Folgende Items, bei denen die Befragten auf einer siebenstufigen Skala (1-7) ihre Zustimmung/Ablehnung einschätzen konnten, wurden zur Bildung einer Skala (M = 5,5; SD = 1,3; Cronbach's Alpha = 0,85) herangezogen: (a) „Ich habe immer jemanden in erreichbarer Nähe, zu dem ich mit alltäglichen Problemen kommen kann"; (b) „Es gibt ausreichend viele Menschen auf die ich zählen kann, wenn ich Schwierigkeiten habe"; (c) „Es gibt viele Personen, denen ich voll vertrauen kann"; (d) „Ich habe genügend Personen, denen ich mich sehr verbunden fühle"; und (e) „Wenn ich meine Freunde brauche, kann ich jederzeit auf sie zählen".

3.3 Analyseverfahren

Um den von uns postulierten komplexen Wirkungszusammenhängen Rechnung zu tragen, wurden rekursive Pfadmodelle mit manifesten Variablen berechnet (Kaplan 2000; Reinecke 2005). Für die Überprüfung des Kompensationseffektes wurden darüber hinaus multiple Gruppenvergleiche (Reinecke 2005: 64ff.) nach Einkommen und Bildung durchgeführt. Da die Anzahl der Variablen in den Modellen relativ hoch ist und somit ein listenweiser Fallausschluss zu problematischen Fallzahlen geführt hätte, haben wir uns dafür entschieden, fehlende Werte mit dem „Full-Information-Maximum-Likelihood"-Algorithmus (FIML) zu schätzen, was zu einem verbesserten Ergebnis gegenüber dem listenweisen Fallauschluss führen sollte (vgl. Arbuckle 1996)[8]. Die Güte der Modelle wurde auf der Grundlage gängiger Fit-Indizes wie dem „Normed-Fit-Index", dem „Tucker-Lewis-Index" (auch bekannt als „Non-Normed-Fit-Index"), dem „Root-Mean-Square-Error of Approximation" sowie dem Chi-Quadrat-Wert bei gegebenen Freiheitsgraden beurteilt.[9]

3.4 Untersuchungshypothesen

3.4.1 Voraussetzungen von Sozialkapital

Abschnitt 2.2 resümierend kann im Hinblick auf den Zusammenhang zwischen Sozialkapital und anderen Ungleichheiten eine Konkurrenz- und eine Kompensations- gegen eine Generalisierungsthese gesetzt werden: Eine *kompensatorische* Funktion wäre dann gegeben, wenn höhere Positionen, höheres Einkommen und höhere Bildung Sozialkapital weitgehend überflüssig machen würden, bzw. umgekehrt. Eine ebenfalls einen negativen Zusammenhang postulierende *Konkurrenzbeziehung* wäre dann gegeben, wenn überdurchschnittliches Engagement und überdurchschnittliche Belastungen erkauft werden müssen, die Engagement von der Etablierung von Unterstützungsnetzwerken abziehen. Insgesamt gibt es in der Folge von Bourdieu und bisherigen Untersuchungen jedoch eher die Erwartung, dass Bildung und Einkommen förderlich für die Ausbildung von Sozialkapital sind, die beiden anderen Kapitalarten in Form von Sozialkapital *generalisiert* werden können (Flap 1991, Lin 2001). Allerdings können diese noch unspezifischen Hypothesen für verschiedene Dimensionen des Sozialkapitals differenziert werden. Wir erwarten zum einen, dass vor allem reziprozitätsgesteuerte, d.h. vor allem nichtverwandtschaftliche Beziehungen von anderen Ressourcen abhängig sind, und dass dies, ebenfalls auf die in Kapitel 2.2. genannten Argumente zurückgreifend, vor allem instrumentelle statt emotionale Hilfeleistungen bzw. die Häufigkeit von konflikthaften Beziehungen betrifft. Außerdem gehen wir

---

[8] Modellschätzungen unter Bedingungen listenweiser Fallausschüsse ergaben keine wesentlichen Veränderungen in struktureller Hinsicht.
[9] Vgl. hierzu v.a. Bollen & Long 1993.

davon aus, dass generalisiertes Vertrauen zu Fremden auf Grund der Sicherheit, die andere Ressoucen bieten, deshalb eher mit diesen korreliert ist als das Vertrauen ins Nahumfeld der persönlichen Netzwerke.

3.4.2 Wirkung von Sozialkapital

Schließlich erwarten wir auch differenzierte Zusammenhänge der unterschiedlichen Sozialkapital-Komponenten im Hinblick auf die verschiedenen Komponenten der subjektiven Lebensqualität. Depressive Neigung sollte vor allem von emotionaler Unterstützung und Vertrauen abhängen, Lebenszufriedenheit und die subjektive Angemessenheit der Primärintegration dagegen auch von der Verfügbarkeit instrumenteller Unterstützung, denn es handelt sich hierbei um Maße, die von der Erfüllung wichtiger Lebensziele insgesamt, auch solchen instrumenteller Art, abhängig sind. Vertrauen dürfte hier eher nachgeordnet von Bedeutung sein, denn die Bedeutung von Vertrauen besteht ja nicht zuletzt darin, dass die hier direkt gemessenen Verfügbarkeiten verschiedener Unterstützungen durch Vertrauen erleichtert werden. Wirkungen des Sozialkapitals sollten mit Abstand am deutlichsten für die Angemessenheit der sozialen Einbindung und Unterstützung vorhanden sein, da hier der direkteste Bezug besteht. Ausnahme ist das generalisierte Vertrauen, das keinen direkten Bezug dazu hat.

4 Ergebnisse

4.1 Unterstützungsleistungen: Ausmaß, Rollenverteilung und Rollenheterogenität

Ausgewählte deskriptive Ergebnisse zu Umfang, Rollenverteilung und wechselseitigen Zusammenhängen verschiedener Sozialkapital-Komponenten sind zum großen Teil bereits in Diewald et al. (2006) dargestellt worden. Wir wollen an dieser Stelle nur die wichtigsten Aspekte wiederholen:

1. Bei der Unterstützung im beruflichen Fortkommen sowie bei „Streit oder Konflikten" sind auffällig viele Nullnennungen zu erkennen – rund 45% haben hier niemanden angegeben. Im Falle des beruflichen Fortkommens ist dies jedoch vor allem auf die entsprechende Bedarfssituation zurück zu führen: rund 50% der Personen in unserem Sample sind gar nicht erwerbstätig, vor allem ältere Personen. Bei den übrigen drei

Beziehungsinhalten variiert der Anteil von Nullnennungen zwischen vier und elf Prozent. Bei den ersten, zweiten und dritten Nennungen ist eine relativ gleichmäßige Verteilung festzustellen. Herausstechend ist hier eigentlich nur das „Teilen persönlicher Gedanken und Gefühle", bei dem rund 55% der Befragten drei Nennungen abgegeben haben. Bei den anderen zwei Inhalten liegt dieser Wert lediglich um die 35%.

2. Hinsichtlich der Rollenverteilung lässt sich als auffälliges Muster die Prominenz der Paarbeziehung sowie der Beziehung zu den Eltern und zu den Kindern erkennen. Dabei sind Männer stärker auf ihre Partnerinnen konzentriert als umgekehrt Frauen auf ihre Partner. Familienbeziehungen kommt ein deutliches Primat in Bezug auf alle Beziehungsinhalte zu. Dies gilt selbst für das Fortkommen im Beruf, auch wenn dort nichtverwandtschaftliche Beziehungen ebenfalls stark repräsentiert sind. Freundschafts- und Bekanntschaftsbeziehungen spielen im Vergleich dazu eine eher sekundäre Rolle. Allerdings sind sie deutlich wichtiger als Beziehungen zu anderen Verwandten außerhalb der Kernfamilie. Konflikte gibt es in ähnlichem Umfang in der engeren Familie und in Freundschaften. Die Rollenheterogenität im gesamten Unterstützungsnetzwerk, die vielfältige Kontakte impliziert, ist besonders unter jüngeren Menschen ausgeprägt und nimmt im höheren Alter stark ab.

3. Die Angaben zur Anzahl der Freunde variieren sehr stark zwischen null und fünfzig, mit einem arithmetischen Mittelwert von viereinhalb und einer Standardabweichung von vier Freunden. Die starke Streuung ist auch darauf zurück zu führen, dass das, was unter „Freund" verstanden wird, intersubjektiv und sozialstrukturell höchst unterschiedlich ausfallen kann. So gehen bespielsweise Frauen mit diesem Begriff restriktiver um als Männer. Der Anteil der Verwandten unter den wichtigsten drei Freunden liegt im Durchschnitt immerhin bei 39 Prozent, unabhängig von Landesteil und Geschlecht, und variiert vor allem zwischen Altersgruppen: je älter, desto höher der Anteil der Verwandten (bei den ab 60jährigen ist es die Hälfte).

Inwiefern repräsentieren die einzelnen oben genannten Sozialkapital-Operationalisierungen auch empirisch unterschiedliche Dimensionen von Sozialkapital? Um dies zu prüfen, haben wir versucht, die Daten faktorenanalytisch zu reduzieren. Eine zufriedenstellende Lösung ergab sich dabei trotz Exploration verschiedener Rotationsmethoden nicht. Wir nehmen dies als Hinweis darauf, dass es sich somit um durchaus eigenständige Dimensionen sozialen Kapitals handelt. Bivariate Korrelationskoeffizienten in Bezug auf die einzelnen Indikatoren sind am ehesten zwischen den einzeln abgefragten Beziehungsinhalten zu erkennen. Der Koeffizient rangiert hier zwischen r=0,20 für die Korrelation zwischen den Konfliktbeziehungen und der Beziehung zum Austausch persönlicher Gedanken und Gefühle und r=0,45 für die Korrelation zwischen der potentiellen Beziehungen im Falle einer Pflegebedürftigkeit und wiederum der Beziehung zum Austausch persönlicher Gedanken und Gefühle. Alle übrigen Zusammenhänge sind eher schwach ausgeprägt.

4.2 Sozialstruktur – Sozialkapital – Wohlbefinden: Generalisierung oder Komplementarität?

Mit unserem ersten Pfadmodell wollen wir zum einen vergleichen, welche Bedeutung verschiedene Sozialkapital-Dimensionen im Verhältnis zu kulturellem und ökonomischem Kapital für das individuelle Wohlbefinden haben, und inwiefern die Akkumulation von Ressourcen im Bildungs- und Beschäftigungssystem auch darüber, dass sie für die Akkumulation von Sozialkapital hilfreich sind, das Wohlbefinden zusätzlich indirekt beeinflussen. Über diese Untersuchungen zeigt sich für das System sozialer Ungleichheiten, ob Sozialkapital eher kompensatorisch zu anderen Kapitalformen aufgebaut und dann auch entsprechend wirken kann, ob es eher nach dem Matthäus-Prinzip denjenigen zufällt, die auch vermehrt über die anderen Ressourcen verfügen, oder ob es sich um weitgehend unabhängig voneinander existierende Komponenten sozialer Ungleichheit handelt. Tabelle 1 enthält die Koeffizienten, Standardfehler und Signifikanzen des vollständigen Pfadmodells. Zur besseren Übersichtlichkeit ist es in drei Blöcke unterteilt. Im ersten Block finden sich die Kovariaten, die den Zusammenhang zwischen sozialstrukturellen Merkmalen inklusive ökonomischem und kulturellen Kapital einerseits und den verschiedenen Komponenten des Sozialkapitals andererseits betreffen. Im zweiten Block geht es um Auswirkungen dieser sozialstrukturellen Merkmale und im dritten Block die Auswirkungen des Sozialkapitals auf das subjektive. Wohlbefinden. Wir beginnen mit Block 1 und konzentrieren uns auf die

Tabelle 1: Zusammenhang zwischen Sozialstruktur, Sozialkapital und Wohlbefinden (Pfadmodell)

			Gewicht	P	Stand. Gewicht
BLOCK 1: Ungleichheit und Sozialkapital					
Persönlich	<---	Frau	0,188	0,001	0,102
Beruflich	<---	Frau	-0,074	0,261	-0,031
Pflege	<---	Frau	-0,012	0,838	-0,006
Konflikt	<---	Frau	0,131	0,041	0,063
Kontrolle	<---	Frau	0,013	0,843	0,006
IQV Netz	<---	Frau	0,056	0,018	0,078
Freunde	<---	Frau	0,072	0,790	0,008
Anteil Verw.	<---	Frau	2,487	0,282	0,035
Gener. Vertrauen	<---	Frau	-0,033	0,281	-0,034
Vertrauen Umfeld	<---	Frau	0,034	0,219	0,038
Persönlich	<---	Ostdeutschland	0,066	0,362	0,029
Beruflich	<---	Ostdeutschland	0,187	0,020	0,066
Pflege	<---	Ostdeutschland	0,017	0,818	0,007
Konflikt	<---	Ostdeutschland	-0,165	0,037	-0,065
Kontrolle	<---	Ostdeutschland	0,164	0,039	0,065
IQV Netz	<---	Ostdeutschland	0,055	0,062	0,063
Freunde	<---	Ostdeutschland	-0,295	0,378	-0,029
Anteil Verw.	<---	Ostdeutschland	-1,203	0,674	-0,014
Gener. Vertrauen	<---	Ostdeutschland	-0,054	0,149	-0,046
Vertrauen Umfeld	<---	Ostdeutschland	0,088	0,011	0,081
Persönlich	<---	Alter 14-29	0,270	0,001	0,116
Beruflich	<---	Alter 14-29	0,906	***	0,308
Pflege	<---	Alter 14-29	0,319	***	0,132
Konflikt	<---	Alter 14-29	0,312	***	0,120
Kontrolle	<---	Alter 14-29	0,122	0,188	0,047
IQV Netz	<---	Alter 14-29	0,140	***	0,155
Freunde	<---	Alter 14-29	0,510	0,192	0,048
Anteil Verw.	<---	Alter 14-29	-7,031	0,035	-0,079
Gener. Vertrauen	<---	Alter 14-29	-0,041	0,351	-0,034

Akzentuierung oder Kompensation? 27

Vertrauen Umfeld	<---	Alter 14-29	-0,001	0,980	-0,001
Persönlich	<---	Alter 61-90	-0,206	0,021	-0,103
Beruflich	<---	Alter 61-90	-0,724	***	-0,284
Pflege	<---	Alter 61-90	-0,138	0,141	-0,066
Konflikt	<---	Alter 61-90	-0,471	***	-0,209
Kontrolle	<---	Alter 61-90	-0,450	***	-0,200
IQV Netz	<---	Alter 61-90	-0,159	***	-0,205
Freunde	<---	Alter 61-90	0,082	0,845	0,009
Anteil Verw.	<---	Alter 61-90	10,679	0,003	0,139
Gener. Vertrauen	<---	Alter 61-90	0,071	0,128	0,068
Vertrauen Umfeld	<---	Alter 61-90	0,117	0,006	0,121
Persönlich	<---	Bildung	0,107	0,011	0,093
Beruflich	<---	Bildung	0,186	***	0,128
Pflege	<---	Bildung	0,162	***	0,136
Konflikt	<---	Bildung	0,113	0,014	0,088
Kontrolle	<---	Bildung	0,225	***	0,176
IQV Netz	<---	Bildung	0,028	0,096	0,064
Freunde	<---	Bildung	0,484	0,013	0,092
Anteil Verw.	<---	Bildung	-7,573	***	-0,173
Gener. Vertrauen	<---	Bildung	0,091	***	0,153
Vertrauen Umfeld	<---	Bildung	0,036	0,068	0,066
Persönlich	<---	Einkommen	0,000	0,148	0,055
Beruflich	<---	Einkommen	0,000	0,758	0,010
Pflege	<---	Einkommen	0,000	0,212	0,047
Konflikt	<---	Einkommen	0,000	0,829	0,008
Kontrolle	<---	Einkommen	0,000	0,032	0,079
IQV Netz	<---	Einkommen	0,000	0,065	0,072
Freunde	<---	Einkommen	0,001	***	0,184
Anteil Verw.	<---	Einkommen	-0,003	0,111	-0,062
Gener. Vertrauen	<---	Einkommen	0,000	0,305	0,039
Vertrauen Umfeld	<---	Einkommen	0,000	0,005	0,105
Persönlich	<---	Un-/angel. Arbeiter	0,076	0,685	0,014
Beruflich	<---	Un-/angel. Arbeiter	0,287	0,172	0,043

Pflege	<---	Un-/angel. Arbeiter	0,364	0,063	0,066
Konflikt	<---	Un-/angel. Arbeiter	0,339	0,100	0,057
Kontrolle	<---	Un-/angel. Arbeiter	0,279	0,178	0,047
IQV Netz	<---	Un-/angel. Arbeiter	0,020	0,796	0,010
Enge Freunde	<---	Un-/angel. Arbeiter	-0,227	0,794	-0,009
Anteil Verw.	<---	Un-/angel. Arbeiter	-1,145	0,878	-0,006
Gener. Vertrauen	<---	Un-/angel. Arbeiter	0,042	0,668	0,015
Vertrauen Umfeld	<---	Un-/angel. Arbeiter	0,012	0,890	0,005
Persönlich	<---	Einfach	-0,069	0,597	-0,022
Beruflich	<---	Einfach	0,064	0,660	0,016
Pflege	<---	Einfach	0,194	0,154	0,059
Konflikt	<---	Einfach	-0,207	0,148	-0,059
Kontrolle	<---	Einfach	0,034	0,815	0,010
IQV Netz	<---	Einfach	-0,037	0,482	-0,031
Enge Freunde	<---	Einfach	-0,425	0,484	-0,029
Anteil Verw.	<---	Einfach	1,095	0,832	0,009
Gener. Vertrauen	<---	Einfach	0,180	0,008	0,110
Vertrauen Umfeld	<---	Einfach	0,180	0,004	0,119
Persönlich	<---	Qualif./Hochqual.	0,086	0,473	0,037
Beruflich	<---	Qualif./Hochqual.	0,435	0,001	0,149
Pflege	<---	Qualif./Hochqual.	0,358	0,004	0,148
Konflikt	<---	Qualif./Hochqual.	-0,047	0,725	-0,018
Kontrolle	<---	Qualif./Hochqual.	0,107	0,419	0,041
IQV Netz	<---	Qualif./Hochqual.	0,046	0,342	0,052
Enge Freunde	<---	Qualif./Hochqual.	-0,418	0,454	-0,039
Anteil Verw.	<---	Qualif./Hochqual.	4,402	0,355	0,050
Gener. Vertrauen	<---	Qualif./Hochqual.	0,185	0,003	0,154
Vertrauen Umfeld	<---	Qualif./Hochqual.	0,209	***	0,187
Persönlich	<---	Selbstständige	-0,039	0,799	-0,010
Beruflich	<---	Selbstständige	0,436	0,011	0,093
Pflege	<---	Selbstständige	0,139	0,382	0,036
Konflikt	<---	Selbstständige	-0,224	0,183	-0,054
Kontrolle	<---	Selbstständige	-0,007	0,966	-0,002

IQV Netz	<---	Selbstständige	-0,004	0,945	-0,003
Enge Freunde	<---	Selbstständige	-0,531	0,454	-0,031
Anteil Verw.	<---	Selbstständige	8,124	0,179	0,057
Gener. Vertrauen	<---	Selbstständige	0,188	0,017	0,098
Vertrauen Umfeld	<---	Selbstständige	0,174	0,017	0,097
Persönlich	<---	Nicht erwerbstätig	0,063	0,560	0,035
Beruflich	<---	Nicht erwerbstätig	0,219	0,074	0,094
Pflege	<---	Nicht erwerbstätig	0,275	0,016	0,143
Konflikt	<---	Nicht erwerbstätig	-0,109	0,362	-0,053
Kontrolle	<---	Nicht erwerbstätig	0,103	0,390	0,050
IQV Netz	<---	Nicht erwerbstätig	0,039	0,374	0,055
Enge Freunde	<---	Nicht erwerbstätig	0,027	0,958	0,003
Anteil Verw.	<---	Nicht erwerbstätig	3,411	0,430	0,048
Gener. Vertrauen	<---	Nicht erwerbstätig	0,194	***	0,203
Vertrauen Umfeld	<---	Nicht erwerbstätig	0,212	***	0,239

BLOCK 2: Ungleichheit und Wohlbefinden

Subj. Integration	<---	Frau	0,215	0,002	0,084
Lebenszufriedenh.	<---	Frau	0,110	0,292	0,030
Depress. Neigung	<---	Frau	0,146	0,002	0,092
Subj. Integration	<---	Ostdeutschland	0,201	0,018	0,064
Lebenszufriedenh.	<---	Ostdeutschland	-0,152	0,238	-0,035
Depress. Neigung	<---	Ostdeutschland	-0,090	0,122	-0,046
Subj. Integration	<---	Alter 14-29	0,106	0,304	0,033
Lebenszufriedenh.	<---	Alter 14-29	0,370	0,019	0,082
Depress. Neigung	<---	Alter 14-29	-0,138	0,051	-0,069
Subj. Integration	<---	Alter 61-90	-0,147	0,178	-0,053
Lebenszufriedenh.	<---	Alter 61-90	0,192	0,249	0,049
Depress. Neigung	<---	Alter 61-90	-0,293	***	-0,169
Subj. Integration	<---	Bildung	0,067	0,183	0,042
Lebenszufriedenh.	<---	Bildung	0,119	0,124	0,053
Depress. Neigung	<---	Bildung	-0,048	0,168	-0,048
Subj. Integration	<---	Einkommen	0,000	0,041	0,065
Lebenszufriedenh.	<---	Einkommen	0,000	***	0,147

Depress. Neigung	<---	Einkommen	0,000	0,001	-0,117
Subj. Integration	<---	Un-/angel. Arbeiter	0,304	0,162	0,041
Lebenszufriedenh.	<---	Un-/angel. Arbeiter	0,663	0,045	0,064
Depress. Neigung	<---	Un-/angel. Arbeiter	-0,040	0,787	-0,009
Subj. Integration	<---	Einfach	-0,090	0,554	-0,021
Lebenszufriedenh.	<---	Einfach	0,530	0,022	0,087
Depress. Neigung	<---	Einfach	-0,003	0,975	-0,001
Subj. Integration	<---	Qualif./Hochqual.	-0,050	0,722	-0,016
Lebenszufriedenh.	<---	Qualif./Hochqual.	0,378	0,079	0,084
Depress. Neigung	<---	Qualif./Hochqual.	-0,032	0,737	-0,016
Subj. Integration	<---	Selbstständige	-0,057	0,751	-0,011
Lebenszufriedenh.	<---	Selbstständige	0,213	0,433	0,030
Depress. Neigung	<---	Selbstständige	-0,105	0,388	-0,033
Subj. Integration	<---	Nicht erwerbstätig	0,104	0,415	0,041
Lebenszufriedenh.	<---	Nicht erwerbstätig	0,623	0,001	0,174
Depress. Neigung	<---	Nicht erwerbstätig	-0,071	0,420	-0,045

BLOCK 3: Sozialkapital und Wohlbefinden

Subj. Integration	<---	Persönlich	0,104	0,021	0,075
Lebenszufriedenh.	<---	Persönlich	0,025	0,714	0,013
Depress. Neigung	<---	Persönlich	-0,005	0,879	-0,005
Subj. Integration	<---	Beruflich	0,099	0,009	0,090
Lebenszufriedenh.	<---	Beruflich	0,109	0,061	0,071
Depress. Neigung	<---	Beruflich	-0,034	0,196	-0,050
Subj. Integration	<---	Pflege	0,124	0,004	0,093
Lebenszufriedenh.	<---	Pflege	0,135	0,040	0,073
Depress. Neigung	<---	Pflege	-0,019	0,521	-0,023
Subj. Integration	<---	Konflikt	-0,118	0,001	-0,095
Lebenszufriedenh.	<---	Konflikt	-0,152	0,007	-0,088
Depress. Neigung	<---	Konflikt	0,110	***	0,144
Subj. Integration	<---	Kontrolle	0,121	0,003	0,097
Lebenszufriedenh.	<---	Kontrolle	0,042	0,500	0,024
Depress. Neigung	<---	Kontrolle	-0,034	0,219	-0,044
Subj. Integration	<---	IQV Netz	0,039	0,730	0,011

Lebenszufriedenh.	<---	IQV Netz	-0,056	0,748	-0,011
Depress. Neigung	<---	IQV Netz	0,053	0,499	0,024
Subj. Integration	<---	Vertrauen Umfeld	0,887	***	0,308
Lebenszufriedenh.	<---	Vertrauen Umfeld	1,046	***	0,259
Depress. Neigung	<---	Vertrauen Umfeld	-0,417	***	-0,234
Subj. Integration	<---	Gener. Vertrauen	0,278	***	0,104
Lebenszufriedenh.	<---	Gener. Vertrauen	0,233	0,042	0,062
Depress. Neigung	<---	Gener. Vertrauen	-0,023	0,657	-0,014
Subj. Integration	<---	Anteil Verw.	-0,001	0,380	-0,026
Lebenszufriedenh.	<---	Anteil Verw.	-0,002	0,343	-0,030
Depress. Neigung	<---	Anteil Verw.	0,001	0,286	0,034
Subj. Integration	<---	Enge Freunde	0,055	***	0,182
Lebenszufriedenh.	<---	Enge Freunde	0,033	0,009	0,079
Depress. Neigung	<---	Enge Freunde	-0,018	0,002	-0,096

Anmerkung: *** → $p < 0,001$

Modellinformation:

N	969
Chi^2	10,6
df	5
p	0,061
NFI	0,998
TLI	0,932
RMSEA	0,032
90% C.I. RMSEA	0,000 / 0,063
PClose (RMSEA)	0,797

Bedeutung von Bildung, Einkommen und Berufsklasse. Der insgesamt stärkste Einfluss auf die Sozialkapital-Komponenten geht vom Bildungsniveau aus. Bis auf die Rollenheterogenität und das Vertrauen ins direkte Umfeld ist ein (überwiegend hoch) signifikanter Effekt zu erkennen. Die vier verschiedenen Unterstützungsarten hängen alle positiv mit dem Bildungsniveau zusammen; allerdings gilt dies auch für Streit und Konflikte. Wir erwartet, ist dieser Zusammenhäng für instrumentelle stärker als für emotionale Unterstützung. Am stärksten ist er allerdings für das Kommunizieren „unangenehmer Wahrheiten". Möglicherweise ist dies die Folge eines anderen Kommunikationsverhaltens bei Personen mit höherer Bildung, doch lässt sich dies hier nicht näher aufklären. Zudem bestätigt sich, und dies ist konsistent mit etlichen früheren Untersuchungen, dass Personen mit höherer Bildung über mehr Freundschaftsbeziehungen verfügen. Dies zeigt sich auch deutlich bei der Repräsentierung von Verwandten unter den wichtigsten Freunden, d.h., wichtige Freundschaftsbeziehungen werden bei höherer Bildung eher aus dem Kreis „frei gewählter" Beziehungen rekrutiert im Unterschied zur (möglicherweise) eher passiven „Übernahme" von Verwandten als Freunde. Konsistent mit den Erwartungen ist auch der positive Zusammenhang mit dem generalisierten Vertrauen, während das Vertrauen ins persönliche Netzwerk nicht signifikant von Bildungsniveau abhängig ist. Vertrauen ins direkte Umfeld erscheint somit weniger „anfällig" durch Ungleichheiten auf Seiten des kulturellen Kapitals, vermutlich weil es stärker durch Verwandtschaftsbeziehungen stabilisiert wird, deren Domäne ja eher die Vermittlung von Nähe und Geborgenheit ist als die voraussetzungsreichere Reziprozität in Freundschaftsbeziehungen.

Gegenüber dem kulturellen Kapital hat das ökonomische Kapital in Form des Äquivalenzeinkommens offensichtlich einen deutlich geringeren Einfluss auf die Konstitution des sozialen Kapitals. Lediglich die Zusammenhänge mit drei der zehn Sozialkapital-Indikatoren sind statistisch signifikant. Als stärkster Effekt ist hier die Anzahl der „engen Freunde" zu nennen: Je höher das Einkommen desto mehr „enge Freunde" werden von den Befragten angegeben – pro 1000€ Einkommen ein Freund mehr. Offensichtlich erleichtern materielle Ressourcen das Knüpfen und die Pflege von Wahlbeziehungen. Der zweitstärkste Effekt betrifft das Vertrauen ins direkte Umfeld: Je höher das Einkommen, desto größer das Vertrauen. Möglicherweise schafft insbesondere höheres Einkommen mehr Autonomie, weniger Abhängigkeit und damit mehr Selektionsmöglichkeiten im Hinblick auf erwünschte Beziehungen. Einen Einfluss des Einkommens auf das generalisierte Vertrauen ist im vorliegenden Modell nämlich nicht festzustellen. Es verhält sich hier also umgekehrt wie im Falle der Bildung: Eher das Vertrauen ins direkte Umfeld ist vom verfügbaren Einkommen beeinflusst, während für das Vertrauen außerhalb dieses Umfeldes eher mit dem Bildungsniveau zusammenhängende Kompetenzen wichtig sind. Unter den Unterstützungsarten wird Einkommen lediglich für das Aussprechen unangenehmer Wahrheiten relevant: Je besser die Einkommenssituation, desto größer das Netzwerk derartiger sozialer Kontrolle. Der Effekt ist allerdings relativ schwach. Die Effekte hinsichtlich der Berufsklasse sind ebenfalls relativ gering, aber besonders sie weisen auf die Kontextabhängigkeit spezifischer Sozialkapitaldimensionen hin. Ähnlich wie bei der Bildung ist insbesondere das Vertrauen, und zwar sowohl das unmittelbare als auch das generalisierte, bei höheren Berufsklassen ausgeprägter als bei niedrigen, und die Erwerbstätigen in der untersten Klasse sowie Arbeitslose (die Referenzkategorie) haben erwartungsgemäß das geringste Vertrauen. Offensichtlich werden positive und negative Erfahrungen im Erwerbssystem auf beide Vertrauensarten generalisiert. Auffällig ist auch der Zusammenhang mit Unterstützung im Hinblick auf das berufliche Fortkommen: Erwartungsgemäß sind es vor allem Angehörige der beiden höheren Berufsklassen, die eher Personen in ihrem Umfeld haben, die sich – in welcher Form genau auch immer – das eigene berufliche Fortkommen stützen. Möglicherweise hat es auch dazu beigetragen, dass sie überhaupt in die höheren Berufsklassen gelangt sind. Für alle anderen Unterstützungsarten lässt sich hingegen kein stringenter positiver Zusammenhang verzeichnen.

Insgesamt betrachtet ist also sowohl die pauschale Annahme einer Generalisierung, also einer Reproduktion von Ressourcenungleichheiten aus dem Bildungs-, Berufs- und Beschäftigungssystem, im Bereich des Sozialkapitals falsch als auch die Erwartung, dass derartige Ungleichheiten durch ein Mehr an Sozialkapital kompensiert würden. Ersteres ist nur selektiv der Fall, letzteres dagegen gar nicht anzutreffen. Dass die Annahme einer Generalisierung am ehesten und am durchgängigsten bei Unterschieden im Bildungsniveau zu finden ist, mag mit der oben bereits erwähnten Tatsache zu tun haben, dass gerade Bildung hoch mit Kompetenzen, die förderlich für das Knüpfen und die Aufrechterhaltung von Beziehungen sind, korreliert ist. Hierüber könnte allerdings erst die zusätzliche Berücksichtigung solcher Kompetenzen und Persönlichkeitsmerkmale in den Analysen weiteren Aufschluss bringen.

Wir kommen nun zum Zusammenhang von ökonomischem und kulturellem Kapital auf das Wohlbefinden (Block 2 in Tabelle 1).[10] Den deutlich stärksten direkten Effekt hat das Äquivalenzeinkommen, und zwar vor allem auf die Lebenszufriedenheit. Aber es schützt auch vor Depressionen, und es fördert direkt die subjektive Qualität der sozialen Integration, wobei dieser Zusammenhang deutlich der schwächste ist. Eine naheliegende Interpretation dieses letzten Effekts schließt wieder an das bereits oben Gesagte an: Hohes Einkommen

---

[10] Trotz einiger interessanter Ergebnisse verzichten wir hier auf die Interpretation der anderen sozialstrukturellen Merkmale.

macht unabhängig und auch weniger abhängig von instrumenteller Unterstützung, und darüber erlaubt es eine eher den eigenen persönlichen Neigungen und Sympathien als materiellen Notwendigkeiten folgende Beziehungsauswahl und -gestaltung. Erwerbsstatus und Berufsklasse wirken sich dagegen lediglich auf die allgemeine Lebenszufriedenheit aus. Hier wirken sich insbesondere Arbeitslosigkeit negativ und Nichterwerbstätigkeit positiv aus.

Interessant ist nun vor allem die Betrachtung des kulturellen Kapitals. In Bezug auf keine der drei Wohlbefindens-Dimensionen findet sich ein signifikanter Effekt. In Bezug auf alle drei Dimensionen lässt sich aber sowohl bivariat als auch unter Kontrolle von Landesteil, Geschlecht und Alter ein signifikanter positiver Effekt mit den erwartbaren Vorzeichen feststellen. Eine schrittweise Regression zeigt, dass gerade bei der Aufnahme der Sozialkapital-Variablen ins Modell der Effekt von Bildung auf Wohlbefinden ausbleibt.[11] Wir gehen somit davon aus, dass Bildung zwar das subjektive Wohlbefinden beeinflusst, aber eben nur indirekt, indem es die Bildung von Sozialkapital begünstigt, das seinerseits auf das Wohlbefinden wirkt.

Schließlich kommen wir zur Bedeutung des Sozialkapitals auf das Wohlbefinden (Block 3 in Tabelle 1). Hier lassen sich bei immerhin acht von zehn Sozialkapital-Komponenten signifikante Effekte auf das Wohlbefinden beobachten. Nur vom Verwandtschaftsanteil im Freundschaftsnetzwerk sowie von der Rollenheterogenität im Unterstützungsnetzwerk gehen gar keine Effekte auf das Wohlbefinden aus. Mit anderen Worten: Strukturelle Merkmale von Netzwerken – zumindest die hier betrachteten – möge zwar theoretisch bedeutsam für bestimmte Unterstützungsparameter sein, doch mögen diese Wirkungen zu kontextspezifisch sein, um sich generell positiv auf das Wohlbefinden auszuwirken. Dieses hängt offensichtlich eher von der Qualität der Beziehungen ab als von deren abstrakter Zusammensetzung hinsichtlich der Rollenheterogenität.

Naturgemäß sind die Effekte auf die subjektive Qualität der sozialen Integration vergleichsweise am stärksten. Dennoch sind sie keineswegs trivial, denn es gibt erhebliche Unterschiede im Ausmaß der Bedeutung verschiedener Sozialkapital-Dimensionen. So hat die Rollenheterogenität gar keinen Einfluss, wogegen das Vertrauen ins persönliche Netzwerk den herausragend deutlichsten Einfluss gegenüber den ansonsten auf etwa gleichem Niveau liegenden Koeffizienten der verschiedenen Beziehungsqualitäten hat. Auch das generalisierte Vertrauen beeinflusst die wahrgenommene Qualität der sozialen Integration positiv. Letztere ist also nicht nur, wenn auch hauptsächlich, ein Ergebnis der Qualität des direkten persönlichen Umfelds. Es ist aber darüber

---

[11] Diese Ergebnisse sind hier nicht dokumentiert, können aber auf Wunsch zugesandt werden.

hinaus nicht egal, ob es sich dabei um eine intakte Insel im feindlichen Meer handelt. Dass soziale Beziehungen wichtig für die Vermeidung von depressiven Zuständen ist, besitzt wenig Neuigkeitswert. Es ist aber in der Unterscheidung verschiedener Beziehungsaspekte bemerkenswert, mit welcher Deutlichkeit sich zeigt, wie negativ sich Streit und Konflikte im persönlichen Netzwerk auf das Deperessionsrisiko auswirken, und wie protektiv umgekehrt Vertrauen wirkt, während konkrete Unterstützungsleistungen darüber hinaus keinen signifikanten Einfluss haben. Lediglich die Anzahl von Freunden reduziert die Depressionswahrscheinlichkeit. Die allgemeine Lebenszufriedenheit schließlich wird weniger von speziellen Unterstützungsleistungen als wiederum von Vertrauen insbesondere ins persönliche Netzwerk positiv geprägt. Streit und Konflikte wirken sich dagegen signfikant negativ aus. Von den Unterstützungsleistungen erweist sich nur die Hilfe bei Pflegebedürftigkeit überhaupt als signifikant. Möglicherweise ist dies ein vom konkreten Gegenstand abstrahierender Indikator für ein gewisses Sicherheitsempfinden im Netzwerk, während der positive Effekt der Anzahl der Freunde eher Anerkennung über Reziprozitätsbeziehungen repräsentiert.

Zusammengenommen lässt sich aus diesen Ergebnissen schließen, dass auch bei Kontrolle und in Relation zu den anderen Kapital-Arten das Sozialkapital eine hohe Bedeutung für die subjektive Lebensqualität aufweist. Diese Bedeutung ist zunächst als komplentär zu den Wirkungen der anderen Ungleichheiten anzusehen. Doch insbesondere die starken Einflüsse der Bildung auf das Sozialkapital zeigen, dass sie keineswegs unabhängig voneinander existieren, sondern gerade die erworbenen Beziehungen baut man mit Bildung, Geld und Status leichter auf als ohne. Vor allem aber substituiert das *Vorhandensein* von Sozialkapital in keinerlei Hinsicht für das *Fehlen* anderer Kapitalien.

4.3 Multipler Gruppenvergleich: Interaktionen des Sozialkapitals mit kulturellem und ökonomischem Kapital

Mit dem bisherigen Modell haben wir die Frage, ob soziales Kapital im Hinblick auf das individuelle Wohlbefinden an Bedeutung gewinnt, wenn es anderen Kapitalien mangelt, noch nicht vollständig beantworten können. Während wir ausgeschlossen haben, dass in solchen Fällen mehr Sozialkapital als Ressource zur Verfügung steht, wollen wir im Folgenden einen anderen Aspekt des Wirkungszusammenhangs überprüfen, nämlich ob vorhandenes Sozialkapital

Tabelle 2: Multipler Gruppenvergleich: Wirkungen von Sozalkapital in drei Bildungsgruppen (unstandardisierte Effekte)

			Gewicht B1	Gewicht B2	Gewicht B3
Persönlich	<---	Frau	**0,277**	0,185	0,151
Beruflich	<---	Frau	-0,101	-0,082	-0,027
Pflege	<---	Frau	-0,062	-0,092	0,077
Konflikt	<---	Frau	0,066	0,070	**0,336**
Kontrolle	<---	Frau	0,079	-0,063	-0,016
IQV Netz	<---	Frau	**0,084**	0,030	0,037
Freunde	<---	Frau	0,405	**-0,843**	0,758
Anteil Verw.	<---	Frau	2,726	1,743	6,936
Gener. Vertrauen	<---	Frau	-0,063	-0,054	0,016
Vertrauen Umfeld	<---	Frau	0,068	-0,001	0,006
Persönlich	<---	Ostdeutschland	0,135	0,020	0,085
Beruflich	<---	Ostdeutschland	0,128	**0,334**	0,073
Pflege	<---	Ostdeutschland	0,162	-0,151	-0,063
Konflikt	<---	Ostdeutschland	0,164	-0,107	**-0,600**
Kontrolle	<---	Ostdeutschland	0,113	0,150	0,194
IQV Netz	<---	Ostdeutschland	**0,142**	0,024	0,009
Freunde	<---	Ostdeutschland	-0,196	-0,566	**-1,709**
Anteil Verw.	<---	Ostdeutschland	-3,432	2,409	-0,433
Gener. Vertrauen	<---	Ostdeutschland	-0,007	-0,057	**-0,159**
Vertrauen Umfeld	<---	Ostdeutschland	0,077	0,066	0,091
Persönlich	<---	Alter 14-29	0,239	**0,329**	0,260
Beruflich	<---	Alter 14-29	**0,846**	**0,774**	**1,226**
Pflege	<---	Alter 14-29	0,369	0,207	**0,582**
Konflikt	<---	Alter 14-29	0,235	**0,339**	0,253
Kontrolle	<---	Alter 14-29	0,107	0,014	0,263
IQV Netz	<---	Alter 14-29	**0,186**	0,061	0,123
Freunde	<---	Alter 14-29	0,555	-0,035	0,345
Anteil Verw.	<---	Alter 14-29	-8,363	**-10,767**	6,680
Gener. Vertrauen	<---	Alter 14-29	-0,107	-0,059	0,018
Vertrauen Umfeld	<---	Alter 14-29	-0,067	0,000	-0,039

Akzentuierung oder Kompensation? 37

Persönlich	<---	Alter 61-90	**-0,320**	0,027	**-0,461**
Beruflich	<---	Alter 61-90	**-0,331**	**-0,955**	**-0,935**
Pflege	<---	Alter 61-90	0,032	-0,234	-0,268
Konflikt	<---	Alter 61-90	**-0,462**	**-0,368**	**-0,544**
Kontrolle	<---	Alter 61-90	**-0,536**	-0,286	**-0,503**
IQV Netz	<---	Alter 61-90	**-0,149**	**-0,168**	**-0,173**
Freunde	<---	Alter 61-90	-0,564	-0,380	**2,955**
Anteil Verw.	<---	Alter 61-90	**12,756**	1,802	**19,104**
Gener. Vertrauen	<---	Alter 61-90	0,054	0,017	0,114
Vertrauen Umfeld	<---	Alter 61-90	0,118	0,055	0,132
Persönlich	<---	Un-/angel. Arbeiter	0,152	0,016	0,468
Beruflich	<---	Un-/angel. Arbeiter	0,494	0,193	1,853
Pflege	<---	Un-/angel. Arbeiter	**0,667**	0,322	0,671
Konflikt	<---	Un-/angel. Arbeiter	**0,505**	0,574	-0,404
Kontrolle	<---	Un-/angel. Arbeiter	0,359	0,514	0,754
IQV Netz	<---	Un-/angel. Arbeiter	0,089	0,063	0,057
Freunde	<---	Un-/angel. Arbeiter	0,274	-0,467	3,671
Anteil Verw.	<---	Un-/angel. Arbeiter	-3,574	-9,507	14,147
Gener. Vertrauen	<---	Un-/angel. Arbeiter	0,029	-0,028	0,631
Vertrauen Umfeld	<---	Un-/angel. Arbeiter	0,117	-0,120	0,477
Persönlich	<---	Einfach	0,004	-0,057	0,087
Beruflich	<---	Einfach	**0,457**	-0,153	-0,004
Pflege	<---	Einfach	0,399	0,193	0,071
Konflikt	<---	Einfach	-0,351	0,017	-0,049
Kontrolle	<---	Einfach	0,044	0,050	0,389
IQV Netz	<---	Einfach	-0,005	0,063	-0,139
Freunde	<---	Einfach	0,208	-0,307	1,023
Anteil Verw.	<---	Einfach	-1,622	-4,130	19,211
Gener. Vertrauen	<---	Einfach	0,199	0,185	0,242
Vertrauen Umfeld	<---	Einfach	**0,215**	0,137	**0,543**
Persönlich	<---	Qualif./Hochqual.	0,190	0,120	0,115
Beruflich	<---	Qualif./Hochqual.	**0,510**	**0,439**	0,317
Pflege	<---	Qualif./Hochqual.	**0,696**	**0,503**	-0,292

Konflikt	<--- Qualif./Hochqual.	0,342	0,050	-0,509
Kontrolle	<--- Qualif./Hochqual.	**0,559**	0,044	0,103
IQV Netz	<--- Qualif./Hochqual.	0,127	**0,144**	0,034
Freunde	<--- Qualif./Hochqual.	0,436	0,489	1,650
Anteil Verw.	<--- Qualif./Hochqual.	0,734	-2,806	8,128
Gener. Vertrauen	<--- Qualif./Hochqual.	**0,237**	**0,204**	0,214
Vertrauen Umfeld	<--- Qualif./Hochqual.	**0,314**	**0,180**	**0,361**
Persönlich	<--- Selbstständige	-0,073	-0,061	-0,022
Beruflich	<--- Selbstständige	**0,738**	-0,178	0,607
Pflege	<--- Selbstständige	0,465	0,284	-0,373
Konflikt	<--- Selbstständige	-0,505	0,088	-0,700
Kontrolle	<--- Selbstständige	0,102	-0,180	0,121
IQV Netz	<--- Selbstständige	0,119	0,059	-0,028
Freunde	<--- Selbstständige	1,662	0,135	1,349
Anteil Verw.	<--- Selbstständige	-1,836	-1,338	19,602
Gener. Vertrauen	<--- Selbstständige	0,131	**0,289**	0,181
Vertrauen Umfeld	<--- Selbstständige	0,304	0,140	**0,341**
Persönlich	<--- Nicht erwerbstätig	0,276	-0,096	0,172
Beruflich	<--- Nicht erwerbstätig	0,086	0,241	0,157
Pflege	<--- Nicht erwerbstätig	0,284	0,326	-0,169
Konflikt	<--- Nicht erwerbstätig	-0,047	-0,028	-0,647
Kontrolle	<--- Nicht erwerbstätig	0,329	-0,026	-0,014
IQV Netz	<--- Nicht erwerbstätig	0,036	**0,149**	-0,025
Freunde	<--- Nicht erwerbstätig	0,855	0,529	0,851
Anteil Verw.	<--- Nicht erwerbstätig	-1,700	7,322	0,967
Gener. Vertrauen	<--- Nicht erwerbstätig	**0,208**	**0,249**	0,158
Vertrauen Umfeld	<--- Nicht erwerbstätig	**0,319**	0,137	**0,335**
Subj. Integration	<--- Frau	0,172	**0,338**	0,218
Lebenszufriedenh.	<--- Frau	0,131	0,159	-0,024
Depress. Neigung	<--- Frau	0,152	0,174	0,141
Subj. Integration	<--- Ostdeutschland	0,120	0,318	0,227
Lebenszufriedenh.	<--- Ostdeutschland	0,047	-0,452	-0,244
Depress. Neigung	<--- Ostdeutschland	-0,038	-0,140	-0,031

Subj. Integration	<---	Alter 14-29	0,125	0,085	0,094
Lebenszufriedenh.	<---	Alter 14-29	0,551	0,222	0,083
Depress. Neigung	<---	Alter 14-29	-0,300	-0,052	-0,022
Subj. Integration	<---	Alter 61-90	-0,238	0,322	-0,322
Lebenszufriedenh.	<---	Alter 61-90	0,267	0,417	0,498
Depress. Neigung	<---	Alter 61-90	**-0,281**	**-0,393**	**-0,326**
Subj. Integration	<---	Un-/angel. Arbeiter	0,144	0,469	0,016
Lebenszufriedenh.	<---	Un-/angel. Arbeiter	0,990	0,269	2,469
Depress. Neigung	<---	Un-/angel. Arbeiter	0,101	-0,289	-0,569
Subj. Integration	<---	Einfach	-0,224	0,029	0,056
Lebenszufriedenh.	<---	Einfach	**0,900**	0,544	-0,178
Depress. Neigung	<---	Einfach	-0,009	-0,030	-0,365
Subj. Integration	<---	Qualif./Hochqual.	0,107	-0,064	-0,083
Lebenszufriedenh.	<---	Qualif./Hochqual.	**0,950**	0,424	0,704
Depress. Neigung	<---	Qualif./Hochqual.	-0,221	-0,117	-0,265
Subj. Integration	<---	Selbstständige	-0,050	-0,073	-0,019
Lebenszufriedenh.	<---	Selbstständige	0,061	**0,988**	0,181
Depress. Neigung	<---	Selbstständige	-0,011	-0,194	-0,386
Subj. Integration	<---	Nicht erwerbstätig	0,009	-0,117	0,263
Lebenszufriedenh.	<---	Nicht erwerbstätig	0,495	**0,606**	**0,954**
Depress. Neigung	<---	Nicht erwerbstätig	-0,043	-0,059	-0,325
Subj. Integration	<---	Persönlich	0,141	0,016	**0,201**
Lebenszufriedenh.	<---	Persönlich	-0,030	0,010	0,096
Depress. Neigung	<---	Persönlich	0,054	-0,039	-0,063
Subj. Integration	<---	Beruflich	0,084	0,098	0,075
Lebenszufriedenh.	<---	Beruflich	0,207	0,087	0,082
Depress. Neigung	<---	Beruflich	0,000	-0,025	-0,051
Subj. Integration	<---	Pflege	0,118	**0,172**	0,000
Lebenszufriedenh.	<---	Pflege	0,072	**0,251**	0,059
Depress. Neigung	<---	Pflege	-0,031	-0,059	0,006
Subj. Integration	<---	Konflikt	-0,111	**-0,105**	**-0,198**
Lebenszufriedenh.	<---	Konflikt	-0,180	**-0,205**	-0,179
Depress. Neigung	<---	Konflikt	0,104	**0,135**	**0,144**

Subj. Integration	<---	Kontrolle	0,121	0,120	0,117
Lebenszufriedenh.	<---	Kontrolle	**0,247**	0,042	-0,011
Depress. Neigung	<---	Kontrolle	-0,024	-0,067	-0,041
Subj. Integration	<---	IQV Netz	0,145	0,304	-0,139
Lebenszufriedenh.	<---	IQV Netz	-0,337	0,185	0,282
Depress. Neigung	<---	IQV Netz	0,085	0,031	-0,047
Subj. Integration	<---	Vertrauen Umfeld	**1,012**	**0,942**	**0,659**
Lebenszufriedenh.	<---	Vertrauen Umfeld	**1,376**	**0,776**	**0,828**
Depress. Neigung	<---	Vertrauen Umfeld	**-0,534**	**-0,401**	**-0,286**
Subj. Integration	<---	Gener. Vertrauen	**0,465**	0,094	**0,470**
Lebenszufriedenh.	<---	Gener. Vertrauen	0,138	**0,412**	0,230
Depress. Neigung	<---	Gener. Vertrauen	0,051	-0,047	-0,113
Subj. Integration	<---	Anteil Verw.	0,002	-0,004	0,001
Lebenszufriedenh.	<---	Anteil Verw.	-0,001	-0,006	**0,008**
Depress. Neigung	<---	Anteil Verw.	0,000	**0,003**	-0,002
Subj. Integration	<---	Enge Freunde	**0,068**	**0,082**	**0,038**
Lebenszufriedenh.	<---	Enge Freunde	**0,050**	0,051	0,015
Depress. Neigung	<---	Enge Freunde	**-0,027**	**-0,033**	-0,011

Anmerkungen:

Fett = p < 0,05
B1 = Kein Abschluss, Volks- oder Hauptschulabschluss
B2 = Mittlere Reife/ Realschulabschluss (Ostdeutschland äquivalent)
B3 = Abitur/ Hochschulreife (Ostdeutschland äquivalent)

Modellinformationen:

Modell	Chi-Square	df	p	RMSEA	NFI	TLI
N=969						
Nicht restringiert	41,86	15	0,000	0,045	0,991	0,644
Pfadkoeffizienten gleich gesetzt	339,2	309	0,114	0,011	0,926	0,981

wichtiger wird für das subjektive Wohlbefinden, je nachdem wie viel an anderen für das Wohlbefinden wichtigen Ressourcen gleichzeitig zur Verfügung steht. In der Sprache der Unterstützungsforschung geht es also um sogenannte Puffereffekte: wie wird die Wirkung des Sozialkapitals durch mehr oder weniger (un)günstige Lebensbedingungen moderiert? Technisch gesprochen geht es um Interaktionseffekte zwischen kulturellem, ökonomischem und sozialem Kapital, die wir in Form multipler Gruppenvergleiche modelliert haben.

Wir betrachten zunächst Unterschiede zwischen drei Bildungsniveaus (Tabelle 2). Ein Blick auf die Fit-Indizes zeigt, dass das restriktivere Modell, bei dem alle Regressionskoeffizienten über die Bildungsgruppen hinweg gleichgesetzt sind, bessere Werte aufweist als das unrestringierte Modell, bei dem keine Parameter gleich gesetzt wurden. Dies deutet darauf hin, dass der Zusammenhang zwischen sozialem Kapital und Wohlbfinden insgesamt, also über alle Koeffizienten hinweg, nicht signifikant durch das kulturelle Kapital moderiert wird. Diese (abstrakte) Modellinterpretation spiegelt sich auch im Vergleich der Koeffizienten zwischen den Bildungsgruppen größtenteils wider. Eine wesentliche Ausnahme zeichnet sich allerdings bei der Betrachtung einzelner Effektstärken ab. Der Einfluss des Vertrauens in das persönliche Netzwerk auf das Wohlbefinden variiert zwischen den Bildungsgruppen, und zwar hinsichtlich aller drei Dimensionen des Wohlbefindens. Bei der subjektiv wahrgenommenen Qualität der sozialen Integration hat das Vertrauen in das direkte persönliche Umfeld in der obersten Bildungsgruppe einen deutlich schwächeren Einfluss als in den beiden unteren Bildungsgruppen. Ein ähnlicher Effekt lässt sich bei der allgemeinen Lebenszufriedenheit feststellen, wobei hier innerhalb der untersten Bildungskategorie das Vertrauen ins persönliche Netzwerk einen im Vergleich zu den beiden oberen Kategorien relativ starken Einfluss hat. Ein in Bezug auf die Bildungsgruppen linearer Effekt lässt sich bei dem Einfluss des Netzwerk-Vertrauens auf die depressive Neigung beobachten: Je niedriger die Bildungskategorie, desto stärker ist der schützende Effekt von Vertrauen auf die depressive Neigung. Das vorhandene Vertrauen in die persönlichen Beziehungen des direkten sozialen Umfeldes scheint somit also gerade für Personen mit geringerem kulturellem Kapital eine wichtige Ressource hinsichtlich des subjektiven Wohlbefindens darzustellen. Hier ist also durchaus ein Kompensationseffekt zu erkennen. Die Kehrseite dieses Effekts bedeutet natürlich auch, dass das Wohlbefinden von Angehörigen unterer Bildungsschichten hier vulnerabel ist: Ein fehlendes Vertrauen innerhalb des persönlichen Umfeldes schlägt für diese Personen besonders zu Buche.

Zur Modellierung des Interaktionseffekts mit Einkommen haben wir zwei Einkommensklassen entlang des Medians gebildet (Tabelle 3). Die Frage, ob sich die Modelle zwischen diesen Gruppen unterscheiden, ist nicht einfach zu entscheiden. Zieht man den p-Wert des Chi-Quadrat-Tests zur Beurteilung heran, erscheint das nichtrestringierte Modell besser angepasst. Im Falle des RMSEA weist zwar das nichtrestringierte Modell eine bessere Anpassung auf (0,000), doch kann auch der Wert des restriktiveren Modells (0,009) als sehr gute Anpassung interpretiert werden, und die obere Grenze des 90%-Konfidenzintervalls (0,019) liegt unterhalb der Obergrenze des Konfidenzintervalls des nichtrestringierten Modells (0,034). Alle Werte liegen somit im Bereich einer sehr guten Modellanpassung. Gleiches gilt für den NFI sowie den TLI. Während der NFI einen perfekten Fit für das nichtrestringierte Modell aufweist (0,998), der für das restriktivere Modell etwas schächer ist (0,963), deutet der TLI auf eine genau gleich gute Anpassung hin (1,013 und 0,991). Da das nichtrestringierte Modell das insgesamt sparsamere ist und eine exzellente Modellanpassung aufweist, wird dies als Evidenz gewertet, dass sich die Pfadkoeffizienten zwischen den Einkommensklassen signifikant unterscheiden. Die ähnlich gute Anpassung des restriktiveren Modells könnte damit erklärt werden, dass es sich um eine überschaubarere Anzahl an Koeffizienten handelt, die sich zwischen den Klassen unterscheiden.

Hinsichtlich einer unterschiedlichen Bedeutung von Sozialkapital für das Wohlbefinden in der oberen und der unteren Einkommensgruppe sind fünf Sozialkapital-Komponenten von Bedeutung. Erstens gibt es innerhalb der Gruppe der unteren 50% der Einkommensverteilung einen positiven Effekt der beruflichen Unterstützung auf die Lebenszufriedenheit, den es in der Gruppe der oberen 50% nicht gibt. Und die berufliche Unterstützung führt nur in der ersten Gruppe zu einer Verringerung der depressiven Neigung. Beides sind moderate Effekte. Fast gleich verhält es sich mit der potentiellen Unterstützung im Pflegefall, mit dem Unterschied, dass diese Unterstützungsart zusätzlich auch einen positiven (moderaten) Effekt auf die subjektive Sozialintegration aufweist. Ohne nähere Spezifizierung dessen, was berufliche Unterstützung jeweils genau meint, sind diese Effekte nicht mit letzter Sicherheit zu deuten. Dass es aber unter allen Unterstützungsformen die beiden instrumentellen Hilfen sind, die bedeutsam werden, lässt vermuten, dass hier in der Tat Einkommensressourcen in einem generellen Komplementärverhältnis zu instrumenteller Unterstützung stehen, nicht jedoch zu emotionaler Unterstützung und Geborgenheit vermittelndem Vertrauen. Interessant erscheint auch, drittens, der Einfluss der Anzahl „enger Freunde" auf das Wohlbefinden. Gerade in der unteren Einkommensklasse ist hier ein positiver Zusammenhang mit dem Wohlbefinden festzustellen. Diese Effekte deuten ebenfalls auf einen kompensatorischen Zusammenhang hin: Bei unterdurchschnittlichem Einkommen sind reziproke, nach außen gerichtete und Bestätigung vermittelnde Beziehungen besonders wichtig. Umgekehrt wirken sich konflikthafte Beziehungen gerade in der unteren

Akzentuierung oder Kompensation? 43

Tabelle 3: Multipler Gruppenvergleich: Wirkungen des Sozialkapitals in zwei Einkommensgruppen (untere versus obere 50% der Äquivalenzeinkommensverteilung)

			Gewicht untere 50%	Standardisiert	Gewicht obere 50%	Standardisiert
Persönlich	<---	Frau	0,176	0,089	**0,209**	0,123
Beruflich	<---	Frau	**-0,248**	-0,107	0,079	0,033
Pflege	<---	Frau	-0,077	-0,039	0,042	0,023
Konflikt	<---	Frau	0,158	0,076	**0,193**	0,092
Kontrolle	<---	Frau	-0,075	-0,036	0,104	0,053
IQV Netz	<---	Frau	0,063	0,088	0,045	0,064
Freunde	<---	Frau	0,069	0,008	0,034	0,004
Anteil Verw.	<---	Frau	3,649	0,051	3,008	0,044
Gener. Vertrauen	<---	Frau	-0,011	-0,011	-0,056	-0,06
Vertrauen Umfeld	<---	Frau	0,029	0,029	-0,012	-0,015
Persönlich	<---	Ostdeutschland	0,122	0,055	-0,012	-0,005
Beruflich	<---	Ostdeutschland	0,146	0,056	**0,320**	0,105
Pflege	<---	Ostdeutschland	-0,120	-0,055	0,096	0,04
Konflikt	<---	Ostdeutschland	-0,031	-0,013	**-0,320**	-0,118
Kontrolle	<---	Ostdeutschland	0,094	0,04	0,163	0,065
IQV Netz	<---	Ostdeutschland	0,049	0,061	0,056	0,061
Freunde	<---	Ostdeutschland	-0,311	-0,034	-0,389	-0,034
Anteil Verw.	<---	Ostdeutschland	-2,990	-0,037	2,628	0,03
Gener. Vertrauen	<---	Ostdeutschland	-0,056	-0,049	-0,023	-0,019
Vertrauen Umfeld	<---	Ostdeutschland	0,061	0,055	**0,121**	0,116
Persönlich	<---	Alter 14-29	0,225	0,099	**0,394**	0,164
Beruflich	<---	Alter 14-29	**0,912**	0,342	**1,014**	0,303
Pflege	<---	Alter 14-29	**0,370**	0,166	**0,310**	0,117
Konflikt	<---	Alter 14-29	**0,319**	0,133	0,268	0,09
Kontrolle	<---	Alter 14-29	**0,318**	0,131	-0,014	-0,005
IQV Netz	<---	Alter 14-29	0,143	0,173	**0,132**	0,131
Freunde	<---	Alter 14-29	0,801	0,086	0,311	0,025

Anteil Verw.	<---	Alter 14-29	**-9,985**	-0,121	-7,007 -0,072
Gener. Vertrauen	<---	Alter 14-29	-0,049	-0,042	0,042 0,032
Vertrauen Umfeld	<---	Alter 14-29	0,033	0,029	-0,017 -0,015
Persönlich	<---	Alter 61-90	**-0,372**	-0,173	-0,044 -0,024
Beruflich	<---	Alter 61-90	**-0,708**	-0,28	**-0,935** -0,359
Pflege	<---	Alter 61-90	-0,221	-0,105	-0,141 -0,069
Konflikt	<---	Alter 61-90	**-0,597**	-0,263	**-0,404** -0,175
Kontrolle	<---	Alter 61-90	**-0,595**	-0,26	**-0,404** -0,189
IQV Netz	<---	Alter 61-90	**-0,168**	-0,215	**-0,162** -0,207
Freunde	<---	Alter 61-90	0,450	0,051	-0,273 -0,028
Anteil Verw.	<---	Alter 61-90	8,196	0,105	**18,32** 0,243
Gener. Vertrauen	<---	Alter 61-90	0,029	0,027	0,037 0,037
Vertrauen Umfeld	<---	Alter 61-90	**0,150**	0,14	0,076 0,085
Persönlich	<---	Un-/angel. Arbeiter	0,147	0,026	0,319 0,067
Beruflich	<---	Un-/angel. Arbeiter	0,304	0,046	-0,731 -0,111
Pflege	<---	Un-/angel. Arbeiter	**0,595**	0,108	-0,240 -0,046
Konflikt	<---	Un-/angel. Arbeiter	**0,682**	0,115	-0,508 -0,087
Kontrolle	<---	Un-/angel. Arbeiter	0,143	0,024	-0,102 -0,019
IQV Netz	<---	Un-/angel. Arbeiter	0,133	0,065	-0,100 -0,05
Freunde	<---	Un-/angel. Arbeiter	-0,285	-0,012	-0,281 -0,011
Anteil Verw.	<---	Un-/angel. Arbeiter	-14,29	-0,07	14,47 0,076
Gener. Vertrauen	<---	Un-/angel. Arbeiter	0,067	0,023	-0,002 -0,001
Vertrauen Umfeld	<---	Un-/angel. Arbeiter	-0,128	-0,046	-0,005 -0,002
Persönlich	<---	Einfach	-0,057	-0,017	0,202 0,073
Beruflich	<---	Einfach	0,362	0,091	**-0,989** -0,258
Pflege	<---	Einfach	**0,368**	0,11	-0,243 -0,08
Konflikt	<---	Einfach	-0,109	-0,03	**-0,748** -0,221
Kontrolle	<---	Einfach	0,153	0,042	-0,519 -0,165
IQV Netz	<---	Einfach	-0,041	-0,034	-0,052 -0,046
Freunde	<---	Einfach	0,564	0,04	-0,659 -0,046
Anteil Verw.	<---	Einfach	-7,070	-0,057	15,12 0,136
Gener. Vertrauen	<---	Einfach	0,163	0,093	0,257 0,172
Vertrauen Umfeld	<---	Einfach	**0,200**	0,118	0,116 0,089
Persönlich	<---	Qualif./Hochqual.	0,299	0,09	0,368 0,2

Beruflich	<---	Qualif./Hochqual.	0,707	0,182	-0,374 -0,145
Pflege	<---	Qualif./Hochqual.	0,663	0,204	0,006 0,003
Konflikt	<---	Qualif./Hochqual.	0,272	0,078	-0,657 -0,289
Kontrolle	<---	Qualif./Hochqual.	0,497	0,141	-0,357 -0,169
IQV Netz	<---	Qualif./Hochqual.	0,136	0,113	0,020 0,026
Freunde	<---	Qualif./Hochqual.	0,662	0,049	0,492 0,051
Anteil Verw.	<---	Qualif./Hochqual.	-9,482	-0,079	15,31 0,206
Gener. Vertrauen	<---	Qualif./Hochqual.	0,250	0,146	0,309 0,306
Vertrauen Umfeld	<---	Qualif./Hochqual.	0,246	0,149	0,183 0,208
Persönlich	<---	Selbstständige	-0,090	-0,016	0,341 0,12
Beruflich	<---	Selbstständige	0,341	0,05	-0,406 -0,103
Pflege	<---	Selbstständige	0,194	0,034	-0,055 -0,018
Konflikt	<---	Selbstständige	0,302	0,049	-0,862 -0,247
Kontrolle	<---	Selbstständige	0,151	0,024	-0,445 -0,137
IQV Netz	<---	Selbstständige	0,006	0,003	0,031 0,026
Freunde	<---	Selbstständige	-0,575	-0,024	0,563 0,038
Anteil Verw.	<---	Selbstständige	9,097	0,043	9,886 0,087
Gener. Vertrauen	<---	Selbstständige	0,126	0,042	0,354 0,229
Vertrauen Umfeld	<---	Selbstständige	0,156	0,053	0,164 0,122
Persönlich	<---	Nicht erwerbstätig	0,190	0,097	0,162 0,095
Beruflich	<---	Nicht erwerbstätig	0,301	0,131	-0,507 -0,212
Pflege	<---	Nicht erwerbstätig	0,402	0,209	-0,135 -0,072
Konflikt	<---	Nicht erwerbstätig	0,080	0,038	-0,824 -0,391
Kontrolle	<---	Nicht erwerbstätig	0,246	0,118	-0,455 -0,232
IQV Netz	<---	Nicht erwerbstätig	0,053	0,074	0,018 0,025
Freunde	<---	Nicht erwerbstätig	0,137	0,017	0,554 0,062
Anteil Verw.	<---	Nicht erwerbstätig	2,612	0,037	9,248 0,134
Gener. Vertrauen	<---	Nicht erwerbstätig	0,248	0,245	0,242 0,259
Vertrauen Umfeld	<---	Nicht erwerbstätig	0,223	0,228	0,153 0,188
Subj. Integration	<---	Frau	0,256	0,091	0,186 0,081
Lebenszufriedenh.	<---	Frau	0,208	0,05	-0,020 -0,007
Depress. Neigung	<---	Frau	0,100	0,059	0,201 0,14
Subj. Integration	<---	Ostdeutschland	0,159	0,05	0,370 0,125
Lebenszufriedenh.	<---	Ostdeutschland	-0,064	-0,014	-0,143 -0,041

Depress. Neigung	<---	Ostdeutschland	-0,084	-0,044	**-0,175**	-0,095
Subj. Integration	<---	Alter 14-29	0,129	0,04	0,187	0,057
Lebenszufriedenh.	<---	Alter 14-29	**0,554**	0,116	0,264	0,069
Depress. Neigung	<---	Alter 14-29	-0,127	-0,065	-0,138	-0,068
Subj. Integration	<---	Alter 61-90	-0,068	-0,022	**-0,329**	-0,13
Lebenszufriedenh.	<---	Alter 61-90	-0,137	-0,03	0,354	0,119
Depress. Neigung	<---	Alter 61-90	**-0,276**	-0,149	-0,208	-0,132
Subj. Integration	<---	Un-/angel. Arbeiter	0,582	0,072	-0,068	-0,011
Lebenszufriedenh.	<---	Un-/angel. Arbeiter	1,038	0,088	-0,270	-0,036
Depress. Neigung	<---	Un-/angel. Arbeiter	-0,141	-0,029	0,215	0,054
Subj. Integration	<---	Einfach	-0,076	-0,016	-0,319	-0,086
Lebenszufriedenh.	<---	Einfach	0,597	0,084	-0,187	-0,043
Depress. Neigung	<---	Einfach	-0,094	-0,032	0,301	0,13
Subj. Integration	<---	Qualif./Hochqual.	-0,022	-0,005	-0,061	-0,024
Lebenszufriedenh.	<---	Qualif./Hochqual.	0,390	0,056	-0,169	-0,057
Depress. Neigung	<---	Qualif./Hochqual.	-0,147	-0,051	0,098	0,063
Subj. Integration	<---	Selbstständige	-0,245	-0,029	-0,150	-0,039
Lebenszufriedenh.	<---	Selbstständige	-0,194	-0,016	-0,144	-0,032
Depress. Neigung	<---	Selbstständige	-0,207	-0,041	0,076	0,032
Subj. Integration	<---	Nicht erwerbstätig	-0,040	-0,014	0,130	0,056
Lebenszufriedenh.	<---	Nicht erwerbstätig	**0,652**	0,158	-0,123	-0,045
Depress. Neigung	<---	Nicht erwerbstätig	-0,059	-0,035	0,086	0,06
Subj. Integration	<---	Persönlich	**0,237**	0,165	0,004	0,003
Lebenszufriedenh.	<---	Persönlich	-0,005	-0,003	0,010	0,006
Depress. Neigung	<---	Persönlich	0,026	0,03	-0,048	-0,056
Subj. Integration	<---	Beruflich	0,103	0,085	0,067	0,069
Lebenszufriedenh.	<---	Beruflich	**0,225**	0,126	0,001	0,001
Depress. Neigung	<---	Beruflich	**-0,102**	-0,138	0,047	0,078
Subj. Integration	<---	Pflege	**0,177**	0,122	0,119	0,097
Lebenszufriedenh.	<---	Pflege	**0,236**	0,11	0,078	0,054
Depress. Neigung	<---	Pflege	**-0,094**	-0,107	0,020	0,026
Subj. Integration	<---	Konflikt	**-0,137**	-0,101	-0,098	-0,09
Lebenszufriedenh.	<---	Konflikt	**-0,238**	-0,12	-0,081	-0,063
Depress. Neigung	<---	Konflikt	**0,141**	0,173	**0,088**	0,129

Akzentuierung oder Kompensation?

Subj. Integration	<---	Kontrolle	0,113	0,084	0,111	0,094
Lebenszufriedenh.	<---	Kontrolle	0,092	0,046	0,026	0,019
Depress. Neigung	<---	Kontrolle	-0,037	-0,045	-0,037	-0,05
Subj. Integration	<---	IQV Netz	-0,016	-0,004	0,050	0,016
Lebenszufriedenh.	<---	IQV Netz	-0,190	-0,033	-0,027	-0,007
Depress. Neigung	<---	IQV Netz	0,035	0,015	0,083	0,041
Subj. Integration	<---	Vertrauen Umfeld	**0,941**	0,329	**0,908**	0,319
Lebenszufriedenh.	<---	Vertrauen Umfeld	**1,060**	0,252	**0,933**	0,278
Depress. Neigung	<---	Vertrauen Umfeld	**-0,367**	-0,212	**-0,480**	-0,27
Subj. Integration	<---	Gener. Vertrauen	**0,255**	0,092	**0,232**	0,094
Lebenszufriedenh.	<---	Gener. Vertrauen	0,364	0,089	0,103	0,035
Depress. Neigung	<---	Gener. Vertrauen	-0,072	-0,043	-0,008	-0,005
Subj. Integration	<---	Anteil Verw.	-0,001	-0,032	0,000	0,005
Lebenszufriedenh.	<---	Anteil Verw.	0,001	0,013	**-0,004**	-0,104
Depress. Neigung	<---	Anteil Verw.	0,000	-0,006	**0,002**	0,114
Subj. Integration	<---	Enge Freunde	**0,077**	0,221	**0,038**	0,149
Lebenszufriedenh.	<---	Enge Freunde	**0,057**	0,111	0,025	0,081
Depress. Neigung	<---	Enge Freunde	**-0,039**	-0,183	-0,003	-0,02

Anmerkungen:

Fett = p < 0,05
E1 = Untere 50% der Einkommensverteilung (140 – 1328 €)
E2 = Obere 50% der Einkommensverteilung (1342 – 8485 €)

Modellinformation:

Modell	Chi-Square	df	p	RMSEA	NFI	TLI
N=969						
Nicht restringiert	8,925	10	0,539	0,000	0,998	1,013
Pfadkoeffizienten gleich gesetzt	168,5	157	0,251	0,009	0,963	0,991

Einkommenshälfte negativ auf alle drei Dimensionen des Wohlbefindens aus. Schließlich gibt es noch einen interessanten Effekt hinsichtlich des Verwandtschaftsanteils im Freundschaftnetzwerk zu berichten. In Bezug auf die Lebenszufriedenheit wirkt sch dieser nämlich in der oberen Einkommenshälfte negativer aus als in der unteren, ebenso nimmt die depressive Neigung zu. Dies unterstützt die aufgrund vorheriger Ergebnisse bereits oben aufgestellte Interpretation, dass ein hoher Verwandtschaftanteil unter engen Freunden allgemein eher auf eine defensive Lebensweise schließen lässt, dass dies aber bei eher knappen Ressourcen durchaus hilfreich sein kann im Sinne einer voraussetzungsloseren „Notgemeinschaft", als es stärker auf Reziprozität ausgelegte nichtverwandtschaftliche Beziehungen erlauben.

Stärker als die im vorigen Abschnitt fdargestellten Ergebnisse verweisen die hier vorgestellten Gruppenvergleiche die Schlussfolgerung, dass kulturelles Kapital und Einkommen auf der einen Seite und Sozialkapital auf der anderen nicht einfach komplementär nebeneinander das subjektive Wohlbefinden beeinflussen, sondern dass materielle und kulturelle Defizite durch die Wirkung von Sozialkapital ein Stück weit kompensiert werden können. Im Hinblick auf Defizite beim kulturellen und ökonomischen Kapital sind interessanter Weise nicht die gleichen Komponenten des Sozialkapitals bedeutsam. Im muliplen Gruppenvergleich der drei Bildungsniveaus ist es vor allem das Vertrauen ins persönliche Netzwerk, das Bildungsdefizite auszugleichen hilft. Wie bereits angedeutet, dürften die Bildungseffekte hier mindestens teilweise auf damit korrelierte, nicht gemessene allgemeinere Kompetenzen zurückzuführen sein. Es dürfte hier also primär um die Bewältigung von Unsicherheit, also um Ressourcen zu gehen, die für die Bewältigung von Komplexität wichtig sind. Anders beim Einkommen: Hier stehen eingeschränkten Möglichkeiten, Leistungen mit Geld auf dem markt kaufen zu können, eher die Verfügbarkeit instrumenteller Unterstützung gegenüber. Es handelt sich also in beiden Fällen um funktional weitgehend homologe Kompensationen.

5 Zusammenfassung und Schlussfolgerungen

In den hier vorgestellten Analysen zeigten sich zwei Komponenten des Sozialkapitals am deutlichsten als universell wichtig: Zum einen *soziale Integration* in vertrauensvolle Netzwerke und zum anderen *Zugang zu* eher nichtverwandtschaftlichen, reziprozitätsorientierten, eher heterogenen Beziehungen. Konkrete Formen der sozialen Unterstützung wirken zu selektiv bzw. spezifisch, um als allgemeine Sozialkapital-Maße zu taugen. Es ist auch argumentiert worden, dass Vertrauen kein gutes Sozialkapital-Maß darstellt, weil es negativ mit Humankapital und nicht deutlich positiv mit instrumenteller Unterstützung bzw. „socioeconomic returns" korreliert sei (Lin 2000). Wir vertreten hier aus den genannten Gründen eine andere Position, die gerade auf die einerseits eigenständige und andererseits kompensatorische Bedeutung des Vertrauens verweist, gerade wenn es an anderen Ressourcen mangelt. Ein wichtiges Caveat der hier vorgestellten und interpretierten Analysen ist allerdings angebracht: Sichereren Aufschluss über die hier im Querschnitt nur apostrophierten Wirkungsrichtungen werden erst Längsschnittuntersuchungen bieten, die dann im weiteren Verlauf der SOEP-Erhebungen hoffentlich möglich werden.

Sozialkapital hat sich als wichtige, im Hinblick auf die subjektive Lebensqualität durchaus zu den anderen klassischen Ungleichheitsdimensionen gleichwertige Komponente des Ungleichheitssystems der deutschen Gesellschaft erwiesen. Diese Bedeutung bezieht sich sowohl auf die Gewährleistung sozialer Integration als auch instrumentelle, materiell wichtige Unterstützungsleistungen, die marktliche und wohlfahrtsstaatliche Leistungen ergänzen oder ersetzen können. Damit hat es einerseits eine eigenständige Bedeutung, andererseits auch eine kompensatorische Beziehung zu anderen Ungleichheiten. Allerdings hat diese kompensatorische Funktion insofern deutliche Grenzen, als Sozialkapital für Personen mit knappen anderen Ressourcen zwar wichtiger wird, allerdings nicht umfangreicher zur Verfügung steht!

Literatur

Agresti, Alan and Barbara F. Agresti (1977): Statistical analysis of qualitative variation, in: Schuessler, K. F. (Ed.): Sociological Methodology. San Francisco: Jossey-Bass.

Arbuckle, James L. (1996): Full Information Estimation in the Presence of Incomplete Data, in: Marcoulides, George A. and Randall E. Schumacker: Advanced Structural Equation Modeling. Issues and Techniques. Mahwah: Lawrence Erlbaum.

Bollen, Kenneth A. and John S. Long (Eds.) (1993): Testing Structural Equation Models. New bury Park: Sage.

Bourdieu, Pierre 1983: Ökonomisches Kapital, kulturelles Kapital, soziales Kapital, in Reinhard Kreckel (Hg.): Soziale Ungleichheiten – Soziale Welt Sonderband 2, Otto Schwartz & Co., Göttingen, S. 183-198.

Coleman, James (1988): Social Capital in the Creation of Human Capital, in: The American Journal of Sociology 94, S. 95-121.

Coleman, James 1990: Foundations of Social Theory. Cambridge, Massachusetts, Harvard University Press.

Diewald, Martin (2003): Kapital oder Kompensation? Erwerbsbiografien von Männern und die sozialen Beziehungen zu Verwandten und Freunden. Berliner Journal für Soziologie, 13, S 213-238.

Diewald, Martin/Jörg Lüdicke/Frieder Lang/Jürgen Schupp 2006: Familie und soziale Netzwerke. Ein revidiertes Erhebungskonzept für das Sozio-oekonomische Panel (SOEP) im Jahr 2006. Research Notes 14/2006,. DIW Berlin.

Esser, Hartmut (2000): Soziologie. Spezielle Grundlagen, Band 4: Opportunitäöten und Restriktionen. Frankfurt und New York: Campus.

Flap, H. (1999): Creation and returns of social capital: a new research program. La Revue Tocqueville XX (1): 5-26.

Flap, H. (1991): Social capital in the production of inequality. A review. Comparative Sociology of Family, Health, and Education 20: 6179-6202.

Kreyenfeld, Michaela (2005): Economic Uncertainty and Fertility. MPIDR Working Paper No. 205-34.

Lang, Frieder R. (2003). Die Gestaltung und Regulation sozialer Beziehungen im Lebenslauf: Eine entwicklungspsychologische Perspektive. Berliner Journal für Soziologie, 13, 175 – 195.

Lang, Frieder R. et al. (2005): Erfassung des kognitiven Leistungspotenzials und der "Big Five" mit Computer-Assisted-Personal-Interviewing (CAPI): zur Reliabilität und Validität zweier ultrakurzer Tests und des BFI-S. Research Notes 9/2005, DIW Berlin.

Lin, Nan (2000): Inequality in social capital. Contemporary Sociology, 29, 785-795

Lin, Nan (2000): Social Capital: Social Networks, Civil Engagement, or Trust? Paper delivered at the Workshop on Social Capital, Trento, Italy.

Neyer, Franz J. & Lang, Frieder R. (2003): Blood is thicker than water: Kinship orientation across adulthood. Journal of Personality and Social Psychology, 84, 310-321.

Reinecke, Jost (2005): Strukturgleichungsmodelle in den Sozialwissenschaften. München/Wien: Oldenbourg.
Rook, Karen S. & Schuster, T. (1996). Compensatory processes in the social networks of older adults. In G. R. Pierce, B. R. Sarason & I. G. Sarason (Eds.), Handbook of social support and the family (pp. 219 – 248). New York: Plenum Press.
TNS Infratest 2005: Testerhebung zum SOEP 2006 "Persönlichkeit und Alltag". München
United Nations (2006): Human Development Report. URL: http://hdr.undp.org/
van der Gaag, Martin/Tom Snijders 2004: Proposals for the Measurement of Individual Social Capital, in: Henk Flap und Beate Völker (Hg.), Creation and Return of Social Capital. A New Research Program. London und New York: Routledge. S. 199-218
van Deth, Jan W. 2003: Measuring social capital: orthodoxies and continuing controversies. International Journal of Social Research Methodology 6, S. 79-92.

Sozialkapital und Statuspassagen – Die Rolle von institutionellen Gatekeepern bei der Aktivierung von Netzwerkressourcen

Betina Hollstein

1 Wie werden Beziehungs- und Netzwerkressourcen aktiviert? Struktur- und akteurstheoretische Perspektiven

Soziale Ungleichheit bedeutet ungleiche Lebenschancen aufgrund der ungleichen Verteilung von und dem ungleichen Zugang zu hoch bewerteten Ressourcen. Sind solche Ressourcen – und entsprechend positive Leistungen für die Individuen – an soziale Beziehungen und Netzwerke gebunden, spricht man, in der Tradition von Coleman (1990) und Bourdieu (1983) von Sozialkapital.

Wie Bourdieu es ausdrückt, bezeichnet das Sozialkapital „die Gesamtheit der aktuellen und potentiellen Ressourcen, die mit dem Besitz eines dauerhaften Netzes von mehr oder weniger institutionalisierten Beziehungen gegenseitigen Kennens oder Anerkennens verbunden sind; oder, anders ausgedrückt, es handelt sich dabei um Ressourcen, die auf der Zugehörigkeit zu einer Gruppe beruhen" (Bourdieu 1983: 190f). Ähnlich formuliert James S. Coleman: „Social capital is defined by its function. ... Like other forms of capital, social capital is productive, making possible the achievement of certain ends that would not be attainable in its absence. .... Unlike other forms of capital, social capital inheres in the structure of relations between persons and among persons. It is lodged neither in individuals nor in the physical implements of production" (Coleman 1990: 302). Im Unterschied zu ökonomischem oder kulturellem Kapital liegt das Sozialkapital also nicht in der direkten Verfügung des Individuums: das Sozialkapital ist, in (irgendeiner Weise) an die Existenz anderer Personen gebunden.

Allerdings ist die Tatsache, dass jemand zu meiner Familie gehört oder dass ich bestimmte Leute kenne, für sich genommen nicht weiter bedeutungsvoll. Interessant und für die Frage der sozialen Ungleichheit relevant wird diese Tatsache dadurch, dass das Sozialkapital „wirkt", und, in Bourdieus Terminologie, in andere, für das Individuum direkt verwertbare Ressourcen „*umgewandelt*" und konvertiert werden kann, also etwa in „Gefälligkeiten", soziale Positionen etc. Mit dieser „Umwandlung" oder „Konvertierung" von Sozialkapital möchte ich mich im Folgenden genauer beschäftigen.

Die Frage hierbei ist, wie das Potential dieser Beziehungen und Netzwerke genutzt wird bzw. werden kann, oder mit anderen Worten: „wie wirkt Sozialkapital?" Dabei sind zwei Teilaspekte zu unterscheiden: Erstens, die Wirkung im Sinne von „auf welche Weise und unter welchen Bedingungen wird das Sozialkapital umgewandelt?". Hier geht es um die *Mechanismen* und die *Praktiken der Umwandlung* des Sozialkapitals, um die Akteure und „wie sie es machen". Zweitens: Wie wirken sich diese Praktiken konkret auf die Ressourcenlage und soziale Positionierung des Individuums aus? Hier geht es um die *Erträge bzw. Profite* aus der Umwandlung des Sozialkapitals – als Aspekte von sozialer Ungleichheit.

In der empirischen Forschung liegt der Akzent zumeist auf der Frage nach den Erträgen aus dem Sozialkapital. Die Frage nach dem „Wie?", nach den Mechanismen und Praktiken der Wirkung von Sozialkapital wird dagegen weniger systematisch bzw. wie ich behaupten möchte, eher einseitig bearbeitet. Sie steht im Mittelpunkt dieses Beitrags. Es geht darum, *wie* und *unter welchen Bedingungen* die Ressourcen von Beziehungen und Netzwerken eigentlich aktiviert werden und das Potential der Beziehungen nutzbar gemacht wird.

Bei dieser Frage lassen sich im Wesentlichen zwei Zugänge oder Perspektiven unterscheiden: ein Zugang, der zur Beschreibung und Erklärung der Wirkung von Sozialkapital primär auf Strukturaspekte von Beziehungen und Netzwerken zielt, und ein Zugang, der die Handlungsbeiträge der Akteure, ihre Praktiken, Zuschreibungen und Deutungen in den Mittelpunkt der Betrachtung stellt. Die erste Perspektive, die die Bedeutung von Beziehungen und Netzwerken für die Ressourcenlage des Individuums primär in den *Beziehungs- und Netzwerk-Strukturen* lokalisiert, geht vor allem auf die Arbeiten von James S. Coleman zurück und wurde im Rahmen der Netzwerkforschung weiter entwickelt und ausdifferenziert. Wegweisend (wenn auch nicht ohne Kritik geblieben) waren hier Colemans Arbeiten zum Zusammenhang zwischen dichten Netzwerken und Bildungserfolg (Coleman 1990, Coleman/ Hoffer 1987). Zu nennen sind insbesondere auch die Arbeiten im Anschluss an Granovetters Studie zum Zusammenhang von „weak ties" und Jobmobilität (Granovetter 1974, Lin u.a. 1981) und die Arbeiten von Ronald Burt zum Zusammenhang zwischen dem Besetzen struktureller Löcher und dem Gewinn karrierestrategisch wichtiger Informationen (Burt 1992). Demgegenüber möchte ich im Folgenden die zweite Perspektive genauer verfolgen, welche den Akzent auf die *Handlungsbeiträge der Akteure* legt. Hier liegt der Fokus darauf, wie die Akteure selbst in den Beziehungen und Netzwerken an der Aktivierung von Sozialkapital beteiligt sind. Auf welche Weise und unter welchen Bedingungen haben ihre Wahrnehmungen, Zuschreibungen und Praktiken Einfluss auf die Aktivierung der Beziehungsressourcen? Auf solche Aspekte hatte schon

Bourdieu (1983) hingewiesen, indem er die symbolischen Qualitäten von Sozialem Kapital besonders hervorgehoben hat (also die Zurechnung von Zugehörigkeit zu bestimmten sozialen Gruppen, z.b. aufgrund eines Adelstitels). Dieser Aspekt wurde in der Sozialkapitaldiskussion bislang nur am Rande und nicht systematisch thematisiert. So weist z.b. Nan Lin darauf hin, dass Jobinformationen häufig in Routine-Interaktionen mit Kollegen vermittelt werden, ohne dass man aktiv danach gefragt hat, einen Mechanismus, den er als „invisible hand" des Sozialkapitals bezeichnet (Lin 2004). Solchen Praktiken, den Handlungsbeiträgen der Akteure und ihren Bedingungen möchte ich im Folgenden genauer nachgehen.

Dabei konzentriere ich mich auf einen bestimmten Ausschnitt von sozialen Praktiken, der m.E. besonderes Interesse verdient, bisher jedoch nicht in Hinblick auf die Frage des Sozialkapitals diskutiert und systematisiert wurde: Es geht um Praktiken der Aktivierung von Sozialkapital, an denen *institutionelle Gatekeeper* beteiligt sind.[1] Institutionelle Gatekeeper sind deshalb besonders interessant, weil sie als „Türsteher" an Statusübergängen zentrale Weichenstellen im Lebenslauf von Individuen kontrollieren und sie eine wichtige Gelenkstelle bilden zwischen Organisationsinteressen auf der einen Seite und individuellen Lebensläufen auf der anderen Seite. Die hier vertretene These lautet, dass *institutionelle Gatekeeper eine Schlüsselrolle spielen können bei der Aktivierung von Sozialkapital und bei der Übersetzung von Sozialkapital in Statuspositionen (und insofern auch bei der Reproduktion sozialer Ungleichheit).*

Im Folgenden soll genauer betrachtet werden, wie und unter welchen Bedingungen Beziehungs- und Netzwerkressourcen unter Beteiligung institutioneller Gatekeeper aktiviert werden. Anhand von zwei sehr unterschiedlichen Fallbeispielen aus unterschiedlichen Phasen im Lebenslauf (Sekundarschulempfehlungen am Ende der Grundschulzeit, Danksagungen von Wissenschaftlern) möchte ich zeigen, wie solche Übersetzungs- bzw. Konvertierungsprozesse von sozialem Kapital in andere wichtige Ressourcen (Bildungsbeteiligung, Reputation im Wissenschaftssystem) aussehen können und welche Rahmenbedingungen dabei eine Rolle spielen (Abschnitt 3). In Anschluss werden diese Praktiken dann systematisiert und im Zusammenhang diskutiert (Abschnitt 4). Doch bevor auf die Fallbeispiele genauer eingegangen wird, ist zunächst die Bedeutung von Gatekeepern im Lebenslauf genauer zu klären sowie der Zusammenhang von Gatekeeping, Sozialkapital und sozialer Ungleichheit (Abschnitt 2).

---

[1] Zu anderen Praktiken der Ressourcenaktivierung innerhalb von Beziehungen, auf den auch die Sozialkapitalforschung immer wieder hinweist, gehört beispielsweise Reziprozität. Vergleiche genauer Hollstein (2005).

2 Gatekeeping, Lebenslauf und Soziale Ungleichheit: Institutionelle Gatekeeper als Übersetzer von individuellen Ansprüchen in Statuspositionen

Institutionelle Gatekeeper begleiten, kontrollieren und gestalten als so genannte „Zugangswärter" die Statusübergänge im Lebenslauf von Individuen. Mit dem Begriff des *Statusübergangs* oder der Statuspassage werden in der Lebenslaufforschung bestimmte, wiederkehrende Situationen im Lebenslauf bezeichnet, in denen sich die Muster der Zugehörigkeit des Individuums, seine soziale Positionierung und individuelle Ressourcenlage verändern (George 1993, Sackmann 1998, Nagel/Dietz 2001). In diesem Sinne markieren sie auch Bewegungen innerhalb der Sozialstruktur, Mobilitätsprozesse und die Verschiebung von Teilhabe- und Partizipationschancen im Lebenslauf. Dazu gehören beispielsweise schulische Übergänge, Ein-, Auf- und Abstiege im Erwerbssystem, gesundheitliche Veränderungen oder Veränderungen des Familienstandes.

Mit der Analyse von Übergängen verbindet sich das Interesse an Ursachen und Folgen markanter Statuswechsel, wobei der Fokus auf jeweils sehr unterschiedliche Aspekte gerichtet sein kann: auf individuelle Bewältigungsmuster, auf sozialstrukturelle Verteilungsmuster und Strukturmuster von Übergängen, auf institutionalisierte Übergangssysteme oder auf Übergangspolitiken von Gatekeepern in Organisationen (Struck 2001). Um diese Übergangspolitiken geht es im Folgenden.

Das Besondere an Übergangspolitiken ist, dass sich in ihnen „die in Übergangssystemen und Übergangsstrukturen abstrakt bleibenden Verbindungen zwischen Ursprungs- und Folge- bzw. Endzustand (konkretisieren)" (Struck 2001: 33). Gatekeeper besetzen hierbei eine Schlüsselposition, weil sie an der *Schnittstelle* zwischen institutionellen Regulierungen und biographischen Verläufen stehen. Das Handeln von Gatekeepern ist folgenreich für individuelle Lebensverläufe, zugleich werden Strukturmuster von Übergängen generiert (ebda.).

An dieser Stelle ist eine begriffliche Klärung erforderlich: So wird der Terminus „Gatekeeper" in der Literatur unterschiedlich verwendet. Im Anschluss an die Arbeiten von Lewin (1951) wird der Begriff sehr breit gefasst (z.B. Heinz 1992, Behrens/Rabe-Kleberg 1992) und auf alle Personen bezogen, die in irgendeiner Weise mit am Zustandekommen und der Bearbeitung von Statuspassagen beteiligt sind, also insbesondere auch Personen des informellen Netzwerks wie Freunde oder Familienangehörige („Virtually every person can act as a gatekeeper", Behrens/Rabe-Kleberg 1992: 238). Im Unterschied dazu beschäftige ich mich im Folgenden nur mit *institutionellen* Gatekeepern, die

Ansprüche von Individuen beurteilen und tatsächlich *Entscheidungen* über Eintritt in und Austritt aus bestimmten Statuspositionen treffen bzw. deren Handeln unmittelbare Konsequenzen für die soziale Positionierung eines Individuums hat, also etwa Lehrer, Gutachter oder Personalverantwortliche. Es geht, wie Olaf Struck es ausdrückt, um „Schlüsselpersonen mit Entscheidungsautorität in der Vermittlung von Individuum und Organisation mit Bezug auf Institutionen .... ‚Zugangswärter' also, die an den Grenzen gesellschaftlicher Teilräume die Anforderungen zum Durchschreiten dieser Räume durchsetzungsstark und definitionsmächtig repräsentieren" (Struck 2001: 37). Der Vorteil dieser begrifflichen Einschränkung liegt meines Erachtens darin, dass man nicht alle möglichen denkbaren, direkten und indirekten, kurz- und langfristigen Einwirkungen auf individuelle Lebensverläufe ohne Gewichtung zum Thema macht, sondern eine Gelenkstelle oder Schlüsselposition fokussiert, in der verschiedene Einflüsse *gebündelt* und *greifbar* werden und sich zugleich die Übersetzung in soziale Positionen *konkretisiert* (und wie noch zu zeigen ist, auch eine Art der Übersetzung von sozialem Kapital in soziale Positionen). Denn die Entscheidungen dieser Gatekeeper haben weit reichende Auswirkungen auf individuelle Lebensläufe und Ressourcenlagen sowie, indem durch ihre (Auswahl-) Entscheidungen die Verteilung von Individuen auf Statuspositionen reguliert werden, auch Folgen für sozialstrukturelle Verteilungen und die Strukturen sozialer Ungleichheit. Die Annahme ist also, dass bei institutionellen Gatekeepern die Verknüpfung des Handelns von Gatekeepern mit Ungleichheitsstrukturen besonders eng ist.

Diese Punkte markieren die besondere *Relevanz* von Gatekeepern. Das, was sie zudem besonders *interessant* macht, ist, dass Gatekeeper nicht einfach die Interessen der Organisation repräsentieren und vertreten, der sie angehören, sondern dass sie strukturell über bestimmte Entscheidungs*spielräume* und Entscheidungsfreiheiten verfügen, die über die institutionellen Vorgaben hinausreichen. Diese Entscheidungs- und Handlungsspielräume sind vor allem zwei Umständen geschuldet (vgl. Struck 2001): Zum einen müssen Gatekeeper in ihren Entscheidungen die Interessen und Anforderungen unterschiedlicher Akteure berücksichtigen, der Übergangsaspiranten selbst, aber auch von institutionellen Normen, von Organisationsinteressen, von internen Organisationsabteilungen sowie vom professionellen Umfeld und von sozialstrukturellen Bedingungen. Einen anderen Grund für die strukturellen Spielräume sieht Struck in der Spezialisierung und Professionalisierung der Gatekeeper und ihrer Verfügung über exklusives Wissen hinsichtlich ihres Spezialgebiets, die ihnen eine gewisse Unabhängigkeit und damit Freiheit bei der Entscheidungsfindung lässt. Zwar müssen die Entscheidungen der Gatekeeper überprüfbar sein und sowohl Gerechtigkeits- wie Effizienzkriterien genügen, doch beide sind „begrifflich unterbestimmt und deutungsabhängig" (Struck 2001: 45).

Kurzum: Die Untersuchung des Handelns von Gatekeepern kann ein lohnendes Unterfangen darstellen – und zwar nicht nur bezogen auf die Interessen und Normen der Organisationen und Institutionen, die die Gatekeeper repräsentieren, sondern gerade auch bezogen auf die *Spielräume*, die ihnen individuell zur Verfügung stehen. Was sind ihre Entscheidungskriterien, welche Aspekte stellen sie bei ihren Entscheidungen in Rechnung?

An diesem Punkt liegt die Anschlussstelle für die Frage nach der *Aktivierung von sozialem Kapital*: Da Gatekeeper eine strategisch wichtige Position bei der Vermittlung von individuellen Ansprüchen und sozialen Positionen einnehmen, stellt sich die Frage, *ob* und *auf welche Weise* auch das soziale Kapital der Übergangsaspiranten eine Rolle bei den Entscheidungen der Gatekeeper spielt.

Theoretisch denkbar sind verschiedene Möglichkeiten. Zunächst einmal ist zu konstatieren, dass Gatekeeping ein modernes Phänomen ist, das in ausdifferenzierten und meritokratischen Gesellschaften Ausdruck der Orientierung an Leistungskriterien und der damit verbundenen Notwendigkeit der Prüfung von individuellen Ansprüchen und Leistungen ist (vgl. z.B. Struck 2001). Vertreter funktionalistischer Theorien würden darauf hinweisen, dass entsprechend Gatekeeping gerade der institutionelle Ausdruck ist für die Ablösung von Merkmalen der sozialen Herkunft von Statuszuweisung zugunsten von Merkmalen der individuellen Leistung als Begründung von Statuspositionen (Selektion qua Leistung). Auf der anderen Seite argumentieren Vertreter von Konflikttheorien wie der Theorie der kulturellen Reproduktion, dass auch in modernen Gesellschaften nach wie vor Klassengegensätze existieren, die mit politischen und kulturellen Abgrenzungskämpfen, Distinktionspraktiken und Strategien der sozialen Reproduktion verbunden sind und die sich auch in Gatekeeping in Organisationen niederschlagen und zu sozialer Selektion führen (z.B. im Stichwort „Schule als Mittelschichtinstitution"). Dabei muss man gar nicht an direkte, bewusste Diskriminierung denken. Diskriminierung und soziale Selektion kann sich auch unterhalb der Aufmerksamkeitsschwelle der Akteure vollziehen, so können z.B. spezifische „Normalitätsstandards" und „-erwartungen" dazu führen, dass bestimmte Gruppen indirekt („institutionell") diskriminiert werden, ohne dass in den Entscheidungen der Gatekeeper das soziale Kapital, wie z.B. die soziale Herkunft, überhaupt je direkt thematisiert wird (z.B. Gomolla/Radtke 2002 zur institutionellen Diskriminierung von Schülern mit Migrationshintergrund).

Insgesamt ist es eine *empirisch* zu beantwortende Frage, wie die Gatekeeper ihre Spielräume ausnutzen und welche Kriterien sie zur Beurteilung individueller

Ansprüche anlegen. Wichtig ist dabei, dass auch erfasst wird, was Gatekeeper selbst als die sie beeinflussenden Rahmenbedingungen für ihre Übergangsbeurteilungen bestimmen: „Gerade weil Gatekeeper in ihren Entscheidungen Situationsdefinitionen vornehmen, Kriterien und Regeln festlegen und teilweise an der Institutionalisierung von Normen mitwirken, ist es von hoher Bedeutung, in welchem Kontext sie selbst ihre Entscheidungsfreiheiten und -zwänge sehen" (Struck 2001: 48). Auf welche Weise das Soziale Kapital der Aspiranten bei der Gewährung von Ansprüchen und dem Passieren von Übergängen tatsächlich eine Rolle spielen kann soll im Folgenden genauer beleuchtet werden.[2]

Anhand von zwei sehr unterschiedlichen Fallbeispielen sollen verschiedene Praktiken der Aktivierung von sozialem Kapital im Zusammenhang mit institutionellem Gatekeeping dargestellt werden sowie verschiedene Aspekte der Ressourcenaktivierung genauer herausgearbeitet werden. Am Beispiel der Sekundarschulempfehlungen am Ende der Grundschulzeit lässt sich zeigen, dass Gatekeeper bei der Aktivierung von Sozialkapital tatsächlich eine Schlüsselrolle spielen können. In handlungsrelevanten *Zuschreibungen* rekurrieren Gatekeeper sogar explizit auf die sozialen Beziehungen der Aspiranten. Ferner lässt sich zeigen, dass das Handeln der Gatekeeper und das Ausnutzen ihrer Spielräume nicht beliebig oder „diffus" ist, sondern *strukturiert* und dass es bestimmten Regeln folgt (und insofern auch die Übersetzung von Sozialkapital in soziale Positionen regelgeleitet ist).

Als weitere Praktiken der Aktivierung von Sozialkapital werden *Interventionen von Netzwerkmitgliedern* beschrieben. Institutionelles Gatekeeping mit Bezug auf Sozialkapital ist kein two-way-process (Heinz 1992), sondern ein *three-way-process*: Beteiligt sind nicht nur die Gatekeeper und die Personen, um deren Statusposition es geht, sondern auch die Personen des informellen Netzwerks, welche zum Teil direkt in den Gatekeeping-Prozess eingreifen.

---

[2] In theoretisch-methodologischer Hinsicht kann man hier an handlungstheoretische, am Symbolischen Interaktionismus aber auch an Austauschtheorien orientierte Überlegungen anschließen, wie sie z.B. im Rahmen des Bremer SFB 186 „Risikolagen und Statuspassagen im Lebensverlauf" ausgearbeitet wurden (Weyman 1989, Heinz 1992, Hollstein 2001). In Abgrenzung von „over-institutionalized conceptions of the life-course" (Heinz 1992: 10) stehen die Handlungsspielräume der individuellen Akteure im Vordergrund. Bezogen auf Gatekeeping und die Bewältigung von Statuspassagen legt der „Bremer Ansatz" den Fokus vor allem auf die Interaktionen, die Austausch- und Aushandlungsprozesse zwischen den Gatekeepern sowie den Akteuren, um deren Lebensläufe es geht (Heinz 1992, Behrens/Rabe-Kleberg 1992). Es geht um Prozesse des „negotiating" (Behrens/Rabe-Kleberg 1992) oder, wie Walter R. Heinz es ausdrückt: „Gatekeeping consists of processes of interaction and selection by applying institutional standards to biographies. This is a *two-way process* which is not necessarily asymmetric" (Heinz 1992: 11; Hvhg. BH).

Am Beispiel der Danksagungen in wissenschaftlichen Publikationen möchte ich schließlich auf die *Selbstpräsentation der Akteure*, welche vom Sozialkapital profitieren, genauer eingehen. Gerade in kleinen, scheinbar nebensächlichen Aspekten kann Sozialkapital signalisiert werden. Der Vergleich von Danksagungen von vier Soziologengenerationen deutet ferner darauf hin, dass insbesondere zunehmende Konkurrenz im Wissenschaftssystem die Instrumentalisierung von Danksagungen zu Karrierezwecken befördert.

3 Praktiken der Aktivierung von Sozialkapital unter Beteiligung institutioneller Gatekeeper

3.1 Beispiel Sekundarschulempfehlung

Bekanntermaßen werden in Deutschland entscheidende Weichen für den weiteren Bildungsweg bereits zu einem biographisch sehr frühen Zeitpunkt gestellt, nämlich beim Übergang in die Sekundarstufe, also zu einem Zeitpunkt, wenn die Schulkinder etwa zwischen 10 und 12 Jahre alt sind. Eine wichtige, in einigen Bundesländern sogar ausschlaggebende Rolle hat hierbei die Empfehlung der Lehrer, die so genannte Grundschul- oder Sekundarschulempfehlung. Um sie geht es im ersten Fallbeispiel. Wie die Hamburger Schulleistungsstudie LAU5, eine Vollerhebung aller Hamburger Schüler eines Schuljahrgangs, gezeigt hat, spielen bei dieser Übergangsempfehlung offenbar nicht nur Leistungsgesichtspunkte eine Rolle: Kinder aus sozial benachteiligten Familien müssen deutlich bessere Leistungen erzielen, um eine Gymnasialempfehlung zu erhalten als Kinder aus sozial privilegierten Elternhäusern (Lehmann/ Peek/ Gänsfuss 1997).[3] Für die Kinder alleiner-ziehender Mütter zeigt sich ebenfalls eine derartige Diskriminierung. Da sich die Eltern in der Regel an diesen Empfehlungen orientieren (auch wenn sie nicht bindend sind), trägt diese Selektion dazu bei, dass die entsprechenden Schülerpopulationen leistungsmäßig heterogen zusammengesetzt sind, sozial hingegen eher homogen sind (ebda.).

Die Frage ist, warum es zu dieser Ungleichbehandlung kommt. Welche Kriterien ziehen die Lehrer/innen heran? Eine mögliche Erklärung ist, dass Fähigkeiten und Kompetenzen der Schüler/innen in die Beurteilung einfließen, die (wie auch schon die Schulleistung selbst) schichtspezifisch verteilt sind, und

---

[3] Bei Kindern, deren Vater die Hochschulreife erlangt hat, reichen durchschnittlich 65 Leistungspunkte aus, um mit 50%iger Wahrscheinlichkeit eine Gymnasialempfehlung zu erhalten. Kinder, deren Vater keinen Schulabschluss besitzen, müssen demgegenüber 98 Punkte erzielen, um mit 50%iger Wahrscheinlichkeit eine Gymnasialempfehlung zu erhalten (der Gesamtdurchschnitt liegt bei 78 Punkten) (Lehmann/Peek/Gänsfuss 1997).

auf diese Weise indirekt diskriminierend wirken (und zwar ohne dass direkt auf die sozialen Beziehungen der Kinder Bezug genommen wird). Genannt werden beispielsweise Aspekte des Arbeitsverhaltens der Schüler (wie Selbstdisziplin, Selbständigkeit oder Konzentrationsfähigkeit), Motivation oder das Sozialverhalten (vgl. Dravenau/Groh-Samberg 2004, Ditton 2004). Theoretisch wird Bezug genommen auf das Konzept der institutionellen Diskriminierung sowie auf Theorien zur schichtspezifischen Sozialisation. Empirisch zeigt sich allerdings, dass für die Erklärung der ungleichen Behandlung der Bezug auf Schülermerkmale zwar zusätzliche Aufklärung bringt, insgesamt aber nicht hinreichend ist.[4]

Aus diesem Grund habe ich in einer explorativen Studie untersucht, ob und auf welche Weise der direkte Rekurs auf soziales Kapital (Herkunft und soziales Umfeld der Schüler/innen) bei den Übergangsempfehlungen eine Rolle spielt. Ich wollte wissen, ob und auf welche Weise Merkmale der sozialen Herkunft und des sozialen Umfelds der Schüler/innen bei den Grundschullehrer /innen repräsentiert sind und was sie über den sozialen Kontext ihrer Schüler wissen. Dabei habe ich sowohl nach den Kriterien für die Empfehlungen gefragt und die Erklärungen und Argumentationsmuster der Grundschullehrer/innen untersucht, als auch die konkrete Empfehlungspraxis, also wie die Verfahrensschritte aussehen und welche Akteure auf welche Weise an den Empfehlungen beteiligt sind. Ziel der Studie war es, die Bandbreite der Argumentationsmuster der Gatekeeper darzustellen und Genaueres über die Bedingungen zu erfahren, unter denen sie auftreten.

Zur Anlage der Untersuchung: Zur Untersuchung dieser Fragen wurden insgesamt fünfzehn leitfadengestützte Interviews mit Grundschullehrer/innen und Schulleiter/innen in verschiedenen, sozialstrukturell unterschiedlich zusammengesetzten Berliner Bezirken geführt. Dabei wurden diskursive Interviews kombiniert mit Elementen des narrativen Interviews. Das diskursive Interview bietet sich an, weil es dezidiert auf die Erhebung sozial geteilter Deutungsmuster zielt – in den Lehrerkonferenzen, in denen die Empfehlungen besprochen werden, müssen die Entscheidungen ebenfalls begründet werden. Das narrative Interview ist besonders geeignet, um das konkrete Vorgehen, also die Empfehlungspraxis, zu erheben (vgl. zur methodischen Anlage Hollstein 2006). Die Fragenbereiche richteten sich auf die Empfehlungspraxis und die Entscheidungskriterien und Gründe für die Empfehlungen. Besondere Nachfragenblöcke richteten sich auf einzelne Schülermerkmale, Vorstellungen und

---

[4] So bleibt, wie Hartmut Ditton in einem Literaturüberblick zum Thema zeigt, z.B. auch nach Kontrolle des Arbeitsverhaltens, der Konzentrationsfähigkeit der Schüler und ihrer Selbstständigkeit immer noch ein unerklärter Rest übrig (Ditton 2004). Der Bezug auf solche Kriterien reicht also offenbar nicht zur Erklärung der Ungleichbehandlung aus.

Wissen über die Konsequenzen von Empfehlungen, Merkmale der Eltern und des sozialen Umfelds sowie die Kommunikation zwischen Lehrern und Eltern. Ferner wurde die Einschätzung der Berliner Empfehlungspraxis[5] erhoben sowie biographische Daten der Lehrer/innen (z.b. eigene Erfahrungen mit verschiedenen Schultypen). Insgesamt wurde besonders darauf geachtet, die Familie und das soziale Umfeld zunächst nicht anzusprechen, sondern hierzu erst im späteren Interviewverlauf – sofern diese Aspekte von den Lehrer/innen nicht selbst thematisiert wurden – nachzufragen.

Ressourcenaktivierung durch „Zuschreibungen von Gatekeepern"

Im Ergebnis zeigt sich, dass die Lehrer/innen bei den Grundschulempfehlungen insgesamt sehr unterschiedliche Kriterien heranziehen: Arbeitsverhalten und Motivation, aber z.b. auch psychische Belastbarkeit oder Durchsetzungsvermögen oder strukturelle Faktoren wie das spezifische Angebot an weiterführenden Schulen im Bezirk.

Für mich überraschend war jedoch, dass sich die meisten Lehrer/innen (ohne danach gefragt worden zu sein) dezidiert auf die familiäre Situation und das soziale Umfeld der Kinder beziehen. Dabei findet sich in fast allen Fällen ein Zuschreibungs- und Deutungsmuster, welches ich bezeichnen möchte als *„das Kind im Kontext sehen"*. Exemplarisch hierfür ein Zitat einer stellvertretenden Schulleiterin aus Berlin-Kreuzberg:

> „... Was unausgesprochen, sag ich jetzt auch immer, über diesen ganzen Diskussionen [in der Lehrerkonferenz; BH] hängt, ist die Frage, kriegt ein Kind ausreichend Unterstützung sowohl psychologischer Art, als auch vielleicht so vom Lernen her, wenn er mal Einbrüche in der nächsten Schule hat. Also, dass man sagt, dass man manchmal Schülern, die so mittendrin stehen, aber wo man weiß, die Eltern sind dahinter und die können ihm Unterstützung geben und die können ihn

---

[5] Zur besonderen Situation in Berlin ist anzumerken, dass hier, anders als in den meisten Bundesländern die Grundschule sechs Jahre umfasst. Ein weiteres Spezifikum der Berliner Situation ist, dass die Lehrer/innen seit ein paar Jahren nur noch zwischen bestimmten Notenwerten eine Entscheidung zu treffen haben: z.B. werden Schüler/innen bei einem Notenschnitt von über 2,2 automatisch auf das Gymnasium empfohlen (wobei zur Berechnung des Notenschnitts Haupt- und Nebenfächer unterschiedlich gewichtet werden). Die Lehrerkonferenz entscheidet also nur in den beiden Zwischenbereichen: zwischen 2,2 und 2,8 (hier muss eine Entscheidung zwischen Gymnasium und Realschule getroffen werden) und zwischen 3,2 und 3,8 (hier geht es um Haupt- oder Realschule). Die Übergangsempfehlungen der Berliner Grundschulen sind, anders als z.B. in Bayern oder Baden-Württemberg, nicht bindend. Allerdings orientieren sich die Schulen bei der Aufnahme der Schüler an den Empfehlungen (z.B. wenn sich mehr Schüler bewerben als Plätze vorhanden sind).

auch psychisch aufbauen zum Beispiel im Probehalbjahr wenn's-, was ja 'ne ganz schwierige Zeit für die Kinder ist, dann kann man sagen, ja das kann man riskieren. Das würde schon gehen. --- Während beim anderen Kind, wo man sagt, der hat zuhause nichts zu erwarten, und wenn der jetzt nicht noch Unterstützung kriegt, dann packt er's nicht. Ja? Und das iss ja das, was uns immer vorgeworfen wird, oder wo es auch heißt, beide Kinder haben die gleichen Leistungsvoraussetzungen, die einen kriegen die Empfehlung, die anderen nicht, wo man sich schon immer- also das heißt nicht, dass man dann so rigoros so entscheidet, aber das iss eine Sache, die, die wir im Hinterkopf haben. Ja? Dass man sagt jemand mit 2,7 und *gar* keine Unterstützung von zuhause, würde der das wirklich packen? /mhm/ Und packt das auch von der Frustrationstoleranz her. Weil, wenn ein Kind dann nach vier, sechs Wochen merkt, hah, das iss so schwer! und kriegt keine Unterstützung oder keine Aufmunterung, dann- (2 sec.) und dann muss man so'n Misserfolg auch dem Kind nicht- dann berate ich eher die Eltern und sage, wissen Sie, geben Sie Ihr Kind auf die Realschule, auf eine gute - Realschule, die sind gehalten alle Kinder zu beobachten, und spätestens nach der achten Klasse, haben die dann die Möglichkeit, in den Gymnasialzug überzuwechseln. Oder, wenn sie gute Noten haben nach der zehnten Klasse, in die Aufbaustufe der gymnasialen Oberstufe zu gehen, dann finde ich es besser, also mit einem gestärkten Selbstbewusstsein und Lernerfolgen, dann die eigene äh Lernkarriere aufzubauen."

Der soziale Kontext ist nicht wesentliches Kriterium – das wäre wohl auch kaum zu erwarten – aber in *Grenzfällen* spielt er eine Rolle. Wenn man „auf der Kippe" steht, gibt der soziale Kontext – und hier vor allem inhaltliche und emotionale Unterstützung durch das Elternhaus – den Ausschlag und ist das „Zünglein an der Waage". In dem Zitat finden sich fünf Argumentationsschritte, die auch in anderen Interviews zusammen auftreten und miteinander verknüpft sind: (1) Zunächst wird darauf hingewiesen, dass es sich um Grenzfälle handelt, also um Schüler/innen, die von ihren Schulleistungen her nicht eindeutig überzeugen und „auf der Kippe" stehen und bei denen man sich fragt, ob sie das auf der weiterführenden Schule „wirklich packen". (2) Bei diesen Schüler/innen wird darauf geachtet, wie das Umfeld aussieht und ob das Kind, wie es eine andere Befragte ausdrückt „allein im Schacht hängt". Es werden also Vermutungen darüber angestellt, über welche Art von Unterstützung das Kind im Bedarfsfall verfügen würde. (3) Drittens wird betont, dass man das Kind schützen möchte und man ihm Belastungen und Misserfolge ersparen möchte. Dabei werden Erfolgschancen kalkuliert und Vermutungen über die Konsequenzen eines möglichen Versagens, also einer Rückstufung auf einen niedrigeren Schultyp mit einbezogen („packt der das von der Frustrationstoleranz"). (4) Dann wird als weitere Figur nachgeschoben, dass es im Übrigen kein Nachteil ist, die niedrigere Schulform zu besuchen („nur ein Umweg"). Es werden also Vermutungen über die Durchlässigkeit des Systems angestellt.[6] (5) Schließlich wird noch einmal betont, dass die Entscheidungen letztlich immer „zum Wohle des Kindes" getroffen werden und man ihm Misserfolge ersparen möchte.

Eine *extreme Ausprägung* des Argumentationsmusters „Kind im Kontext" illustriert der Fall einer Lehrerin aus Berlin-Neukölln-Nord, einem traditionellem Arbeiterbezirk, heute ein sozialer Brennpunkt mit hoher Arbeitslosenquote und hohem Ausländeranteil. Diese Lehrerin vertritt die Ansicht, dass die Frage, ob ein Kind Unterstützung habe, von grundlegender Bedeutung sei. Wie sie sagt, auch wenn ein Kind gut in der Schule sei – wenn es keine Unterstützung von zuhause habe, sei dies „fast immer zum Scheitern verurteilt". Sie achte bei der Beurteilung für die Empfehlung dezidiert auf verschiedene Aspekte des Umfelds: Erstens darauf, ob die Eltern bildungsinteressiert sind, zweitens, darauf, ob zuhause überhaupt Platz zum arbeiten ist (so wohnten manchmal sieben Personen in zwei Zimmern). Drittens spiele eine Rolle, ob bereits ältere Geschwister auf dem Gymnasium sind, die helfen können. Wichtig sei, viertens, ob überhaupt jemand im sozialen Umfeld ist, der die deutsche Sprache beherrsche. Wenn diese Kriterien nicht erfüllt seien, würde sie keine Gymnasialempfehlung aussprechen, um den Kindern spätere Enttäuschungen zu ersparen.

Besonders aufschlussreich sind auch die *Kontrastfälle*. Sie liefern Hinweise auf die Bedingungen der Normalität und die Regeln des ansonsten selbstverständlich Scheinenden. So stellen zwei Gruppen die Herkunft und das Umfeld der Kinder dezidiert nicht in Rechnung. Solch eine *„individualistische Sichtweise"*, die versucht, ausschließlich das Kind in den Blick zu nehmen, findet sich zum einen bei den beiden einzigen von mir befragten Lehrerinnen, die in der DDR sozialisiert wurden. Fragen nach dem sozialen Umfeld blocken sie entschieden ab. Beide vertreten die Ansicht, dass das keine Rolle spiele, weder im positiven noch im negativen Sinne. Wie sie sagen, versuchten sie im Gegenteil einem solchen Einfluss eher „gegen zu arbeiten" und empfänden es z.B. als ungerecht, wenn ein Schüler, nur weil er zuhause keine Unterstützung bekommt oder zu wenig Platz zum arbeiten hat, deshalb diskriminiert werden solle. Den zweiten Typ, der diese „individualistische Sichtweise" auf das Kind vertritt, repräsentiert eine Lehrerin, die in der Bundesrepublik aufgewachsen ist.

---

[6] Es geht hier nicht darum, diese Aussagen zu bewerten, ganz offensichtlich sind die Lehrer/innen subjektiv um das Wohl des Kindes bemüht. Wobei ich doch anmerken möchte, dass erstens die Datenlage solche defensiven Einschätzungen nicht deckt, denn von denjenigen, die trotz Realschulempfehlung das Gymnasium besuchen, schaffen dies immerhin 80%. Zweitens ist es um die Durchlässigkeit des Systems weniger gut bestellt, als die Lehrer/innen annehmen. Grundsätzlich sind Umwege natürlich möglich, aber in der Regel sind wiederum diejenigen mit den besseren familialen Ressourcen erfolgreich (Solga 2003).

Nach dem Interview sagte sie, dass sie die Selbstständigkeit der Schüler vielleicht deshalb für so wichtig hält, weil sie selbst Arbeitertochter sei. Als sie noch zur Schule ging, habe ihr auch niemand geholfen oder helfen können. Zwischenfazit: Vorstellungen der Lehrer vom sozialen Kontext ihrer Schüler können also eine erhebliche Rolle für die Übergangsempfehlung spielen. Aufgrund bestimmter Zuschreibungen und Annahmen der Lehrer werden die sozialen Beziehungen eines Kindes (mit anderen Worten sein soziales Kapital[7]) zum Diskriminierungsmerkmal bei den Empfehlungen. Die Lehrer sind gewissermaßen die Agenten der Übersetzung von Sozialkapital in Bildungsempfehlungen. Dabei sind die Umfeldressourcen aus Sicht der Lehrer Indikatoren der Leistungsfähigkeit des Kindes, aber eben der potentiellen, zukünftigen. D.h., und das sollte man nicht vergessen, es handelt sich um Kriterien jenseits der aktuellen Leistung. Die qualitative Studie lässt zwar keine Aussagen über die Häufigkeit der Argumentationsmuster zu, legt aber begründete Vermutungen über die Verbreitung nahe (also über die Bedingungen, unter denen die Muster auftreten): Das Muster „das Kind im Kontext zu sehen" scheint das dominante Muster zu sein. Die „individualistische Sichtweise" fand sich nur bei Fällen mit spezifischen, biographischen Erfahrungen (zum einen sozialer Aufstieg, zum anderen Sozialisation in der DDR). Bei allen anderen Befragten war die „Kind im Kontext"-Argumentation selbstverständlich und wurde, trotz Sensibilisierung der Lehrer im Gefolge der PISA-Studie ohne Scheu geäußert. Das mag auf den ersten Blick überraschen. Doch Legitimität und breite Anerkennungsfähigkeit selbst bei progressiv eingestellten Lehrern erhält diese Argumentation, weil man sie direkt mit der Sorge um das Kindeswohl verknüpfen kann, unter der Zusatzannahme, dass eine Rückstufung das Kind fördere (zumindest ihm nicht schade). In dieser Verknüpfung genügt diese Argumentation sowohl Gerechtigkeits- wie Effizienzkriterien (Struck 2001) und ist an die unterschiedlichsten Einstellungen anschlussfähig. Das dominante Muster ist also ein spezifisches Verständnis der Aufgabe von Schule, das explizit auf die Mitarbeit von Eltern setzt.

Die nicht-intendierten Folgen dieses Gatekeeperverhaltens sind, dass sie damit hinterrücks zu Agenten der Reproduktion sozialer Ungleichheit werden. So ist das unterstützende und motivierende Verhalten der Eltern, welches die

---

[7] Beim vorliegenden Beispiel mag der Einwand nahe liegen, dass es sich doch gar nicht um soziales Kapital, sondern um kulturelles Kapital handelt (etwa wenn die Eltern ihrem Kind beim Lesen lernen helfen). In der Tat mögen die Eltern ihrem Kind dabei helfen, kulturelles Kapital zu erwerben. Doch zunächst einmal handelt es sich um soziales Kapital: die potentielle Unterstützung ist an die Beziehung zu einer anderen Person gebunden und unterliegt (noch nicht) der direkten Verfügung von Ego. Und dabei interessiert mich hier, auf welche Weise solches Beziehungskapital in andere Ressourcen (hier: Bildungsempfehlungen) *umgewandelt* werden kann, mit anderen Worten: wie das Potential dieser Beziehungs- und Netzwerkressourcen aktiviert werden kann.

Lehrer/innen in Rechnung stellen und welches bei den Entscheidungen für oder gegen eine bestimmte Schulformempfehlung „das Zünglein an der Waage" spielt, schichtspezifisch verteilt. Wir haben es hier mit einer Form der „institutionellen Diskriminierung" zu tun. Darunter wird üblicherweise ein Verhalten verstanden, dass gerade *keine* Rücksicht auf die spezifische Situation und Sozialisation bestimmter Schüler nimmt und die dann wiederum bestimmten Normalitätserwartungen nicht genügen können. Das besondere der hier vorliegenden Diskriminierung ist, dass die Gatekeeper meinen, gerade besondere Rücksichten zu nehmen, die latenten Funktionen dieses Verhaltens jedoch ungleichheitsreproduzierend sind.

Ressourcenaktivierung durch „Interventionen bei Gatekeepern"

Eine ganz andere Praktik der Aktivierung von Sozialkapital dokumentiert das Interview mit einer Lehrerin aus Berlin-Zehlendorf, einem Bezirk mit vergleichsweise hohem Anteil an gut ausgebildeten und einkommensstarken Einwohnern. Das von dieser Lehrerin angesprochene Problem bestand nicht darin, dass sich das Umfeld zuwenig um die Kinder kümmert, im Gegenteil. Die Eltern würden sich, wie sie sagt, zum Teil sehr engagieren und intervenieren, damit ihre Kinder eine Gymnasialempfehlung bekommen. Sie berichtet von Eltern, die bereits ab Anfang der fünften Klasse regelmäßig bei ihr vorsprechen würden („vorfühlen", wie sie es ausdrückt), wenn die Kinder in Tests und Klassenarbeiten keine guten Noten erzielten. Dies signalisiere natürlich einerseits das Interesse der Eltern. Als „sehr belastend" empfände sie jedoch, wenn sie gezwungen wird, ihre Notengebung vor den Eltern zu rechtfertigen oder wenn ihr die professionelle Kompetenz abgesprochen werde. Sie schildert Fälle, bei denen Eltern soweit gegangen seien, mit Beschwerden beim Direktor und mit einem Rechtsanwalt zu drohen.

Diese Berichte dokumentieren direkte Interventionen des sozialen Umfelds. Dabei ist natürlich zu fragen, was solche Interventionen genau bewirken, eine Frage, die nur schwer zu untersuchen sein dürfte. Wie die Lehrerin aus Zehlendorf selbst sagt, würde sie sich den Wünschen der Eltern bezüglich der Notengebung *natürlich nicht* beugen, aber – und hier liegt meines Erachtens der entscheidende Punkt – sicherlich würde sie mindestens dreimal überlegen, bevor sie eine schlechtere Note gibt. Hier darf bezweifelt werden, dass solche Vorsicht und Sorgfalt in jedem Fall und im gleichen Maße bei Kindern ohne solches „Einschüchterungs-Kapital" aufgewendet wird.

3.2 Beispiel Danksagungen von Wissenschaftler/innen: Ressourcenaktivierung durch „Signale an Gatekeeper"[8]

Doch nicht nur die Gatekeeper sowie die Bezugspersonen von Ego sind an der Aktivierung von Netzwerkressourcen beteiligt. Ego kann auch selbst versuchen, auf Gatekeeper einzuwirken, indem er seine Sozialbeziehungen sichtbar macht und damit Sozialkapital *signalisiert*. Entsprechende Selbstdarstellungen mit Signalfunktion finden wir nicht nur in Bewerbungsunterlagen oder -gesprächen. Hierfür können gerade auch scheinbar nebensächliche Anlässe funktionalisiert werden (und laut Bourdieu macht ja gerade seine Beiläufigkeit die besondere Wirksamkeit von sozialem Kapital aus). Im Wissenschaftssystem kann ein solcher Anlass zur Selbstpräsentation und zur Demonstration von Sozialkapital z.B. die Danksagung in Büchern oder Aufsätzen sein. Das Wissenschaftssystem ist dadurch gekennzeichnet, dass dort einerseits der Zwang zur Originalität der Leistungen besteht und es „die Anerkennung von Originalität zu einem zentralen Anliegen des einzelnen Wissenschaftlers macht" (Merton 1985: 267). Zum anderen sind die Wissenschaftler aber auch gehalten, „rein der Sache zu dienen" und sich als Person gleichsam unsichtbar zu machen, zumindest ist das Reden von sich problematisch (Kohli 1981). Es gilt also auch die Norm der Bescheidenheit. Aus diesem Dilemma, sich einerseits ins rechte Licht setzen zu müssen, sich aber andererseits tunlichst im Hintergrund zu halten, gibt es prinzipiell keinen Ausweg. Die Danksagung in wissenschaftlichen Publikationen stellt hier ein bescheidenes „Schlupfloch" dar: Sie bietet dem Wissenschaftler die Möglichkeit – zumindest wenn es um Publikationen geht – „ein wenig zum Impresario seiner selbst zu werden, ohne die wissenschaftliche Leistung und die eigene Person in unziemlicher Weise miteinander zu verquicken" (Hollstein/Schütze 2004: 154). Man kann die Danksagung als Teil einer Reziprozitätsbeziehung verstehen: Ich dokumentiere damit, einer anderen Person für irgendetwas zu Dank verpflichtet zu sein – wobei dem Autor jedoch ein weiter Spielraum bleibt, festzulegen, wem und wofür zu danken ist. Was die Danksagung besonders interessant macht, ist, dass dieser Dank öffentlich abgestattet wird. Die Leser sind Zeugen, was Genette (2001) als etwas „zutiefst verwinkeltes" bezeichnet hat.[9] Mit der Danksagung setzt sich der Autor zu einer

---

[8] Dieser Abschnitt basiert auf einer Studie zur Selbstdarstellung von Wissenschaftler/innen in Widmungen und Danksagungen, die Yvonne Schütze und ich zwischen 2002 und 2003 durchgeführt haben. Vergleiche im Folgenden Schütze/Hollstein (2002) und Hollstein/Schütze (2004).

[9] Wie Genette es für die Widmung ausdrückt (entsprechendes gilt ihm zufolge für die Danksagung): „Die Formulierung ist also ... typisch performativ, da sie als solche ganz allein den Akt konstituiert, den sie angeblich beschreibt; sie lautet folglich nicht bloß: ‚Ich eigne dieses Buch einem Soundso zu' (das heißt: ‚Ich sage Soundso, dass ich ihm dieses Buch zueigne'), sondern auch, und manchmal in noch stärkerem Maße: ‚Ich sage dem Leser, dass ich dieses Buch Soundso zueigne'. Folglich aber

Person oder einem Personenkreis in eine bestimmte Beziehung („Ich danke Y für etwas, das er getan oder auch nur erduldet hat") und gibt diese Beziehung den Augen des Publikums preis. In dieser Öffentlichkeit kann sowohl eine Gefahr bestehen (etwa wenn man sich „verhebt", weil man Nähe und Distanz nicht richtig eingeschätzt hat), zugleich aber auch eine Chance, nämlich in der Möglichkeit, sich gegenüber potentiellen Gatekeepern (Kollegen, Gutachtern) darzustellen und sein *Sozialkapital zu signalisieren.*

Wie hat man sich eine solche Signalfunktion genau vorzustellen? Da das Geschäft der Wissenschaftler u.a. auch darin besteht, Arbeiten anderer einzuschätzen, zu beurteilen und zu bewerten, wird diese Bewertung um so schwieriger, je größer und damit unübersichtlicher und „unüberschaubarer" (Mittelstraß 1998) die Scientific Community und die Menge der von ihr produzierten Arbeiten werden. Um diese Komplexität zu bewältigen, ist man genötigt, auf Hilfskonstruktionen zurückzugreifen. Eine solche Hilfskonstruktion bildet der von Merton beschriebene Matthäus-Effekt: man orientiert sich an Namen, die man kennt (meist den großen Namen). So erläutert ein von Merton zitierter Nobelpreisträger: „In manchen Fällen sind einem alle Namen [der Autoren] unbekannt, solche Arbeiten sind praktisch anonym. Aber was man sieht, ist die Fußnote am Schluss, in der dem älteren oder angeseheneren Wissenschaftler ‚für Ratschläge und Ermutigung' gedankt wird. Da sagt man sich dann: ‚Das stammt also aus dem Labor von Greene oder von Soundso.' Und das behält man im Kopf, nicht die lange Reihe der Autorennamen" (Merton 1985: 152). Für die noch unbekannten Nachwuchsforscher vermutet Merton vor allem Nachteile derart, dass ihre Arbeitsanteile eher unterschätzt werden. Allerdings bezieht sich diese Einschätzung auf Ko-Autorenschaften sowie Parallelentdeckungen. Da die Frage der Autorenschaft im Falle der Danksagung jedoch unstrittig ist, ist hier eher mit einem „Abfärbe-Mechanismus" zu rechnen: Wenn man selbst noch nicht bekannt ist, kann man sich in einer unübersichtlichen Scientific Community den Matthäus-Effekt zunutze machen, indem man sich in die Nähe der bekannten Größen des Faches rückt, etwa indem man Mentoren, Kollegen (und auch Institutionen) dankt. Indem man dankt, wird deutlich, mit wem man auf welche Weise bekannt, verbunden oder vielleicht gar befreundet ist – in jedem Fall: wer einen unterstützt und somit Zeit und Mühe investiert hat. Dies heißt zugleich: wer diese Arbeit der Mühe für wert befunden

---

auch: ‚Ich sage Soundso, dass ich dem Leser sage, dass ich dieses Buch Soundso zueigne' (anders ausgedrückt: ‚Ich sage Soundso, dass ich ihm eine öffentliche Zueignung mache')" (Genette 2001: 132) usf.. Und weiter: „Die Werkszueignung ist also immer demonstrativ, ostentativ, exhibitionistisch: Sie stellt eine ... Beziehung zur Schau, und diese Zurschaustellung steht als Argument für einen höheren Wert oder als Motiv für Kommentare immer im Dienst des Werkes" (ebd.).

hat, wird damit *indirekt* auch zu einem Bürgen der Qualität der Arbeit (denn wer wäre nicht peinlich berührt, wenn ihm vom Autor einer mangelhaften Arbeit überschwenglich gedankt wird. Daran ändert sich auch nichts, wenn der Autor betont, für alle „Mängel" selbst verantwortlich zu sein).

Mark Bauerlein, einer der wenigen Autoren, der sich mit den Inhalten von Danksagungen beschäftigt hat, konstatiert einen entsprechenden Funktionswandel im akademischen Schrifttum der USA. Nach seinen Beobachtungen habe die Danksagung ihre alltagsweltliche Bedeutung, „ich danke all denen, die mich bei der Abfassung des Werks unterstützt oder beeinflusst haben", weitgehend verloren. Stattdessen sei sie zu einem Instrument der Selbstdarstellung und des Networking geworden, wobei freilich die Norm, eine Balance zwischen Originalität und Bescheidenheit zu halten, immer noch Gültigkeit habe: „The ironies, the emotions, the beauties, the gratitude – all suggest that the Acknowledgements page is one of those quirky sites of professional pressure. At stake is the author's standing. A successful Acknowledgements presents him as in-the-know, well-connected, heavily subsidized and hard-working. A failed Acknowledgements presents him as fatuous, self-involved, syrupy and out of touch ... Authors must advance themselves, yet humble themselves, distinguish their researches, yet offer them as a part of an evolving network (Bauerlein 2001: 16f).

Da Bauerlein selbst nur Beispiele aus neueren Publikationen zitiert, haben Yvonne Schütze und ich in einer explorativen Pilotstudie untersucht, ob sich im Zeitverlauf tatsächlich ein Funktionswandel der Danksagung nachweisen lässt und ob und auf welche Weise die Danksagung für das eigene Impression-Management in der Profession und zur Signalisierung von Sozialkapital instrumentalisiert wird (vgl. im Folgenden Hollstein/Schütze 2004; Schütze/Hollstein 2002). Dabei haben wir das Danksagungsverhalten von Vertreter/innen aus vier verschiedenen Generationen der bundesdeutschen Soziologie miteinander verglichen und alle uns zugänglichen Monographien von jeweils zehn besonders produktiven und besonders renommierten (mithin sichtbaren) Soziolog/innen herangezogen.[10] Uns interessierten sowohl

---

[10] Bei der Auswahl der Autor/innen haben wir uns dafür entschieden, dass es sich um bekannte Autor/innen handeln sollte, von denen möglichst viele Publikationen vorliegen. Dahinter stand zum einen die Überlegung, dass man an einem umfangreichen Werk so etwas wie Widmungs- und Danksagungspraxen feststellen kann. Zum anderen haben diese Autor/innen aufgrund Bekanntheitsgrad und hohem Publikationsaufkommen einen großen Einfluss auf andere, vor allem jüngere Kolleg/innen. Um auch bei einer selektiven Stichprobe mit insgesamt eher geringer Fallzahl eine möglichst große Bandbreite von Widmungen und Danksagungen zu erhalten, sollten des weiteren in jeder Generation sowohl empirisch forschende als auch ausschließlich theoretisch arbeitende Soziolog/innen vertreten sein sowie – in den drei jüngeren Generationen – sowohl Männer als auch Frauen. Insgesamt beträgt die Datenbasis in der Gründergeneration 59 Werke, in der

quantitative Aspekte (wer dankt welchen Personen und Institutionen wofür) als auch qualitative Aspekte (auf welche Weise wird gedankt und wie wird die Beziehung dargestellt).

Betrachtet wurden Angehörige folgender Generationen[11]: Erstens die so genannten *Gründerväter* der Soziologie, geboren um die Jahrhundertwende, die zwischen 1948 und 1953 die ersten soziologischen Lehrstühle der Nachkriegszeit besetzten (Adorno, Horkheimer, König, Plessner, Schelsky und Stammer), zweitens die *Nachkriegsgeneration*, geboren etwa zwischen 1925 und 1930 und berufen zwischen 1958-1970 (z.B. Jürgen Habermas, Ralf Dahrendorf), drittens die so genannten 68er, geboren etwa zwischen 1938 und 1946 und berufen zwischen 1970-1985, die in besonderem Maße vom Anwachsen der Profession profitierten und die wir als „*Ausbaugeneration*" bezeichnet haben (z.B. Claus Offe, Hartmut Esser), sowie, viertens, die „*Nachwuchsgeneration*", geboren zwischen 1950 und 1960, die verglichen mit ihren Vorgängern eine eher schwierige Arbeitsmarktsituation vorfanden (z.B. Hans-Peter Blossfeld, Jutta Allmendinger).

Bereits in einem ersten quantitativen Vergleich zeigen sich deutliche Unterschiede zwischen den vier Generationen (vgl. Abb. 1). Tatsächlich nehmen die Danksagungen im Generationenvergleich beträchtlich zu. Erstens enthält ein deutlich gestiegener Prozentsatz der Arbeiten Danksagungen. Die Gründerväter danken in einem Drittel ihrer Werke, bei der Nachkriegsgeneration sind es 39,2% und bei der Ausbau- und der Nachwuchsgeneration ist die Danksagung mit 86,7 bzw. 91,5% zum Normalfall geworden. Man könnte sagen, dass die Ausbaugeneration nicht nur die Soziologie ausbaut, sondern auch ihre Danksagungspraxis. Dieser Ausbau bezieht sich sowohl auf den Anteil der Arbeiten, in denen gedankt wird, als auch auf die Anzahl der namentlich genannten Personen. So wird, zweitens, im Generationenvergleich durchschnittlich mehr Personengruppen[12] und Institutionen gedankt. Drittens

---

Nachkriegsgeneration 74, in der Ausbaugeneration 59 und der Nachwuchsgeneration 35 Werke. Hierin sind alle, uns zugänglichen deutschsprachigen Monographien (auch Mitautorenschaften) der betrachteten Autor/innen wie Bücher und umfangreichere Arbeitspapiere enthalten.

[11] Vergleiche zu den Unterschieden zwischen diesen Wissenschaftler-Generationen auch Bolte/Neidhardt (1998) und Burkart/Wolf (2002).

[12] Bei den Danksagungsadressaten unterscheiden wir Kolleg/innen, wissenschaftliche Mitarbeiter/innen, wissenschaftliche Institutionen (z.B. Stiftungen), Produktion (z.B. Lektoren von Verlagen) und Studierende. Bei der Mitarbeit differenzieren wir zwischen inhaltlichen Beiträgen und Arbeiten technisch-gestalterischer Zuarbeit. Als Kolleg/innen bezeichnen wir alle Personen, denen für inhaltliche Beiträge (Hinweise, Kritik usw.) gedankt wird, die aber nicht als Mitarbeiter/innen angesprochen werden. In diese Kategorie fallen auch Studienkolleg/innen und Mentor/innen. Da Studierenden fast nie als einzelnen Personen, sondern nur als Gruppe (z.B. Studierenden aus bestimmten Vorlesungen oder Seminaren) gedankt wird, wurde die entsprechende Nennung mit 1 erfasst (1 ist also der Maximalwert).

schließlich steigt auch die durchschnittliche Zahl an Personen und Institutionen, denen gedankt wird, erheblich an. Wiederum ist die Zunahme zwischen der zweiten und dritten Generation besonders akzentuiert: Dankten die beiden älteren Generationen durchschnittlich 1,9 bzw. 1,6 Personen und/oder Institutionen, bedenken die beiden jüngeren Generationen durchschnittlich 7,1 bzw. 8,1 Personen und/oder Institutionen mit Danksagungen. Dieser beträchtliche Zuwachs ist ganz überwiegend der Zunahme des Danks an Kolleg/innen und Mitarbeiter/innen geschuldet. Beide Gruppen sind in Danksagungen auch etwa gleich stark vertreten.

Abbildung 1: Danksagungsadressaten in der Profession (in Prozent der Werke der jeweiligen Generation, N = 227)

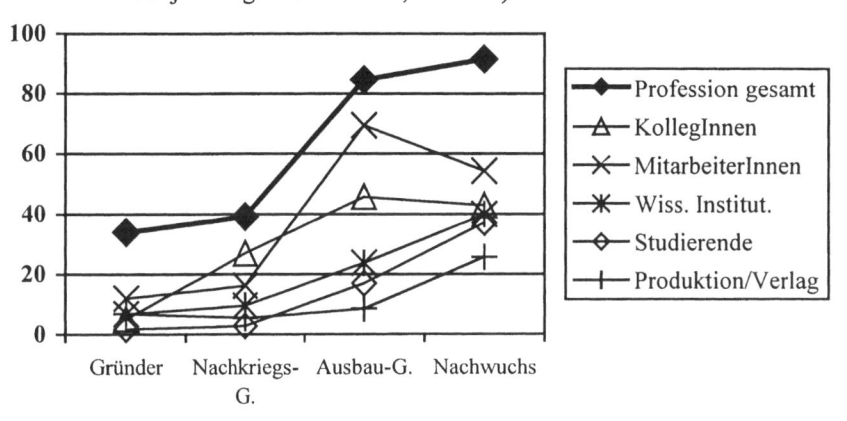

Die Frage ist, worauf diese enormen Zuwächse, insbesondere von der zweiten zur dritten Generation, zurückzuführen sind. Ein Zuwachs an Mitarbeiter/innen kann wenn, dann nicht der alleinige Grund sein: erstens hatten auch die beiden älteren Generationen Mitarbeiter, zweitens stiegen die Mitarbeiterzahlen in der zweiten Hälfte des Jahrhunderts relativ kontinuierlich an (Hornung 2000; Enders 1996). Die Daten scheinen die Bauerleinsche These zu bestätigen, dass jüngere Generationen verstärkt karrierestrategisches Networking betreiben (was z.B. auf gestiegene Konkurrenz im Wissenschaftssystem zurückzuführen sein könnte). Gegen solches karrierestrategisches Verhalten spricht allerdings, dass die mit Abstand größte Zunahme bereits bei der dritten Generation, der Ausbaugeneration, zu verzeichnen ist. Gerade sie wurde in der Expansionsphase der bundesdeutschen Soziologie, in den 70er Jahren, zügig auf Professuren berufen.[13] Bei dieser Generation könnte ein ganz anderer Grund für die Zunahme der Danksagungen verantwortlich sein: Ein vermehrtes Dankesaufkommen kann nämlich auch Ausdruck eines kulturellen Wandels im Sinne einer Demokratisierung und Enthierarchisierung des Wissenschaftssystems sein. 1968 bedeutet zwar nicht das Ende der Ordinarienuniversität, doch sie wurde durch andere Universitätstypen wie die Gruppenuniversität ergänzt und insgesamt lockerten sich die Umgangsformen im Bildungs- und Wissenschaftssystem. Machtausübung seitens der Professoren wurde weniger selbstverständlich, richtete sich auf spezifischere Aufgaben, mehr Tätigkeiten wurden im Einzelnen begründungspflichtig – und damit auch bedankenswert.

Die qualitative Analyse der Danksagungsinhalte bestätigt einen solchen vermuteten Formenwandel der Danksagung (vgl. genauer Hollstein/Schütze 2004). Allerdings zeigt sich ein solcher Wandel bereits bei den Nachkriegssoziolog/innen. Für diese Generation stellt sich Wissenschaft – im Unterschied zu den Gründervätern – als gemeinsamer Diskussionskontext dar, und in diesem Sinne danken sie auch ihren Kolleg/innen für inhaltliche Anregungen und Kritik. Ebenso taucht bei ihnen auch erstmals der Dank für technische Dienstleistungen auf, die von den Gründervätern offenbar als selbstverständlich und nicht als öffentlich zu würdigende Leistung einer Rollenbeziehung aufgefasst wurden. Die Ausbaugeneration baut diesen, bereits von den Nachkriegssoziologen gebahnten Weg aus: Dankten die Nachkriegssoziolog/innen vor allem einem Kollektiv („Kollegen", „Mitarbeiter"), werden jetzt alle Personen namentlich aufgeführt. Das ist auch der Hauptgrund für die deutliche Zunahme an bedachten Einzelpersonen. Neu ist der Dank an Studierende. Außerdem finden wir bei dieser Generation Lockerungen in der Form, z.B. Wegfall von Titeln, Unklarheit in der Zuordnung von Mitarbeitern und Kollegen, die wir als Anzeichen einer formalen Enthierarchisierung und Demokratisierungsprozessen betrachten.

Deutliche Anzeichen für eine Instrumentalisierung von Danksagungen zu Karrierezwecken finden sich allerdings bei der jüngsten, hier als Nachwuchs bezeichneten Generation. Diese Generation kommt schon *vor* der Berufung auf ein Dankvolumen von durchschnittlich 9 Personen pro Monographie. Zum Vergleich: Die Gründerväter und die Nachkriegssoziologen bedenken vor der Berufung im Schnitt 4,8 bzw. 3,3 und die Ausbau-Generation 4,2

---

[13] Erst für die folgenden Kohorten verschlechterte sich die Arbeitsmarktsituation merklich (wobei die hier betrachtete jüngste Generation allerdings bereits wieder von der Entlastung des Arbeitsmarktes durch die neu gegründeten Institute in Ostdeutschland profitieren konnte). Bei der Ausbaugeneration beträgt das durchschnittliche Erstberufungsalter in unserer Stichprobe 38,8 Jahre. Bei der vierten Generation liegt das Erstberufungsalter im Schnitt immer noch bei 40,8 Jahren.

Professionsangehörige.[14] Wie in Abb. 2 zu erkennen ist, ist dieser Anstieg bei dem Nachwuchs fast ganz auf den höheren Anteil von Kolleg/innen und Mentor/innen zurückzuführen. Dies deutet darauf hin, dass die Danksagung von dieser Generation primär dazu genutzt wird, sich über die Nennung prominenter Namen in der Scientific Community zu platzieren.

Abbildung 2: Danksagungsadressaten vor der Berufung auf eine Professur (durchschnittliche Anzahl genannter Personen/Institutionen je Kategorie)

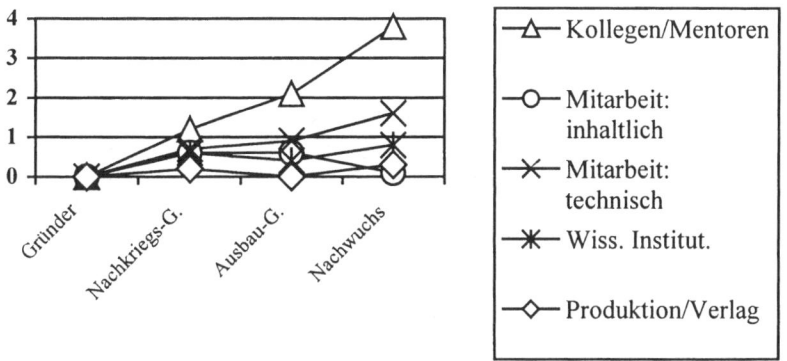

Diese Zahlen sind Durchschnittswerte, im Einzelnen gibt es Arbeiten, in denen *vor* dem ersten Ruf bis zu 27 Professionsangehörigen gedankt wird – für Qualifikationsarbeiten unserer Beobachtung nach ein ganz neues Phänomen. Zum Vergleich: Ähnliche Werte erzielt etwa bei der Nachkriegsgeneration in unserer Stichprobe nur ein Werk, nämlich die Theorie des kommunikativen Handelns. Jürgen Habermas dankt hier 29 Professionsangehörigen.

Insgesamt gilt der Dank der Nachwuchssoziolog/innen einer großen Zahl diskussionsbereiter KollegInnen sowie auch fast ebenso vielen renommierten ProfessorInnen (es werden nicht nur, wie bei den früheren Generationen, die eigentlichen Betreuer und/oder Gutachter der Arbeit bedacht). Dies macht auch auf veränderte Produktionsbedingungen aufmerksam, auf größere Netzwerke, z.B. im Rahmen empirischer Großforschungsbereiche (wobei wir umfangreiche Danksagungen sowohl in empirischen wie in theoretischen Arbeiten finden).

---

[14] Bei der Ausbaugeneration erfolgt die enorme Zunahme des Danks erst *nach* ihrer Berufung (sie bedanken sich vor ihrer Berufung durchschnittlich bei 4,2 Professionsangehörigen, danach würdigen sie doppelt so viele Personen, nämlich im Durchschnitt 8).

Offenbar möglichst gewissenhaft werden alle diejenigen aufgelistet, die in irgendeiner Weise Unterstützung geboten haben. Dies macht bereits die Ausbaugeneration vor, dort aber handelt es sich um Arbeiten aus dem späteren Karriereverlauf. Im Unterschied dazu haben wir es bei dem Nachwuchs mit Qualifikationsarbeiten zu tun – und karrieretechnisch kann name-dropping außerordentlich nützlich sein, da damit zwei Botschaften bekräftigt werden: Zum einen ist jeder große Name ein weiterer (indirekter) Bürge für die *inhaltliche* Qualität der Arbeit. Entsprechend gibt es bei den umfangreichen Danksagungen immer die Phrase, mit der die eigene Verantwortung für den Inhalt übernommen und die Originalität des Beitrags abgesichert wird. Zum anderen wird auf *formaler* Ebene demonstriert, wie engagiert und wie gut man vernetzt ist (horizontal und vertikal): das heißt, dass man über Zugänge zu verschiedenen Informationen, zu Macht- und Einflusssphären verfügt. Ob von den Akteuren intendiert oder nicht: vor allem in Qualifikationsarbeiten setzt name-dropping deutliche Signale, die sich als karriereförderlich erweisen können.

Dabei finden wir in den Danksagungen der NachwuchssoziologInnen stilistische Mittel, mit denen die Wirkung des name-dropping noch gesteigert wird: So wird z.B. in manchen Qualifikationsarbeiten die persönliche Nähe bzw. Freundschaft zu bekannten bzw. einflussreichen Professionsangehörigen herausgestellt. Und auch wenn bei den Förder/innen kein Titel aufgeführt wird[15], liefert z.B. die Nennung jeweiliger Universitäten (mit hoher Reputation) mehr Informationen über Status und Bedeutsamkeit der Unterstützungsperson als es der Titel allein vermag.

Was über den Dank für inhaltliche Ratschläge gesagt wurde, wiederholt sich bei dem Dank für *technische* Mitarbeit. Wir finden eine sorgfältige und akribische Auflistung der Tätigkeiten, die von der Erstellung der Schaubilder, Tabellen, Anhänge bis zum Korrekturlesen und der redaktionellen Bearbeitung

---

[15] Formal neu ist in dieser Generation auch, dass gar nicht deutlich wird, ob es sich bei den Bedankten um (Studien-) Kollegen oder um Mentoren bzw. Förderer handelt. Weder wird ein Titel genannt, noch gibt es (für Nicht-Insider) irgendwelche anderen Hinweise auf den Status der genannten Personen. Bereits für die Ausbaugeneration hatten wir eine Lockerung der Formen festgestellt, die die Zuordnung von Personen zu Statusgruppen erschwerte. Doch diese fanden wir erst nach der Berufung und sie bezog sich auf eine Differenzierung zwischen Kolleg/innen und Mitarbeiter/innen (also zwischen Statusgleichen und Statusniedrigeren) – was wir als Zeichen von (formaler) Enthierarchisierung interpretieren. Bei der Nachwuchsgeneration aber handelt es sich um Qualifikationsarbeiten – und das macht die Botschaft ambivalent: Einerseits markiert sie ein informelleres, ungezwungeneres Verhältnis zu anderen Professionsangehörigen und scheinbar Gleichgültigkeit gegenüber dem Status, signalisiert also einen kulturellen Wandel im Sinne einer Demokratisierung („der Beitrag zählt, egal von wem er stammt"). Andererseits handelt es sich zum Teil deutlich statushöhere Soziologen – und je näher man den großen Namen rückt, desto mehr kann man auch vom „Abfärbe-Mechanismus" profitieren (Distinktion). Dazu braucht man aber nicht mehr den Professorentitel zu nennen. Den kennen die Insider – und auf sie kommt es ja an – ohnehin.

reicht. Im Schnitt nennen die Mitglieder der Nachwuchsgeneration 2,3 Personen, die ihnen mit technischer Unterstützung zur Seite stehen. (Zum Vergleich: die Ausbaugeneration nannte vor der Berufung auf eine Professur nur 0,9 und *nach* der Berufung auch nur durchschnittlich 2,2 Personen.) Die Wirkung ist, wie beim weitschweifigen inhaltlichen Dank, zwiespältig. Einerseits wird Dank abgestattet und die „Zuarbeit" gewissenhaft gewürdigt. Andererseits wird natürlich auch gezeigt, wie viele Personen man zu Zuarbeit bewegen kann. Da dies in eine Phase des beruflichen Werdegangs fällt, in der man üblicherweise noch nicht über entsprechende Infrastruktur und weisungsgebundene Mitarbeiter/innen verfügt, demonstriert man hier bereits sein Organisationsgeschick.

Dass wir solche (vermutlich) karriereförderlichen Instrumentalisierungen von Danksagungen vor allem bei der Nachwuchsgeneration gefunden haben, erklären wir uns insgesamt mit dem für diese Generation stärkeren Konkurrenzdruck, gepaart mit der Unübersichtlichkeit der Profession. Wenn man aufgrund der schieren Gruppengröße die Professionsangehörigen (und auch den Nachwuchs) nicht mehr alle persönlich kennt[16], bekommt auch die Signalwirkung von Sozialkapital einen größeren Stellenwert.

---

[16] So expandierte die bundesdeutsche Soziologie in den 70er Jahren besonders stark: 1960 gab es etwa 30 Professuren, bis zum Jahr 1980 hatte sich ihre Zahl verzehnfacht (Lepsius 1979; Burkart/Wolf 2002). Interessant ist hier nicht allein der enorme relative Zuwachs, sondern insbesondere die bemerkenswerte Veränderung der absoluten Gruppengröße. Ein wesentliches Merkmal moderner „Scientific Communities", nämlich einen Kommunikationszusammenhang zu bilden, der weder über Anwesenheit (Interaktionen), noch über Mitgliedschaft (Organisation) hinreichend bestimmt ist (Stichweh 1988), trifft für die bundesdeutsche Soziologie erst seit den 70er Jahren zu. Die wenigen Gründerväter kannten sich noch persönlich und die überschaubare Nachkriegsgeneration hatte sich bereits als Assistenten, insbesondere auf der von Helmut Schelsky organisierten Hamburger Nachwuchstagung Anfang der 50er Jahre sowie 1955 durch die Gründung des industriesoziologischen Gesprächskreises, untereinander vernetzt (z.B. Lutz 2000; Bolte/Neidhardt 1998; Schelsky 1980).

4 Fazit: Gatekeeping, soziales Kapital und soziale Ungleichheit

Ausgangspunkt dieses Beitrags bildete die Frage, auf welche Weise und unter welchen Bedingungen soziales Kapital in andere Ressourcen (Bildung, Reputation, sozialer Status etc.) umgewandelt werden kann, mit anderen Worten: wie Sozialkapital aktiviert werden und sein Potential genutzt werden kann. Bei der Frage der Wirkung von Sozialkapital legt die Netzwerkforschung den Akzent auf Struktureffekte. Im Unterschied dazu interessierten mich im vorliegenden Beitrag vor allem die Praktiken und Handlungsbeiträge der Akteure. Auf diese Aspekte hatte bereits Bourdieu (1983) besonders hingewiesen, doch erst neuere Arbeiten – z.B. von Annette Lareau (2000/1989) oder von Nan Lin zur „invisible hand" des Sozialkapitals (2004) – schenken ihnen größere Aufmerksamkeit. Im Mittelpunkt des Beitrags stand eine bestimmte Gruppe von Praktiken, nämlich Praktiken der Aktivierung von Sozialkapital, an denen *institutionelle Gatekeeper* beteiligt sind. Diese Gatekeeper sind von strategisch wichtiger Bedeutung, weil sie eine Gelenkstelle bilden zwischen institutionellen Regulierungen und biographischen Verläufen. Das Handeln von Gatekeepern entscheidet mit über Ein- und Austritte von Individuen aus Statuspositionen und ist damit zum einen folgenreich für individuelle Lebensverläufe, zum anderen für die Generierung von Strukturmustern von Übergängen (und damit indirekt auch für sozialstrukturelle Verteilungen und die Strukturen sozialer Ungleichheit).

Insgesamt ist es eine empirische Frage, wie die Gatekeeper die Handlungsspielräume, die ihnen strukturell zur Verfügung stehen (Struck 2001), nutzen und welche Kriterien sie bei ihren Entscheidungen zugrunde legen. Im vorliegenden Beitrag sollte zum einen die Frage untersucht werden, ob und auf welche Weise auch das soziale Kapital der Übergangsaspiranten eine Rolle bei den Entscheidungen der Gatekeeper spielt. Zum anderen wurden anhand von zwei empirischen Fallbeispielen – den Übergangsempfehlungen der Lehrer auf die weiterführenden Schulen und Danksagungen von Wissenschaftlern – verschiedene Praktiken der Aktivierung von sozialem Kapital im Zusammenhang mit institutionellem Gatekeeping dargestellt und verschiedene Aspekte und Rahmenbedingungen der Ressourcenaktivierung herausgearbeitet (vergleiche im Folgenden Tabelle 1):

(a) Bezogen auf die erste Frage zeigt das Beispiel der Übergangsempfehlung von Grundschullehrer/innen, dass Gatekeeper bei der Aktivierung von Sozialkapital – also bei der Übersetzung von Sozialkapital in andere Ressourcen, in diesem Fall der Bildungsbeteiligung – tatsächlich eine Schlüsselrolle spielen können. Überraschend war, wie deutlich die Lehrer/innen bei ihren Entscheidungen auf die sozialen Beziehungen der Schüler/innen Bezug nehmen. Dabei scheint das Sozialkapital der Kinder – insbesondere das

Unterstützungs- und Motivierungspotential der Eltern – vor allem in Grenzfällen den Ausschlag zu geben. Ein solches Verhalten mag auf den ersten Blick nicht mit Gerechtigkeitskriterien und Effizienzkriterien vereinbar zu sein. Da der Verweis auf die Qualität der Sozialbeziehungen des Kindes aber argumentativ mit der Zielsetzung dem „Kindeswohl" zu dienen verknüpft wird, wird dadurch der Bezug auf das Soziale Kapital des Kindes legitimiert und diese Argumentation für unterschiedliche Einstellungen anschlussfähig.

Tabelle 1: Praktiken der Ressourcenaktivierung in Beziehungen und Netzwerken

	Zuschreibungen von Gatekeepern	Intervention von Alter	Signalisierung von Sozialkapital
Akteur(e)	*Gatekeeper* (Ego-Alteri)	*Alter* – Ego ↓ Gatekeeper	*Ego* – Alter ↓ Gatekeeper
Ressourcen-aktivierung	Gatekeeper kalkuliert Egos Sozialkapital	Alter interveniert bei Gatekeeper	Ego signalisiert Sozialkapital gegenüber potentiellen Gatekeepern
Beispiel	Grundschulempfehlung	Grundschulempfehlung	Danksagungen von Wissenschaftler/innen; berufliche Reputation
Ressourcen	Bildungschancen	Bildungschancen	

Durch die Hintertür – und ohne dass dies den Gatekeepern selbst bewusst zu sein braucht, werden sie damit zu Agenten der Reproduktion sozialer Ungleichheit: So ist das motivierende und unterstützende Verhalten der Eltern (z.B. über Nachhilfe), welches die Gatekeeper in Rechnung stellen und welches bei den Entscheidungen für oder gegen eine bestimmte Schulformempfehlung „das Zünglein an der Waage" spielt, nicht gleichmäßig, sondern schichtspezifisch verteilt. Dabei haben wir es mit einer besonderen Form der „institutionellen Diskriminierung" zu tun. Für weitere Studien bedeutet dies, zum einen die Argumentations- und Begründungs*muster* von Gatekeepern genauer zu untersuchen. Zum anderen wäre die Verbreitung solcher handlungsrelevanter Einstellungsmuster genauer zu klären.

(b) Hinweise für die Verbreitung und Generalisierung entsprechender Argumentationsmuster liefert der Befund, dass das Handeln der Gatekeeper nicht beliebig und diffus ist, sondern *strukturiert*, also dass es offenbar bestimmten Regeln folgt. So knüpfen die Lehrer/innen, die eine „individualistische" Sichtweise auf das Kind haben (also bei den Übergangsempfehlungen das Sozialkapital der Kinder nicht in Rechnung stellen) in ihren Begründungen direkt an eigene *biographische Erfahrungen* an: zum einen an die Erfahrung, dass man es selbst es auch „alleine" schaffen kann (Arbeitertochter), zum anderen an die Erfahrung eines anderen Schulsystems und einer anderen Auffassung von der Aufgabe von Schule und Pädagogik (Sozialisation in der DDR). Insofern kann man also von einer strukturierten, d.h. regelgeleiteten Übersetzung von Sozialkapital in Ressourcen (Bildungsempfehlungen) sprechen, die genauere Aufmerksamkeit verdient. Die Gatekeeper haben bestimmte Handlungs- und Entscheidungsspielräume, doch wie sie diese nutzen ist offenbar stärker strukturiert und von eigenen biographischen Erfahrungen abhängig, als bisher vermutet.

(c) Schließlich wurde am Beispiel der Grundschulempfehlung gezeigt, dass für die Frage der Aktivierung von Sozialkapital nicht nur die Zuschreibungen der Gatekeeper selbst eine Rolle spielen können, sondern auch *direkte Interventionen der Netzwerkmitglieder bei den Gatekeepern* (in diesem Falle der Eltern). Institutionelles Gatekeeping mit Bezug auf Sozialkapital ist nicht ein two-way-process (Heinz 1992), sondern ein *three-way-process*: Beteiligt sind erstens die Akteure, um deren Statusposition es geht, zweitens die Gatekeeper, aber drittens auch die Personen des informellen Netzwerks (das Sozialkapital). Diese greifen zum Teil direkt in den Gatekeeping-Prozess ein. Im Fall der Grundschulempfehlung agieren die Eltern im Grunde als „Passagenhelfer" bzw. als *informelle* Gatekeeper. Dabei wäre es wünschenswert, die tatsächliche Wirkung dieser Interventionen bei den institutionellen Gatekeepern genauer zu untersuchen.

(d) Das Beispiel der Danksagungen in wissenschaftlichen Publikationen illustrierte die Praxis der *Signalisierung von Sozialkapital* gegenüber potentiellen Gatekeepern. Gerade in kleinen, scheinbar nebensächlichen Aspekten kann die Verbindung mit bestimmten Personen und Institutionen dokumentiert werden. Der Vergleich von Danksagungen von vier Soziologengenerationen deutete ferner darauf hin, dass zunehmende Konkurrenz im Wissenschaftssystem die Instrumentalisierung von Danksagungen zu Karrierezwecken befördert. Ob solche Wirkungen auch tatsächlich erzielt werden (und zwar unabhängig davon, ob man sie überhaupt intendiert hat), wäre zu prüfen. Allein die von Merton in seinen Aufsätzen zum Matthäus-Effekt (1985; 1988) zitierten Beispiele deuten darauf hin, dass potentielle Gatekeeper im Wissenschaftssystem Danksagungen sehr wohl zur Kenntnis nehmen. Zu fragen wäre auch, ob und wie sich solch demonstratives Networking im Karriereverlauf verändert (bei der hier betrachteten Nachwuchs-Generation wurden nur Arbeiten vor der Berufung berücksichtigt). Sørensen (1992) vermutet zwar, dass man von Reputation und Anerkennung grundsätzlich nie genug bekommen könne. Doch möglicherweise lässt der Umfang dieses Impression-Management in dem Maße nach, in dem man selbst etabliert und bekannt ist, sich also den „Abfärbe-Mechanismus" nicht mehr zunutze machen muss.

Insgesamt wurden drei verschiedene Praktiken der Aktivierung von Sozialkapital, oder wie es Bourdieu ausdrücken würde, der Umwandlung von Sozialkapital in andere Ressourcen identifiziert: Zuschreibungen von institutionellen Gatekeepern, Interventionen von Personen des sozialen Netzwerks und Selbstdarstellungen der potentiellen Statuspassagiere. Im konkreten Fall können die verschiedenen, hier analytisch getrennt behandelten Praktiken natürlich zusammenwirken. Es handelt sich um Prozesse des „negotiating" (Behrens/Rabe-Kleberg 1992). Die Zuschreibungen der institutionellen Gatekeeper haben hierbei aufgrund ihrer Entscheidungsmacht besonderes Gewicht. Sie entscheiden über die Relevanz von Sozialkapital qua Zuschreibungen (die wie gezeigt mit beeinflusst werden von eigenen biographischen Erfahrungen). Darüber hinaus sind die Gatekeeper aber auch Adressaten der Darstellung von Sozialkapital sowie Adressaten von direkten Interventionen der Netzwerkmitglieder. Diese Interventionen und Selbstdarstellungen wiederum werden in Abhängigkeit von der institutionellen Ausgestaltung ihrer Handlungsspielräume und vor dem Hintergrund ihrer eigenen biographischen Erfahrungen interpretiert, bewertet und in ihre Urteile integriert.

Insgesamt spielt bei diesen Praktiken die *symbolische* Vermittlung von Sozialkapital also eine besondere Rolle, Aspekte, auf die Bourdieu besonders hingewiesen hat. Damit ist gemeint, dass Zugehörigkeiten zu Gruppen oder Netzwerken häufig erst aufgrund von Vorstellungen und Zuschreibungen Dritter bezogen auf diese Zugehörigkeiten ihre (positiven oder negativen) Wirkungen als soziales Kapital entfalten.[17] Der vorliegende Beitrag sollte dazu anregen, die Bedingungen genauer zu klären, unter denen solche Zuschreibungen relevant werden und sich positiv oder negativ auf die Ressourcenausstattung auswirken und dabei die Rolle institutioneller Gatekeeper besonders in den Blick zu nehmen.

---

[17] Hier zeigt sich im Übrigen noch einmal besonders deutlich ein Unterschied zu den an Coleman anschließenden Arbeiten, die die Bedeutung des Sozialkapitals primär in der faktischen Existenz und spezifischen Struktur von Beziehungen und Netzwerken lokalisieren.

Institutionelle Gatekeeper können, wie gezeigt wurde, bei der Aktivierung von Sozialkapital eine Schlüsselrolle spielen. Der Zusammenhang zwischen Gatekeeping und Ungleichheit wurde bislang kaum systematisch diskutiert.[18] Zu vermuten ist, dass dies nicht zuletzt an einer bestimmten Verwendung des Gatekeeper-Begriffs liegt. Seit den Arbeiten von Lewin (1951) wird der Begriff des Gatekeeping sehr breit verwendet. Demgegenüber plädiere ich für eine terminologische Unterscheidung zwischen informellen Gatekeepern (z.b. Personen des persönlichen Netzwerks) und institutionellen Gatekeepern mit Entscheidungsmacht über das Passieren von Statusübergängen im Lebenslauf (wie Lehrern, Gutachtern, Personalverantwortlichen) (vgl. auch Struck 2001). Damit wird die Aufmerksamkeit stärker auf die Konsequenzen des Gatekeeper-Handelns für die individuelle Ressourcenausstattung gerichtet. Es ist eine empirisch zu beantwortende Frage, wie die Gatekeeper ihre Entscheidungsspielräume nutzen und welche Beurteilungsmaßstäbe sie jeweils an die individuelle Biographie und Lebensführung anlegen. Im einzelnen Fall muss jeweils geprüft werden, wie groß der Einfluss des Gatekeeperhandelns auf die Ein- und Austritte aus Statuspositionen sowie auf die individuellen Lebensverläufe ist, ob und auf welche Weise die Gatekeeper bei ihren Entscheidungen das Sozialkapital der Akteure in Rechnung stellen (und sie dabei auf Interventions- und Selbstdarstellungspraktiken der Akteure reagieren) und ob bestimmte soziale Gruppen systematisch bevorzugt oder benachteiligt werden.

---

[18] Im Grunde muss man zurückgehen bis zu Cicourel und Kitsuses (1968) Studie über „Educational decision-makers". Diese Studie, in der das Verhalten von psychologischen Beratern in amerikanischen High Schools untersucht wurde, zeigt systematische Zusammenhänge zwischen der Klassifikation der Schüler und deren sozialen Hintergrund und illustriert die Reproduktion sozialer Ungleichheit im Bildungssystem aufgrund bestimmter sozialer Zuschreibungen. Ironischerweise kommt in dieser Studie, die als Klassiker zum Gatekeeping gilt, der Begriff „Gatekeeping" gar nicht vor.

Literatur

Bauerlein, Mark (2001): A thanking task. What acknowledgements pages say about academic life. TLS November 9, 16-17.

Behrens, Johann & Ursula Rabe-Kleberg (1992): Gatekeeping in the Life-Course: A Pragmatic Typology. In: Walter R. Heinz (Hg.): Institutions and Gatekeeping in the Life Course. Weinheim: Deutscher Studien-Verlag, 237-260.

Bolte, Karl Martin & Friedhelm Neidhardt (1998) (Hg.): Soziologie als Beruf. Erinnerungen westdeutscher Hochschulprofessoren der Nachkriegsgeneration (Sonderband 11 der Sozialen Welt). Baden-Baden: Nomos.

Bourdieu, Pierre (1983): Ökonomisches Kapital, kulturelles Kapital, soziales Kapital. In: Reinhard Kreckel (Hg.): Soziale Ungleichheiten. Sonderband 2 der Sozialen Welt, Göttingen: Schwartz, S. 183-198.

Burkart, Günter & Jürgen Wolf (2002) (Hg.): Lebenszeiten. Erkundungen zur Soziologie der Generationen. Opladen: Leske & Budrich.

Burt, Ronald S. (1992): Structural holes. The social structure of competition. Cambridge, MA: Harvard University Press.

Enders, Jürgen (1996): Die wissenschaftlichen Mitarbeiter. Ausbildung, Beschäftigung und Karriere der Nachwuchswissenschaftler und Mittelbauangehörigen an Universitäten. Frankfurt/New York: Campus.

Cicourel, Aaron V. & John I. Kitsuse (1968): The educational decision-makers. Indianapolis/New York: Bobbs-Merrill.

Coleman, James S. (1990): Social Capital. In: Ders.: Foundations of Social Theory. Cambridge, MA: Belknap Press, 300-321.

Coleman, James S. & Thomas Hoffer (1987): Public and private schools. The impact of communities. NY: Basic Books.

Ditton, Hartmut (2004): Der Beitrag von Schule und Lehrern zur Reproduktion von Bildungsungleichheit. In: Rolf Becker & Wolfgang Lauterbach (Hg.): Bildung als Privileg? Erklärungen und Befunde zu den Ursachen der Bildungsungleichheit. Wiesbaden: Verlag für Sozialwissenschaften, 251-281.

Dravenau, Daniel & Olaf Groh-Samberg (2004): Bildungsbenachteiligung als Institutioneneffekt. Zur Verschränkung kultureller und institutioneller Diskriminierung. In: Peter A. Berger & Heike Kahlert (Hg.): Institutionalisierte Ungleichheiten. Wie das Bildungswesen Chancen blockiert. Weinheim: Juventa, 103-130.

Genette, Gérard (2001): Paratexte. Das Buch vom Beiwerk des Buches. Frankfurt/M.: Suhrkamp.

George, Linda K. (1993): Sociological Perspectives on Life Transitions. In: Annual Review of Sociology 19, 353-373.

Gomolla, Mechtild & Frank-Olaf Radtke (2002): Institutionelle Diskriminierung. Die Herstellung ethnischer Differenz in der Schule. Opladen: Leske & Budrich.

Granovetter, Mark (1995/1974): Getting a job. A study of contacts and careers. Chicago and London: Chicago University Press.

Heinz, Walter R. (1992): Introduction: Institutional Gatekeeping and Biographical Agency. In: Ders. (Hg.): Institutions and Gatekeeping in the Life Course. Weinheim: Deutscher Studien-Verlag, 9-28.

Hollstein, Betina (2006): Zuschreibungen, Interaktionen und Bildungsungleichheit: Die Rolle der Lehrer bei der Weichenstellung Grundschulempfehlung (Ms.)

Hollstein, Betina (2005): Reziprozität in familialen Generationenbeziehungen. In: Frank Adloff & Steffen Mau (Hg.): Vom Geben und Nehmen. Zur Soziologie der Reziprozität. Reihe „Theorie und Gesellschaft". Frankfurt/Main: Campus, 187-211.

Hollstein, Betina & Yvonne Schütze (2004): Selbstdarstellungen in der Wissenschaft am Beispiel von Danksagungen in der Soziologie. In: Zeitschrift für Pädagogik. 48. Beiheft (Der Bildungsgang des Subjekts. Bildungstheoretische Analysen), 153-182.

Hornung, Marion (2000): Auf der Höhe der Zeit? Eine Evaluation der Doktorandenausbildung in Deutschland. München: Diplomarbeit.

Kohli, Martin (1981): Von uns selber schweigen wir. Wissenschaftsgeschichte aus Lebensgeschichten. In: Wolf Lepenies (Hg.): Geschichte der Soziologie. Frankfurt/M: Suhrkamp, 428-465.

Lareau, Annette (2000/1989): Home Advantage. Social Class and Parental Intervention in Elementary Education. Lanham/Boulder.

Lehmann, Rainer, Rainer Peek & Rüdiger Gänsfuß (1997): Aspekte der Lernausgangslage von Schülerinnen und Schülern der fünften Klassen an Hamburger Schulen. Behörde für Schule, Jugend und Berufsbildung, Amt für Schule Hamburg, Hamburg.

Lepsius, M. Rainer (1979): Die Entwicklung der Soziologie nach dem zweiten Weltkrieg. 1945 bis 1967. In: Günther Lüschen (Hg.): Deutsche Soziologie seit 1945. Entwicklungsrichtungen und Praxisbezug. Sonderheft 21 der Kölner Zeitschrift für Soziologie und Sozialpsychologie, 25-71.

Lewin, Kurt (1951): Field Theory in Social Science. Selected Theoretical Papers. New York: Harper.

Lin, Nan, Walter M. Ensel & John E. Vaughn (1981): Social resources and strength of ties. Structural factors in occupation status attainment. In: American Sociological Review 46, 396-405.

Lutz, Burkart (2000): Soziologie als Entdeckung. In: Heinz Sahner (Hg.): Soziologie als angewandte Aufklärung. Baden-Baden: Nomos, 35-45.

Merton, Robert K. (1985): Prioritätsstreitigkeiten in der Wissenschaft. In: Ders.: Entwicklung und Wandel von Forschungsinteressen. Aufsätze zur Wissenschaftssoziologie. Frankfurt/M.: Suhrkamp, 258-301.

Mittelstraß, Jürgen (1998): Forschung und Lehre – das Ideal Humboldts heute. In: Aus Politik und Zeitgeschichte: Beilage zur Wochenzeitung Das Parlament, B15, 3-11.

Nagel, Ulrike & Gerhard-Uhland Dietz (2001): Statuspassagen. In: Hans-Uwe Otto & Hans Thiersch (Hg.): Handbuch Sozialarbeit – Sozialpädagogik. Neuwied: Luchterhand, 1828-1833.

Sackmann, Reinhold (1998): Konkurrierende Generationen auf dem Arbeitsmarkt. Wiesbaden: Westdeutscher Verlag.

Schelsky, Helmut (1980): Zur Entstehungsgeschichte der bundesdeutschen Soziologie. Ein Brief an Rainer Lepsius. In: Kölner Zeitschrift für Soziologie und Sozialpsychologie 32: 417-456.

Schütze, Yvonne & Betina Hollstein (2002): „Für C." – Widmungen in der Soziologie. In: Günter Burkart & Jürgen Wolf (Hg.): Lebenszeiten. Erkundungen zur Soziologie der Generationen. Opladen: Leske & Budrich, 437-457.

Sørensen, Aage (1992): Wissenschaftliche Werdegänge und akademische Arbeitsmärkte. In: Karl Ulrich Mayer (Hg.): Generationsdynamik in der Forschung. Frankfurt/New York: Campus, 83-110.

Solga, Heike (2003): Ohne Abschluss in die Bildungsgesellschaft. Die Erwerbschancen gering qualifizierter Personen aus soziologischer und ökonomischer Perspektive. FU Berlin: Habilitationsschrift.

Stichweh, Rudolf (1988): Differenzierung des Wissenschaftssystems. In: Renate Mayntz, Bernd Rosewitz, Uwe Schimank & Rudolf Stichweh: Differenzierung und Verselbständigung. Zur Entwicklung gesellschaftlicher Teilsysteme. Frankfurt/M.: Campus, 45-117.

Struck, Olaf (2001): Gatekeeping zwischen Individuum, Organisation und Institution. Zur Bedeutung der Analyse von Gatekeeping am Beispiel von Übergängen im Lebensverlauf. In: Lutz Leisering, Rainer Müller & Karl F. Schumann (Hg.): Institutionen und Lebensläufe im Wandel. Institutionelle Regulierungen von Lebensläufen. Weinheim: Juventa, 29-55.

Weymann, Ansgar (1989) (Hg.): Handlungsspielräume. Untersuchungen zur Individualisierung und Institutionalisierung von Lebensläufen in der Moderne. Stuttgart: Enke.

Soziales Kapital als Ressource im Kontext von Migration und Integration

Sonja Haug

1 Dimensionen des sozialen Kapitals

Soziales Kapital bzw. Sozialkapital hat sich in der Sozialforschung zu einem gängigen und weit verbreiteten Begriff entwickelt. Die Bezeichnung soziales Kapital wurde von verschiedenen Forschern mit unterschiedlichem theoretischen Hintergrund bei der Untersuchung sozialer Ungleichheit entwickelt.[1] Pierre Bourdieu definierte im Zusammenhang sozialer Mobilität Sozialkapital als Gegenstück zum kulturellen Kapital (1983),[2] James Coleman definierte zunächst im Rahmen der Bildungsforschung soziales Kapital als Gegenstück zum Humankapital (1988).[3] In Fortentwicklung des „Embeddedness-Ansatzes" (Granovetter 1973) wurde soziales Kapital in der Netzwerkforschung als Ressource für die berufliche Mobilität definiert (Flap/de Graaf 1986, Lin/Ensel/Vaughn 1981). Dabei wird auf Beziehungen zu Bekannten abgehoben, die möglicherweise von Nutzen sein können, indem sie im Bedarfsfalle aktiviert werden.[4] Auch in der Migrationsforschung wird soziales Kapital als Ressource von Migranten betrachtet (Portes/Sensenbrenner 1993, siehe unten). Infolge der Studien von Robert Putnam zur sozialen und politischen Partizipation in Italien

---

[1] Eine Sammlung klassischer Artikel findet sich bei Ostrom/Ahn 2003. Zum Begriff vgl. Haug 1997, Portes 1998, Dasgupta 2000.
[2] „Das Sozialkapital ist die Gesamtheit der aktuellen und potentiellen Ressourcen, die mit dem Besitz eines dauerhaften Netzes von mehr oder weniger institutionalisierten *Beziehungen* gegenseitigen Kennens oder Anerkennens verbunden sind; oder anders ausgedrückt, es handelt sich dabei um Ressourcen, die auf der *Zugehörigkeit zu einer Gruppe* beruhen" (Bourdieu 1983: 190f).
[3] „Ich werde diese sozialstrukturellen Ressourcen als Kapitalvermögen für das Individuum bzw. als soziales Kapital behandeln. Soziales Kapital wird über seine Funktion definiert. Es ist kein Einzelgebilde, sondern ist aus einer Vielzahl verschiedener Gebilde zusammengesetzt, die zwei Merkmale gemeinsam haben. Sie alle bestehen nämlich aus irgendeinem Aspekt einer Sozialstruktur, und sie begünstigen bestimmte Handlungen von Individuen, die sich innerhalb der Struktur befinden. [...] Anders als andere Kapitalformen wohnt soziales Kapital den Beziehungsstrukturen zwischen zwei und mehr Personen inne." (Coleman 1991: 392). Coleman beruft sich bei der Verwendung des Begriffs auf Jacobs (1961) und Loury (1977).
[4] „Therefore, social capital can be defined as *resources embedded in a social structure which are accessed and/or mobilized in purposive action*" (Lin 2001: 12).

(1993) und den USA (1995, 2001)[5] hat sich ein weiteres Anwendungsfeld für den Begriff des sozialen Kapitals entwickelt: die Untersuchung der Zivilgesellschaft im interkulturellen und internationalen Vergleich. Mit sozialem Kapital wurde somit eine Bezeichnung für einen sozialen Tatbestand gefunden, der die Theorie der Sozialwissenschaft außerordentlich befruchtet hat und zahlreich aufgegriffen wurde.[6] Schon früh hat sich allerdings gezeigt, dass es an begrifflicher Schärfe mangelt und es unterschiedliche Definitionen, postulierte Zusammenhänge, Operationalisierungen und Messinstrumente gibt. Soziales Kapital war nicht in eine formale, deduktive, empirisch prüfbare Theorie eingebettet und es lag keine operationale Definition des Begriffs vor (Diekmann 1993: 23). Derzeit ist noch immer keine einheitliche Theorie vorhanden; stattdessen haben sich unabhängig voneinander mehrere Forschungsparadigmen ausdifferenziert. Dabei kann zwischen einem mikro- und einem makro-analytischem Forschungsansatz unterschieden werden.

a) Mikro-Ebene: Soziales Kapital wird als individuelle Ressource analog zum Humankapital (Coleman 1988: S98, 1991: 395) bzw. kulturellen Kapital (Bourdieu 1983) definiert. Der Nutzen der Ressource ergibt sich aus der Zugehörigkeit zu einer Gruppe und hängt von der Ausdehnung des Netzes der mobilisierbaren Beziehungen und von den aktuellen und potentiellen Ressourcen, die damit verbunden sind. Flap unterscheidet dabei drei Dimensionen: die Anzahl der Kontaktpersonen, die Ressourcen, über die diese Kontaktpersonen verfügen und die Verfügbarkeit der Ressourcen (Flap 1995, 2002). Coleman führt eine Reihe von Formen des sozialen Kapitals auf (Coleman 1991), darunter auf der individuellen Ebene Verpflichtungen und Erwartungen, d.h. Vertrauen und Informationspotential.

b) Makro-Ebene: Nach Coleman (1991) gibt es Formen des sozialen Kapitals, die auf der kollektiven Ebene ansetzen, darunter Normen und wirksame Sanktionen, Herrschaftsbeziehungen, freiwillige Vereinigungen und zielgerichtete Organisationen. Soziales Kapital wird somit als kollektive Ressource einer Gemeinschaft definiert (Putnam 1993: 167). Die Produktion von sozialem Kapital unterliegt einem Kollektivgutproblem (Coleman 1988: S116, 1991: 409ff), gleichzeitig können soziale Netzwerke mit stabiler Beziehungsstruktur durch die sozialen Normen und die Sanktionierung von

---

[5] „By „social capital" I mean features of social life - networks, norms, and trust - that enable participants to act together more effectively to pursue shared objectives. [...] Social capital, in short, refers to social connections and the attendant norms and trust." (Putnam 1995b: 664f).

[6] Ostrom/Ahn (2003: xii) zeigen anhand des social sciences citation index einen Anstieg von 2 zitierten Quellen zu „social capital" im Jahr 1991 auf 220 in 2001. Ladd 1999 zählt allein zwischen 1987 und 1998 etwa 1800 Veröffentlichungen zum Thema Sozialkapital.

Trittbrettfahrern sowie das Vertrauen unter dem Mitgliedern zur Überwindung des Problems des kollektiven Handelns beizutragen (Diekmann 1993: 32; Coleman 1991: 404; Ostrom 1990). Putnam unterscheidet drei zentrale Merkmale des kollektiven sozialen Kapitals: generalisiertes Vertrauen, Reziprozitätsnormen und Mitgliedschaften in Netzwerken freiwilligen Engagements (Putnam 1993: 67).

c) Meso-Ebene: Generell ist die individuelle Ressourcenausstattung mit sozialem Kapital abhängig von der Vernetzungsstruktur. Die „Weak-Tie-Hypothese" (Granovetter 1973) besagt, dass vor allem schwache Beziehungen den Informationsfluss zwischen unzusammenhängenden Gruppen ermöglichen und so von großem Nutzen für den Einzelnen sein können. Nach der „Structural-Holes-Hypothese" ist besonders hohes soziales Kapital mit Positionen zu erzielen, die keine Kohäsion, d.h. enge starke Beziehungen, und keine Struktur-Äquivalenz, d.h. überlappende Kontakte, bedeuten (Burt 1992: 18). Structural Holes verbinden nichtredundante Kontakte, indem zwischen Personen(-gruppen), die normalerweise nicht verbunden sind, eine Lücke besteht, die von einem Makler ausgefüllt (Burt 1992: 18).

Obgleich soziales Kapital als Meso-Ebenen-Konstrukt definiert ist (Esser 1993: 113, Faist 1997b, Haug 2000: 125), entscheiden sich die meisten Autoren für eine Anwendung auf der Mikro- oder Makro-Ebene. Der „Doppelcharakter" des sozialen Kapitals hat zu Vereinheitlichungsversuchen geführt, die bisher jedoch noch nicht in der Forschung angewendet wurden. Esser berücksichtigt z.B. in seiner Theorie des sozialen Kapitals die zwei Analyseebenen, indem er von vornherein zwischen zwei Formen Sozialkapital unterscheidet: Beziehungskapital auf der individuellen Ebene und Systemkapital auf der kollektiven Ebene (Esser 2000: 235ff.).

Bei der Messung von Beziehungskapital kann zwischen tatsächlich erhaltenen Unterstützungsleistungen („use") und potenziell verfügbaren Ressourcen („access") unterschieden werden (Van der Gaag/Snijders 2003: 202). Unterstützungsleistungen werden mit Hilfe eines Namensgenerators nach einer auf Claude Fischer zurückgehenden Methode gemessen (McCallister/Fischer 1983, vgl. für einen Überblick zur Forschung über Unterstützungs- und Hilfeleistungen Diewald 1991, 70ff., Diewald 2003, Künemund/ Hollstein 1995, Brownell/Shumaker 1984, Depner et al. 1984). Das soziale Kapital wird dabei anhand der erhaltenen sozialen Unterstützungsleistungen in einer Reihe von Situationen erhoben. Eine der aktuellen Anwendungsbereiche des sozialen Kapitals auf der Mikro-Ebene bezieht sich auf die Auswirkungen von

Beziehungen in der Arbeitsmarktforschung (Lin et al. 2001; Flap/Völker 2003, DeGraaf/Flap 1988, Lin/Vaughn/Ensel 1981, Preisendörfer/Voss 1988).

Im Rahmen der Beziehungsnetzwerkforschung kann zwischen den drei Dimensionen Anzahl der Beziehungspersonen, Wert der Ressourcen, über die diese Personen verfügen und die Bereitschaft der Personen, einen Zugriff auf diese Ressourcen zu ermöglichen, unterschieden werden. Je mehr Personen das Netzwerk umfasst, je mehr Ressourcen diese Personen kontrollieren und je enger die Beziehungen zu diesen Personen sind, desto höher ist das soziale Kapital. Eine Messung des potenziell verfügbaren Beziehungskapitals kann so mit Hilfe eines Ressourcengenerators erfolgen, der 35 Items enthält (Van der Gaag/Snijders 2003: 202).

Das Positionskapital, d.h. Ressourcen, die aufgrund von Position im Netzwerk zugänglich werden, wird dem gegenüber mit Hilfe von Positionsgeneratoren gemessen (Lin/Dumin 1986, Lin 2001: 16). Diese heben vor allem auf Status und Prestige innerhalb von hierarchischen Strukturen ab. Die Grundidee hängt eng mit dem Konzept von Ronald Burt zusammen, der die Position innerhalb eines Netzwerks und dessen Struktur als entscheidend für das individuelle soziale Kapital betrachtet. Eine Messung des Positionskapitals kann im Prinzip nur durch die Erhebung einer kompletten Netzwerkstruktur erfolgen (Burt 1992, Jansen 2000).

Zwei weitere Formen des Beziehungskapitals nach Essers Definition (2000: 241) sind das Vertrauenskapital (Reputation, durch andere Akteure wahrgenommene Vertrauenswürdigkeit, Selbsteinschätzung, sozialer Status/ Prestige) und das Verpflichtungskapital (Höhe der Verpflichtungen anderer Akteure Ego gegenüber, geleistete soziale Unterstützung). Beide Formen sind am ehesten bei „strong ties" zu finden, z. B. in Familien (Boisjoly/Duncan/ Hoffer 1995). Die Messung kann über die Erhebung von erhaltenen und gegebenen Unterstützungsleistungen in verschiedenen Situationen erfolgen (siehe oben, Namensgeneratoren).

Während relativ wenige Studien sich direkt auf die Kapitaltheorie Bourdieus beziehen (Fine 2001, Hartmann 2003), liegen aufbauend auf Colemans Schulstudie weitere Schwerpunkte in der Sozialisations- und Bildungsforschung (Coleman/Hoffer 1987, Coleman 1988, Hagan/McMillian/ Wheaton 1996). Einige Studien befassen sich Coleman folgend mit der Rolle von sozialem Kapital bei der Entstehung von Kollektivgütern (Diekmann 1993, Ostrom 1990). Durch Putnams Arbeiten an der Schnittstelle zwischen Politikwissenschaft und Soziologie wurden weltweit eine Reihe von Studien im Bereich der Partizipationsforschung, der international vergleichenden Gesellschaftsanalyse oder der Demokratieforschung unter dem Stichwort „Zivilgesellschaft" (Putnam 2001, van Deth et al. 1999, vgl. eine Übersicht die

Rezeption von Putnam Haug 1997, Paxton 1999, Gabriel et al. 2002) und auch der ökonomischen Entwicklungsforschung (Dasgupta/Serageldin 2000) inspiriert. Ebenfalls auf Putnams Ansatz in der Tradition von Jacobs (1961) basieren stadtsoziologische Analysen der Funktionen von Nachbarschaftsvierteln (Schnur 2003).

In der Regel wird auch für die Untersuchung der Makro-Ebene das aggregierte Beziehungskapital verwendet (Gabriel et al. 2002: 25ff). Putnam beispielsweise verwendete 14 Indikatoren aus den Bereichen der Teilhabe am öffentlichen Leben, des Engagements in öffentlichen Angelegenheiten, der Teilhabe an Freiwilligenorganisationen, der informellen Gesellichkeit und dem sozialen Vertauen (Putnam 2001: 291). Als Indikatoren für das Engagement in Netzwerken verwendet Putnam Daten über die Beteiligung in politischen, gesellschaftlichen, religiösen und beruflichen Organisationen und Verbänden. Die OECD hat sich zum Ziel gesetzt, ein Mess-System aus Fragen zu entwickeln (Gehmacher 2003: 312). Auf nationaler Ebene wurde so in Großbritannien ein Messinstrument für Sozialkapital entwickelt (Harper 2002: 4). Eine Operationalisierung für Sozialkapital in der Stadtforschung (Berlin Moabit) beinhaltet z.B. die allgemein üblichen Aspekte sowie speziell regionale Indikatoren: soziales Vertrauen, Verpflichtungen, Erwartungen, soziales Netzwerk, soziale Organisationen, soziale Normen und lokales Sozialkapital im Quartier (Schnur 2003: 117). Die Skala zur Messung des Sozialkapitals von Stadtvierteln (Köln, Freiburg, Landkreis Breisgau) in einer Studie zur Jugenddelinquenz umfasst Fragen zum kindbezogenen Sozialkapital, zu sozialen Kontakten, zur beobachteten Jugendgewalt, zur informellen Sozialkontrolle über Jugendliche, zur sozialen Kohäsion, zum sozialen Misstrauen, zur Verbundenheit mit dem Stadtviertel, zur kollektiven Interessenwahrnehmung, zur Wahrnehmung von Anomie, zum sozialen Ruf des Wohnviertels, zur Kriminalitätsfurcht und zur Bekanntschaft mit Nachbarskindern (Oberwittler 2003, 40). Dabei wird die Mehrebenenanalyse angewendet, die sich auch in einem Projekt zur Teilhabe an Sozialkapital bei der Erklärung der Einflussfaktoren für das Engagement in Freiwilligenorganisationen in der Schweiz bewährt hat (Bühlmann/Freitag 2004).

Ein wichtiger Aspekt des Systemkapitals nach Esser ist die Systemkontrolle, die durch Fragen zur Normkonformität abgedeckt werden. Der zweite Aspekt des Systemkapitals, das Systemvertrauen (Vertrauen in das Funktionieren des Systems, Glauben, dass sich Kooperation auszahlt) ist ein zentrales Item der Messung des Sozialkapitals von Gesellschaften (Vertrauen in Institutionen, z.B. im World Value Survey, vgl. die Beiträge in van Deth et al. 1999). Dabei wird das generalisierte Vertrauen und das Vertrauen in gesellschaftliche Institutionen wie die Politik, die Justiz, die Medien oder bestimmte Verbände gemessen. Der dritte Aspekt, die Systemmoral, d.h. die Verbreitung gemeinsam geteilter Werte und Normen, hier vor allem die Reziprozitätsnorm, bezieht sich auf Einstellungsmuster und Verhaltensaspekte. Dabei kann sowohl die Merkmale der Befragten selbst, z.B. die Einstellungen zur Zivilcourage oder zu deviantem Verhalten untersucht werden, als auch die Beurteilung der sozialen Kohäsion oder des sozialen Misstrauens im Stadtviertel (Gegenseitiges Helfen, gegenseitiges Kennen, gemeinsame Werte im Stadtviertel, vgl. Oberwittler 2003: 41).

2 Soziales Kapital und Migration

Soziales Kapital ist im Migrationskontext in zweierlei Hinsicht bedeutsam. Zum einen kann soziales Kapital Migrationsentscheidungen beeinflussen und zur Entstehung einer Kettenmigration führen. Zum Zweiten hängt mit dem sozialen Kapital die soziale Einbettung und die Integration am Zielort zusammen (siehe Abschnitt 3).

Der Begriff der Kettenmigration wurde erstmals von John und Beatrice MacDonald definiert: "Chain Migration can be defined as that movement in which prospective migrants learn of opportunities, are provided with transportation, and have initial accomodation and employment arranged by means of primary social relationships with previous migrants" (MacDonald/ MacDonald 1964: 82). Von verschiedenen Migrationsforschern wird Kettenmigration als ein eigenständiger Migrationstypus anerkannt (vgl. Tilly 1990). Kettenwanderung ist nach der Einschätzung verschiedener Autoren "eine universelle und wahrscheinlich auch die quantitativ bedeutendste Form der Migration" (Heckmann 1992: 99) bzw. das dominante Migrationsmuster: "chain migration is now the dominant pattern of long-term movement" (Kritz/Zlotnik 1992: 4). Verschiedene Forscher stellen die Kettenmigration in den Mittelpunkt der Analyse von Migrationsbewegungen (Espinosa/Massey 1997, Faist 1997a, Özel/Nauck 1987, Böcker 1994, Haug 2000). Eine Kettenmigration besteht in einer Reihe von sukzessiven Familiennachzügen, die die Kontinuität der Beziehungen zwischen den Ausgewanderten und den bisher Daheimgebliebenen voraussetzen (Haug 2000: 142ff). Aus Kettenwanderungen resultieren räumliche Konzentrationen von Verwandtschaftsnetzwerken und ethnischen Gemeinschaften am Zielort.

Insgesamt kann davon ausgegangen werden, dass ökonomische Motive und demgemäss ökonomische Erklärungsansätze einen großen Teil der Migrationsentscheidungen und Migrationsbewegungen bei internationaler Migration erklären können. Ein grundlegendes Problem der Makroansätze allgemein und speziell der makroökonomischen Migrationstheorien ist jedoch die Unvollständigkeit der Erklärung. Es fehlt eine explizite Angabe der Mechanismen auf der Mikroebene. Die Makrotheorien bewegen sich auf der Aggregatebene bewegen und beziehen zwar strukturelle Rahmenbedingungen wie Lohnniveau und Arbeitslosenquoten für Migrationsströme ein, vernachlässigen aber handlungstheoretische Annahmen. Mikrotheoretische Ansätze bieten den Vorteil, dass die Selektivität von Wanderungen berücksichtigt werden kann, d.h. sie gehen darauf ein, welche Personen mit welchen Merkmalen und Motiven wann wohin wandern. Die Annahmen der klassischen mikrotheoretischen Ansätze unterliegen jedoch ebenfalls der Kritik (Massey u. a. 1993, 1994, Haug 2000, Haug/Sauer 2006). Es wird insbesondere bemängelt, dass die individualistischen Ansätze die Einbettung in soziale Netzwerke und komplexere Mechanismen der „mehrfachen, mehrdirektionalen, erwerbs- und lebensphasenbezogenen und etappenweisen flächenräumlicher Wanderung" und der Entstehung neuer „sozialer Verflechtungszusammenhänge" (Pries 1997: 33f.) nicht berücksichtigen. Daher ist die Berücksichtigung von Migrationsnetzwerken sinnvoll zur Ergänzung der ökonomischen Ansätze (Faist 1997a, 1997b). Damit wird es ermöglicht, auch nicht primär ökonomisch motivierte Migration wie Familiennachzug, Entwicklungen wie Kettenmigration oder politisch motivierte Wanderungen wie Fluchtwanderungen zu erklären.

Um die Bedeutung sozialer Netzwerke bei der Migrations- bzw. Remigrationsentscheidung zu beschreiben, formulierte Ritchey (1976: 389) die Affinitätshypothese, die Informationshypothese und die Erleichterungshypothese, Hugo erweiterte diese um die Konflikthypothese und die Ermutigungshypothese (1981: 196ff).

Für eine differenzierte Analyse der Wirkungsweise des sozialen Kapitals ist es sinnvoll, zwischen herkunftsortspezifischem und zielortspezifischem sozialen Kapital zu unterscheiden (Haug 2000: 113ff). *Soziale Beziehungen sind in der Regel ebenso wie andere Kapitalarten an einen Ort gebunden; aus diesen Ressourcen ergibt sich das ortspezifische Kapital* (Da Vanzo 1981). Soziales Kapital am Herkunftsort (herkunftsortspezifisches soziales Kapital) wirkt im Prinzip migrationshemmend (Affinitätshypothese), Sonderfälle sind die Konflikthypothese und die Ermutigungshypothese. Soziales Kapital am Zielort (zielortspezifisches soziales Kapital) wirkt generell migrationsförderlich (Informationshypothese, Erleichterungshypothese).

a) Affinitätshypothese: Das Vorhandensein von Verwandten und Freunden am Wohnort schränkt die Tendenz zur Migration ein. Nichtökonomische Faktoren wie die tiefe Verwurzelung in einer Gemeinde, starke lokale Verwandtschaftsbeziehungen und hohe Investitionen in einer Gemeinde

sowie erwartete Erschwernisse bei der Assimilation in einer neuen Gemeinde wirken sich verhindernd auf eine Emigration aus.
b) Konflikthypothese: Intrafamiliäre Konflikte und Zerwürfnisse innerhalb der Gemeinde können ein Anlass für die Emigration sein. In diesem Fall besteht das Migrationsmotiv in der Flucht vor der Enge des Beziehungsnetzwerks.
c) Ermutigungshypothese: Familien können einzelne Familienmitglieder dazu ermutigen, kurz- oder langfristig auszuwandern, beispielsweise als Strategie zur Sicherung des Haushaltseinkommens durch Überweisung des im Ausland erworbenen Einkommens.
d) Informationshypothese: Leben Familienangehörige und Freunde an anderen Orten, so fördert dies erstens die Migrationsabsicht und richtet zweitens die Migration an diesen Ort, da die Lebensbedingungen wie z. B. die Arbeitsmöglichkeiten bekannt sind. Je mehr soziale Beziehungen und damit Informationskanäle zum Zielort bestehen, desto mehr haben Informationen über die zu erwartenden Bedingungen einen positiven Einfluss auf die Migrationsentscheidung.
e) Erleichterungshypothese: Familienangehörige und Freunde fördern und richten die Migration an den Ort, an dem sie leben, indem sie die Anpassung für potentielle Migranten durch vielfältige Hilfen erleichtern, z. B. bei der Job- oder Wohnungssuche oder in Form von genereller Ermutigung und materieller Unterstützung ebenso wie bei der Suche nach neuen sozialen Beziehungen und der Anpassung an die neue Umgebung.

Dass eine Entscheidung zur Emigration den teilweisen oder kompletten Verlust des ortsspezifischen sozialen Kapitals zur Folge hat, wurde in der ökonomischen Forschung wenig gewürdigt (Fischer/Martin/Straubhaar 1997: 89).

Durch räumliche Mobilität wird soziales Kapital zwar zunächst verringert (Boisjoly et al. 1995), d.h. durch Emigration tritt ein gewisser Verlust des herkunftsortspezifischen sozialen Kapitals ein. Der Verlust ist nicht vollständig, da auch bei räumlicher Distanz Beziehungen aufrechterhalten werden können, jedoch kann es nicht vollständig genutzt werden, z.B. für alltägliche Unterstützungsleistungen. Das Kapital kann durch Familiennachzug und Kettenmigration wiedergewonnen werden. Wanderungsmotivierend ist beim Familiennachzug somit vor allem die Wiedererlangung des sozialen Kapitals und nicht primär die Erhöhung des ökonomischen Nutzens (Haug 2000: 167ff). Aus Familiennachzug können Migrationsketten entstehen, da mit jeder Wanderung der Verlust von Kapital für weitere Personen verbunden ist und es für weitere bisher noch im Herkunftsland verbliebene Personen einen Anreiz zur Emigration gibt (vgl. Haug 2000: 122ff für eine ausführliche Modellierung der sukzessiven Wanderungsentscheidungen bei einer Migrationskette).

Die Einbettung in soziale Netze hat somit entscheidenden Einfluss auf Migrationsentscheidungen und die Entwicklung der Migrationsbewegung. Im Rahmen eines Mehrebenenmodells der Migration wird die Migrationsentscheidung von Akteuren dabei nicht nur durch die individuelle Ressourcenausstattung beeinflusst, sondern durch die sozialen Netzwerke, in die die Akteure im Herkunfts- und Zielland eingebettet sind und die makro-strukturellen Bedingungen (Abbildung 1). Ein Kettenmigrationsprozess ergibt sich als unbeabsichtigte Folge der individuellen Entscheidungen von Akteuren, die zu einer kumulativen Entwicklung der Migration innerhalb sozialer Netzwerke führen.

Abbildung 1: Mehrebenenmodell der Migration

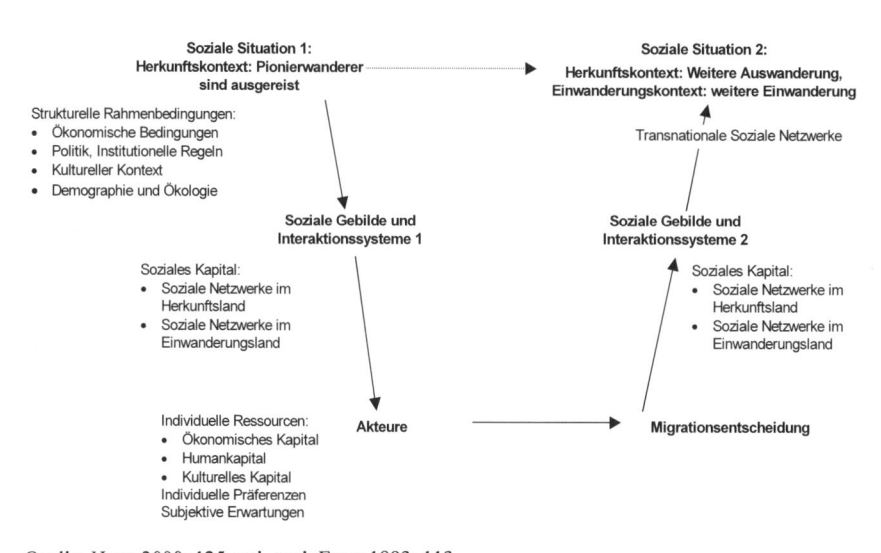

```
                    Soziale Situation 1:                      Soziale Situation 2:
                    Herkunftskontext: Pionierwanderer ──────▶ Herkunftskontext: Weitere Auswanderung,
                    sind ausgereist                           Einwanderungskontext: weitere Einwanderung
Strukturelle Rahmenbedingungen:                                                 ▲
 • Ökonomische Bedingungen                                    Transnationale Soziale Netzwerke
 • Politik, Institutionelle Regeln
 • Kultureller Kontext
 • Demographie und Ökologie
                                Soziale Gebilde und           Soziale Gebilde und
                                Interaktionssysteme 1         Interaktionssysteme 2
Soziales Kapital:                                                     ▲         Soziales Kapital:
 • Soziale Netzwerke im                                                          • Soziale Netzwerke im
   Herkunftsland                                                                   Herkunftsland
 • Soziale Netzwerke im                                                          • Soziale Netzwerke im
   Einwanderungsland                                                               Einwanderungsland

            Individuelle Ressourcen:    Akteure    ──────▶    Migrationsentscheidung
             • Ökonomisches Kapital
             • Humankapital
             • Kulturelles Kapital
            Individuelle Präferenzen
            Subjektive Erwartungen
```

Quelle: Haug 2000: 125, vgl. auch Esser 1993: 113

Im Folgenden werden die Ergebnisse der Untersuchung der Remigration am Beispiel italienischer Immigranten in Deutschland zusammengefasst. Für die Untersuchung der Migrationsentscheidung in Abhängigkeit individueller und sozialer Ressourcen müsste eine Bevölkerungsbefragung im Herkunftsland mit mehreren Befragungswellen stattfinden (vgl. das Forschungsdesign bei Massey et al 1987). Derartige Daten sind jedoch nur mit großem Aufwand zu erheben. Unter der Bedingung, dass keine Daten im Herkunftsland verfügbar sind und unter der Annahme, dass Remigrationsentscheidungen dem selben Mechanismus wie Emigrationsentscheidungen unterliegen, wurde auf das Sozio-Ökonomische Panels zurückgegriffen. Dieses wird seit 1984 jährlich in Form einer Personen- und Haushaltsbefragung bei Deutschen und verschiedenen Migrantengruppen durchgeführt (SOEP Group 2001). Die Rückkehr italienischer Migranten im Laufe des Zeitraums von 1984 bis 1997 wurde untersucht. Es wurde getestet, ob mit steigender Aufenthaltsdauer die Remigrationswahrscheinlichkeit sinkt (Modell 1). Ein weiterer Test bezog sich auf die Frage, ob mit dem Eintritt in das Rentenalter die Wahrscheinlichkeit der Rückkehr ansteigt. Modell 2 bezieht sich auf Humankapital und individuelle Ressourcen wie die Ausübung einer Vollzeiterwerbstätigkeit. In Modell 3 wurden Effekte des familialen sozialen Kapitals untersucht. Leitende Hypothese dabei war: Je mehr Familienangehörige in Deutschland leben und je weniger im Herkunftsland, desto geringer ist die Rückkehrwahrscheinlichkeit. Modell 4 untersucht Effekte des sozialen Kapitals im Verwandtschaftsnetzwerk, gemessen an der Anzahl und Stärke der Beziehungen am Wohnort oder im Herkunftsort. Für die Ereignisanalyse von Paneldaten wurde ein zeitvariabler Personen-Jahr-Datensatz konstruiert wird und mit Hilfe einfacher zeitdiskreter Modelle (logistische Regression) analysiert. Jede Person geht für jedes Jahr, in dem sie an einer Befragung teilgenommen hat, als ein Fall in den Datensatz ein. So ergeben sich aus den Daten der befragten Italiener 10.022 Jahresepisoden, d.h. Personen-Jahre. Remigration kann anhand der Begründung für einen Panelausfall identifiziert werden. Zwischen 1984 und 1997 traten 177 Remigrationen auf. Als Determinanten einer Remigrationsentscheidung gelten die persönlichen Angaben in jedem Befragungsjahr, bei Remigration also im letzten verfügbaren Befragungsjahr vor der Remigration. In der obenstehenden Analyse wurden ausschließlich Fälle berücksichtigt, bei denen das Immigrationsjahr bekannt ist und somit die Aufenthaltsdauer berechnet werden kann. Bei Modell 4 werden nur Fälle berücksichtigt, die im Jahr 1991, in dem das Familiennetzwerk erstmals erhoben wurde, Auskunft darüber gegeben haben; hieraus ergibt sich die geringere Fallzahl. Detaillierte Beschreibungen des verwendeten Datensatzes, der Variablen und der Methode finden sich bei Haug (2000: 242).

Insgesamt haben nur wenige Faktoren einen stabilen Einfluss auf die Rückkehrentscheidung (Haug 2001: 253). Dazu gehören die Rückkehrabsicht, das Erreichen des Rentenalters, die Ausübung einer Vollzeiterwerbstätigkeit, die Anzahl von Haushaltsmitgliedern, das Vorhandensein von Verwandten in Deutschland und die Anzahl an Haushaltsmitgliedern im Heimatland (Tabelle 1).

Tabelle 1: Determinanten der Remigration bei italienischen Migranten in Deutschland

Unabhängige Variablen	Modell 1: Biographie		Modell 2: Individuell		Modell 3: Haushalt		Modell 4: Netzwerk	
	Beta	Odds	Beta	Odds	Beta	Odds	Beta	Odds
Alter in Jahren	0,28	1,33	0,3	1,35	0,44	1,15	0,29	1,33
Rentenalter (über 60) (j/n)	1,78***	5,93	2,05***	7,74	1,54***	4,65	1,2	3,32
Immigrationsalter in Jahren	-0,3	0,74	-0,33	0,72	-0,46	0,63	-0,27	0,76
Aufenthaltsdauer in Jahren	-0,36	0,69	-0,37	0,69	-0,48	0,62	-0,23	0,8
Rückkehrabsicht (j/n)			1,01***	2,73	1,33***	3,79	2,61***	13,69
Schule in Deutschland (j/n)			-0,14	0,87	0,14	1,15	-1,1	0,33
Schule in Italien (j/n)			0,25	1,28	-0,06	0,94	0,29	1,33
Vollzeiterwerbstätig (j/n)			-,59**	0,55	-,86***	0,42	-1,33**	0,26
Rente (j/n)			-0,61	0,54	-0,52	0,6	-0,53	0,59
Einkommenstransfer (j/n)			0,00*	1	0	1	0	0,1
Deutschkenntnisse Skala			-0,05	0,95	-,12*	0,88	-0,03	0,97
Verheiratet (j/n)					-0,46	0,63	-0,9	0,41
Haushaltsmitglieder					-,66***	0,51	-,54***	0,58
Anzahl der Kinder					-2,01	0,13	-1,81	0,16
Anzahl Remigranten					2,02***	7,55	2,17***	8,72
Ehepartner in Italien (j/n)					-0,25	0,78	-7,94	0
Anzahl Kinder in Italien					0,1	1,11	1,06***	2,89
Verwandte in Deutschl. (j/n)					-0,14	0,87	1,36**	3,91
Familiennetzwerk gesamt							0,04**	1,04
Netzwerk in Deutschland							-0,31	0,74
Netzwerk in Italien							-0,12	0,88
Konstante	-1,73***		-1,96***		-,32***		-6,99***	
Anzahl Personen-Jahre	4.175		4.175		4.175		3.378	
Chi2	56,43		102,22		416,54		145,83	
(Cox/Snell) Pseudo-R2	0,01		0,02		0,1		0,04	

Quelle: SOEP 1-14. Welle, Personen-Jahr-Datensatz, abhängige Variable: Remigration (177 Fälle), (j/n): ja/nein, logistische Regression: partielle Beta-Koeffizienten, *signifikant auf 95%-Niveau, **signifikant auf 99%-Niveau, ***auf 99,9%-Niveau, odds ratio.

Insgesamt ist der zusätzliche Erklärungsbeitrag des zweiten Modells mit individuellen Merkmalen sehr viel geringer als der Beitrag, den das dritte Modell unter Einbeziehung der Haushaltsfamilie bringt. Dies ist ein Hinweis darauf, dass die Variablen des dritten Modells einen unabhängigen Effekt bei der Erklärung der Remigration haben. Die erhebliche Verbesserung gegenüber dem Grundmodell ist vor allem auf den Effekt der Anzahl der Haushaltsmitglieder und der vorher remigrierten Haushaltsmitglieder zurückzuführen. Durch die Hinzunahme dieser Variablen sinkt der Effekt der biographischen Variablen. Gleichzeitig steigt der Einfluss der Rückkehrabsicht und der Erwerbstätigkeit noch weiter an. Personen, aus deren Haushalt in den Jahren zuvor oder im gleichen Jahr Familienmitglieder remigriert sind, im Vergleich zu Personen, aus deren Haushalt bisher niemand remigriert, häufiger selbst remigrieren (Haug 2000: 253). Halten sich alle Haushaltsmitglieder noch in Deutschland auf, so liegt die Wahrscheinlichkeit, ebenfalls zu bleiben, bei über 99%, während 9% derjenigen, aus deren Haushalt eine andere Person vorher remigriert ist oder gleichzeitig remigriert, ebenfalls remigrieren. Je mehr Personen aus dem Haushalt fortziehen, desto wahrscheinlicher wird die Remigration. Die Remigrationswahrscheinlichkeit steigt bis auf 31% bei vier remigrierten Haushaltsangehörigen (Haug 2000: 253). Das heißt, eine Remigrationsentscheidung wird selten alleine getroffen, aber je mehr Familienmitglieder eine derartige Entscheidung schon in die Tat umgesetzt haben oder im Begriff sind, dies zu tun, desto mehr steigt die Bereitschaft der Migranten zu einer Rückkehr. Das Vorhandensein von Verwandten in Deutschland hat ebenfalls einen Einfluss. Die wichtigsten Erklärungsfaktoren sind somit die Anzahl der Haushaltsmitglieder, diese wirkt sich remigrationshemmend aus, die Anzahl bereits zuvor remigrierter Haushaltsmitglieder, diese wirkt sich remigratonsförderlich aus, der Erwerbsstatus, für Erwerbstätige ist die Wahrscheinlichkeit zu remigrieren, geringer und für Personen im Rentenalter ist die Wahrscheinlichkeit erhöht. Remigrationsentscheidungen bei Migranten in Deutschland wurden auch von Constant/Massey (2002) untersucht; der Effekt der Vollzeiterwerbstätigkeit und einiger Formen sozialer Beziehungen, wie das Zusammenleben mit Ehegatten und Kindern, wurde bestätigt.

Die Rückkehrabsicht hat ebenfalls einen unabhängigen Einfluss auf die Remigrationswahrscheinlichkeit bei italienischen Migranten (Tabelle 1). Eine Migrationsabsicht resultiert nicht immer in Verhalten („unexpected stayers"), jedoch ist das Vorhandensein einer Absicht häufig mit nachfolgender Migration verbunden (Haug 2001, 2000: 251). In einer Analyse des Emigrationspotenzials in Bulgarien konnte gezeigt werden, dass eine Emigrationsabsicht mit dem zielortspezifischen sozialen Kapital zusammenhängt. 15% der Personen, mit zielortspezifischem sozialen Kapital geben an, eine dauerhafte Auswanderung zu beabsichtigen, gegenüber einem Anteil von 8,5% in der Gesamtbevölkerung. Ein großer Teil der Personen, die eine Emigrationsabsicht haben, will nicht ohne Familienangehörige wandern oder beabsichtigt diese später nachzuholen (Haug 2006b). Zusammenfassend kann festgestellt werden, dass Remigrationsentscheidungen bei italienischen Migranten primär durch soziales Kapital im Haushalt bestimmt wurden; diese haben unabhängig von individuellen Ressourcen einen Einfluss. Familiales soziales Kapital am Wohnort wirkt sich remigrationshindernd aus, familiales soziales Kapital am Herkunftsort (Italien) wirkt sich remigrationsförderlich aus.

3 Soziales Kapital und Integration

In der Integrationsforschung wird soziales Kapital als Ressource von Migranten und Migrantengemeinschaften analysiert (Portes 1998, Portes/Sensenbrenner 1993, Zhou/Bankston 1994, Sanders/Nee 1996). „Social capital is a product of embeddedness" (Portes 1995: 13). Mit der sozialen Einbettung in eine ethnische Gemeinschaft hängt soziales Kapital zusammen, indem sich aus Solidarität, moralischen Prinzipien und Reziprozitätsnormen beim Tauschen Ressourcentransfers ergeben (Portes/Sensenbrenner 1993). Es ist zwischen vier Typen von sozialem Kapital zu unterscheiden, Werte, Solidarität, Reziprozität und Vertrauen (Portes 1995: 15).

Nach der These der „Binnenintegration" (Elwert 1982) hat die Einbettung in eine ethnische Gemeinschaft förderliche Wirkungen für die gesamtgesellschaftliche Integration. Diese Sichtweise entspricht auch dem „Closure-Argument" von Coleman (Burt 2001), wonach innerhalb sozialer Netzwerke Zugriff auf Ressourcen erlangt werden kann und das Funktionieren sozialer Normen gewährleistet ist. Soziales Kapital innerhalb ethnischer Gemeinschaften stellt dem gemäß eine Ressource dar, die sich aus geteilten Werten, Solidarität, Reziprozität und Vertrauen speist (Portes/Sensenbrenner 1993). Bspw. trägt soziales Kapital in Migrantenfamilien zur Etablierung und dem Funktionieren einer ethnischen Nischenökonomie bei (Sanders/Nee 1996, Flap/Kumcu/Bulder 1997, Thränhardt 2000). Soziales Kapital kann als Ressource dienen, um eine Interessenvertretung zu erlangen und an der Mehrheitsgesellschaft zu partizipieren.

In der Regel erfolgt ein Großteil der alltäglichen Unterstützungsleistungen durch Personen, zu denen enge soziale Beziehungen bestehen, vorrangig Familienangehörige und an erster Stelle Partner (Bruckner et al. 1993, Diewald 1993, Schulz 1995: 267). Diese Familienbezogenheit der Netzwerke ist z.B. bei türkischen Migranten stärker als bei Deutschen ausgeprägt (Schubert 1990: 168ff); Kontakte zu Freunden beinhalten bei Türken dagegen vor allem Freizeitaktivitäten (Nauck/Kohlmann 1998: 223). Bei Migranten ist die Familie für die soziale Integration von besonderer Bedeutung, da die Binnenintegration bei Türken nicht entlang von ethnischen, sondern verwandtschaftlichen Linien verläuft (Nauck/Kohlmann 1998: 217, Nauck et al. 1997: 487).

Das soziale Kapital wird bei Migranten durch Vorleistungen in nichtreziproken Austauschbeziehungen vor allem innerhalb der Familie und Verwandtschaft erworben, die Gegenleistungen erwarten lassen. Dementsprechend hoch sind die Solidarpotentiale in Verwandtschaftsbeziehungen türkischer Migrantenfamilien zu bewerten (Nauck/Kohlmann 1998: 220ff). Kontakthäufigkeit und Hilfeleistungen sind in hohem Maße von der räumlichen Distanz abhängig (Nauck/Kohlmann 1998: 219). Die Ausstattung mit sozialem Kapital könnte daher durch räumliche Entfernung zu Familienangehörigen im Heimatland beeinträchtig sein. Das Aufenthaltsland der Verwandten kann sowohl als Indikator des Stadiums des Familiennachzugs bzw. der Kettenmigration als auch der sozialen Integration gesehen werden (Haug 2000: 213ff, 2004).

Die folgende Analyse stützt sich auf Daten aus dem Integrationssurvey des Bundesinstituts für Bevölkerungsforschung. Die Besonderheit des Integrationssurveys des BiB liegt in einem namensbasierten Stichproben-ziehungsverfahren. Dazu wurden die Angehörigen der Zielpopulation anhand eines Namenserkennungsverfahren aus örtlichen Telefonregistern gezogen und mündlich befragt. Der Datensatz besteht aus jeweils etwa 1.200 weiblichen und männlichen Befragten mit deutscher, italienischer oder türkischer Abstammung zwischen 18 und 30 Jahren. Unter den Befragten italienischer Abstammung besitzen 36% die deutsche Staatsangehörigkeit, in der Gruppe der Türkischstämmigen 30%. Die „Deutsch-Italiener" sind in den meisten Fällen von binationalen Eltern abstammende Doppelstaatsangehörige, die „Deutsch-Türken" sind überwiegend Eingebürgerte (Haug 2004).

Die Größe der Verwandtschaftsnetzwerke ist bei deutsch- italienischen und türkischstämmigen Befragten weitaus höher als bei deutschstämmigen. Deutsche haben durchschnittlich 16 Verwandte, Deutsch-Italiener 28, während die restlichen Befragten italienischer und türkischer Abstammung im Durchschnitt insgesamt 34 Verwandte besitzen (Abbildung 2). Hiervon leben etwa zwei Drittel im Herkunftsland. Die Netzwerke der deutsch-türkischen Befragten unterscheiden sich nicht von den Netzwerken nichteingebürgerter Türken. Dahingegen haben Deutsch-Italiener durchschnittlich signifikant kleinere Verwandtschaftsnetzwerke im Heimatland und somit geringeres herkunftslandspezifisches soziales Kapital als Italiener. Dies hängt damit zusammen, dass

Soziales Kapital als Ressource im Kontext von Migration und Integration

sie zumeist aus einer binationalen Ehe abstammen und insofern nur von einem Elternteil Verwandte im Heimatland zu erwarten sind. Hinsichtlich der Zahl an Verwandten in Deutschland gibt es unter den Migranten kaum deutliche Unterschiede, ebenso wie bei der Zahl der Freunde.

Abbildung 2: Verwandtschafts- und Freundesnetzwerk

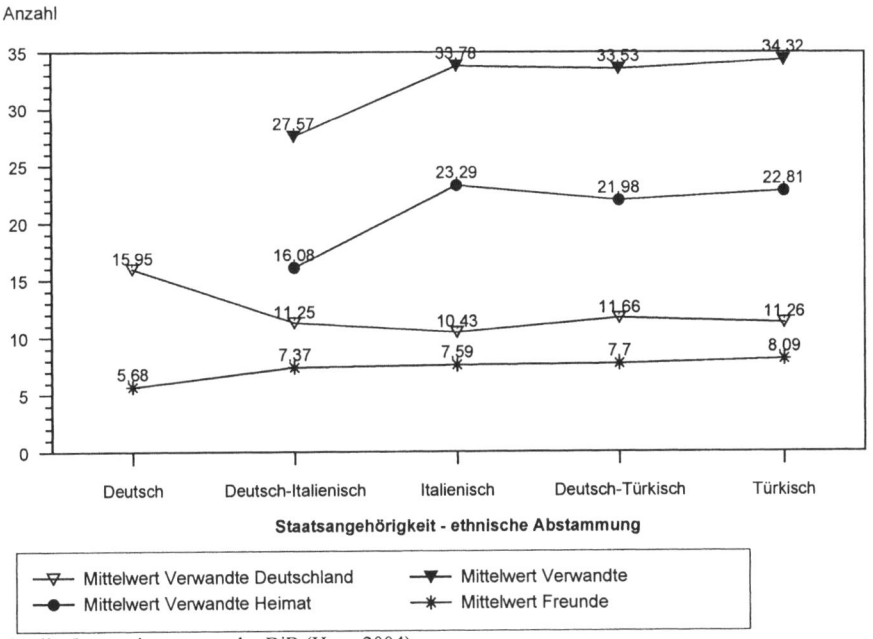

Quelle: Integrationssurvey des BiB (Haug 2004)

Zumeist werden aufgrund einer „Sozialkapitalromantik" negative Effekte des sozialen Kapitals verschwiegen (Diekmann 1993: 31). Es sollte aber beachtet werden, dass neben den Vorteilen auch Einschränkungen für das Individuum verbunden sind (Portes 1995: 14, 1998). Diese versteckten Kosten treten einerseits auf, wenn die Erwartung der Gemeinschaft besteht, dass für ökonomische Erfolge mit Hilfe des sozialen Kapitals wiederum eine Gegenleistung gezahlt werden muss. Andererseits sind die Beschränkungen der Gemeinschaft bei geschlossenen, dichten, multiplexen Netzen, wie Restriktionen des Kontakts mit anderen Personen außerhalb der Gemeinschaft und streng sanktionierte Normen auch Hindernisse für individuelle Erfolge. Negative

Konsequenzen der sozialen Einbettung in ethnische Netzwerke können in der Verhinderung von Geschäftserfolgen durch soziale Verpflichtungen zur gegenseitigen Unterstützung, Konformitätsdruck und Verhinderung des individuellen Aufstiegs in der Aufnahmegesellschaft durch „downward leveling norms" bestehen (Portes 1998: 15ff). Mit einer einseitigen Konzentration auf eigenethnische Netzwerke und berufliche Betätigungen in der ethnischen Nischenökonomie kann eine Art von ethnischer „Mobilitätsfalle" (Wiley 1970) entstehen, die die Migranten an einem Aufstieg innerhalb der Aufnahmegesellschaft hindert und zur ethnischen Segmentation führt (Esser 2001: 41). Die starke Orientierung an der ethnischen Gemeinschaft kann sich integrationshinderlich auswirken; dies wird als „downward assimilation" bezeichnet (Portes 1995). Die Frage, ob ethnische Netzwerke eine Hilfe oder ein Hindernis sind, lässt sich nicht allgemein beantworten (Pohjola 1991). Soziales Kapital hat zwei Bedeutungen, es bringt Vorteile, aber auch Nachteile (Portes 2000). Eine negative Konsequenz der Einbettung ist die Verhinderung von Kontakten außerhalb der eigenen Ethnie und somit der sozialen Integration in die Aufnahmegesellschaft.

Auch in Zusammenhang mit der sozialen Integration ist es sinnvoll, zwischen *herkunfts- und aufnahmelandspezifischem sozialen Kapital* zu unterscheiden (Haug 2000: 113ff). Herkunftslandspezifisches soziales Kapital, das sich aus sozialen Beziehungen zu Angehörigen der Familie oder Personen mit gleicher regionaler oder ethnischer Herkunft ergibt und somit in der Regel mit sozialem Kapital in Familie und Verwandtschaft gleichzusetzen ist, ist für die Binnenintegration unerlässlich (Nauck/Kohlmann 1998: 217).

Nach der „Weak-Tie"-Hypothese und der „Structural-Holes-Hypothese" ergibt sich soziales Kapital aus Kontakten zu Personen mit Zugang zu wertvollen Ressourcen. Hieraus kann gefolgert werden, dass ethnisch homogene Netzwerke bei Minderheiten eine Einschränkung des Zugangs zu Ressourcen der Aufnahmegesellschaft bedeuten.

Gute Kontakte zu Angehörigen des Aufnahmelandes werden im allgemeinen als Indikator für die soziale Integration betrachtet (Esser 2001: 21, Preisendörfer 2003: 525, Klein 2000: 305, Nauck 2002: 319). Insofern kann ein geringer Grad an ethnischer Homogenität der Beziehungsnetzwerke als Hinweis auf eine gelungene soziale Integration interpretiert werden, während umgekehrt das Fehlen interethnischer Kontakte bei gleichzeitigen Kontakten zu Angehörigen der Herkunftsgesellschaft als „ethnische Segmentation" (Esser 2001: 20) bzw. als „ethnische Selbstabgrenzung" betrachtet werden kann. Beziehungen zu Angehörigen der Aufnahmegesellschaft können als aufnahmelandspezifisches, Kontakte zu Angehörigen der eigenen ethnischen Gruppe als herkunftslandspezifisches soziales Kapital definiert werden (Haug 2003). Nach dieser

Argumentation ist aufnahmelandspezifisches soziales Kapital, das aus sozialen Beziehungen zu Deutschen erwächst und Zugriff auf generalisierbare Ressourcen ermöglicht, im Vergleich zu sozialen Beziehungen, die sich hauptsächlich innerhalb der Familie und der eigenen ethnischen Gruppe bewegen, für die soziale Integration in der Aufnahmegesellschaft von größerem Nutzen.

Während die Anzahl der Freunde zwischen den deutschen, italienischen und türkischen Befragten im Integrationssurvey des BiB kaum differiert, unterscheidet sich die Zusammensetzung der Freundesnetzwerke stark. Gemessen am Homogenitäts-Index 1 (ausschließlich Freunde mit Staatsangehörigkeit gleich der ethnischen Abstammung wie der/die Befragte) haben nur etwa 7% der Deutsch-Italiener und weniger als 20% der Deutsch-Türken ethnisch homogene Netzwerke (Tabelle 2). Die sozialen Beziehungen dieser Befragten stammen sowohl aus der eigenen als auch aus einer anderen ethnischen Gruppe. Die geringere Homogenität der Netzwerke der eingebürgerten gegenüber den nicht-eingebürgerten Türken bleibt bei Betrachtung des auf der Staatsangehörigkeit beruhenden Homogenitäts-Index 2 (ausschließlich Freunde mit gleicher Staatsangehörigkeit wie der/die Befragte) bestehen, wohingegen sich die Anteile homogener Netzwerke bei Deutsch-Italienern von unter 7% auf 44% erhöhen. Die Freundesnetzwerke dieser Gruppe weisen zudem eine sehr geringe Multikulturalität auf und die Freunde haben überwiegend nicht die gleiche ethnische Abstammung (italienisch), sondern die gleiche Staatsangehörigkeit (deutsch). Deutsch-Italiener verhalten sich somit ähnlich wie Deutsche und wählen selten Freunde, die eine andere Staatsangehörigkeit besitzen. Sie verfügen im Gegensatz zu den Deutsch-Türken ein hohes Ausmaß an aufnahmelandspezifischem sozialen Kapital.

Tabelle 2: Staatsangehörigkeiten der Freunde und Homogenität des Netzwerks nach ethnischer Abstammung, Staatsangehörigkeit und Einwanderergeneration (in %)

Staatsangehörigkeit Ethnische Abstammung	Fallzahl	Deutsche Freunde	Homogenitätsindex 1 Ethnie	Homogenitäts index 2 Staatsangehörigkeit
Deutsche Abstammung	1.189	89,1	71,2	71,2
Italienische Abstammung	1.197	67,9	16,4	29,7
Deutsch-Italiener	433	80,1	6,7	43,6
Erste Generation	33	72,7	18,2	27,3
Zweite Generation	400	80,8	5,8	45,0
Italiener	764	61,0	21,9	21,9

Erste Generation	263	55,1	27,4	27,4
Zweite Generation	501	64,1	19,0	19,0
Türkische Abstammung	1.223	67,3	24,9	24,0
Deutsch-Türken	366	73,8	19,7	16,9
Erste Generation	138	68,8	25,4	14,5
Zweite Generation	228	76,8	16,2	18,4
Türken	857	64,5	27,1	27,1
Erste Generation	363	59,5	32,2	32,2
Zweite Generation	494	68,2	23,3	23,3

Datenquelle: Integrationssurvey des BiB. Zeilenprozente: Anteil der Nennungen bei der Antwortkategorie „deutsch" bei der Staatsangehörigkeit der Freunde. Mehrfach-Nennungen waren möglich.

Zusammenfassend lässt sich bei Deutsch-Italienern ein hoher Anteil deutscher Freunde feststellen, auch sind ihre Netzwerke häufig homogen in Bezug auf die Staatsangehörigkeit (Deutsch), nicht jedoch auf die ethnische Abstammung (Italienisch). Türken haben selten deutsche Freunde und einen hohen Anteil ethnisch homogener Freundesnetzwerke. Dies gilt auch für Deutsch-Türken; ihre Netzwerke sind häufig homogen bezogen auf die ethnische Abstammung (türkisch), nicht jedoch auf die Staatsangehörigkeit (deutsch).

Diese Ergebnisse lassen sich durch eine Analyse das SOEP bestätigen. Dabei wird ein homogenes Netzwerk definiert, dass alle Freunde „aus einem anderen Land oder Ausländer" sind und zustimmend auf die Frage „Kommen Sie selbst aus diesem Land?" geantwortet wird. Der Indikator lässt leider keine Differenzierung nach Herkunft bzw. Abstammung und Nationalität bzw. Staatsangehörigkeit zu und ist bei Eingebürgerten aus sprachlogischen Gründen nicht sehr valide. Italiener besitzen seltener ein ethnisch homogenes Freundesnetzwerk als Türken und Italiener wie Türken mit deutscher Staatsangehörigkeit haben seltener ein homogenes Netzwerk als nicht-deutsche Italiener und Türken. Bei Deutsch-Italienern liegt der Anteil der Freundesnetzwerke, die ausschließlich aus Deutschen bestehen, bei 77%. Ein homogenes Netzwerk bezogen auf die Herkunft haben 17% der Deutsch-Italiener und 77% der Italiener. Ein homogenes Netzwerk haben auch 94% der Türken und 69% der Deutsch-Türken (Tabelle 3).

Tabelle 3: Deutsche Freunde und homogenes Freundesnetzwerk (in %)

Stichprobe, Staatsangehörigkeit- Ethnische Abstammung	Fallzahl	Relation der deutschen Freunde (bei maximal drei Freunden)					Homogenes Netzwerk (Nationalität/ Herkunft)
		0	1/3	1/2	2/3	1	
Deutsche SP	6232	3,8	1,3	0,2	4,3	90,4	92,8
Italienische SP	359	32,3	14,5	0,6	15,9	36,8	69,2
Deutsch-Italiener	92	8,7	-	1,1	13,0	77,2	16,7
Italiener	267	40,4	19,5	0,4	16,9	22,8	76,6
Türkische SP	675	58,7	18,4	1,0	8,0	13,9	89,7
Deutsch- Türken	131	38,2	21,4	0,8	11,5	28,2	68,7
Türken	544	63,6	17,6	1,1	7,2	10,5	93,7

Datenquelle: Sozio-ökonomisches Panel (DIW Berlin); SP: Stichprobenzuordnung auf der Basis der Haushalte der 1. Welle des Panels/1984 (vgl. Haug 2003)

Interpretiert man interethnische Kontakte zu Deutschen als Möglichkeit, auf Ressourcen des Aufnahmelandes zurückzugreifen, so weisen Deutsch-Italiener höheres aufnahmelandspezifisches soziales Kapital auf Es kann vermutet werden, dass dies zum Teil mit der Vererbung von kulturellem und sozialem Kapital und der damit verbundenen Erhöhung der Chancen auf soziale Integration durch die deutschen Elternteile zusammenhängt (Haug 2006a). Interethnische Ehen können so als ein Weg zur sozialen Integration im Generationenverlauf gesehen werden.

4 Schlussfolgerungen

Dass soziales Kapital Migrationsentscheidungen beinflusst, ist in der neueren Migrationsforschung wenig umstritten (Massey et al. 1993, 1994, Massey/ Arango 1998, Faist 1997). Es wurde argumentiert, dass eine Unterscheidung zwischen herkunftsort- und zielortspezifischem sozialen Kapital für die Erklärung individueller Wanderungsentscheidungen und deren Folgen auf der Makro-Ebene in Form von Kettenmigration hilfreich ist.

Im Fall der Integrationsforschung ist die Rolle des sozialen Kapitals nicht so eindeutig. Hier zeigt sich die Unklarheit des theoretischen Konstrukts, da die Effekte auf individueller Ebene den Effekten auf kollektiver Ebene widersprechen.

- Auf der Makro-Ebene kann auch die Einbettung in ein Verwandtschaftsnetzwerk oder eine ethnisch homogene Gemeinschaft Ausdruck des sozialen Kapitals sein.
- Auf der Mikro-Ebene ist soziales Kapital eine Ressource, die sich aus den Eigenschaften des Beziehungsnetzwerks ergibt. Freundschaften oder Partnerschaften mit Deutschen werden hierbei ein Indikator der Ausstattung mit sozialen Kapital betrachtet. Um widersprüchliche Aussagen zu vermeiden, wird dafür plädiert, hierbei von aufnahmelandspezifischem soziales Kapital zu sprechen. Dagegen sind ethnisch homogene Freundesnetzwerke ein Indikator für die Ausstattung mit herkunftsortspezifischem sozialen Kapital.

Einerseits entsteht somit gemäß dem *Closure-Argument* soziales Kapital aus der Einbettung in eine Familie und ethnische Gemeinschaft. Mit der Beziehungsstärke ist ein höherer Verpflichtungsgrad der Beziehungen, höheres Vertrauen und die Einhaltung der Reziprozitätsnorm durch soziale Kontrolle gewährleistet. Kooperativität und generalisierter Tausch geht mit Homogenität des Netzwerks einher. Zentral ist die *Wahrscheinlichkeit des Zugriffs auf Ressourcen*; es können folgende Annahmen getroffen werden:

- Je größer das Netzwerk, desto mehr soziales Kapital.
- Je stärker die Beziehungen, desto mehr soziales Kapital.
- Je dichter das Netzwerk der Familie bzw. der ethnischen Gemeinschaft, desto mehr soziales Kapital.
- Je homogener das Netzwerk, desto mehr soziales Kapital.

Dagegen werden bei der zweiten Analyse die Ressourcen der Kontaktperson in den Vordergrund gestellt. Aus dem Zugriff auf nützliche Ressourcen ergibt sich gemäß *Weak-Tie- und Structural-Hole-Argument* soziales Kapital. Die Ressourcen ergeben sich im Migrationskontext aus der Position innerhalb der Aufnahmegesellschaft. Höhere Positionen nehmen im Allgemeinen Personen der Aufnahmegesellschaft, d.h. Deutsche ein, die Zugang zu Ressourcen, z. B. Informationen über Arbeitsplätze, haben. Es geht hierbei vor allem um den Wert der Ressourcen und es folgt:

- Je mehr nützliche Kontakte, desto mehr soziales Kapital.
- Je mehr Kontakte ausserhalb der ethnischen Nische, desto mehr soziales Kapital.
- Je heterogener das Netzwerk, desto mehr soziales Kapital.

Generell kann das soziale Kapital durch die *Ressourcen*, über die die Kontaktperson verfügt, und die *Beziehungsstärke* gemessen werden. Innerhalb der ethnischen Gemeinschaft ist zwar das Vertrauen und ein hoher Verpflichtungsgrad vorhanden, in geschlossenen Netzwerken können aber nur begrenzt Ressourcen vorhanden sein, z.b. Beschäftigungsmöglichkeiten innerhalb der ethnischen Nischenökonomie und die Informationen sind redundant, so dass die zu verteilenden Ressourcen geringer sind. Andererseits ist bei interethnischen Kontakten zu Deutschen der Grad der sozialen Kontrolle und sozialen Verpflichtung geringer, und somit auch die Wahrscheinlichkeit, an aufnahmelandspezifische Ressourcen zu gelangen. Zudem ist es nicht leicht, als adäquater Tauschpartner in Frage zu kommen, d.h. die Barrieren, um Zugang zu interethnischen Kontakten zu bekommen, sind relativ hoch (vgl. zu Barrieren bei der interethnischen Partnerwahl Haug 2006a). Auch schmälert man durch den Ausbruch aus der ethnischen Enklave womöglich die Chancen, in der ethnischen Ökonomie oder in Familienbetrieben Aufnahme zu finden.

Je nach dem, welcher Ansatz des sozialen Kapitals zu Grunde gelegt wird, ergeben sich unterschiedliche Vorhersagen, z. B. zur Einbettung im Arbeitsmarkt. Im ersten Fall hängt soziales Kapital mit der ethnischen Nischenökonomie und den Chancen auf eine Erwerbstätigkeit in Familienbetrieben zusammen, im zweiten Fall mit einem Zugang zum deutschen Arbeitsmarkt durch Kontakte zu Deutschen und dem Ausstieg aus der ethnischen Nische. Auch die Wirkung der Familie und Verwandtschaft auf den Eingliederungsprozess ist uneindeutig; einerseits können verwandtschaftliche Beziehungen als Eingliederungsalternative gesehen werden, andererseits als Eingliederungsopportunität (Nauck 2004: 84). Die Wirkungsweise des sozialen Kapitals ist somit nicht ohne differenzierte Begriffsklärung zu beschreiben; hierbei ist eine Unterscheidung zwischen herkunftsort- und zielortspezifischem sozialen Kapital nützlich.

Literatur

Böcker, Anita, 1994: Chain Migration over Legally Closed Borders: Settled Immigrants as Bridgeheads and Gatekeepers; in: The Netherland's Journal of Social Science, 30,2, S.87-106

Boisjoly, Johanne; Duncan Greg J.; Hoffer, Sandra L. 1995: Access to Social Capital. In: Journal of Family Issues, 16: 609-631

Bourdieu, Pierre, 1983: Ökonomisches Kapital, kulturelles Kapital, soziales Kapital. In: Kreckel, Reinhard (Hg.): Soziale Ungleichheiten, Göttingen, Soziale Welt Sonderband 2: 183-198

Brownell, Arlene; Shumaker Sally Ann, 1984: Social Support: An Introduction to a Complex Phenomenon. In: Journal of Social Issues, 40, 4: 1-9

Bruckner, Elke; Knaup, Karin; Müller, Walter, 1993: Soziale Beziehungen und Hilfeleistungen in modernen Gesellschaften; Arbeitspapier AB I/ Nr. 1, MZES Universität Mannheim

Bühlmann, Marc; Freitag, Markus, 2004: Individuelle und kontextuelle Determinanten der Teilhabe an Sozialkapital. In: Kölner Zeitschrift für Soziologie und Sozialpsychologie, 56, 2: 326-349

Burt, Ronald S., 1992: Structural Holes. The Social Structure of Competition. Cambridge: Harvard University Press

Burt, Ronald S., 2001: Structural Holes versus Network Closure as Social Capital. In: Lin, Nan; Cook, Karen; Burt, Ronald S. (Hg.): Social Capital: Theory and Research, New York: De Gruyter: 31-56

Coleman, James S., 1988: Social Capital in the Creation of Human Capital. In: American Journal of Sociology, 94 Supplement: 95-120

Coleman, James S., 1991: Grundlagen der Sozialtheorie, Band 1: Handlungen und Handlungssysteme, Oldenbourg, München

Coleman, James S.; Hoffer, T.B., 1987: Public and Private High Schools: The Impact of Communities, New York: Basic Books.

Constant, Amelie; Massey, Douglas S., 2002: Return Migration by German Guestworkers: Neoclassical versus New Economic Theories. In: International Migration, 40, 4: 5-38

Da Vanzo, Julie, (1981: Repeat Migration, Information Costs, and Location Specific Capital. In: Population and Environment, 4, 1: 45-73

Dasgupta, Partha, 2000: Overview: Economic Progress and the Idea of Social Capital. In: Dasgupta, Partha; Serageldin, Ismail (Hg.): Social Capital: A Multifaceted Perspective. Washington DC: The World Bank: 325-424

Dasgupta, Partha; Serageldin, Ismail (Hg.), 2000: Social Capital: A Multifaceted Perspective. Washington DC: The World Bank

De Graaf, Nan Dirk; Flap, Hendrik, 1988: "With a Little Help from My Friends": Social Ressources as a Explanation of Occupational Status and Income in West Germany, The Netherlands, and the United States. In: Social Forces, 67, 1: 452-472

Depner, Charlene E.; Wethington, Elaine; Ingersoll-Dayton, Berit, 1984: Social Support: Methodological Issues in Design and Measurement. In: Journal of Social Issues, 40, 4: 37-54

Diekmann, Andreas, 1993: Sozialkapital und das Kooperationsproblem in sozialen Dilemmata. In: Analyse und Kritik, 15, 1: 22-35

Diewald, Martin, 1991: Soziale Beziehungen: Verlust oder Liberalisierung. Soziale Unterstützung in informellen Netzwerken, Berlin: edition sigma

Diewald, Martin, 2003: Kapital oder Kompensation? Erwerbsbiografien von Männern und die sozialen Beziehungen zu Verwandten und Freunden. In: Berliner Journal für Soziologie, H. 2 Netzwerkanalyse und Lebenslauf, 13: 219-238

Espinosa, Kristin; Massey, Douglas, 1997: Undocumented Migration and the Quantity and Quality of Social Capital. In: Pries, L. (Hg.): Transnationale Migration, Soziale Welt, Sonderband 12: 141-162

Esser, Hartmut, 1993: Soziologie. Allgemeine Grundlagen. Frankfurt/New York: Campus.

Esser, Hartmut, 2000: Soziologie. Spezielle Grundlagen, Band 4: Opportunitäten und Restriktionen. Frankfurt/New York: Campus

Esser, Hartmut, 2001: Integration und ethnische Schichtung; Mannheimer Zentrum für Europäische Sozialforschung (MZES), Arbeitsbericht Nr. 40

Faist, Thomas, 1997a: Migration und der Transfer sozialen Kapitals oder: Warum gibt es relativ wenige internationale Migranten? In: Pries, Ludger (Hg.): Transnationale Migration, Soziale Welt, Sonderband 12: 63-84

Faist, Thomas, 1997b: The Crucial Meso-Level. In: Hammar, T., G. Brochmann, K. Tamas and T. Faist (Hg.): International Migration, Immobility and Development. Oxford: Berg: 187-217

Fine, Ben, 2001: Social capital versus social theory. Political Economy and Social Science at the Turn of the Millennium. New York: Routledge

Fischer, Peter A.; Martin, Reiner; Straubhaar, Thomas, 1997: Should I stay or should I go? In: Hammar, Tomas; Brochmann, Grete; Tamas, Kristof; Faist, Thomas (Hg.): International Migration, Immobility and Development, Oxford: Berg: 49-90

Flap, Henk D. 2002: No Man is an Island. In: Lazega, E. and Favereau, O. (eds.): Conventions and Structures, Oxford: University Press

Flap, Henk, 1995: No Man is an Island. The Research Program of a Social Capital Theory, Paper, Workshop on Rational Choice and Social Networks, Jan. 26 to 28, NIAS, Wassenaar

Flap, Henk; de Graaf, Nan Dirk, 1986: Social Capital and Occupational Status. In: The Netherland's Journal of Sociology, 22: 45-61

Flap, Henk; Völker Beate (Hg.); 2003: Creation and returns of Social Capital. London: Routledge

Gabriel, Osar W.; van Deth, Jan W.; Kunz, Volker; Roßteutscher, Sigrid, 2002: Sozialkapital und Demokratie. Zivilgesellschaftliche Ressourcen im Vergleich, Wien: WUV

Gehmacher, Ernst, 2003: Sozialkapital – Ein neues OECD-Programm. In: SWS-Rundschau, Sozialwissenschaftliche Studiengesellschaft, 43, 2: 311-320

Granovetter, Mark, 1973: The Strength of Weak Ties. In: American Journal of Sociology, 78, 6: 1360-1380
Hagan, J., R. McMillian and B. Wheaton, 1996: New Kid in Town: Social Capital and the Life Course Effects of Family Migration on Children; in: American Sociological Review, 61: 368-385
Harper, R. (2002): The measurement of social capital in the UK, Paper prepared for the OECD-ONS Conference on SC Measurement, London, September 26-27, 2002. <http://www.oecd.org/dataoecd/22/52/2382339.pdf>
Hartmann, Michael, 2002: Der Mythos von den Leistungseliten. Spitzenkarrieren und soziale Herkunft in Wirtschaft, Politik, Justiz und Wissenschaft; Frankfurt: Campus
Haug, Sonja, 1997: Soziales Kapital. Ein kritischer Überblick über den aktuellen Forschungsstand; Mannheimer Zentrum für Europäische Sozialforschung (MZES), Arbeitsbereich II, Arbeitsbericht Nr. 15
Haug, Sonja, 2000: Soziales Kapital und Kettenmigration. Italienische Migranten in Deutschland. Opladen: Leske & Budrich
Haug, Sonja, 2001: Bleiben oder Zurückkehren? Zur Messung, Erklärung und Prognose der Rückkehr von Immigranten in Deutschland. In: Zeitschrift für Bevölkerungswissenschaft, 26, 2: 231-270
Haug, Sonja, 2003: Interethnische Freundschaftsbeziehungen und soziale Integration. Unterschiede in der Ausstattung mit sozialem Kapital bei jungen Deutschen und Immigranten. In: Kölner Zeitschrift für Soziologie und Sozialpsychologie 55, 4: 716-736
Haug, Sonja, 2004: Soziale Integration durch soziale Einbettung in Familie, Verwandtschafts- und Freundesnetzwerke. In: Zeitschrift für Bevölkerungswissenschaft 29, 2: 163-192
Haug, Sonja, 2006a: Interethnische Freundschaftsbeziehungen und Partnerschaften als Indikator der sozialen Integration. In: Diskurs Kindheits- und Jugendforschung, Heft 1, Jg. 1: 75-91
Haug, Sonja, 2006b: Migration Networks and Migration Decision Making, Manuskript für: Journal of Ethnic and Migration Studies, Boswell, Christina; Mueser, Peter (Hg): Special Issue: Economics in Migration Research: Towards Disciplinary Integration?
Haug, Sonja; Sauer, Lenore, 2006: Bestimmungsfaktoren internationaler Migration. In: Migration. Informationszentrum Sozialwissenschaften. Heft 1/2006: 7-34
Heckmann, Friedrich, 1992: Ethnische Minderheiten, Volk und Nation, Stuttgart: Enke
Hugo, Graeme. 1981: Village-community Ties, Village Norms, and Ethnic and Social Networks: A Review of Evidence from the Third World. In: Gordon F. De Jong/Robert R. Gardner (Hg.), Migration Decision Making. Multidisciplinary Approaches to Microlevel Studies in Developed and Developing Countries, New York 1981: 186-224
Jacobs, Jane, 1961: The Death and Life of Great American Cities, New York: Random House
Jansen, Dorothea, 1999: Einführung in die Netzwerkanalyse; Opladen: Leske & Budrich
Klein, Thomas, 2000: Binationale Partnerwahl - Theoretische und empirische Analysen zur familialen Integration von Ausländern in die Bundesrepublik; in:

Sachverständigenkommission 6. Familienbericht (Hg.): Familien ausländischer Herkunft in Deutschland. Empirische Beiträge zur Familienentwicklung und Akkulturation, Opladen: Leske & Budrich, Band I: 303-346
Kritz, Mary M.; Zlotnik, Hania, 1992: Global Interactions: Migration Systems, Processes, and Policies. In: Kritz, Mary M.; Lim, Lin L.; Zlotnik, Hania (Hg.), International Migration Systems, London
Künemund, Harald; Hollstein, Betina, 1995: Soziale Netzwerke und Unterstützungsleistungen. Überlegungen zur Erhebung im Alters-Survey, Forschungsgruppe Altern und Lebenslauf (FALL), Forschungsbericht 48
Ladd, Everett Carll, 1999: The Ladd Report, New York.
Lin, Nan, 2001: Building a Network Theory of Social Capital. In: Lin, Nan; Cook, Karen; Burt, Ronald (Hg.): Social Capital: Theory and Research, New York: De Gruyter: 3-30
Lin, Nan; Ensel, W.M.; Vaughn, J.C., 1981: Social Resources and Strength of Ties: Structural Factors in Occupational Status Attainment. In: American Sociological Review, 46: 393-405
Lin, Nan; Cook, Karen; Burt, Ronald (Hg.), 2001: Social Capital: Theory and Research, New York: De Gruyter
Lin, Nan; Dumin, M., 1986: Access to Occupational Resources through Social Ties. In: Social Networks, 8: 365-385
Loury, Glenn, 1977: A Dynamic Theory of Racial Income Differences. In: Wallace, P.A.; Le Mund A. (Hg.): Woman, Minorities, and Employment Discrimination, Lexington, Mass: Lexington Books
MacDonald, John S.; MacDonald, Beatrice D., 1964: Chain Migration, Ethnic Neighborhood Formation and Social Networks. In: Milbank Memorial Fund Quarterly 42: 82-97
Massey, Douglas S.; Arango, Joaquín; Hugo, Graeme; Kouaouci, Ali; Pellegrino, Adela; Taylor, J. Edward, 1993: Theories of International Migration: A Review and Appraisal. In: Population and Development Review, 19, 3: 31-466
Massey, Douglas S.; Arango, Joaquín; Hugo, Graeme; Kouaouci, Ali; Pellegrino, Adela; Taylor, J. Edward, 1994: An Evaluation of International Migration Theory: The North American Case. In: Population and Development Review, 20, 4: 699-749
Massey, Douglas S.; Arango, Joaquín; Hugo, Graeme; Kouaouci, Ali; Pellegrino, Adela; Taylor, J. Edward, 1998: Worlds in Motion. Understanding International Migration at the End of the Millenium. Clarendon Press, Oxford
Massey, Douglas S.; Alarcón, Rafael; Durand, Jorge, González, Humberto, 1987: Return to Aztlan. The Social Process of International Migration from Western Mexico. Berkeley: University of California Press
McCallister, Lynn, Fischer, Claude S., 1983: A Procedure for Surveying Personal Networks. In: Burt, Ronald S., Minor, M.J.: Applied Network Analysis; Beverly Hills, London: 75-88
Nauck, Bernhard, 2002. Dreißig Jahre Migrantenfamilien in der Bundesrepublik. Familiärer Wandel zwischen Situationsanpassung, Akkulturation, Segregation und Remigration. In: Nave-Herz, Rosemarie (Hg.): Kontinuität und Wandel der Familie in der BRD. Stuttgart: Lucius & Lucius: 315-339

Nauck, Bernhard, 2004. Familienbeziehungen und Sozialintegration von Migranten. In: IMIS-Beiträge, 23: 83-104

Nauck, Bernhard; Kohlmann Annette, 1998: Verwandtschaft als soziales Kapital. Netzwerkbeziehungen in türkischen Migrantenfamilien. In: Wagner, Michael; Schütze, Yvonne (Hg.): Verwandtschaft: sozialwissenschaftliche Beiträge zu einem vernachlässigten Thema, Stuttgart: Enke: 203-235

Oberwittler, Dieter, 2003: Die Messung und Qualitätskontrolle kontextbezogener Befragungsdaten mithilfe der Mehrebenenanalyse am Beispiel des Sozialkapitals von Stadtvierteln. In: ZA-Information, 53: 11-41

Ostrom, Elinor, 1990: Governing the Commons: The Evolution of Institutions of Collective Action; New York: Cambridge University Press.

Ostrom, Elinor; Ahn, Toh-Kyeong, 2003: Foundations of social capital. Cheltenham: Elgar

Özel, Sule; Nauck, Bernhard, 1987: Kettenmigration in türkischen Familien. Ihre Herkunftsbedingungen und ihre Effekte auf die Reorganisation der familiären Interaktionsstruktur in der Aufnahmegesellschaft. In: Migration, 1: 61-94

Paxton, Pamela, 1999: Is Social Capital Declining in the United States? A Multiple Indicator Assessment. In: American Journal of Sociology, 105, 1: 88-127

Pohjola, Anneli, 1991: Social Networks - Help or Hindrance to the Migrant? In: International Migration, 29: 435-444

Portes, Alejandro, 1995: Economic Sociology and the Sociology of Immigration: A Conceptual Overview. In: Portes, Alejandro (Hg.): The Economic Sociology of Immigration: Essays on Networks, Ethnicity, and Entrepreneurship, New York. Russell Sage Foundation: 1-4

Portes, Alejandro, 1998: Social Capital: Its Origins and Applications in Modern Sociology. In: Annual Review of Sociology, 24: 1-14

Portes, Alejandro, 2000: The Two Meanings of Social Capital. In: Sociological Forum, 15, 1: 1-12.

Portes, Alejandro; Sensenbrenner, Julia, 1993: Embeddedness and Immigration. Notes on the Social Determinants of Economic Action. In: American Journal of Sociology, 98: 1320-1350

Preisendörfer, Peter, 2003: Soziale Integration und Erfahrungen mit Fremdenfeindlichkeit von Ausländer/innen in Rostock und Mainz. In: Soziale Welt, 54: 519-540

Preisendörfer, Peter; Voss, Thomas 1988: Arbeitsmarkt und soziale Netzwerke. Die Bedeutung sozialer Kontakte beim Zugang zu Arbeitsplätzen. In: Soziale Welt, 39: 104-119

Pries, Ludger, 1997: Neue Migration im transnationalen Raum. In: Pries, L. (Hg.): Transnationale Migration, Soziale Welt, Sonderband 12, Baden-Baden: Nomos: 15-45

Putnam, Robert D., 1993: Making Democracy Work. Civic Traditions in Modern Italy; Princeton: Princeton University Press

Putnam, Robert D., 1995a: Bowling Alone. America's Declining Social Capital. In: Journal of Democracy, 6, 1: 65-78

Putnam, Robert D., 1995b: Tuning In, Tuning Out: the Strange Disappearance of Social Capital in America. In: Political Science and Politics, XXVIII, 4: 664-683

Putnam, Robert D., 2001: Bowling Alone. New York: Simon & Schuster
Ritchey, P. Neil, 1976: Explanations of Migration. In: Annual Review of Sociology, 2: 363-404
Sanders, Jimy M; Nee, Victor, 1996: Immigrant Self-Employment: The Family as Social Capital and the Value of Human Capital. In: American Sociological Review, 61: 231-249
Schnur, Olaf, 2003: Lokales Sozialkapital für die „soziale" Stadt. Politische Geographien sozialer Quartiersentwicklung am Beispiel Berlin-Moabit. Opladen: Leske & Budrich
Schubert, Herbert, 1990: Private Hilfenetzwerke. Solidaritätspotentiale von Verwandtschaft, Nachbarschaft und Freundschaft. Ergebnisse einer egozentrierten Netzwerkanalyse. Institut für Entwicklungsplanung und Strukturforschung, Hannover, IES-Bericht 204.90
Schulz, Reiner, 1995: Soziale Netzwerke von Frauen im mittleren Alter. In: Zeitschrift für Bevölkerungswissenschaft, 20, 3: 247-270
SOEP Group (2001): The German Socio-Economic Panel (GSOEP) after more than 15 years – An overview. In: Applied Economics Quarterly –Vierteljahreshefte zur Wirtschaftsforschung, 70, 1: 7-14
Thränhardt, Dietrich, 2000: Einwandererkulturen und soziales Kapital. Eine komparative Analyse. In: Thränhardt, Dietrich; Hunger, Uwe (Hg.): Einwanderer-Netzwerke und ihre Integrationsqualität in Deutschland und Israel, Münster: Lit Verlag: 15-51
Tilly, Charles, 1990, Transplanted Networks. In: Virginia Yans-McLaughlin (Hg.), Immigration Reconsidered. History, Sociology, and Politics, New York: 79-95
van Deth, Jan W.; Maraffi, Marco; Newton, Ken; Whiteley, Paul (Hg.), 1999: Social Capital and European Democracy. London: Routledge
Wiley, Norbert F., 1970: The Ethnic Mobility Trap and Stratification Theory. In: Rose, Peter I.: The Study of Society, New York: Random House, 2nd ed.: 397-408
Zhou,M.; Bankston, C.L., 1994: Social Capital and the Adaptation of the 2nd Generation - The Case of Vietnamese Youth in New-Orleans; in: International Migration Review, 28, 4: 821-845

Community at the Workplace

Beate Völker und Henk Flap

1 Introduction

Understanding communities and the conditions of their emergence is one of the main research goals of sociology. In sociology as well as in everyday life 'community' is usually considered to be a *local* entity, a neighborhood community. According to popular opinion and most of sociology, local communities are presently on their way out in western societies due to an ongoing modernization process and the urbanization that goes along with it. Community and local solidarity that supposedly existed in the 'traditional small villages' will not be found anymore (see Coleman 1992, De Vos 2004). In this paper we inquire whether community might be found in other places than the neighborhood, i.e. in the place where one works. How much occupational community can be found among co-workers in Dutch workplaces? Further, how can differences among workplaces regarding the experienced community be explained?

There is urgency to these questions - not only because of the alleged decline of traditional communities and their supposed qualities of life. Recent developments within economy at large like the growing speed of changes in production technology and consumer taste, as well as developments within work-organizations, like a flattening of work organizations and a growth of teamwork, increase the need for solidarity. Yet, paradoxically other developments seems to undermine the conditions that make for occupational community and solidarity at work, like a growth of general welfare, the growth of dual-earner families, an increase in short-term labor contracts, and a growing heterogeneity of the workforce according to gender and ethnicity.

2 Understanding occupational community

There are many understandings and definitions of community, but we do not want to be caught up in fruitless debates on definitions and classifications of community. Instead we will explicate our theoretical assumptions which we aim to test with our data. We start from a general idea about what people's needs or goals are: they strive for physical well-being, like feeling safe and having a basic level of stimulation, and for social well-being, like having a sense of identity, and being liked and respected by one's companions. If people realize all of their major needs – or, in other words, produce all their major goals - within the same group of persons, we call it a community.

This notion of community is based on a particular conception of rational choice theory. Our attempt at explaining differences in occupational community is based on the idea that people produce their own well-being. They do so by trying to optimize the achievement of their general needs within the constraints they are facing. All persons have a so-called 'social production function' according to which they have the same general needs or goals, but there can be differences in the ways in which they attain these goals, i.e., different instrumental goals. People choose and substitute instrumental goals in order to optimize the production of their well-being, and they are subject to constraints in available means of production. The theory on social production functions has actually more assumptions and implications, but here we only employ the idea that a community produces social *as well as* physical well-being. Social goals realized in a community are *confirmation of one's behavior, status and affection.* Physical goals are *comfort and stimulation.* From an individual perspective it is quite efficient if more goals can be achieved within the same group, i.e. if such a group is a *multifunctional* community (see Lindenberg, 1998; Ormel *et al.*, 1999).

3 Conditions for an occupational community

The classic study of an occupational community and solidarity among workers is *Union Democray* by Lipset, Trow and Coleman (1956). Lipset *et al.* describe printing office workers in New York in the years after World War II, who form an occupational community based on the local organization of their labor union. This study is mostly about the causes and consequences of the 'occupational community' among this group of workers. For example, these workers talk to each other not only about work, but they also seek each other out to discuss other matters, including political and personal matters, in addition they see each other outside working hours and are a member to various work-based common associations, as well as that they meet in each others' own home.

According to Lipset *et al.* this community and solidarity at work comes about because of having to work at irregular hours and doing night shifts. That sets these workers apart from other people and makes them more dependent on each other (o.c.: 149). Moreover, printers have a long common history since

Community at the Workplace

usually they know each other from the time they were at school to be trained in the printing trade (o.c.: 152). Furthermore, to get a job as a printing office worker they frequently had to start as stand-in for someone who was temporary absent. Often, the absentee recruited his own replacement (o.c.: 24 and 145). More generally, all these printers were mutually interdependent since only Union members could work in the printing office. The printing industry was a 'closed shop' in those days, so 'non-members of the Union were barred from the workplace during working hours'. The occupational group controlled the occupational skills that one needs for being a printing office worker (o.c.: 34). Full employment did decrease this interdependence and the occupational community based on it (o.c.: 144). Other conditions that engendered an occupational community were the high occupational status of the printers and the pride they took in their occupation (o.c.: 92, 119, and 159), their work satisfaction (o.c.:137), and the absence of status-differences within in the trade (o.c.: 158). Printers had, given their work situation, little chance to interact with others outside their own occupation, that is to say there were no better relational alternatives to be found outside of their own occupational circle (o.c.: 132-135).

Some of the conditions that Lipset et al. discuss are specific to the job of a printing office worker, but many conditions for an occupational community which they mentioned are quite general and can be applied to communities in any setting, be it a neighborhood, a school or a holiday resort. The research literature on work organizations, social networks and communities provides arguments on the general conditions for a community and we use these arguments in our contribution. According to this literature, the degree of community depends on four types of conditions: meeting chances, interdependencies, mating motivations, and alternatives.

The *first type* of conditions relates to the *supply side,* that is, opportunities to meet others, as there will be no 'mating' without meeting (Verbrugge 1977, for a review see Kalmijn & Flap 2001). The workplace is a natural meeting ground and a sizeable part of people's network ties indeed originates at work, according to Feld (1982: 799) about 12 %. Völker, Flap and Mollenhorst (2007) found similar figures for the Netherlands. The workplace has a great advantage: spatial proximity makes interaction convenient. But for the emergence of community, people have to spend a sizeable share of their time in the workplace, and in addition, they should be available for interaction too. Moreover, people have to be there at the same time and have to be there not only for a few minutes. The greater the synchronization of people's time schedules, the better for community life (cf. Miller McPherson & Ranger-Moore 1991). These conditions enable people to meet in the first place and to maintain a relationship afterwards. However, being in the workplace is no guarantee that one will meet. Common activities and places where one could or has to meet are a further necessity (Fischer *et al.* 1977).

A very basic condition is that one actually does have colleagues whom one could meet. Hence, the size of the department will affect the chances of community. However, larger places probably do not constitute ideal preconditions for community life, although not much is known about this relationship. We do not formulate a specific hypothesis on this condition, but will control for the size of the department in our analyses. Our hypotheses taken from this supply-side approach read as follows:

An occupational community is more likely to emerge if...
- people have a longer work history in the workplace;
- employees have a common future, i.e., if there is little turnover;
- people at the workplace have regular working hours, 'from 9 to 5' and if they work many hours,
- there are also other common activities, like eating lunch together, and meeting places available at the workplace, like a cafeteria, a day-care center etc.

The *second type* of conditions is the presence of *interdependencies*. People who are dependent on each other will invest in each other and have more communal relations. Apart from the family, work seems to be the place where people are strongly interdependent. Lindenberg (1997/1998) described three types of interdependencies, being functional, structural or cognitive in nature, that all make for more community and solidarity behavior. Functional interdependencies flow from the organization of work, like task-interdependencies resulting from the division of labor and the formal structure of the organization. Present day examples of high functional interdependencies are teamwork, team rewards, or working with deadlines. Perhaps somewhat counterintuitive autonomy brought about by the division of labor does imply great interdependencies to realize group tasks. In addition, other functional dependencies could be mentioned like having the same boss or working with people and not with machines, but we will not formulate hypotheses on these here. In sum, we formulate the following hypotheses on functional interdependencies at work:

The likelihood of emergence of an occupational community increases if...
- work is organized as teamwork;
- work is organized in a way that one regularly has to meet deadlines;
- work is organized in a way that workers depend on each other for doing the job, and

- work is organized in a way that there is a division of labor with greater job autonomy.

Next, there are structural interdependencies, in the sense that social ties between others in the workplace not only bring the focal actor and other colleagues together but also lower the transaction costs in general. The other side of the coin is that having one or more sour relations in a department will make it cumbersome to build an occupational community. The main hypotheses on structural interdependencies read as follows:

The chances for a work community increases if
- a worker's colleagues have friendly relations with each other.

There are still other interdependencies among workers, i.e., cognitive interdependencies, like sharing the same language, habits or attitudes about the world in general. Life is easier if one can realize more goals in the same place – this illustrates that type of cognitive interdependencies. Yet, because of the very general nature of these interdependencies we do not formulate a hypothesis on these.

The *third type* of conditions is constituted by people's intentions, motivations and needs to interact with others. These conditions relate to the value of others as *social capital* (Flap 1999). Because high status people are attractive to be included in a network, it suggests that there is social closure at the work place, i.e. that high status people will have more ties to other high-status people. In addition, low status people will have ties to low status people. Furthermore, a common time horizon will lead to more relationships and community at the working place. A long common time horizon, or 'shadow of the future', enlarges the present value of future help in the sense that one can rely on reciprocity. But similarities will also have an effect, as they facilitate interpersonal contacts, because of emotional attraction, or because one is sharing common interests, or costs decrease because one has more topics to talk about with each other. Given the social composition of the workplace, community will emerge or disappear as a consequence of greater or lesser similarity. There are different similarities that might be relevant. This strand of arguments partly contradicts those that are based on the attractiveness of having ties to those with more resources, since people who are similar to each other might sometimes not be able to help each other *because* of their similarity. In other words, similarity might be an instrumental disadvantage. And according to this line of reasoning, there will be more ties in a population that is heterogeneous with respect to several relevant resources. It should also be noted that once relational investments have been made, a tie or a network is created, a specific new interdependency emerged: structural interdependence. Investment decisions become path dependent and harder to revoke the more one participates in a community (Feld 1981; Verbrugge 1984; Rusbult & Marz 1995; Portes 1998). Our hypotheses on the social capital are as follows:

- Resources like education, occupational prestige and income make workers attractive as a target of investment and requests and hence facilitate the emergence of community.
- Workers will invest more in co-workers in the workplace if the common time horizon is longer, i.e. if there is a greater occupational stability of the workplace.
- If worker do similar work or are similar in another social relevant dimension, chances of community go up.

A *fourth type* of conditions refers to relational *alternatives* outside of the workplace. The readiness to start and maintain contacts in the workplace depends on the support that is provided in other communities, for example, in the neighborhood. Having a local, residential network might also largely fulfill people's needs for physical and social well-being.

In fact, not only relational alternatives might be of importance here but also non-relational alternatives can fulfill that function. E.g., having an expensive car might produce some local status in a working place; this way constituting an alternative for being respected in the workplace for reasons related more to work or other personal characteristics. Our main hypothesis on relational alternatives is:

- If workers have relational alternatives outside the workplace for attaining well-being the chances of an occupational community decrease.

Finally, we argue that organizational and work characteristics will also have an effect on the creation of occupational communities. Of all plausible arguments on the various kinds of these characteristics, we will inquire only in one: the reputation of the organization as an employer. We view this as an indicator for equity and fairness in the organizational management. Hence our final hypotheses read as follows:

The degree of community at work is higher if
- the firm's reputation as an employer is good.

4 Data and Measurements

4.1 Data

The data for this study were gathered in 1999-2000, in the course of the program 'Creation and Returns of Social Capital'. The dataset is called SSND1 (the Social Survey of the Networks of the Dutch, wave1). The data include information on 1007 individuals between the ages 18-65 representing the Dutch population. The sample consists of forty municipalities representing the different Dutch provinces and regions and taking into account size differences in these municipalities. As our data are also used for research on neighborhoods we randomly selected within each of the forty municipalities four neighborhoods. For the neighborhood identification the Dutch zip-code system was used.[1] Finally, we drew two random samples of 12 and 13 addresses respectively in every neighborhood and attempted to interview about 8 of them. This procedure was applied since we aimed at an overrepresentation of the working population. In one sample only the working individuals have been interviewed and in the other, everybody who was selected was asked for an interview. This way, we realized one sample representing the Dutch active labor force and one that represents the Dutch population. In the final realized sample, 758 respondents are at work. The response rate for both samples together was 40%. Totally, we realized a data set consisting of 1007 individual respondents in 161 neighborhoods (since the neighborhoods of one particular municipality were very small there were 5 neighborhoods sampled, thus the number of 161).

All potential respondents in the two samples got a letter telling them about the background of our research and announcing that we will call them to make an appointment. In cases where respondents had no telephone (note, that these are about 20% of a random sample), it has been announced that one of the interviewers will come at the door in order to make an appointment for the interview. The interviews took on average one hour and 50 minutes and were held usually at the respondent's home. In a few cases, respondents have been interviewed at their work place. Before the interviewers started the fieldwork, they were intensively trained and familiarized with the questionnaire.

---

[1] The Netherlands has a zip-code system consisting of six positions, four numbers and two letters. The complete six-position zip code consists on average of 20 addresses, a five-position zip code (four numbers and one letter) consists of 230 addresses on average and the four-position code consists of 2500 addresses.

4.2 Measures

As sketched above, we conceive of occupational communities as multifunctional groups, i.e. groups of people where one can achieve one's important basic goals. A straightforward measurement is therefore to inquire into the extent to which people' s goals are satisfied by participating in the social life at their workplace. Furthermore, we distinguish between social an physical goals that in general every individual attempts to achieve. These different functions of community, or in other words, the different goals, have been measured as follows:

- *Comfort* has been measured by the degree of satisfaction with income and work pressure (4 point scale of agreement);
- *Stimulation:* whether one meets many others at work (3 point scale);
- *Status:* whether one is satisfied with the social status derived from work (4 point scale);
- *Affection:* the quality of relationships between the respondent and his colleagues (5 point scale);
- *Confirmation:* whether one is satisfied with the recognition received from his or her colleagues (4 point scale).

The independent variables in our analyses are measured as follows: As to the *meeting conditions* in the workplace we used a list of common activities taking place at the workplace, running from drinking coffee and having dinner together, or having sometimes a drink together after work through celebrating birthdays at work together or visiting a colleague who is ill. We also asked for the starting date of the job and the particular function in order to establish the time that one already works in this job and in the particular organization. Furthermore, we asked for the number of work hours and whether these work hours are regularly from nine to five or whether another schedule is followed.

To establish the degree of turnover at the work place it has been asked how many people left the department during the pas six months and how many people came new into the department. As already mentioned, we also controlled for the size of the department, since it indicates the 'pool' from which the network members are chosen, or the general supply of potential network members.

Concerning the *interdependency conditions* we asked straightforwardly whether the work of the respondents is teamwork or not and whether one usually works with deadlines. In previous analyses we also studied whether it matters if salary depends on the performance of colleagues. Yet, since this did not contribute to our models we excluded this indicator from subsequent analyses. Furthermore, we included the reactions to the question whether the respondent depends on his or her colleagues to perform well at work into the models. We also asked for the satisfaction with the degree of autonomy in the work, admittedly not the best indicator for autonomy, bust we did not have a direct measurement. Lastly, we inquired into the quality of the relations between the colleagues of a respondent and into the multiplexity of the work relations. Multiplexity is calculated as the number of times a relationship has been mentioned in reaction to one of our name generating questions that delineated the networks of the respondents.

As to the condition of *mating motivation* we inquired into the resources that make an individual attractive as an interaction partner for others. We used education and income as individual resources in our analyses, both measured on an ordinal scale of 8 and 18 categories respectively. Furthermore we calculated similarity between the respondent and his network members concerning a number of dimensions, of which sex and age were used in the analyses. Other dimensions did not have an effect that has been stable in a multivariate analysis. Finally, to establish the time horizon that affects mating motivation we also measured whether the respondent has plans to leave the firm.

Relational alternatives were measured by non-work-related relationships that might provide confirmation and affection, like a partner and having children. The relative number of colleagues in the personal network also indicates the number of relational alternatives.

Finally, we included some measures for *organizational characteristics* in the analyses. In particular, the reputation of the firm as an employer can be expected to have effects on community creation. The reputation of the firm is directly measured on a three point scale.

5 Results

5.1 Descriptive results on occupational communities

In general, our results show that community does exist at work to some degree but not in the sense of multifunctional communities. Workers often do realize more than one major goal within the workplace (status, confirmation, affection, stimulation and comfort) but not all goals are achieved to the same extent and moreover, realizing one goal within the work place is far from being a guarantee that another one is also realized. Table 1 shows the frequency distribution of the different aspects of community.

Tabelle 1: Multifunctional communities at work (in percentages, n=756)

Dimension	Full agreement % (n)	Partial agreement % (n)	Disagreement % (n)
Physical well-being:			
Comfort			
high satisfaction with income	22.0 (166)	57.0 (431)	19.8 (147)
high satisfaction with work pressure	14.6 (110)	44.6 (336)	40.1 (299)
Stimulation			
meeting many others at work	83.8 (628)	8.8 (66)	7.3 (55)
Social well-being:			
Status			
high satisfaction with social status derived from work	27.0 (175)	58.5 (379)	14.5 (94)
Behavioral conformation			
fully respected by colleagues	43.1 (305)	49.4 (349)	7.5 (43)
Affection			
positive relation between R and colleagues	45.9 (327)	50.8 (339)	.5 (4)

The table shows that extent to which different community aspects are realized varies. For example, most respondents feel stimulated by their work (about 83%), but only about 14% is satisfied with the work pressure.

Table 2 shows odds ratios for the association between the five goals of which the realization constitutes a multifunctional community. The ratios in the table give the odds for the realization of a particular goal - given one of the other goals. For example, if the goal 'affection' is realized, the chance of realizing the goal 'status' is 1,58 times higher compared to those who do not realize affection within their working place. In particular, affection and confirmation are relatively strongly associated, while comfort and stimulation are not. If one feels comfortable at work, the chance of also being stimulated is even lower compared to those who do not feel comfortable.

Tabelle 2: Individual goals achieved at work (SSND, n=758, working respondents only; odds):

Goals	Status (odds)	Confirmation (odds)	Comfort (odds)	Stimulation (odds)	Proportion achieved
Affection	1.58	4.73	1.17	1.93	.46
Status	---	2.77	1.39	1.77	.27
Confirmation		---	1.21	2.00	.43
Comfort			---	.80	.18
Stimulation				---	.84

Tabelle 3: Number of goals at work achieved (SSND, n=758, working respondents only)

Goals	n	Percentages
None	58	7.7
1	202	26.7
2	232	30.7
3	162	21.7
4	89	11.8
5	13	1.7
Total	756	100.0
average number of goals (sd)	2.08 (1.19)	

In addition we inquired into the number of goals that one achieved in general. Table 3 shows the number of goals that are in general realized at one's work. On average respondents achieve two of their major goals at their work. From table 2 we can conclude that these are mostly stimulation and affection. Quite a small number of respondents - about 8 percent – realizes no goal at all at their work place. Yet, the number of those who fully realize all five major goals at work is even lower, not even 2 percent of all respondents.

In general, these findings suggest that workers do not achieve their major goals at work but in different contexts of their lives. A large part of our respondents realize comfort and status not at their work but probably somewhere else. In addition, many individuals must have alternatives for the realization of affection and confirmation. At work, the goal of stimulation seems to be achieved best.

5.2 Explanatory analyses

To test our hypotheses, several types of regression models have been estimated. We first calculated models for the achievement of physical and social goals separately (see the tables 5 and 6 in the appendix) and then combined both indicators into one measurement. Note that it has been inquired into multicollinearity, yet the correlation among the independent variables is not high – the highest coefficient occurs between a respondent's age and the time s/he works in a particular function (person's r=.53).

Table 4 summarizes the regression models on the realization of social and physical well-being, i.e. our conception of occupational community. As to the meeting conditions, we found that common activities and the size of the department have a positive effect on the creation of community. If there are more common activities and if departments are smaller, more community is created. Although we did not formulate an explicit hypothesis on a department's size, we could have expected that in larger departments more community is created since the pool of available interaction partners is larger and a person looking for others to interact with has more choice. Yet it seems that the number of available others is not important, on the contrary, in smaller departments workers seemingly stick more together and create more community. However, these effects are not quite stable: When it is controlled for organizational and work characteristics (see model 2) they disappear. In addition, there is a weak negative effect of the number of working hours: working less hours and not more as we have expected is associated with more community at work. In other analyses we also found that part time work is associated with more social activities, a finding that points in the same direction, i.e. that people compensate fewer work hours with greater investment in social relationships and communities at their job.

Tabelle 4: Multifunctional Communities at Work, achievement of social and physical goals. (OLS regression,, n=758)

	M1 B (SE)	M2 B (SE)
Meeting		
Time working in function	.007 (.012)	-.004 (.013)
Fluctuation	-.024 (.020)	-.019 (.010)*
Irregular working hours	-.026 (.183)	.045 (.191)
N of working hours	-.010 (.012)	-.019 (.013)*
Common activities	.101 (.076)*	.042 (.083)
Size of department	-.017 (.012)*	-.002 (.013)
Interdependencies		
Teamwork	.145 (.116)	.143 (.123)
Working with deadlines	-.054 (.053)	-.034 (.056)
Autonomy	1.007 (.151)**	.889 (.160)**
Depending on each other for doing the work	.350 (187)*	.380 (.199)*
Quality of relations among R's colleagues	.967 (.142)**	.943 (.155)**
Multiplexity of R's work relations	.270 (.157)*	.382 (.169)*
Mating Motivation		
Education	.073 (.050)+	-.010 (.056)
Plans to leave	-.268 (.214)	-.221 (.230)
Income	.086	.078

	(.037)**	(.040)*
Similarity: Sex	-.614	-.494
	(.336)*	(.350)+
Age	.336	.171
	(.192)*	(202)
Alternatives		
Being married	.041	-.047
	(.288)	(.308)
Having children	.181	.182
	(.201)	(.211)
Proportion work relations in total network	1.40	.919
	(.700)**	(.752)
Organizational characteristics		
Reputation of firm		-.585
		(.181)**
Constant	8.88	10.146
	(1.34)	(1.57)**
R2 (adjusted)	.219	.229

Note: +) p<.10; *) p<.05; **); p<.01. It is controlled for age and sex of the respondents. Test are one-sided.

As to the interdependency condition, we found clear effects of the degree of autonomy, dependency as well as the relational quality and multiplexity of the relations with colleagues. In general, these indicators are most strongly associated with the creation of community at work. Furthermore, mating motivation or, in other words, our indicators for social capital have also some effects: a higher income is associated with more community creation at work, as well as more similarity among colleagues, in particular with regard to sex. The latter association is, however, not stable and disappears in the model where the organizational and job characteristics are included. Considering the importance of alternatives the table shows that it does not matter whether one is married or has children. The proportion of work relationships in the network does matter, yet only as long as the reputation of the firm is not included in the model.

Finally, the reputation of the firm does have the expected effect: if this reputation is good, more community is created.

6 Conclusion and Discussion

A major conclusion of our analyses is that there is not that much occupational community in Dutch workplaces, at least not in the sense that employees realize their major goals by going to work. As to the four major types of explanatory conditions, it shows that against our expectations relational alternatives are not important for either the community. The relative number of colleagues has sometimes an effect, yet this disappears if it is controlled for the reputation of the firm. The finding that alternatives do not matter much in this context indicates that goal achievement in a particular context of life cannot easily being substituted. For example, being confirmed for one's behavior by one's husband or wife does not help to get behavioral confirmation at work it might not count in that context.

Interdependencies have the strongest effect on the achievement of social goals, while meeting conditions and mating motivation show more effect on the achievement of physical well-being (see appendix). Functional and structural interdependencies seem to have the greatest effects on community. Of course, interdependencies can to a certain degree also be a consequence of community and not a cause. This problem can be solved if longitudinal data would be available. Nevertheless, the finding of an association between interdependencies and community at work is intriguing. Furthermore, not all indicators are endogeneous: e.g., the degree to which one depends on colleagues for doing one's job does not depend on the degree of community at work.

The fact that we found not much community in our analyses does not imply that people are not satisfied in their work. Rather it might reflect the employment situation in the Netherlands: conform to the analysis of Lipset et al. (1956), described in the beginning of the paper, full employment destroys interdependency and hence community. In line with this argument, we might find more community in occupations where employment conditions are not good, i.e. in occupations where unemployment is high or at least where it is not that easy to find work.

Lastly, another point for future research would be to compare the levels of community in the workplace with those that are found in the neighborhood. Based on our own research on community and solidarity behaviors in present-day Dutch communities (Flap, Volker & Zamir 2001, Volker, Flap & Lindenberg 2007) we dare to say that there is more 'true' community in the neighborhood, and probably also more solidarity. So far, our analyses point into the direction that that – on average – people get more from their places of dwelling than from their work.

Literatur

Coleman, J.S. (1992). The Rational Reconstruction of Society. American Sociological Review 58: 1-15
Coleman, J.S. (1990). The Foundation of Social Theory. Bellknap Press, Cambridge.
Fischer, C.S. et al. (1977). Networks and Places. Free Press, New York.
Flap, H.; B. Volker & I. Zamir 2001 When are neighborhoods communities? Solidarity among neighbors. Paper presented at the Annual meeting of the ASA, Anaheim, August, 18-21.
Hodson, R. 2001. Co-workers for better of for worse. Pp. 200- 233 in Dignity at Work. Cambridge University Press: Cambridge.
Lipset, S. M., M. Trow & J. Coleman 1956. Union Democracy. What makes democracy work in Labor Unions and other Organizations. Doubleday: New York.
Kalleberg, A., D. Knoke, P. Marsden & J. Spaeth (1996). Organisations in America. Sage, New York.
Kalmijn, M. & H. Flap (2002). Assortative Meeting and Mating: Unintended Consequences of organized Settings for Partner Choices. Social Forces 79: 1289-1312.
Lindenberg, S. (2007). Theory of Well-Being and Theory of Solidarity. In Lindenberg, S. (ed), The Future of Communities (forthcoming).
Lindenberg, S. (2000). James Coleman. Pp. 513-544 in Ritzer, G. (ed), The Blackwell Companion to Major Social Theories. Blackwell, Oxford.
Lindenberg, S. (1998). Solidarity: Its Microfoundations and Macrodependence. A Framing Approach. Pp. 61-112 in Doreian, P. & Fararo, T. (eds), The Problem of Solidarity. Theories and Models. Gordon and Breach Publishers, London.
Lindenberg, S. (1997). Grounding Groups in Theory: Functional, Cognitive, and Structural Interdependencies. Advances in Group Processes 14:281-331.
Miller McPherson, J. & J.R. Ranger-Moore, J. R. (1991). Evolution of a Dancing Landscape: Organizations and Networks in Dynamic Blau Space. Social Forces 70: 19-42.
Ormel, J., S. Lindenberg, N.Steverdink, & L.M. Verbrugge (1999). Subjective Well-Being and Social Production Functions. Social Indicators Research 46: 61-90.
Parcel, T., R. Kaufman, & L. Jolly (1991). Going up the ladder: multiplicity sampling to create linked macro-to-micro organizational samples. Sociological Methodology 2: 43-7.
Portes, A. (1998). Social Capital. Annual Review of Sociology 22: 1-24.
Sanders, K., H.van Emmerik & W. Raub 2002. Nieuw vragen voor onderzoek naar solidair gedrag binnen moderne organisaties. Gedrag en Organisatie. Gedrag en Organisatie, 15, 184-201. [New questions for research on solidarity behaviour within modern organizations]
Verbrugge, L.M. (1979). Multiplexity in Adult Friendships. Social Forces 59: 1286-1309.
Verbrugge, L.M. (1977). The Structure of Adult Friendships. Social Forces 56: 576-597.
Völker, B. & H. Flap (2001) Informal Relationships at Work. Paper presented at the Flemish-Dutch Conference on Sociology, Antwerpen, May 1.

Völker, B.; H. Flap & S. Lindenberg (2007) When are neighborhoods communities?. Forthcomiong in European Sociological Review 23.

Völker, B.; H. Flap, & G. Mollenhorst (2007) 'Where friends are found: friendship patterns in different social settings'. In R.M. Hsung, N. Lin & R. Breiger (eds.), Contexts of Social Capital: Social Networks in Communities, Markets and Organizations. Routledge, Oxford (forthcoming)

Vos, H. de (2004). Community and human social nature in contemporary society. Analyse & Kritik. Zeitschrift für Sozialtheorie, 26[1], 7-29.

Anhang

Tabelle A1: Multifunctional Communities at Work, achievement of social goals. (OLS regression, n=758)

	Social goals	
	M1 B (SE)	M2 B (SE)
Meeting		
Time working in function	-.011 (.007)*	.012 (.006)**
Fluctuation	-.010 (.010)	-.001 (.001)
Irregular working hours	.051 (.109)	.115 (.114)
N of working hours	-.054 (.070)	-.073 (.080)
Common activities	.051 (.045)	.017 (.049)
Size of department	-.002 (.007)	-.003 (.008)
Interdependencies		
Teamwork	.166 (.069)**	-.003 (.008)
Working with deadlines	.029 (.032)	.006 (.034)
Autonomy	.528 (.090)**	.487 (.095)**
Depending on each other for doing the work	.099 (.111)	.147 (.118)
Quality of relations among R's colleagues	.835 (.085)**	.849 (.092)**
Multiplexity of R's work relations	.204 (.093)**	.240 (.101)**
Mating Motivation		
Education	-.027 (.030)	-.031 (.033)
Plans to leave	-.052 (.128)	-.050 (.137)
Income	.028 (.022)	.024 (.024)
similarity: sex	-.131 (.200)	-.060 (.209)
Age	.168 (.114)	.109 (.223)
Alternatives		
Being married	-.181 (.172)	-.228 (.183)
Having children	.081 (.120)	.098 (.126)
Proportion work relations in total network	.685 (.431)	.443 (.447)
Organizational characteristics		

Reputation of firm		-.297 (.108)**
Constant	2.975 (.804)**	3.70 (.937)**
R2 (adjusted)	.265	.280

Note: +) p<.10; *) p<.05; **); p<.01. It is controlled for age and sex of the respondents. Tests are one-sided.

Tabelle A2: Multifunctional Communities at Work, achievement of physical goals. (OLS regression=758)

	Physical goals	
	M1 B (SE)	M2 B (SE)
Meeting		
Time working in Function	-.040 (.070)	-.081 (.080)
Fluctuation	-.035 (.001)**	-.032 (.001)**
Irregular working hours	-.033 (.110)	-.048 (.119)
N of working hours	-.046 (.070)	-.045 (.080)
Common activities	.068 (.046)	.043 (.052)
Size of department	-.016 (.007)**	-.017 (.008)**
Interdependencies		
Teamwork	.025 (.070)	.097 (.076)
Working with deadlines	-.060 (.032)	-.049 (.035)
Autonomy	.473 (.090)**	.416 (.099)**
Depending on each other for doing the work	.177 (.116)	.165 (.125)
Quality of relations among R's colleagues	.128 (.085)	.091 (.094)
Multiplexity of R's work relations	.089 (.094)	.132 (.104)
Mating Motivation		
Education	.015 (.030)	.015 (.035)
Plans to leave	-.308 (129)	-.245 (.142)
Income	.058 (.022)*	.055 (.026)
Similarity: sex	-.561 (.205)**	-.499 (.220)
Age	.205 (117)*	.104 (.127)
Alternatives		
Being married	.130 (.176)	.061 (.194)
Having children	.071 (.123)	.066 (.133)
Proportion work-relations in total network	.946 (.435)**	.773 (.465)*

Organizational and job characteristics		
Reputation of firm		-.314 (.113)
Constant	6.268 (.824)**	6.89 (.983)**
R2 (adjusted)	.119	.120

Note: +) p<.10; *) p<.05; **); p<.01. It is controlled for age and sex of the respondents. Tests are one-sided.

Zum ungleichen Wert von Sozialkapital – Netzwerke aus einer Perspektive sozialer Praxis

Alexandra Manske

1 Problemaufriss

Netzwerke sind in der Internetbranche ein wesentliches Vehikel, um Aufträge zu akquirieren. Dass dem so ist, liegt vor allem an den spezifischen Feldstrukturen. Denn als Hybrid im Schnittfeld klassischer und neuer Mediensektoren ist die Internetbranche ein relativ neues Erwerbsfeld, das sich in Deutschland seit Mitte der 1990er Jahre entwickelt (Christopherson 2001, Wolf 2004) – und das im Jahr 2001 mit dem Börsencrash der New Economy einen Strukturwandel erlebte, der in anderen Branchen, wie etwa dem Journalismus, mehrere Jahrzehnte in Anspruch nimmt (vgl. Gottschall 1999).

Vor dem Hintergrund einer äußerst kurzen und ebenso wechselvollen Geschichte des Erwerbsfeldes Internetbranche geht es in diesem Beitrag um ein spezifisches Segment der Internetbranche, nämlich um das Tätigkeitsfeld von alleindienstleistenden Webdesignern und um deren branchenspezifische Netzwerke. Die Frage ist, wie sich Webdesigner ihre Stellung in Netzwerken erschließen und welche Formen sozialen Kapitals ihre individuelle Stellung in der Internetbranche prägen. Ziel ist es, feldspezifische Machtressourcen und Gestaltungsspielräume in einem Feld heraus zu arbeiten, in dem informelle Netzwerke eine steuerungstheoretische Kompensationsfunktion übernehmen. Netzwerke indizieren – so die These – die relationalen Stellungen in der Internetbranche und geben Auskunft über die sozialen Positionen der Akteure sowie über ihre Beziehungen zueinander. Im Folgenden soll nun gezeigt werden, inwieweit die Teilhabe an Netzwerkstrukturen interne Ungleichheitspotenziale enthüllt und insofern für eine ungleichheitstheoretische Betrachtung fruchtbar gemacht werden kann.

Empirische Basis ist eine qualitative Feldstudie der Internetbranche. Methodologisch knüpfe ich an Pierre Bourdieus Ausführungen über Feldanalysen an (vgl. z.B. Bourdieu 1979, 1985, 1987, 1992, 1997). Methodisches Mittel war ebenfalls eine nachträglich durchgeführte Email-Befragung egozentrierter Netzwerke, die sich der methodischen Prinzipien des

Namensgenerators bediente (Pappi 1998).[1] Befragt wurden Webdesigner, die ihren Lebensunterhalt mit der Produktion von Websites verdienen. Arbeitsmarkttheoretisch sind Webdesigner generell dem Dienstleistungsbereich zuzuordnen. Ihre Tätigkeit beruht auf dem Einsatz digitaler Technik, überschreitet aber aufgrund seiner vielfältigen Einsatzbereiche die herkömmliche Differenzierung von konsum- und produktionsorientiertem Dienstleistungsbereich (vgl. dazu Häußermann/Siebel 1995). Insofern gilt auch für die deutsche Internetbranche, was Susan Christopherson für die US-amerikanische festgestellt hat: „The internet is not so much a unified new industry as a method for the reorganization of existing systems of production and reproduction." (Christopherson 2001: 17). Die Tätigkeitsbereiche lassen sich ebenfalls nicht exakt voneinander trennen, gleichwohl kann grob zwischen drei Ebenen unterschieden werden: Content-Developer; Content-Designer, Programmierer bzw. Software-Entwickler (Batt et al. 2001).[2]

Der Beitrag gliedert sich folgendermaßen. Zunächst werde ich den theoretischen Zugang und meine Perspektive auf Ungleichheitspotenziale von Netzwerken umreißen (2). Anschließend werde ich empirische Untersuchungsergebnisse zusammenfassen. Im Mittelpunkt stehen hierbei zunächst Netzwerkstrukturen in der Internetbranche und wie sie sich nach dem Zusammenbruch der New Economy verändert haben (3). Dann werde ich (4) unterschiedliche Netzwerk-Praxen von Webdesignern erläutern und skizzieren, inwieweit die Stellung in unterschiedlichen Netzwerken die jeweils branchenspezifische

---

[1] Wenngleich die Fallzahl der Emailbefragung der Befragtenanzahl während der vorangegangenen Untersuchungsphase entsprach und daher keine Beziehungsorganigramme im netzwerktheoretischen Sinne erstellt wurden, konnten doch aus einem qualitativen Forschungsdesign heraus ego-zentrierte Netzwerke erfasst werden. Erfragt wurde hierbei etwa die Anzahl finanziell gratifizierter Projekte im Vorjahr und mittels welcher Netzwerke die Aufträge akquiriert wurden. Analog dem Untersuchungsziel, die gesamte Lebensweise von Webdesignern zu erfassen, wurde ebenso ermittelt, wer z.B. ein beruflicher Ansprechpartner bei technischen Problemen und wer ein privater Ansprechpartner bei beruflichen Problemen ist.

[2] „Webdesign" ist der technische Prozess zur Erstellung und grafischen Gestaltung einer Website (Kotamraju 2002, Pratt 2000) und seit 1990 möglich; seitdem existiert das World Wide Web (WWW), ein Zusammenschluss von Servern im Internet. Die Ursprünge der digitalen Datenübermittlung (ARPAnet) liegen in den 60er Jahren des amerikanischen Verteidigungsministeriums und waren Teil der militärischen Sicherheitsstrategie im Kalten Krieg. In den 70er Jahren wurde ein weltweites Kommunikationsnetz entwickelt, das die Kommunikation von Computern erlaubt und auf host-to-host (TCP) und internetworks protocol (IP) basiert. Zivil nutzbar wurde das Internet jedoch erst 1983, als ARPAnet in eine zivile und eine militärische Komponente (MILnet) aufgeteilt wurde. 1983 wurde auch das Domain-Name-System entwickelt. Seitdem gibt es Internetadressen mit der Endung .com und .org. 1989 wurde am europäischen Kernforschungszentrum CERN die Programmiersprache HTML (Hypertext Markup Language) entwickelt und 1993 der erste Browser (Meschnig/Stuhr 2001: 25). Bis 1995 wurde das Internet bzw. das die Vernetzung koordinierende Netzwerk von der US-Regierung betrieben. 1995 erfolgte die Privatisierung des Internet (Castells 2001: 50ff.).

Position verdeutlicht. Schließlich werde ich (5) die empirischen Befunde in Thesenform resümieren und auf die paradoxe Bedeutung von Netzwerken für die soziale Integration von Webdesignern hinweisen.

2 Netzwerke aus einer Perspektive sozialer Praxis – Begriffsklärung

Wenn nun diskutiert wird, ob Netzwerke in der Internetbranche eher eine integrative Wirkung oder ungleichheitsverstärkende Effekte haben und wie die Positionseffekte von Netzwerken zu kontextualisieren sind, dann geschieht dies einerseits nicht mit einem Selbstverständnis als „Netzwerktheoretikerin", sondern begründet sich aus dem Gegenstand sowie aus der Untersuchungskonzeption als qualitative Feldstudie und wird aus einer Perspektive sozialer Praxis beobachtet.[3] Andererseits wird insofern eine klassische Frage der Netzwerkforschung verhandelt, als es um die soziale Mobilität auf einem spezifischen Arbeitsmarkt bzw. in einem spezifischen Erwerbsfeld geht. Die Ausführungen sind als ein empirieorientiertes Erklärungsangebot zu verstehen, welches subjektive Verortungsstrategien in der Internetbranche unter besonderer Berücksichtigung von *Netzwerk-Praxen* in den Blick nimmt.

Netzwerke, so argumentiere ich im Anschluss an Pierre Bourdieu, sind kein organisatorischer Zusammenhang an und für sich. Sie werden hier vornehmlich gefasst als durch soziale Beziehungen und durch unterschiedliche, relationale Stellungen konstituierte Teilbereiche eines sozialen Feldes. Diese strukturellen Teilbereiche stellen insofern ein soziales Kräftefeld dar, als ihnen ein relationales Verständnis von sozialen Beziehungen unterliegt und die jeweilige Stellung in den Netzwerken über die aktuellen und potenziellen Machtmittel der Akteure innerhalb des Feldes Auskunft gibt (vgl. z.B. Bourdieu 1983, 1985).

Was ist nun unter „potenziellen Machtmitteln" im Sinne von Ressourcen zu verstehen? Hier kommt der Begriff des sozialen Kapitals ins Spiel. Denn die jeweils individuelle „soziale Verfügungsmacht" (Bourdieu 1985) ist an das Kapitalvolumen sowie an seine Zusammensetzung, die Kapitalstruktur gebunden (Bourdieu 1983). Grundlegend betont Bourdieu, dass Kapital per se nicht nur als materielles Gut gedacht werden sollte, das mit dem Ziel der Profitmaximierung ausgetauscht wird. Kapital ist vielmehr akkumulierte Arbeit, das in Form von

---

[3] Die soziale Praxis hat im wesentlichen drei Eigenschaften, die sich als Verschwommenheit, Paradoxie, Zeitlichkeit auf einen kurzen Nenner bringen lassen. Sie beruht überwiegend auf eingespielten, routinisierten Handlungs- und Verhaltensabläufen. Soziale Praxen sind daher alltägliche Handlungen, die die Akteure einfach so tun, sich ihrer also nicht notwendig bewusst sind. Dies ist nicht gleich zu setzen mit unbewusst, sondern heißt eher, dass soziale Praxis nicht notwendig eine kalkulierte Handlung ist, sondern eine spezifisch altagstaugliche, eben praktische Logik hat, welche durch die Anforderungen der Praxis geprägt ist (vgl. Bourdieu 1998: 141).

Material oder in verinnerlichter Form vorliegen kann und auf drei Kapitalsorten beruht (ökonomisches, kulturelles, soziales Kapital). Sozialisatorisch sowie durch Kämpfe um die soziale Verortung erworben, entscheidet das Volumen sowie die Struktur der Kapitalsorten über die soziale Verfügungsmacht. Von Bedeutung ist dabei, dass Kapital veränderbar ist, also vermehrt oder reduziert werden kann, da die Akkumulation von Kapital Zeit brauche und daher eines kontinuierlichen Einsatzes bedürfe (Bourdieu 1983). Ebenso kann sich der Nennwert jeder einzelnen Kapitalsorte wie auch ihr Gesamtwert über die Zeit verändern. Kapital ist folglich nicht primär eine Eigenschaft von Akteuren, sondern die Voraussetzung von sozialen Handlungen und begrenzt zugleich deren Möglichkeitsspielräume (vgl. Bourdieu 1987: 210ff.). Ressourcen im Sinne von Kapital sind daher als akkumulierte Arbeit zu verstehen. Sie bedürfen einer permanenten Bearbeitung, eines praktischen Sinns für die kodifizierten sowie nicht-kodifizierten Regeln im Feld (Bourdieu 1992: 81).

Soziales Kapital definiert Bourdieu als soziale Beziehungen gegenseitigen Kennens oder Anerkennens, durch dessen Zugehörigkeit sich soziale Positionen erschließen lassen (Bourdieu 1983). Unstrittig ist zwar, dass soziales Kapital bei Bourdieu unterbestimmt ist (vgl. etwa Mörth/Fröhlich 1994); doch bleibt man in der Bourdieu'schen Logik, dann lassen sich auch soziale Beziehungen nach Volumen und Struktur unterscheiden sowie in ihrer zeitlichen Entwicklung beobachten. Soziales Kapital ist dann nicht gleich soziales Kapital, sondern lässt sich im Sinne eines relationalen Machtmittels nach vertikalem und horizontalem sozialen Kapital unterscheiden, d.h. danach, in welchem Ausmaß die jeweilige soziale Beziehung die Möglichkeitsspielräume im Feld erweitert oder begrenzt und welche Stellungseffekte der strategische Einsatz des sozialen Kapitals hat. Soziale Beziehungen werden folglich daraufhin untersucht, wo und inwieweit sie beispielsweise in einem bestimmten Marktsegment strategisch eingesetzt werden. Vertikales soziales Kapital wären dann soziale Beziehungen zu hierarchisch übergeordneten Akteuren, die unter Berücksichtigung von Schließungsaspekten (Parkin 1983) die vertikale Lage eines Akteurs positiv beeinflussen können. Horizontales soziales Kapital wären soziale Beziehungen ohne größeren hierarchischen Effekt, die zwar die Handlungsspielräume im Feld vertiefen mögen, aber die soziale Stellung nicht nennenswert nach oben verschieben. Bezieht man die Zeitachse ein, dann kann jenes soziale Kapital, das zu einem Zeitpunkt A gewinnbringend auch in ökonomischer Hinsicht war, zum Zeitpunkt B nutzlos oder gar nachteilig für etwa den Ruf des Akteurs geworden sein. Auf diese Weise wird es möglich, Beziehungskapital nicht nur als egozentrierte Netzwerke zu verstehen, sondern Netzwerke als Ausdruck von Konkurrenzkämpfen zu betrachten, die über differenzierte soziale Beziehungen verlaufen.

Diese Aufschlüsselung von sozialer Verfügungsmacht gestattet im Zusammenhang mit Bourdieus dreifach differenzierten Kapitalbegriff eine horizontale, nach funktionalen Gesichtspunkten erfolgende Analyse von Netzwerk-Praxen sowie eine vertikale Analyseperspektive einzunehmen, welche Netzwerk-Praxen als herrschaftsrelevant erachtet. Netzwerk-Praxen sind folglich soziale Praxen des Konkurrenzkampfes um berufliche Stellungen und konkret Ausdruck der Konkurrenz um Aufträge. Unter Einsatz sämtlicher ihnen zur Verfügung stehender Ressourcen bemühen sich die Akteure um den Aufbau oder die Vertiefung von sozialen Beziehungen im Sinne sozialen Kapitals, um sich im Wettbewerb um Aufträge Konkurrenzvorteile zu verschaffen.[4]

Während allerdings in der netzwerktheoretischen Debatte ein ökonomisch rationalisierter Handlungsbegriff dominiert(Jansen 2003), sodass Netzwerke in der Regel als „das Ergebnis einer Vielzahl individueller Entscheidungen" (Pappi 1998: 592) betrachtet werden, stellen sich Netzwerk-Praxen aus einer Perspektive sozialer Praxis weniger als das Resultat kalkulierter Handlungen oder klar definierter Interessen dar. Netzwerk-Praxen werden vielmehr als Ausdruck spezifischer Handlungsressourcen verstanden, welche die Akteure in Auseinandersetzung mit den spezifischen sozialen und ökonomischen Feldbedingungen innerhalb sozialer Beziehungen einsetzen, und die ihre Form in den praktischen Beziehungen der Akteure erhalten. Überspitzt gesagt, sind Netzwerk-Praxen die beobachtbaren Kämpfe um soziale Stellungen, welche sich im Rahmen bestimmter Beziehungsfigurationen abspielen. Auf welche Weise sich diese Kämpfe vollziehen und in welchen Formen sie ablaufen, lässt folglich Rückschlüsse über die Struktur des Feldes und über seine Feldlogik zu. Insofern stellen die Netzwerk-Praxen der Akteure ein relational geprägtes, wenngleich objektives Beziehungsnetz dar, welches die Akteure zueinander ins Verhältnis setzt und ihre Beziehungen sowie ihren Handlungsradius strukturiert. Dies meint mithin nicht, dass soziale Beziehungen innerhalb von Netzwerken zufällig oder gar unbeabsichtigt entstehen. Netzwerk-Praxen werden als Bestandteile der strategischen Verortung im sozialen Feld betrachtet und betreffen letztlich die Gesamtheit der Beziehungen zwischen den Akteuren; die unterschiedlichen

---

[4] Konkurrenzbeziehungen lassen sich mit Georg Simmel grundlegend als „indirekter Kampf" verstehen und nach zweierlei Arten differenzieren – als direkter sowie als indirekter Wettbewerb (Simmel 1983). Zum einen geht es um direkte, rivalisierende Konkurrenz, da beide bzw. beteiligte Parteien auf ein begehrtes Gut zielen. Hier stehen Situationen der Kopräsenz im Vordergrund (vgl. auch Weber 1972). Zum anderen spricht Simmel von einer indirekten Konkurrenz, bei dem sich die Akteure parallel, aber nicht direkt rivalisierend um den Kampfpreis bemühen. Hier „besteht der Kampf überhaupt nur darin, dass jeder der Bewerber für sich auf das Ziel zustrebt, ohne eine Kraft auf den Gegner zu verwenden." (Simmel 1983: 175).

Netzwerk-Praxen der Akteure sind daher eingebettet in komplexe Strategien[5] und daher als *ein* Bestandteil strategischer Selbstverortung im Feld zu verstehen. Ein solch ungleichheitstheoretischer Zugang ist für die Frage nach Netzwerk-Praxen insofern gewinnbringend, als er nicht nur verhilft, „(h)ierarchische Netzwerke [...] als *durchaus möglich*" (Jansen 2003: 13, H. von AM) zu betrachten und „sowohl Wettbewerbsstrukturen als auch Kooperationsstrukturen" (ebenda) zu *beschreiben,* sondern horizontale sowie vertikale Aspekte von Netzwerken als genuinen Bestandteil und somit als zwei Seiten derselben Medaille zu konzeptualisieren. Denn dann geht es darum, Netzwerke als mehrdimensional konstruiert zu betrachten; die Teilhabe an bestimmten Netzwerk-Strukturen entspricht somit nicht nur einer funktionalen Differenzierung des Feldes, sondern stellt notwendig auch eine herrschaftsrelevante Platzierung im Gefüge diverser branchenspezifischer Netzwerke dar.

Auf Basis dieses Verständnisses von Netzwerken als prinzipiell hierarchisch konnotiertes Strukturgefüge, in dessen Rahmen Konkurrenzbeziehungen stattfinden, werden nun Netzwerk-Strukturen in der Internetbranche beleuchtet. Die an die theoretische Begriffsklärung anschließende, zentrale Frage ist, inwieweit sich diese Gefüge über die Zeit entwickelt haben und mit welchen Machtpotenzialen sie verquickt sind.

3   Netzwerkstrukturen in der Internetbranche

Regulationstheoretisch betrachtet, siedelt die Internetbranche weitgehend jenseits wohlfahrtsstaatlicher Arbeitsmarktprozesse und somit außerhalb erwerbsbezogener Sicherungssysteme sowie außerhalb traditioneller arbeitspolitischer und/oder ständischer Strukturierung von Erwerbsverhältnissen. Die Beschäftigungsverhältnisse weisen ein hohes Mischungsverhältnis abhängiger und neuselbständiger Erwerbsformen auf.[6] Das Erwerbsfeld an sich zeichnet sich durch fließende Grenzen aus. Es kommt im wesentlichen ohne institutionalisierte

---

[5] Strategien sind allerdings weder ein Produkt eines unbewussten Programms noch resultieren sie ohne weiteres aus einem bewussten rationalen Kalkül (vgl. Bourdieu 1992: 83).

[6] Wegen der weitgehend informellen Strukturen der Internetbranche lässt sich die Anzahl und Form der Beschäftigungsverhältnisse nicht genau beziffern. Als vergleichsweise sicher gilt indessen, dass nach 2001 eine rapide Schrumpfungsphase einsetzte. So schwanken etwa die Angaben über die Gesamtbeschäftigungszahlen für das Jahr 2001 zwischen 72.000 und 151.000 (Mayer-Ahuja/Wolf 2004). Insbesondere die Anzahl der Alleinunternehmer/-innen ist nicht genau bekannt. Verschiedene Schätzungen und einzelne Felduntersuchungen gehen aber davon aus, dass deren absolute Zahl im Jahr 2001 bei etwa 60.000 lag (Rehberg et al. 2002; Vanselow 2002). Die Dominanz von Klein- und Kleinstunternehmen in der Internetbranche entspricht damit dem allgemeinen Trend vom Arbeitgeber- zum Solo-Selbständigen (Leicht/Philipp 2005).

Strukturen wie z.B. Zugangsregeln aus und hatte anfangs keinerlei institutionelle oder organisatorische Infrastruktur (vgl. z.B. Christopherson 2001). Die Internetbranche ist insofern ein unbestimmtes Erwerbsfeld, als dass hier weder institutionalisierte Regeln existieren noch im Einzelnen klar wäre, welche Zukunftsperspektiven die Akteure zu erwarten haben.

Zunächst war die Internetbranche mithin ein expandierender Markt. Doch der Einbruch im Jahr 2001 sowie der nachfolgende, strukturelle Wandel taucht die Branche in ein anderes Licht. Zwar hat der nun einsetzende Strukturwandel dazu beigetragen, dass sich eine eigenständige und unterscheidbare Multimediabranche heraus gebildet hat – auch wenn niemand so recht weiß, welchen Namen sie tragen soll.[7] Aus Sicht der Akteure war dieser Wandel allemal ungewiss, zumal er auf eine Phase taumelnder Sorglosigkeit und Expansion folgte. Was nun umso unklarer wurde, war die Frage, wie sich das bislang offene und aufnahmefähige Feld entwickeln würde. Schien es bis dato jedem halbwegs geschickten Computernutzer möglich, sich durch autodidaktische Selbsthilfe zum Webdesigner zu mausern, wurde es nach dem sichtbaren und für alle Akteure deutlich spürbaren Börsencrash ein äußerst ungewisser Wechsel auf die Zukunft, sich weiterhin als Webdesigner zu versuchen und sich alleinselbständig am freien Markt zu positionieren.

3.1 Eine Akademikerbranche

Genau diese Unsicherheit jedoch machte die Internetbranche bis Ende der 1990er Jahre offenbar zu einem attraktiven Erwerbsfeld für Hochschulabsolventen sowie Studienabbrecher. Denn das herausragende Merkmal der Akteure ist ihr hohes Bildungsniveau; zwei Drittel haben einen Hochschulabschluss (Rehberg/Sträter 1998). Die Internetbranche ist folglich eine Akademiker/-innenbranche. So scheint es trotz aller institutionellen Offenheit unsichtbare Zugangsbarrieren ins Feld zu geben, die anfangs nicht fachlich bedingt waren, sondern eher auf die klassenmilieuspezifische Zugehörigkeit zurück zu führen sind. Trotz des mit dem Strukturwandel im Jahr 2001 einsetzenden, fachlich-informellen Professionalisierungsprozesses ist der Zugang zum Feld auch weiterhin klassenmilieuspezifisch geprägt und der Sinn für die profitable Verwertung von kulturellem

---

[7] So wird weitgehend unterschiedslos von der „Internetökonomie" (Vanselow 2002), der „Internetbranche" (Mayer-Ahuja/Wolf 2004) oder den „Neuen Medien" (Henninger 2003) gesprochen, um das Erwerbsfeld zu charakterisieren. Seine Akteure werden wahlweise als „Webdesigner" (Arnold 2001), als „Erwerbstätige der neuen Medien", als „NetWorker" (Neff et al. 2001) oder schlicht als „Webdesigner" (Kotamraju 2002) bezeichnet. Ich beziehe mich im laufenden Text auf im engeren Sinne „Webdesigner" als Akteure eines Feldausschnitts der „Internetbranche".

sowie sozialem Kapital neben technischen Qualifikationen ein wichtiger „Gatekeeper" (Kotamraju 2002). Insofern ist allgemein festzuhalten, dass Webdesigner zunächst einen hohen Individualisierungsgewinn verbuchen und an ihre durch lange Bildungszeiten bedingten Freiheiten in der Lebensführung anknüpfen konnten, so dass sie darauf vertrauen konnten, dem sozioökonomischen Druck mittels ihrer hohen Ressourcenausstattung standhalten zu können. Mehr noch, trotz höchst unterschiedlicher professioneller Absichten schätzen die Befragten die vergleichsweise großen Handlungsspielräume, z.b. in arbeitsinhaltlicher, -zeitlicher sowie –organisatorischer Hinsicht als unzweifelhaften Vorteil ihrer Tätigkeit gegenüber etwa einer abhängigen Beschäftigung ein. Andererseits sind Webdesigner aufgrund ihres sozialen Status als Free Lancer von erwerbsbezogenen Sicherungssystemen ausgegrenzt und erwirtschaften ihre gesellschaftliche Zugehörigkeit sowie ihren unterdurchschnittlichen Verdienst in eigenverantwortlicher Marktabhängigkeit. Sie demonstrieren somit in gewisser Weise äußerst praktisch, dass Selbstbestimmung und Prekarität für Alleindienstleister zwei Seiten derselben Medaille sind (vgl. Manske 2005).

Strukturell befinden sich Webdesigner daher in einer sozialen Zwischenposition von Privilegierung und Prekarisierung, welche sie im statusgruppeninternen Vergleich unter einen sozialen Deklassierungsdruck setzt.[8] Konstituiert dieser soziale Deklassierungsdruck im Verein mit der marktradikalen Branchenstruktur zum einen die soziale Lage von Webdesignern als Prekarisierung auf hohem Niveau, bedeutet dies zum zweiten, dass die Marktposition von Webdesignern individualisierte Aushandlungssache ist. Da sich Webdesigner nicht auf branchenspezifische Lobbygruppen verlassen können, weil es keine mit offizieller Marktmacht gibt, hängt die Marktposition sowie die soziale Verfügungsmacht innerhalb der Einzelnen maßgeblich von der Stellung in diversen Netzwerken ab und davon, welche Form von Aufträgen sie sich mittels informeller Netzwerke erschließen können. Sie entscheiden nicht zuletzt darüber, ob und inwieweit die Akteure ihren Lebensunterhalt mit der Erstellung von Internetauftritten bestreiten können (Henninger 2004).

---

[8] Vgl. dazu Bourdieu 1987. Am Beispiel der « geprellten Generation » in Frankreich Ende der 1970er Jahre beschreibt er, wie diese soziale Stellungskämpfe ausführt, indem sie in unbestimmte, neu aufkommende Erwerbsfelder ausweicht.

3.2 Erosion sozialen Kapitals nach dem Börsencrash

Beruhen die Arbeitsbedingungen von Webdesignern neben den bereits erwähnten strukturellen Konstellationen auf projektförmiger Arbeit, auf informellen Konkurrenzverhältnissen etc. und vor allem auf einem individualisierten Risiko, setzte mit dem Börsencrash im Jahr 2000/01 eine spezifische Kontraktion des Feldes ein, während der sie nicht nur ihren Glamour einbüßte, sondern auch einen Großteil ihrer Beschäftigungsverhältnisse (Mayer-Ahuja/Wolf 2004).[9] Kurz gesagt, die Internetblase war geplatzt, die Expansionsphase und die erwerbsbezogenen Gelegenheitsstrukturen daher auf ein Zeitfenster von drei Jahren zwischen 1998 und 2001 beschränkt (Neff 2002).

In der Folge veränderten sich die Markt- und Konkurrenzbeziehungen und mit ihnen die Netzwerkstrukturen elementar. Denn durch die Pleitewellen erodierte das zuvor reichlich vorhandene, soziale Kapital und machte einem verunsichernden Konkurrenzkampf Platz. Ab diesem Moment verstärkt sich die Konkurrenz einerseits, andererseits erhöht sich der Individualisierungsdruck im Feld erheblich, da der wachsende Konkurrenzdruck und die „Inszenierung der individuellen Besonderheit, Einmaligkeit und Individualität der eigenen Leistung und Person" (Beck 1983: 46) erzwingt und somit die Arbeitsanforderung sich zu spezialisieren erzeugt, wie im Anschluss an klassische Modernisierungstheorien angenommen werden kann. Ein signifikantes Kennzeichen der neuen Marktbedingungen ist, dass sich die einstmals von vielen Akteuren und Beobachtern als vergemeinschaftend interpretierten Arbeitsbedingungen zu einem Verdrängungswettbewerb verschärfen: Aufträge sind rar, die Verdienstmöglichkeiten sind gefallen, die Konkurrenz wird härter. Viele Startups und bis dato stark expandierende Unternehmen wie z.B. Pixelpark gingen Konkurs und/oder haben mehrheitlich ihre Mitarbeiter entlassen.[10]

Jene Alleindienstleister, die sich dank ihrer Marktstrategien am Markt halten konnten, spürten die Umstellung der Feldbedingungen beispielsweise

---

[9] For investors in what once was called the Internet stock market miracle, calculated economic risks looked riskier after March 9, 2000. On that day, the Nasdaq composite index, comprised of the relative stock prices for the over 4,000 stocks traded on the exchange including stocks for most of the publicly traded "dot-coms," passed the 5,000 mark—a remarkable feat considering the index's humble ... The next day the index closed at a historic high, 5,048.62, and then, although no one could have known it at the time, began to fall. It was the beginning of the end of the new economy ... (Neff 2003: 1).

[10] Pixelpark ist herzulande eines der prominenten Beispiel für den Untergang der New Economy. 1995 in Berlin als eine der ersten Multimediaagenturen in Deutschland gegründet, expandierten sie zunächst enorm, hatten im Jahr 1999 auf dem Höhepunkt der Expansionsphase mehr als 1000 Mitarbeiter, europaweite Dependancen und 13,8 Millionen Euro Jahresumsatz (Süddeutsche Zeitung 15.12.02). 2002 hatte Pixelpark in Berlin noch 35 Mitarbeiter, bevor sie 2003 von Bertelsmann aufgekauft wurden.

daran, dass sie auf ausstehende Honorare, auch von renommierten Auftraggebern, oft bis zu einem Jahr warten mussten – oder gar ihr Honorar niemals gesehen haben, weil der Auftraggeber mit der New Economy untergegangen war.

Während etwa die Anzahl der Startups bis Ende der 1990er Jahre in Berlins „Silicon City" in der Chausseestraße im Bezirk Mitte auf ca. 400 angewachsen war (Stuhr 2003: 167), waren sie im Jahr 2002 mehrheitlich schon wieder von der Bildfläche verschwunden.

Dass der strukturelle Wandel folglich ein enormer Selektionsprozess war, ist das Eine. Das Andere ist, dass sich Strukturen in der Tat wandeln. Beispielsweise durchliefen die sogenannten „Cybersuds" – oftmals Produkt des Nachtlebens, für das die New Economy bekannt war – einen Formalisierungsprozess und streiften ihr bislang informelles Profil weitgehend ab. Ein besonders markantes Beispiel hierfür ist der „First Tuesday": Zwischen 1998 und 2000 wurde in großstädtischen Zentren der Internetbranche am ersten Dienstag jeden Monats Parties veranstaltet, die als geschäftliche Kontaktbörse dienen sowie die distinktive Aufbruchseuphorie der New Economy symbolisieren sollten.[11] Zwischenzeitlich „tot", wurde der „First Tuesday" im Jahr 2003 national reaktiviert. Er findet nun in losen Abständen zumeist als vergleichsweise formalisierte Podiumsdiskussion statt – unter Beteiligung von z.B. Unternehmensberatungen oder Finanzierungsgesellschaften sowie von ihnen gesponsort.[12] Es zeigt sich hieran, wie sich nach dem Zusammenbruch von Nasdaq und des Neuen Marktes und insofern mit dem Ende auch der kulturellen Stilisierung dieser Branche der Charakter von bisher überwiegend horizontalen Netzwerken zugunsten einer stärker vertikalen Strukturierung von Netzwerkbeziehungen entwickelt hat. Zwar sind informelle soziale Beziehungen, also informelles soziales Kapital nach wie vor der Schlüssel für die Auftrags-Akquise (vgl. Gill 2002: 78); doch zeichnet sich insgesamt eine informelle Professionalisierung und damit exklusive Vernetzungsstrukturen ab. Dennoch haben Lobbygruppen bisher keine offizielle Marktmacht. Der Deutsche Multimedia Verband (DMMV) z.B. gibt Verbandsmitgliedern neben technischen Daten wie Iso-Richtlinien zur standardisierten Produktion von Websites auch „Honorarleitfäden" an die Hand; doch sind diese praktisch nur bedingt relevant, da Honorare individualisiert verhandelt werden und je nach Marktsegment

---

[11] In Berlin fand jedoch der per Mundpropaganda in der Szene verbreitete, gewissermaßen als subkulturelle Gegenveranstaltung angelegte „Last Tuesday" mehr Zuspruch.

[12] „Im schönen Ambiente" beispielsweise des „Oval Office" eines großen Automobilherstellers in Berlin bestehe im Anschluss an die Podiumsdiskussion „wie immer" die „Gelegenheit zum Networking", so lautet die Einladung zu einer solchen Veranstaltung.

häufig nicht einmal die Hälfte der empfohlenen Honorarhöhe erzielt wird (Vanselow 2002).

So entscheidet eher die Struktur als das Volumen des sozialen Kapitals darüber, ob die Tätigkeit in der Internetbranche existenzsichernd ist oder ob die Arbeit als Webdesigner nur als Zubrot dient. Denn von der strukturellen Ausgestaltung der Netzwerkbeziehungen und der Spezialisierung auf Marktsegmente hängt es ab, ob die Aufträge finanziell einträglich sind oder eine prekäre Existenz untermauern.

Zusammenfassend wurde den Beschäftigten in der Internetbranche infolge des einsetzenden Strukturwandels nicht nur eine stärkere Anpassung an externe Anforderungen abverlangt (Wolf 2004); wie gezeigt, entwickeln sich auch zunehmend Feldgrenzen und Qualifikationsanforderungen, die eine informelle Schließung des sozialen Feldes voran treiben. Zu beschreiben ist diese neue Phase der Feldentwicklung insgesamt als eine stattfindende marktliche Radikalisierung der Erwerbsbedingungen, die flankiert wird von einer stärkeren Formalisierung der Arbeitsstrukturen, kurz gesagt handelt es sich um eine marktgetriebene Bürokratisierung"[13] (Wolf 2004). Diese neue, zugespitzte Phase radikal marktvermittelter Bedingungen steckt den Rahmen nachfolgender Ausführungen ab. Denn unter den Bedingungen einer anhaltenden wirtschaftlichen Krise und im Rahmen verschärfter, direkter sowie indirekter Konkurrenzstrukturen ringen verschiedene Fraktionen um die Vorherrschaft im Feld. Ohne an dieser Stelle zu weit auf die empirischen Befunde vorzugreifen, lässt sich doch bereits sagen, dass die Position der Einzelnen sowie der Zwischenraum von Privilegierung und Prekarisierung angesichts der ungewissen Zukunft des Feldes im Jahr 2001 – nach dem Motto: braucht in einem halben Jahr überhaupt noch jemand eine Website – weitgehend davon abhängt, welche Gestaltungsstrategien die Akteure in Bezug auf diese Ungewissheiten entwickeln und wie sie den direkten sowie indirekten, internen Auseinandersetzungen begegnen. Vor dem Hintergrund der erläuterten Felddynamiken werden daher nun die Konkurrenzkämpfe in der Internetbranche und das Positionsgefüge der Akteure entlang folgender Fragen erörtert: Wer sind die Auftraggeber, auf welche Marktsegmente spezialisieren sich die befragten Webdesigner, wie organisieren sie ihre Arbeit und welche Netzwerk-Praxen setzen sie konkret ein?

---

[13] Hier wird „marktgetriebene Bürokratisierung" als Resultat ineinander greifender feldexterner sowie -interner Prozesse verstanden. Genutzt als Schlüsselbegriff für eine neue, zugespitzte Phase radikal marktvermittelter Bedingungen, möchte ich damit insbesondere die Bedingungen der feldspezifischen Kontraktionsphase und somit die zeitliche Ebene akzentuieren. Demgegenüber spricht Harald Wolf, dem ich den Begriff entlehnt habe, von einem gegenseitigen Steigerungsverhältnis: „Je unmittelbarer die Abhängigkeit vom Markt, desto stärker die Tendenz interner Strukturierung und Hierarchisierung" (Wolf 2004: 5)

4 Netzwerk-Praxen von Webdesignern

In der Internetbranche ringen drei Fraktionen mit je spezifischen Profilen um die Vorherrschaft im Feld. Ich habe sie *Unternehmer, Dienstleister* und *Künstler* genannt. Methodisch handelt es sich dabei um aus der Empirie gewonnene Realtypen, die typologisch zugespitzt wurden. Die Befunde stützen sich auf 19 leitfadenorientierte, teilbiografische Interviews sowie auf teilnehmende Feldbeobachtungen. Die Erhebung des zentralen Datenmaterials erfolgte zwischen Sommer 2001 und Frühjahr 2002.[14]

Die Profile der Typen verdeutlichen, auf welch unterschiedliche Weise die Anforderungen einer marktgetriebenen Bürokratisierung aufgegriffen werden und wie sich die Akteursgruppen nach dem Ende der „Dot.Com-Ära" in der Internetbranche positionieren. Nachfolgend wird mit den Netzwerk-Praxen zweier Fraktionen ein Ausschnitt der empirischen Befunde beleuchtet.[15]

4.1 Die Unternehmer

Etwas bewegen zu wollen und professionell zu agieren, ist das Hauptziel der fünf als *Unternehmer* klassifizierten Interviewten. Ihre Maxime lautet Selbstorganisation, Aufstieg, Leistung. Ihr Arbeitshandeln ist spezialisiert: Sie beschränken sich auf sogenannte Kernkompetenzen und am liebsten auf Managementtätigkeiten. Ihre Arbeitsabläufe haben aufgrund ihrer starken Rationalisierung tayloristische Züge. Obgleich selbst Free Lancer, lagern die *Unternehmer* beispielsweise Teilbereiche eines Projektes an andere Free Lancer aus – und positionieren sich auf diese Weise als gewissermaßen professionalisierte Free Lancer, welche eine modernisiert tayloristische Arbeitsorganisation praktizieren. Ihre Kunden suchen sie im produktionsorientierten Dienstleistungs- und Industriebereich, da dieser zahlungskräftiger und krisenresistenter sei als etwa der Kulturbereich. Sie thematisieren zudem immer wieder, wie wichtig eine professionelle Vernetzung sei, und dass sie diese heute anders angehen als zur Hochzeit der New Economy; dies nicht zuletzt, um eines

---

[14] Die Erhebung und Auswertung der Interviews folgt den verstehenden Grundlagen empirischer Forschung, wie sie Bourdieu als methodische Leitlinie in „Das Elend der Welt" formuliert hat (Bourdieu et al. 2005). Die einzelnen Auswertungsschritte des Datenmaterials lehnen sich technisch an die Grounded Theory als „methodische Leitlinie, die jeweils modifiziert werden muss." (Strauss 1998: 33), an. Die Modifikation bestand darin, dass in einem fortgeschrittenen Stadium der Fallanalysen das streng induktive Vorgehen mit einer Feldanalyse verknüpft wurde, d.h. auf der Annahme beruht, dass soziale Praxis und Feldlogik dialektisch verwoben sind.
[15] Die Künstler werden im Folgenden vernachlässigt. Für eine vergleichende Übersicht über alle drei Typen siehe Manske 2006 a+b.

Tages als Chef sagen zu können: „So, Jungs, jetzt Webdesign – macht ihr mal." (060[16]).

4.2 Professionalisierte Netzwerke

Fokussieren wir nun explizit auf die Frage der Ungleichheitspotenziale von Netzwerken, so zeigt sich, dass die *Unternehmer* komplexe Netzwerk-Praxen und -Beziehungen ausüben. Bei ihrer Auftragsakquise überlassen sie nichts dem Zufall und investieren primär darin, ihren zahlungskräftigen Kundenstamm auszubauen. Investieren tun sie übrigens auch in ihr Büromobiliar, das im Vergleich ausgewählt und teuer erschien. Denn nur mittels eines professionellen Marktauftritts ließe sich „mit dem Geschäft auch Geld verdienen und nicht nur diese chi-chi-Nummer schieben" (013), wie sie sagen. Der Befragte grenzt sich hier ab gegen ein durch Bluff erschlichenes Ansehen, dessen prätentiöser Glanz durch den branchenspezifischen Strukturwandel plötzlich verblasst ist.[17] Um ihrerseits „echte" im Sinne funktionaler Leistung zu zeigen und ihr Ziel des Branchenprimus zu erreichen, entwickeln die Unternehmer ein individualisiertes Verständnis von Professionalität und setzen es durch spezialisiertes, rationalisiertes und somit methodisches Arbeiten in die Praxis um. Mittels dieser tendenziell puritanisch zu nennenden Arbeitsethik verschaffen sie sich gleichwohl Konkurrenzvorteile gegenüber den anderen Fraktionen im Feld, verstanden als vergleichsweise hohe Honorare und eine hohe Auftragsdichte.

Netzwerke, an denen man passiv teilnehme, wie z.B. ausgemachte Kontaktbörsen, kennzeichnen sie als „überflüssigen Spaß", der unter den aktuellen Bedingungen massiver Auftrags-Knappheit wirtschaftlich nicht viel bringe. Prestigeträchtiger als *solche* horizontalen Netzwerke seien dagegen selbst initiierte „Round Tables", in denen sich Kollegen als Interessenverbund zusammen schließen. Denn als Initiator eines solchen Round-Tables verschaffen sie sich ihrer Erfahrung nach eine strategisch günstige Position und machen sich einen Namen in der Branche bzw. bei ihren Auftraggebern. Die *Unternehmer* bemühen sich also generell um eine Position, die sie zum Vermittler zwischen den verschiedenen Fraktionen im Feld macht und sie somit zum Gatekeeper der verschiedenen sozialen Kreise befördert.

---

[16] Die Zahlen hinter den zitierten Interview-Passagen informieren über die Interview-Kennnummer.
[17] Vgl. zum Thema „Bluffen, Täuschen und Verstellen" als eine Variante des Leistungsprinzips Neckel 2000: 60ff.

4.3 Ungleichheit unter Gleichen – Bürogemeinschaften der Unternehmer

Eine andere, gleichfalls von den Unternehmern angewandte Vernetzungstechnik im Kampf um Aufträge sind Bürogemeinschaften, verstanden als horizontale Netzwerke unter Gleichen. Diese sind ein Mittel, Marktschwankungen „kollektiv" auszugleichen. Tatsächlich alleine und Zuhause arbeiten nur wenige Befragte. Vier der fünf als Unternehmer klassifizierte Befragte arbeiten in einer gemischtgeschlechtlichten Bürogemeinschaft, die sich als „informelle Verbetrieblichung" bezeichnen lässt (vgl. auch Betzelt/Gottschall 2005). Diese Bürogemeinschaften annoncieren die Befragten als Corporate Identity, symbolisiert etwa durch ein gemeinsames Logo. In ihren Erzählungen erwecken sie zunächst den Eindruck, als ob es sich dabei um ein Netzwerk unter Gleichen handeln würde. Die genauere Analyse ihrer Arbeitsbeziehungen lässt daran jedoch zweifeln und deutet eher auf die Konstruktion von Ungleichheit unter Gleichen hin.[18]

So sind etwa Kristin und Frank Geschäftspartner. In ihren Ausführungen stellt sich Kristin als gleichberechtigte Geschäftspartnerin dar: „Das ist eben so klassisch zwei Freiberufler" (017). Rechtlich sei zwar Frank „der Unternehmer, also Einzelunternehmer und ich bin Journalistin." (017). *Beide* betrachten diese Konstruktion mithin als vorteilhaft, da sie durch die gewissermaßen doppelte Arbeitskraft Konkurrenzvorteile „gegenüber anderen freien Unternehmern" (017) hätten. Konkret obliegt Kristin in ihrer Bürogemeinschaft die Projektleitung. Sie bezeichnet sich als „Content-Managerin". Frank indes spricht von ihr als „alter Hase im Webbereich" und führt ihre Arbeitsteilung primär auf inhaltliche Qualifikationen zurück. Die Arbeitsteilung sieht so aus, dass Frank zuvorderst für die Akquise und die Projektdefinition verantwortlich zeichnet. Kristin steigt dann in die sich anschließende Konzeptionsphase ein. Sie verantwortet daher im wesentlichen die konzeptionelle Feinarbeit sowie die Implementationsphase einer Website und heuert für diesen Zweck bisweilen andere Free Lancer, meist Studenten, an. Ihr Aufgabenprofil beschreibt sie wie folgt:

> „Ja, im Prinzip mache ich Projektleitung und Konzeption [...], wobei das damit nicht aufhört. Weil wenn was anfällt, mache ich auch irgendwelche grafischen Sachen, zwischendurch Klopapier kaufen, weil es kein anderer macht ähm, aber offiziell Konzeption und Projektarbeit." (017).

---

[18] Aufs Ganze gesehen teilt offenbar die „Brüderhorde" (Meschnig/Stuhr 2001: 60) die Führungspositionen überwiegend unter sich auf, da nur 15% aller Führungspositionen in Multimedia-Unternehmen von Frauen besetzt sind (Ortlieb/Rokitte 2004: 119).

Kristin hat folglich ein „offizielles" sowie ein „inoffizielles" Aufgabenprofil. Denn ihre Kernaufgabe „Projektleitung" wird offenbar um jene Tätigkeiten ergänzt, wie sie zur Hochzeit der New Economy typisch für sogenannte *Best Girls* waren.[19]

So zeigt sich an diesem Beispiel, wie die Befragten ihr Netzwerk unter Gleichen hierarchisieren und dies als Rationalisierungstechnik im umkämpften Feld einsetzen. Die Beteiligten handelten augenscheinlich nach differenzierten funktionalen Aspekten (inhaltlich vs. marktbedingt) und offenbar im stillschweigendem Einvernehmen aus, wer welche Position in der Bürogemeinschaft bekleidet. Dinge des täglichen Bedarfs zu besorgen, scheint zudem im Netzwerk unter Gleichen eher *ihre* als *seine* Aufgabe zu sein. Primus inter pares ist in den untersuchten Fällen jedenfalls der Mann. Ist also festzuhalten, dass auch die Internetbranche ein generell vergeschlechtlichtes Erwerbsfeld ist, scheinen insbesondere auf horizontaler Ebene geschlechtsspezifisch gefärbte Tätigkeitsbereiche zu existieren. Sie lassen sich grob so umreißen, dass Frauen eher Design und Konzeption machen und Männer eher die Programmierung (Brasse 2003).

Der Mann kann in allen Fällen mehr Kapital als die Frau anhäufen, weil er, anders als sie, nicht primär mit formal untergeordneten Free Lancern zusammentrifft, sondern „Arbeit am Kunden" macht und auf diese Weise an strategisch bedeutsamen Knotenpunkten agiert. Beide strukturieren in zweierlei Hinsicht ein vertikales Arbeitsverhältnis, in dem er zum einen der rechtliche Hauptakteur ihrer Bürogemeinschaft ist und zum zweiten auch sogenannte Cutpoint-Funktionen zwischen dem Markt- und dem Bürogeschehen übernimmt. Das von den Akteuren generell egalitär konzipierte Netzwerk unterliegt folglich einer kontingenten Aufgabenzuschreibung, die den Marktanforderungen angepasst ist. Die Interpretation der Marktanforderungen seitens der Akteure und die daraus folgende Arbeitsteilung führt mithin zu einer kontrafaktischen Hierarchisierung im Netzwerk unter Gleichen.

Eine funktional differenzierte Arbeitsteilung, welche zugleich hierarchisch konnotiert ist und den Individuen je nach Geschlecht Aufgaben unterschiedlicher Machtfülle zuweist, ist offensichtliches Ergebnis ihrer vordergründig rein marktorientierten Aushandlung der Einsatzbereiche und insofern zwar ein

---

[19] Das *Best Girl* war vor allem in der Hochphase der New Economy das moderne Mädchen für alles. Ihr Aufgabenbereich reichte vom Kaffeeholen bis zur psycho-sozialen Betreuung der Mitarbeiter. So knüpft die Konstruktion des *Best Girl* an eine stereotype, geschlechtsspezifisch differenzierte Arbeitsteilung sowie an ein vermeintliches weibliches Arbeitsvermögen an und symbolisiert daher existierende Geschlechterhierarchien. Dennoch springt die verschiedentlich gemachte Feststellung, dass die Internetbranche geschlechterasymmetrische Arbeitsbeziehungen reproduziere (Brasse 2003, Gill 2002), zu kurz bzw. bedarf einer genaueren Kontextualisierung – was Folgen auf die Sichtweise der Ungleichheitskategorie „Geschlecht" hat (vgl. hierzu Gottschall 2000: 338ff.).

interaktiv konstruiertes, aber gleichwohl strukturell prägendes Moment ihres Netzwerkes.

4.4 Professionalisierungstechniken

Festzuhalten ist zusammenfassend, dass die Unternehmer die Anforderungen einer marktgetriebenen Bürokratisierung mittels verschiedener Rationalisierungstechniken offensiv aufgreifen und in ihr Verständnis von Professionalität einbetten. Entlang ihrer Auffassung von Professionalität, die zwar abseits struktureller Begünstigungen liegt, aber durchaus auf eine Monopolstellung in der Internetbranche abzielt, sowie nicht zuletzt mittels der Hierarchisierung von egalitär konzipierten Netzwerken, verschaffen sich die *Unternehmer* nicht nur Konkurrenzvorteile gegenüber den anderen Fraktionen im Feld (z.B. vergleichsweise hohe Auftragsdichte sowie Einkommen). In Grenzen eröffnen sie sich auch jene gestalterischen Spielräume, die Schumpeter als unternehmerisch beschrieben hat, indem sie beispielsweise modernisiert taylorisierte Produktionsmethoden anwenden und so altbekannte und anfangs für überkommen gehaltene Arbeitsmethoden kombinieren. Konkurrenzvorteile verschaffen sie sich gleichfalls durch ihre vergleichsweise konventionellen Auftraggeber, die vielfach aus dem produzierenden Gewerbe oder aus dem produktionsorientierten Dienstleistungsbereich stammen.

Eine weitere Professionalisierungstechnik scheint die asymmetrische Konstruktion von Bürogemeinschaften zu sein, in denen Geschlecht einerseits dysfunktional wird und andererseits als variables Ungleichheitsmodul eingesetzt wird. So ist auf der Basis sich offenbar verflüssigender Geschlechterzuschreibungen der widersprüchliche Befund festzuhalten, dass einerseits die Bedeutung von Geschlecht aus den Arbeitsbeziehungen heraus konstruiert wird und ein anderes Mal in teils reaktionärer Manier thematisiert und in die Arbeitsbeziehungen eingeschleust wird (vgl. das Beispiel mit den *Best Girls*, Fn 19). Insofern deuten sich hier ambivalent kontextualisierte Nutzungskonzepte von Arbeitskraft an, die auf eine widersprüchliche Auflösung von Geschlechterdifferenzen schließen lassen, da sie sich durch eine auf Gleichheit rekurrierende, ökonomisch angetriebene Anrufung der Arbeitskraft auszeichnen (vgl. Hornung 2000, Völker 2004).

4.5 Die Dienstleister

Die *Dienstleister* stellen die numerisch stärkste Gruppe im Sample dar. Sie zeichnet ein *Sinn für das Machbare* aus. Thema ihrer Fallgeschichten ist die Gratwanderung zwischen Sicherheit und Freiheit. So verstehen sie sich nicht als offensive Marktakteure, sondern versuchen eher, in den Verhältnissen klar zu kommen und erleben diese bisweilen mehr als brutale *Anforderung* denn als positive Herausforderung.[20] Insgesamt sehen sie sich stärker als Produkt neuer, unausweichlicher Verhältnisse und weniger als den kreativen Zerstörer Schumpeterscher Machart. Mit einem Wort verstehen sich die Dienstleister eher als Risikogestalter und suchen insofern nach Kompromissen zwischen marktbezogenen Anforderungen und lebensweltlichen Bedürfnissen.

4.6 Ein Sinn fürs Machbare

Ihre Kunden stammen aus dem Dienstleistungsbereich jeglicher Art (Werbung, Unternehmensberatung etc.), wobei sie Aufträge aus dem Kulturbereich bevorzugen. Ihre Arbeitsabläufe sind weder spezialisiert noch arbeitsteilig rationalisiert, sie sind Allrounder, agieren vielfach als auftragnehmende Agentur und sind, zugespitzt gesagt, potenzielle Mitarbeiter der Unternehmer. Dass sie sich in jeder Hinsicht weniger spezialisieren liegt u.a. daran, dass sie sich nach ihrer Einschätzung noch keinen Namen machen konnten – dies aber auch, anders als die Unternehmer, nicht vergleichbar systematisch versuchen. Ihr als Schwäche erlebtes Konkurrenzverhalten kompensieren sie durch eine Preispolitik, die sie „Robin-Hood-Manier" nennen: von Unternehmensberatungen nehmen sie ein höheres Honorar als von einem kleinen Kulturdienstleister. Sie betrachten demnach die Internetbranche als einen sozialen Zusammenhang mit ungleich verteilten Machtpotenzialen, in dem sie sich in einer mittleren Stellung positionieren wollen. Wie das Datenmaterial zeigt, handelt es sich bei ihrer auf die mittlere Schicht zielende Strategie weniger um eine Not, die zur Tugend gemacht wird. Vielmehr entspringt die differenzierte Preispolitik der Dienstleister einem Sinn fürs Machbare, der ihnen erlaubt, ihren Kundenstamm nach Zahlungskraft zu unterscheiden, und der ihnen Spielräume für weniger lukrative Aufträge eröffnet, die sie im Gegenzug aber als inhaltlich befriedigender erleben.

Ihr Sinn fürs Machbare umfasst daher erfolgreich praktizierte, methodische Techniken, um sich im Feld zu behaupten. Insoweit haften dem Sinn fürs

---

[20] So findet sich in dieser Gruppe eine „Standbein-Spielbein"-Strategie, die jedoch nicht bei allen aufgeht.

Machbare gleichfalls Spuren einer kreativen Selbstverwirklichung an, die dem Kampf um die branchenspezifische Vorherrschaft mit einem arbeitsinhaltlichen Moment verknüpft, welches weniger auf Konkurrenz ausgerichtet ist als reflexiv mit lebensweltlichen Interessen verknüpft wird und insofern dem entspricht, was in der arbeitssoziologischen Debatte von Martin Baethge als normative Subjektivierung von Arbeit bezeichnet wurde (Baethge 1994).

4.7 Vertrauensbasierte Netzwerk-Praxen

Dass die Strategie der Dienstleister und somit ihr Sinn fürs Machbare eine spezifische Synthese zwischen der primär ökonomischen Zwängen folgenden Figur des Arbeitskraftunternehmers (Voß/Pongratz 1998) und einer eher wertrational geprägten Arbeitshaltung darstellt, wie sie im Konzept der normativen Subjektivierung von Arbeit zum Ausdruck kommt, zeigt sich einmal mehr an den Netzwerk-Praxen der Dienstleister. Im Kampf um Aufträge und soziale Stellungen verlassen sie sich vor allem auf persönliche Kontakte – und insofern, wie wir gleich sehen werden, doch auch auf ihren Ruf. Zwar haben sie mehrheitlich nach eigenen Worten „mehr eine schlechte, als eine rechte" eigene Website noch Visitenkarten. Meistens würden sich Aufträge „so ergeben". Denn, so sagt eine, „Wenn du merkst, dass es nötig wird, ... dann fragst du schon: hey, brauchst du nicht?" (011).

Ihre diesbezügliche laxe Haltung, ihre mangelnde Bereitschaft zum „Klinkenputzen", wie sie sagen, kennzeichnen sie als einen Konkurrenznachteil. Doch erstens seien sie für eine gezielte Auftragsakquise erklärtermaßen nicht „so der Typ". Und zweitens leisten sie sich den Luxus eher vertrauensbasierten Networkings nicht zuletzt deshalb, weil das die unmittelbaren Transaktionskosten ihrer Feldverortung verringert und sie auf diese Weise schlichtweg einen höheren Zeitwohlstand haben. Insofern umschließt der Sinn fürs Machbare nicht nur Marktanforderungen, sondern bezieht sich auf die gesamte Lebensweise und macht deutlich, dass Arbeit für die *Dienstleister* trotz aller materiellen Knappheiten nur das halbe Leben ist. Anders als etwa für die *Unternehmer* ist berufliche Arbeit für die Dienstleister kein Mittel zum Zweck des sozialen Aufstiegs, sondern Mittel der ökonomischen Absicherung und zugleich Medium kreativer Selbstentfaltung.[21] Ihre gewissermaßen hybride Arbeits-Strategie hat Rückwirkungen auf ihre Netzwerk-Praxen.

---

[21] Parallelen zum Typus *Dienstleister* finden sich in einer „modernisierten Version des Angestellten-Typus", wie er Anfang der 1990er Jahre von Werner Kudera beschrieben wurde (Kudera 1995: 364f). Diese strukturellen Ähnlichkeiten der Typen schließen insofern aneinander an, als dass die

Ein Interviewpartner etwa erzählt, dass er während des Hypes als Freier bei Pixelpark tätig war und dass er seine letzten größeren Aufträge durch einen ehemaligen Kollegen vermittelt bekommen habe. Zufällig traf er diesen früheren Kollegen einige Jahre später wieder – und zwar während einer Zugfahrt. Dort hätten sie, „so'n bisschen miteinander gesprochen" (O15). Und weiter erklärt er, dass diese zufällige Reanimierung sozialen Kapitals typisch sei für die Internetbranche:

> „Also, durch die ziemlich hohe Fluktuation gibt's immer irgendwo irgendwen, mit dem man irgendwann mal zusammen gearbeitet hat, der sich an einen erinnert." (O15).

4.8 Bürogemeinschaften

Ein wichtiger Bestandteil ihrer vertrauensbasierten Netzwerk-Strategien sind zudem Bürogemeinschaften, die dem Muster einer „kollektivierten Vereinzelung" folgen. So teilen sich die *Dienstleister* mehrheitlich mit anderen Free Lancern einen Arbeitsraum. Ihr Verständnis über die Funktion dieser Arbeitsräume unterscheidet sich allerdings vom Muster der „informellen Verbetrieblichung". Denn die Bürogemeinschaften der *Dienstleister* dienen zwar dem fachlichen Austausch, beruhen aber nicht auf einer Corporate Identity. Zudem haben auch ihre Bürogemeinschaften eine Brückenfunktion zwischen Arbeit und Leben. So hat der Arbeitsraum aus ihrer Perspektive mehrere Funktionen: Er dient der Produktion von privatwirtschaftlichen Dienstleistungen und dem interdisziplinären Austausch, er beugt privat wie professionell sozialer Isolierung vor, ist kultureller Veranstaltungsort, Bestandteil des privaten Freundeskreises und vor allem ein Mittel, Marktschwankungen durch die Integration in ein festes loses Netzwerk abzupuffern.

4.9 Balance zwischen Arbeit und Leben

Zusammenfassend zeichnen sich die Netzwerk-Praxen der *Dienstleister* durch eine Vertrauensbasierung und durch Bemühungen aus, anfallende Transaktionskosten gering zu halten. Neben dem Vertrauen auf Zufälle vertrauen sie auch auf berufsübergreifende Netzwerke und überbrücken auf diese Weise die Lebenssphären „Erwerb" und „Privat", sodass der Terminus *informelle*

Dienstleister ja in der Tat diejenige Fraktion im Feld sind, die sich am ehesten mit dem Gedanken einer Angestellten-Existenz anfreunden könnte.

Netzwerke eine weitere Bedeutung erfährt. Er bezieht sich nun nicht mehr nur auf informelle Kontakte innerhalb des Erwerbsfeldes als solches, sondern umschließt zugleich private Kontakte. Obgleich sich auch in diesen Fällen die Differenzierung in horizontale und vertikale Netzwerkstrategien findet, sind diese doch insgesamt Ausdruck einer strategischen Selbstverortung im Feld, die auf eine Gratwanderung von Sicherheit und Freiheit abzielt und sich als ein Sinn fürs Machbare präsentiert. Ihre strategischen Verbindungen ins Feld, d.h. ihre Netzwerkbeziehungen sind vornehmlich darauf ausgerichtet, sich mittels eines Balanceaktes zwischen ökonomischen Zwängen und kulturellen Freiheiten im Feld zu halten. Sie sind daher weder darauf aus, einen sozialen Aufstieg zu realisieren noch kann man ihre Strategie als genügsam bezeichnen. Vielmehr handelt es sich um einen reflexiven Interessenausgleich von beruflichen Anforderungen und lebensweltlichen Bedürfnissen.

5 Fazit: Netzwerke als Ungleichheitsindikator – Netzwerkpraxen als Ungleichheitsgenerator

> „In den 90er Jahren war da ein Gefühl unglaublicher Offenheit, weil es Aufträge ohne Ende gab. Heute ist da nur noch Verschlossenheit, Misstrauen und die Angst, dass die Konkurrenz schneller ist." (014)

Netzwerke wurden eingangs als durch soziale Beziehungen konstituierte und mit unterschiedlicher Machtfülle ausgestattete Gefüge bzw. Kräftefelder definiert. Sie indizieren die relationalen Stellungen der Akteure, geben Auskunft über ihre aktuellen und potenziellen Machtmittel und informieren folglich über die jeweilige Lage im Gefüge diverser Netzwerke. Soziales Kapital, das sich die Akteure im Konkurrenzkampf mittels Netzwerk-Praxen erarbeiten ist dabei ein in sich differenziertes, potenzielles und aktuelles Machtmittel, das die soziale Stellung der Einzelnen strukturiert.

Zusammenfassend liegt den Ausführungen ein Arbeitsbegriff von Netzwerken zugrunde, der jene als ein prinzipiell hierarchisch konnotiertes Gefüge versteht, welches seinerseits in horizontale und vertikale Dimensionen differenziert wird. Zu berücksichtigen ist dabei, dass weder Netzwerke für sich genommen noch allein soziales Kapital über die Stellung in der Internetbranche bzw. in den einzelnen Netzwerken entscheidet. Die Dynamik des sozialen Feldes Internetbranche erschließt sich im Ganzen nur dann, sofern Netzwerke als *ein* objektivierbarer Ausschnitt des sozialen Feldes sowie Netzwerk-Praxen als *ein*

Aspekt des individuellen Ressourcen-Repertoires betrachtet werden und mit der gesamten Felddynamik kontextuiert werden. Auf Basis dieser theoretischen Konzeptualisierung zeigen die empirischen Befunde, dass neben horizontalen und vertikalen auch berufsübergreifende Netzwerke zu berücksichtigen sind. Letztere haben insofern einen eigenen konzeptionellen Stellenwert, als sie horizontale und vertikale Aspekte in sich vereinen können. Die Besonderheit berufsübergreifender Netzwerke liegt darin, dass sie eine vertrauensbasierte Brückenfunktion zwischen den Lebenssphären „Erwerb" und „Privat" einnehmen und in spezifischer Weise darauf hinweisen, dass Märkte nicht aus sich heraus bestehen, sondern nicht-marktlicher sozialer Ressourcen bedürfen, um funktionsfähig zu bleiben (vgl. Granovetter 1985, Nullmeier 2001). Denn „je mehr Vertrauen in den Tauschpartner existiert", so etwa Frank Nullmeier, „desto geringer kann der Ausarbeitungsgrad von Vertragswerken ausfallen, desto weniger Kontrollkosten fallen [...] an. Vertrauen ermöglicht und erleichtert Markttransaktionen, ist aber selbst nicht direkt durch den Markt erzeugbar." (Nullmeier 2001: 231). Daraus folgt, dass auch Netzwerke nicht aus sich heraus bestehen, sondern auf Ressourcen angewiesen sind, die nicht unmittelbar vor Ort erzeugt werden, sondern eines Transfers bedürfen. Mit anderen Worten hängen potenzielle Machtmittel innerhalb von Netzwerken nicht zuletzt von fließenden Grenzen der Lebenssphären, von einer Entgrenzung von Arbeit und Leben ab – und damit von (in der Regel geschlechtsspezifisch gefärbten) Dispositionsspielräumen im Alltag (Manske 2003).

So sind zusammenfassend drei verschiedene Arten von Netzwerken auszumachen (vgl. auch Böhm/Volkert 1998; Henninger 2004): 1. Horizontale Netze, 2. vertikale Netze und 3. berufsübergreifende Netze. Als *horizontale Vernetzungen* lassen sich Netze unter KollegInnen bezeichnen, innerhalb derer Aufträge weiter vermittelt werden. *Vertikale Netze* sind dauerhafte Beziehungen zu Unternehmen oder Agenturen, die aus potenziellen Auftraggebern bestehen. *Berufsübergreifende Netzwerke* umfassen auch private Kontakte. Zusammen genommen übernehmen sie im weitgehend nicht institutionalisierten Erwerbsfeld der Internetbranche eine steuerungstheoretische Kompensationsfunktion und sind *der* Schlüssel für die Auftragsakquise.

Vor diesem Hintergrund, so die Schlussfolgerung, sind Netzwerke in der Internetbranche als ein sozialer Zusammenhang zu konkretisieren, der insbesondere in der Phase marktgetriebener Bürokratisierung ungleichheitsrelevante Wirkungen entfaltet. Denn allgemein zeigt sich, dass sich die Netzwerkstrukturen mit der Kontraktion des Feldes verändern. War soziales Kapital, so ließe sich zugespitzt formulieren, zu Beginn eher eine kollektive Ressource mit integrativen Effekten (Coleman), ist sie mittlerweile zu einer

Ressource immanenter sozialer Ungleichheit geworden. Dazu möchte ich abschließend vier Hypothesen formulieren.

Wie sich zum ersten an den unterschiedlichen Netzwerk-Praxen zeigte, ist soziales Kapital eine Machtressource, die von der Struktur der Netzwerkbeziehungen und dem damit verknüpften Volumen der Austauschbeziehungen abhängt. Insofern sind Netzwerke einerseits ein wesentliches, *kooperatives Integrationsmoment*, andererseits zeichnen sie sich immer durch eine *Ambivalenz von Konkurrenz und Zusammenschluss* aus. Konkurrenzstrukturen sind daher nicht nur in positiv und negativ verbundene Netzwerke zu unterscheiden, sondern vor allem auch nach *Volumen* und *Struktur*, d.h. nach der Anzahl der sozialen Beziehungen und der Spezialisierung auf Marktsegmente sowie danach zu differenzieren, ob die Akteure eher in vertrauensbasierte oder in versachlichte bzw. formalisierte Netzwerke investieren (vgl. Granovetter 1973). Denn diese entscheiden nicht nur in spezifischer Weise über die Anzahl der Aufträge, sondern auch über ihre Art, z.B. ob eine Website für ein Kulturfestival oder eine Unternehmensberatung erstellt wird.

Dabei ist es, zweitens, offenbar eher die Struktur als das Volumen, die über die Honorarhöhe sowie über die Auftragsdichte entscheidet. Neben den bereits erwähnten Differenzierungen zeigen die Befunde, dass diejenigen, die nur über Freunde und Kollegen akquirieren, die sich also primär in ihnen gesellschaftlich nahestehenden Cliquen bewegen, zum einen vergleichsweise kurz im Geschäft sind, zum zweiten vergleichsweise wenig Kunden aufweisen und zum dritten tendenziell geringe Honorare erzielen.

Zum dritten enthüllen die verschiedenen Netzwerkpraxen und -beziehungen feldinterne Ungleichheitsstrukturen und erzählen über neue strukturelle Anforderungen, die sich im Zusammenhang mit der marktgetriebenen Bürokratisierung in der Branche entwickeln. Die Befunde zeigen, dass die Fraktion der *Unternehmer* auf einen sozialen Aufstieg mittels eines informellen Verständnis von Professionalität zielt. Diesem Ziel passen sie auch ihre Netzwerkpraxen an und investieren vornehmlich in vertikales soziales Kapital sowie in Gate Keeper Positionen. Sie stellen daher so etwas wie einen Cutpoint dar, indem sie zwischen unterschiedlichen Akteursgruppen im Feld makeln. Denn einerseits akquirieren sie ihre Aufträge vorwiegend über vertikales soziales Kapital, andererseits halten sie als potenzielle Auftrageber gleichfalls Kontakt zu anderen Free Lancern, investieren also auch in horizontales soziales Kapital.

Allerdings sind Reziprozitätsbeziehungen in horizontalen Netzwerken nicht per se egalitär. So zeigt die Bürogemeinschaft des Musters „informelle Verbetrieblichung" recht eindringlich, dass und wie im Netzwerk unter Gleichen soziale Beziehungsasymmetrien konstruiert werden. Die Praxis einer Ungleichheit unter Gleichen strukturiert einen ungleichen Zugang zum Markt resp. zu den Auftraggebern und setzt dabei Geschlecht als kontingentes Aushandlungsmodul ein. Schließlich kompensieren die feldspezifischen Netzwerkstrukturen mangelnde, arbeitspolitische und wohlfahrtsstaatliche Strukturen, sodass die integrative Wirkung von Netzwerken im Zusammenhang mit der generellen sozialen Lage seiner Akteure betrachtet werden muss. So stiften Netzwerke hier zwar *partikulare Integration* und sind neben der Arbeitsorganisation und der Spezialisierung auf Marktsegmente maßgebliche Machtressourcen im Feld. Insgesamt aber, so meine Schlussfolgerung, ist hier die hohe Bedeutung von Netzwerken eher ein Indikator für die labile soziale Lage einer spezifischen Erwerbsgruppe aus der gesellschaftlichen Mitte, weil die integrative Funktion von Netzwerken in der Internetbranche in eine Prekarisierung auf hohem Niveau eingebettet ist (Manske 2006).

Insofern lässt sich zuspitzen, dass sich am Beispiel von Netzwerken in der Internetbranche nicht nur die relationalen Stellungen *im Feld* nachvollziehen lassen. Da Netzwerke in der Internetbranche sozialpolitische Strukturen kompensieren, deuten sie in einem weiteren sozialräumlichen Sinne neue Profile von Inklusion und Exklusion im sozialpolitischen Abseits bzw. in einer Zone gesellschaftlicher Kohäsion an, welche sich durch eine hohe Vulnerabilität auszeichnet (vgl. Castel 2000) – und die nicht nur auf die üblichen Verdächtigen im Niedriglohnsektor beschränkt ist, sondern sich als strukturelles Deklassierungsrisiko auch in die hochqualifizierte, soziale Mitte ausdehnt.

Literatur

Baethge, Martin (1994, zuerst 1991): Arbeit und Identität. In: Beck, Ulrich/Beck-Gernsheim, Elisabeth (Hg.): Riskante Freiheiten. Frankfurt, Main: Suhrkamp, S. 245-264.
Batt, Rosemary et.al. (2001): NetWorking. Work Patterns and the Workforce Policies for the New Media Industry. Economic Policy Institute. Washington D.C.
Beck, Ulrich (1983): Jenseits von Stand und Klasse? Soziale Ungleichheiten, gesellschaftliche Individualisierungsprozesse und die Entstehung neuer sozialer Formationen und Identitäten. In: Kreckel, Reinhard (Hg.): Soziale Ungleichheiten. Soziale Welt, Sonderband 2, Göttingen, S. 35 – 74.
Betzelt, Sigrid/Gottschall, Karin (2005): Flexible Bindungen – prekäre Balancen. Ein neues Erwerbsmuster bei hochqualifizierten Alleindienstleistern. In: Martin Kronauer; Gudrun Linne (Hg.): Flexicurity. Die Bindung von Sicherheit an Flexibilität. Berlin: edition sigma, 275-294.
Bourdieu, Pierre (1979): Entwurf einer Theorie der Praxis. Frankfurt/Main: Suhrkamp.
Bourdieu, Pierre (1983): Ökonomisches Kapital, kulturelles Kapital, soziales Kapital. In: Kreckel, Reinhard (Hg.): Soziale Ungleichheiten; Soziale Welt, Sonderband 2. Göttingen, S. 183-198.
Bourdieu, Pierre (1985): Sozialer Raum und Klassen. Lecon sur la lecon. Zwei Vorlesungen. Frankfurt/Main: Suhrkamp.
Bourdieu, Pierre (1987): Die feinen Unterschiede. Kritik der gesellschaftlichen Urteilskraft. Frankfurt/Main: Suhrkamp.
Bourdieu, Pierre (1992): Rede und Antwort. Frankfurt/Main: Suhrkamp.
Bourdieu, Pierre (1997): Das literarische Feld. In: ders./ Pinto, Louis (Hg.) Streifzüge durch das literarische Feld. Konstanz: UKV Universitätsverlag, S. 33-147.
Bourdieu, Pierre (2005): Verstehen, in: Bourdieu et al.: Das Elend der Welt. Studienausgabe. Konstanz: UVK, S. 393-427.
Brasse, Claudia (2003): Junge Branche, alte Muster. Vom Arbeiten und Leben in den Neuen Medien. Daten und Analysen zur Arbeitssituation der Beschäftigten in der Multimediabranche. Ergebnisse der bundesweiten Umfrage von connexx.av. Hannover: connexx.av.
Castel, Robert (2000): Die Metamorphosen der sozialen Frage. Eine Chronik der Lohnarbeit, Konstanz: UVK.
Castells, Manuel (2001): Das Informationszeitalter I: Die Netzwerkgesellschaft. Opladen: Leske+Budrich.
Christopherson, Susan (2001): "Does Risk Require Trust?," Environment and Planning: A. Manuskript.
Gill, Rosalind (2002): Cool, Creative and Egalitarian? Exploring Gender in Project-Based New Media Work in Europe. Information, Communication & Society. Vol. 5, No. 1, S. 70-89.
Gottschall, Karin (1999): Freie Mitarbeit im Journalismus. In: Kölner Zeitschrift für Soziologie und Sozialpsychologie, 4/1999, S. 635-654.
Gottschall, Karin (2000): Soziale Ungleichheit und Geschlecht. Opladen: Leske+Budrich.

Granovetter, Mark (1973): The Strength of Weak Ties. American Journal of Sociology, Vol. 78, No. 6, S. 1360-1380.

Granovetter, Mark (1985): Economic action and social structure. The problem of embeddedness. American Journal of Sociology, Vol. 91, No. 4, S. 481-510.

Häußermann, Hartmut/Siebel, Werner (1995): Dienstleistungsgesellschaften. Frankfurt/M.: Suhrkamp.

Henninger, Annette (2004): Free Lancer in den Neuen Medien: Jenseits standardisierter Muster von Arbeit und Leben? In: Kahlert, Heike/Kajatin, Claudia (Hg.): Arbeit und Vernetzung im Informationszeitalter. Wie neue Technologien die Geschlechterverhältnisse verändern. Frankfurt, M./New York: Campus, S. 143-166.

Hornung, Ursula (2000): Let's do "Gender". And don't forget "Sex"!? Reflexionen über berufliche Gleichstellung, A-Sexualisierung und Frauenförderung am Beispiel mittlerer Dienstleister. In: Lenz, Ilse/Nickel, Hildegard Maria/Riegraf, Birgit (Hg.): Geschlecht. Arbeit. Zukunft. Münster: Westfälisches Dampfboot, S. 96-125.

Jansen, Dorothea (2003): Einführung in die Netzwerkanalyse, Opladen: Leske+Budrich.

Kotamraju, Nalini P. (2002): Keeping Up: Web Design Skill and the Reinvented Worker. Information, Communication & Society 5: 1, S. 1-26.

Kudera, Werner (1995): Zusammenfassung der Ergebnisse. In: Projektgruppe „Alltägliche Lebensführung" (Hg.): Alltägliche Lebensführung. Arrangements zwischen Traditionalität und Modernisierung. Opladen: Leske+Budrich, S. 331-370.

Leicht, René/Philipp, Ralf (2005): Die wachsende Bedeutung von Ein-Personen-Unternehmen in Deutschland: Wo und unter welchen Bedingungen arbeiten Selbständige zunehmend alleine? In: Welter, Friederike (Hg.) Dynamik im Unternehmenssektor: Theorie, Empirie und Politik. Berlin: Duncker & Humblot, S.131-154.

Manske, Alexandra (2003) WebWorker. Arrangements der Sphären im Spannungsfeld von Ergänzung und Vereinnahmung. In: Gottschall, Karin/Voß, G. Günter (Hg.): Entgrenzung von Arbeit und Leben. Zum Wandel der Beziehung von Erwerbstätigkeit und Privatsphäre im Alltag. München/Mering: Hampp, S. 261-284.

Manske, Alexandra (2005): Eigenverantwortung statt wohlfahrtsstaatliche Absicherung. Anmerkungen zum Gestaltwandel sozialer Absicherung. In: Berliner Journal für Soziologie 2/05, S. 241-258.

Manske, Alexandra (2006): Die Stellung halten. Marktstrategien und Positionskämpfe in Berlins Internetbranche. Soziale Welt. Zeitschrift für sozialwissenschaftliche Forschung und Praxis. 2/2006, S. 157-175.

Mayer-Ahuja, Nicole/Wolf, Harald (2004): Jenseits des Hype: Arbeit bei Internetdienstleistern. SOFI-Mitteilungen 32, S. 79-96.

Meschnig, Alexander/Stuhr, Matthias (2001): www.revolution.de. Die Kultur der New Economy. Hamburg: Rotbuch Verlag.

Mörth, Ingo/Fröhlich, Gerhard (1994) (Hg.): Das symbolische Kapital der Lebensstile. Zur Kultursoziologie der Moderne nach Pierre Bourdieu, Frankfurt/M./New York: Campus.

Neckel, Sighard (2000; zuerst 1987): Bluffen, Täuschen und Verstellen. Bemerkungen zu einer Variante des Leistungsprinzips. In: ders.: Die Macht der Unterscheidung.

Essays zur Kultursoziologie der modernen Gesellschaft. Frankfurt/M.: Campus, S. 60-66.

Neff, Gina (2002): Game Over. With the collapse of the new economy complete, yesterday's dot-comers are only now beginning to understand the odds. The American Prospect, Vol. 13, Iss. 16, S. 15 – 17.

Nullmeier, Frank (2001): Was folgt auf den „Sieg des Marktes"? In: Barlösius, Eva/Müller, Hans-Peter/Sigmund, Steffen (Hg.): Gesellschaftsbilder im Umbruch. Soziologische Perspektiven in Deutschland, Opladen: Leske+Budrich, S. 227-244.

Ortlieb, Renate/Rokitte, Simone (2004): New Economy – neue Geschlechterverhältnisse? In: Pasero, Ursula/Priddat, Birger P. (Hg.): Organisationen und Netzwerke: Der Fall Gender. Wiesbaden: VS Verlag, S. 113-142.

Pappi, Franz U. (1998): Soziale Netzwerke, in: Schäfers, Bernhard/Zapf, Wolfgang (Hg.): Handwörterbuch zur Gesellschaft Deutschlands, Opladen: Leske+Budrich, S. 584-596.

Parkin, Frank (1983): Strategien sozialer Schließung, in: Kreckel, Reinhard (Hg.), Soziale Welt, Sonderband 2. Göttingen, S. 121-136.

Pratt, Andy C. (2002): Hot Jobs in Cool Places Information Communication and Society 5: 1, S. 27-50.

Rehberg, Frank/Stöger, Ursula/Sträter, Detlev (2002): Frauen in der Medienwirtschaft: Chancen und Hemmnisse für Frauenerwerbstätigkeit in einer prosperierenden Zukunftsbranche. München: Reinhard Fischer Verlag.

Simmel, Georg (1903/1983): Soziologie der Konkurrenz. In: Dahme, Heinz/Jürgen/Rammstedt, Otthein (Hg.): Schriften zur Soziologie. Eine Auswahl. Frankfurt/M.: Suhrkamp, S. 173-193.

Stuhr, Mathias (2003): Popökonomie. Eine Reformation zwischen Lifestyle und Gegenkultur. In: Meschnig, Alexander/ders. (Hg.): Arbeit als Lebensstil. Frankfurt, Main: Suhrkamp, S. 162-184.

Strauss, Anselm (1998): Grundlagen qualitativer Sozialforschung. Datenanalyse und Theoriebildung in der empirischen soziologischen Forschung. München: Fink, UTB.

Strauss, Anselm/ Corbin, Juliet (1996): Grundlagen qualitativer Forschung. Weinheim: Beltz Psychologie VerlagsUnion.

Vanselow, Achim (2002): Neue Selbständigkeit in der New Economy – Beobachtungen zur Situation von „E-Lancern" in Deutschland. In: Eichmann, Hubert/Kaupa, Isabel/Steiner, Karin (Hg.): Game Over? Neue Selbstständigkeit und New Economy nach dem Hype. Wien: Falter Verlag, S. 157-184.

Völker, Susanne (2004): Hybride Geschlechterpraktiken. Erwerbsorientierungen und Lebensarrangements von Frauen im ostdeutschen Transformationsprozess. Wiesbaden: VS Verlag.

Voß, G. Günter/Pongratz, Hans (1998): Der Arbeitskraftunternehmer – eine neue Grundform der Ware Arbeitskraft? Kölner Zeitschrift für Soziologie und Sozialpsychologie. Heft 1, Jg. 50, 1998, S. 131 – 158.

Weber, Max (1972): Wirtschaft und Gesellschaft. Grundriss der verstehenden Soziologie. 5. revidierte Ausgabe, besorgt von Johannes Winckelmann. Tübingen.

Wolf, Harald (2004): Institutionalisierung von Herrschaft in neuen Dienstleistungsfeldern – das Beispiel der Internetbranche. Beitrag zur Adhoc-Gruppe „Dienstleistungsarbeit und soziale Ungleichheit – Herausforderungen für die Industriesoziologie" auf dem 32. Kongress der DGS, 10'04, München. Manuskript.

Soziale Netzwerke, Persönlichkeit und Jugendgewalt in der multi-ethnischen Gesellschaft: Wie einflussreich ist die informelle soziale Kontrolle gegenüber der „Kultur der Ehre" und der Selbstkontrolle?

Michael Windzio und Dirk Baier

1 Einleitung

Delinquentes Verhalten von Jugendlichen erfährt in den Massenmedien eine hohe Aufmerksamkeit. In der öffentlichen Debatte wird abweichendes Verhalten Jugendlicher unter anderem mit Problemen der Integration von Zuwanderern in Verbindung gebracht. Mangelnde Sprachkenntnisse auch in der dritten Generation, geringe Chancen auf Erwerb weiterführender Schulabschlüsse sowie eine Orientierung an gewaltfördernden kulturellen Mustern, die zugleich mit einer Distanz gegenüber staatlichen Institutionen in Verbindung stehen, werden als Ursachen für eine erhöhte Gewaltbereitschaft angesehen.

In der wissenschaftlichen Diskussion wird darüber hinaus die Bedeutung von persönlichkeitsbezogenen und soziologischen Risikofaktoren betont. Prominent sind die kontrolltheoretischen Ansätze von Gottfredson und Hirschi (1990) sowie von Sampson und Laub (1993). Während Gottfredson und Hirschi eine Persönlichkeitstheorie der internalen Kontrolle formulierten, der zufolge Personen im Verlauf ihrer Sozialisation Kompetenzen für die Kontrolle ihrer Handlungen erwerben, richtet die externale Kontrolltheorie von Sampson und Laub ihren Fokus auf die informelle soziale Kontrolle. Informelle soziale Kontrolle entsteht, indem Akteure des sozialen Beziehungsnetzwerks Verhaltenserwartungen signalisieren. Werden diese Erwartungen nicht erfüllt, droht ein Verlust der Bindungen und damit häufig ein Verlust von Ressourcen. Je nach Charakter der sozialen Bindungen wirken diese protektiv oder aber gewaltfördernd.

Als wichtige Prädiktoren der Jugendgewalt haben sich zudem kulturelle Faktoren erwiesen. Enzmann, Brettfeld und Wetzels (2004) entwickelten im Anschluss an Nisbett's und Cohen's (1996) Konzept der „Kultur der Ehre" eine Skala zur Erfassung sogenannter „gewaltlegitimierender Männlichkeitsnormen" (GLMN). Durch dieses kulturelle Muster, welches entweder von Immigranten importiert und über Generationen aufrechterhalten oder aber als Reaktion auf eine gescheiterte Integration *reaktiviert* wird, können interethnische Unterschiede in Prävalenz und Inzidenz von Gewalthandlungen aufgeklärt werden. Wenig überraschend ist die Feststellung, dass jede der drei Dimensionen als signifikanter Prädiktor von Jugendgewalt anerkannt ist. Allerdings ist bislang nur wenig über die tatsächliche Relevanz dieser Faktoren im simultanen Vergleich bekannt. Insbesondere im Anschluss an den lebenslaufsoziologischen Ansatz von Sampson und Laub sowie von Thornberry et al. und anderen (2003) wurde überzeugend dargelegt, dass auch die Einbettung von Jugendlichen in soziale Netzwerke der Familie, der Schule und der Gleichaltrigengruppe das Risiko des Gewalthandelns beeinflusst. Während die Selbstkontrolltheorie von über den Lebenslauf stabilen Persönlichkeitsmerkmalen ausgeht, sobald die frühe Sozialisation abgeschlossen ist, beschreibt der lebenslauftheoretische Ansatz Chancen und Risiken der Veränderung in Abhängigkeit von der jeweiligen Form informeller sozialer Kontrolle. Da im Lebenslauf unterschiedliche Institutionen mit jeweils spezifischen Risiko- oder Präventionspotenzialen auf die Akteure einwirken, besteht die Chance, dass mit dem Statusübergang etwa in die Institutionen der Ehe, des Militärdienstes oder des Arbeitsmarktes (Sampson/Laub 1993: 219f) auch die Neigung zu delinquentem Verhalten zurückgeht. Denkbar ist, dass die bei männlichen türkischen Jugendlichen festgestellte starke Orientierung an gewaltlegitimierenden Männlichkeitsnormen (Enzmann/Brettfeld/Wetzels 2004: 279) in Zusammenhang steht mit deren sozialen Bindungen, indem diese Orientierungen in ethnisch homogenen Freundschaftsnetzwerken bestärkt werden.

Unklar ist bislang, wie gut die persönlichkeits- und netzwerkbezogenen Faktoren jeweils für die Vorhersage von Gewaltdelikten geeignet sind. Gerade weil über die Effekte sozialer Bindungen mittlerweile weitgehend Konsens besteht, ist es umso interessanter zu untersuchen, wie stark deren Erklärungsbeitrag im Vergleich zu gewaltlegitimierenden Männlichkeitsnormen und der Selbstkontrolle ist (Burton et al. 1998: 125). In diesem Beitrag wird daher zunächst der Frage nachgegangen, inwieweit sich Jugendliche unterschiedlicher ethnischer Herkunft hinsichtlich der gewaltfördernden Risikofaktoren unterscheiden. Ziel ist es, die Relevanz der sozialen Netzwerke für die Erklärung schwerer Körperverletzungsdelikte von Jugendlichen vergleichend einzuschätzen.

2 Kontrolltheorien und die „Kultur der Ehre"

In Anlehnung an Norbert Elias (1998) Theorie des Zivilisationsprozesses, die man als soziologischen Vorläufer der Selbstkontrolltheorie von Gottfredson und Hirschi (1990) interpretieren kann, lassen sich Unterschiede der individuellen Gewaltbereitschaft durch höhere oder geringere Ausprägungen der Affektkontrolle erklären. Grundlegend ist die anthropologische Annahme, menschliches Zusammenleben verlange bei zunehmender Verdichtung und Interdependenz von Handlungsketten ein gewisses Maß an internalisierter Kontrolle von Affekten, Bedürfnissen und Impulsen. Ohne individuelle Selbstbeschränkungen sind Kultur und Zivilisation nicht möglich. Personen mit geringer Affektkontrolle (Elias) oder Selbstkontrolle (Gottfredsons/Hirschi) sind eher körperlich als mental orientiert, temperamentvoll, unsensibel, risikosuchend und impulsiv. Sie vermeiden die verbale Erklärung ihres Verhaltens sowie längerfristige Planungen (Gottfredson/Hirschi 1990: 90). Ursache einer geringen Selbstkontrolle sind hauptsächlich defizitäre Erziehungspraktiken, wie etwa das unzureichende Erkennen und unangemessene, inkonsistente Sanktionieren kindlichen Verhaltens durch die Eltern (Gottfredson und Hirschi 1990: 99). Signalisieren nahestehende Bezugspersonen hingegen konsistent die Missbilligung bestimmter Verhaltensweisen, erlernt das Kind, auch die längerfristigen Folgen seiner Handlungen zu berücksichtigen. Erratische, inkonsistente und übertrieben harte Sanktionen können hingegen die Bindung an die Bezugspersonen zerstören. Die Sanktion löst dann ein „stigmatisierendes Schamgefühl" (Braithwaite 1989) aus, und das Kind wird zunehmend unempfänglicher für die Verhaltenserwartungen der Eltern. Es läuft Gefahr, abweichendes Verhalten als soziale Rolle zu stabilisieren.

In jüngerer Zeit hat auch Eisner (2001: 619) darauf hingewiesen, dass die Selbstkontrolltheorie Parallelen zu Norbert Elias Konzept der Selbstzwangapparatur aufweist. Elias (1998: 52) ging davon aus, dass im Zuge des Zivilisationsprozesses "the web of actions grows so complex and extensive, the effort required to behave 'correctly' within it becomes so great, that beside the individual's conscious self-control an automatic, blindly functioning apparatus of self-control is firmly established". Gottfredson und Hirschi zeigen dagegen Mechanismen der hauptsächlich familialen Vermittlung von Selbstkontrolle während der frühen Sozialisation auf und erarbeiteten eine Theorie, deren Konzepte sich gut in ein psychometrisches Messinstrument übersetzen ließen. Dieses Instrument wurde von Grasmick et al. (1993: 21) entwickelt, die zeigen konnten, dass geringe Selbstkontrolle die Wahrscheinlichkeit von Betrugs- und Gewaltdelikten erhöht, und dass die Interaktion von mangelnder Selbstkontrolle und Gelegenheitsstruktur die Effekte noch verstärkt. Der Zusammenhang von geringer Selbstkontrolle und Delinquenz wurde außerdem in zahlreichen empirischen Studien belegt (Burton et al. 1998; Gibbs et al. 2003; Ribeaud/Eisner 2006). Elias (1998) machte darauf aufmerksam, dass die jeweilige Ausformung der Selbstzwangapparatur beim Individuum mit jeweils unterschiedlichen kulturellen, sozialstrukturellen und politischen Rahmenbedingungen korrespondiert. Demnach können kulturelle Unterschiede zu unterschiedlichen Niveaus der Affektkontrolle führen. Interessanterweise sind die sozialstrukturellen Voraussetzungen geringer Selbstkontrolle denen der „Kultur der Ehre" in einigen Aspekten ähnlich. Beide Phänomene entstehen in Gesellschaften mit schwachen Institutionen, dürftiger Infrastruktur und fehlender Monopolisierung der Gewalt durch den Staat. Unter derartigen Umweltbedingungen setzen sich Akteure mit besonderen psychischen Voraussetzungen durch, nämlich jene, die ohne Zögern ihre Familie und ihren Besitz verteidigen und sich auch gegen Beleidigungen bzw. Angriffe gegen die Ehre mit Gewalt zur Wehr setzen.

Während Elias (1991: 23) allgemein behauptet, dass „... the general modelling and thus the individual shaping of an individual person depends on the historical evolution of the social standard, on the structure of human relationships", erörterten Nisbett und Cohen (1996: 27) die sozio-geographischen Rahmenbedingungen der „Kultur der Ehre" konkreter. Insbesondere in dünn besiedelten und traditionell durch Viehzucht und durch Viehherden-Ökonomie geprägten Regionen bestand die Notwendigkeit einer steten Verteidigungsbereitschaft. Die Hinnahme von Angriffen gegen die Ehre könnte, so wurde befürchtet, von potenziellen Angreifern als Schwäche aufgefasst werden und darum die Wahrscheinlichkeit künftiger Übergriffe erhöhen. Im Konzept der „Kultur der Ehre" wird die Bedeutung einer Kränkung der Ehre unter der Bedingung einer hohen materiellen Verwundbarkeit betont. Durch eine unmittelbare Reaktion auf die Kränkung soll die Reputation der Stärke wieder hergestellt werden.

Durchaus in Einklang mit der These, sozio-geographische Bedingungen stünden in Zusammenhang mit einer Gewaltkultur, ist der Befund von Pridemore (2003: 52). Er konnte anhand von offiziellen Daten aus Russland zeigen, dass in einigen ländlichen, dünn besiedelten Gebieten die Tötungsrate höher ist als in jenen US-amerikanischen Großstädten mit der höchsten Gewaltbelastung.

Vor dem Hintergrund der Immigration nach Deutschland oder in andere nord- und mitteleuropäische Länder eröffnet sowohl die Selbstkontrolltheorie als auch das Konzept der „Kultur der Ehre" interessante Anknüpfungspunkte. Es ist anzunehmen, dass die „Kultur der Ehre" im Zuge der Immigration aus mediterranen Ländern, in denen historisch Viehherden-Ökonomien verbreitet waren,[1] importiert wird. Auch in den nachfolgenden, bereits im Aufnahmeland geborenen Generationen wird diese Kultur aufrechterhalten, sofern diese Kultur entweder aufgrund von „konservativer Trägheit" intergenerational überliefert, oder aber als Reaktion auf ausbleibende Integration und Statuspassagen aktiv revitalisiert wird (Hoffman/Even 1984). Empirisch wurde gezeigt, dass die „Kultur der Ehre" am stärksten bei Jugendlichen ausgeprägt ist, deren Familien aus der Türkei, dem ehemaligen Jugoslawien und aus Russland stammen (Enzmann/Brettfeld/Wetzels 2003). Korrespondiert die ausbleibende Integration mit mangelndem Bildungserfolg und fehlender Bildungsaspiration, ist zudem zu erwarten, dass in der Folgegeneration die Schulbindung und schließlich auch die Selbstkontrolle vergleichsweise gering ausgeprägt sein werden.

Ausgehend vom Paradigma des Lebenslaufs richtete die jüngere soziologische Forschung ihren Fokus auf soziale Netzwerke, soziale Bindungen (Sampson/Laub 1993) und Banden krimineller Jugendlicher (Thornberry/Krohn et al. 2003). Es wurde argumentiert, dass Jugendliche einem normativen Druck durch Personen ausgesetzt sind, zu denen enge soziale Bindungen bestehen. Entweder wirken diese Bindungen protektiv, sofern sie „positive" informelle soziale Kontrolle bereithalten. Oder sie stellen Risikofaktoren dar, indem beispielsweise innerhalb subkultureller Vergemeinschaftungen soziale Anerkennung durch delinquentes Verhalten erworben wird. Im Gegensatz zur Selbstkontrolltheorie wird Kontrolle stärker external, also als außerhalb der Persönlichkeit liegend, aufgefasst. Jedoch ist auch die Aneignung von Selbstkontrolle (internal) abhängig von Merkmalen des sozialen Netzwerkes, in dass ein Kind eingebettet ist (Sampson/Laub 1993: 68). Dabei werden soziale Bindungen insbesondere zu den Eltern als Ressource angesehen. Ein Mindestmaß an elterlicher erzieherischer Kompetenz in Form effektiver Überwachung („Supervision") sowie konsistenter Belohnung und Bestrafung ist Voraussetzungen für den Erwerb von Selbstkontrolle (Gottfredson/Hirschi 1990: 99), die im späteren Lebenslauf eine erfolgreichere Lebensführung ermöglicht. In einer neueren Studie zeigten Thorlindsson und Bernburg (2004: 279) für 14 bis 16 Jahre alte Schüler, dass starke soziale Bindungen an die Eltern zum einen die Prävalenz selbstberichteter Delikte reduziert und zum anderen dem delinquenzfördernden Effekt devianter Gleichaltrigengruppen entgegenwirkt.

Die Kontrolltheorie ist für die Analyse des Zusammenhangs von Immigration und Jugendgewalt durchaus relevant, und zwar sowohl in der internalen als auch in der externalen Formulierung. Wenn die Eigenschaften

---

[1] Nisbett und Cohen (1996: 6) führen unter anderem an: die mediterrane Kulturen Korsikas und Sardiniens sowie die Algerischen Kabylen. Dabei handelt es sich häufig um Hochlandregionen mit vergleichsweise ungünstigen Voraussetzungen für intensive Landwirtschaft, weshalb dort Viehherdenwirtschaft zum Teil auch heute noch verbreitet ist.

sozialer Bindungen bei Jugendlichen mit Migrationshintergrund deutlich ungünstiger sind als bei einheimischen Deutschen, könnten dadurch mögliche inter-ethnische Unterschiede in der Gewaltbelastung erklärt werden. Dies gilt für die informelle soziale Kontrolle ebenso wie für die internale Selbstkontrolle, da letztere ja stark durch den Erziehungsstil der Eltern geprägt ist. Es gibt zudem Hinweise darauf, dass viele türkischstämmige Jugendliche in ethnisch segregierten Gemeinschaften leben (Haug 2003, Kecskes 2003), was die Frage aufwirft, ob der durch die sozialen Netzwerke auf die Jugendlichen ausgeübte normative Druck sich von dem der einheimischen deutschen Jugendlichen unterscheidet.

Den bisherigen Überlegungen zufolge müssten mangelnde Selbstkontrolle und „Kultur der Ehre" positiv korreliert sein. Hinzu kommt, dass beide Merkmale durch defizitäre elterliche Erziehungspraktiken auf die Kinder übertragen werden, d.h. sehr ähnliche Ursachen haben. Geringe Selbstkontrolle ist auch eine Folge mangelnder Selbstkontrolle der Eltern, weil diese häufig einen erratischen, gewalttätigen und inkonsistenten Erziehungsstil praktizieren. Physische Gewalt, die Eltern gegen ihre Kinder verüben, scheint zudem ein Mechanismus zu sein, durch den die „Kultur der Ehre" über Generationen hinweg aufrechterhalten wird. Furcht vor der elterlichen Autorität und die frühe Erfahrung, dass man auf Fehlverhalten mit physischer Gewalt reagiert, wird vom Kind verinnerlicht. In ihrer Studie berichten Nisbett und Cohen (1996: 34), dass die Hälfte der Befragten ländlicher Regionen des Südens der USA, in denen die „Kultur der Ehre" verbreitet ist, der Aussage zustimmte, eine „gute, harte Tracht Prügel" sei manchmal nötig, um ein Kind zu disziplinieren. Knapp 70% würden ihr Kind verprügeln, wenn es im lokalen Lebensmittelgeschäft Ladendiebstahl begeht. Sowohl mangelnde Selbstkontrolle als auch die „Kultur der Ehre" stehen daher mit der erlebten Elterngewalt in Beziehung.

Interessant ist der Befund, dass elterliche Gewalterfahrung zwischen den ethnischen Gruppen variiert, und dass sich die ethnischen Gruppen zugleich hinsichtlich der Prävalenz eigener Gewalttäterschaft unterscheiden. Auf Basis von Daten einer großen bundesweiten Befragung von Schülern der 9. Jahrgangsstufe, die das KfN im Frühjahr 2005 durchführte (siehe folgenden Abschnitt), zeigt Abbildung 1, dass 6.9% der einheimischen deutschen Jugendlichen in der Kindheit misshandelt wurden, während dieser Anteil bei den russischen Jugendlichen 11.2% beträgt und bei den türkischen Jugendlichen mit 17% mehr als doppelt so hoch ist, wie bei den deutschen.[2] Abbildung 2 zeigt den Einfluss erlebter Elterngewalt auf das eigene Gewalthandeln der Jugendlichen

---

[2] Zur Bildung der Variablen „ethnische Herkunft" und selbstberichtete „schwere Körperverletzung" vgl. Baier et al. (2006).

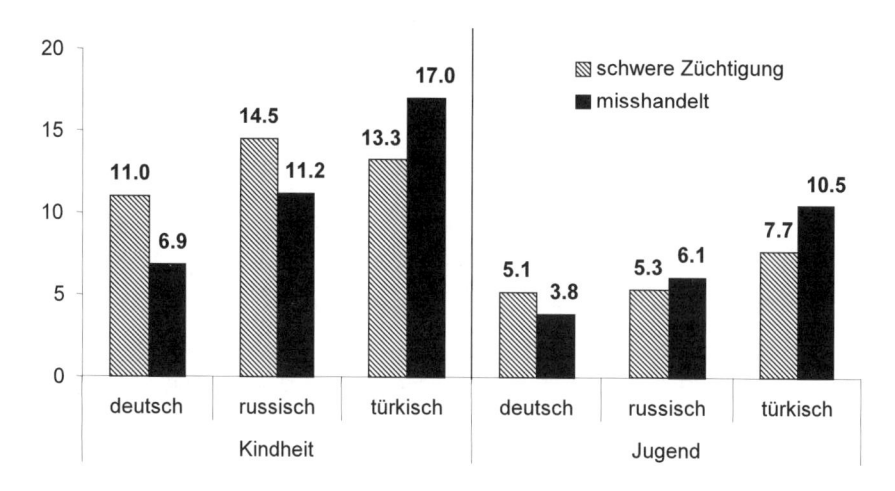

Soziale Netzwerke, Persönlichkeit und Jugendgewalt

Abbildung 1: Erlebte elterliche Gewalt in Kindheit und Jugend nach ethnischer Herkunft, N=14301, in Prozent

[Balkendiagramm mit folgenden Werten:

Kindheit:
- deutsch: schwere Züchtigung 11.0, misshandelt 6.9
- russisch: schwere Züchtigung 14.5, misshandelt 11.2
- türkisch: schwere Züchtigung 17.0, misshandelt 13.3

Jugend:
- deutsch: schwere Züchtigung 5.1, misshandelt 3.8
- russisch: schwere Züchtigung 5.3, misshandelt 6.1
- türkisch: schwere Züchtigung 7.7, misshandelt 10.5]

Quelle: KfN Schülerbefragung 2005

Bemerkenswert ist der Anstieg des Anteils der Intensivtäter über die Kategorien „schwere Züchtigung" (5.4%) und „misshandelt" (11.7%).[3] Die Unterschiede in der erlebten Elterngewalt hängen wohl nicht zuletzt mit der sozialen Lage der ethnischen Gruppen zusammen, da die Anteile der von Arbeitslosigkeit oder Sozialhilfe betroffenen Familien bei türkischen Schülern 19.9% und bei russischen Schülern 24.4% betragen (vgl. Tabelle 2, folgenden Abschnitt). Zudem beträgt der Anteil an Schülern, deren Eltern höchstens Hauptschulabschluss haben, bei den türkischen Schülern 67.4%, bei den deutschen dagegen nur 15.1%. Interessant ist in diesem Zusammenhang, dass eine deutliche Beziehung zwischen erlebter Eltergewalt und eigenem Gewalthandeln bereits bei Schülerinnen und Schülern der 4. Jahrgangsstufe festzustellen ist, wie Baier und Windzio (2006: 74) jüngst zeigen.

---

[3] Die Kategorien der erlebten Elterngewalt in Kindheit und Jugend aus Abbildung 1 und 2 sind aus den Conflict Tactic Scales abgeleitet (vgl. dazu Tabelle A1, Anhang und Wetzels/Enzmann et al. 2001: 230).

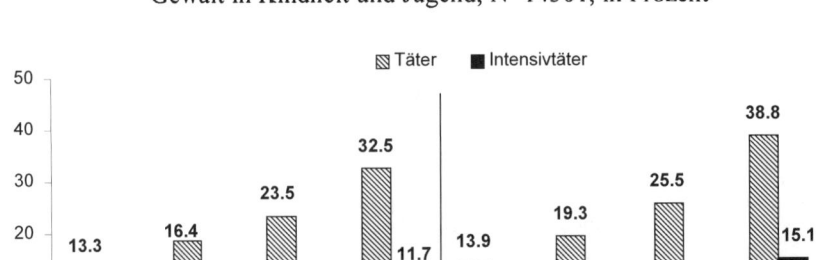

Abbildung 2: Prävalenz schwerer Körperverletzung nach erlebter elterlicher Gewalt in Kindheit und Jugend, N=14301, in Prozent

	Kindheit				Jugend			
	nie	leichte Züchtigung	schwere Züchtigung	misshandelt	nie	leichte Züchtigung	schwere Züchtigung	misshandelt
Täter	13.3	16.4	23.5	32.5	13.9	19.3	25.5	38.8
Intensivtäter	2.6	2.9	5.4	11.7	2.7	4.0	7.2	15.1

Täter: mindestens ein schweres Gewaltdelikt im letzten Jahr
Intensivtäter: 5 oder mehr schwere Gewaltdelikte im letzten Jahr
Quelle: KfN Schülerbefragung 2005

Zwischen den ethnischen Gruppen dürften außerdem Unterschiede in der Qualität der sozialen Bindungen bestehen. Aus dem Netzwerk dieser Bindungen ziehen Jugendliche einerseits soziales Kapital (Coleman 1988), unterliegen andererseits aber sozialem Konformitätsdruck, der sowohl protektiv als auch delinquenzfördernd sein kann. Ein sehr prominentes Beispiel für delinquenzfördernde soziale Netzwerke sind die Ehrenmorde, bei denen der normative Druck aus dem Netzwerk so stark wirkt, dass selbst gegen engste Familienangehörige vorgegangen wird.

In einer neueren Längsschnittstudie über den Einfluss von Bandenmitgliedschaft auf delinquentes Handeln wurde herausgearbeitet, dass Mitgliedschaft in einer Jugendbande das eigene Gewalthandeln stark fördert. Für die These, Bandenmitgliedschaft resultiere aus Selbst- oder Fremdselektion, indem man also entweder sehr gewaltgeneigt ist und sich darum einer Bande anschließt oder indem man sich erst durch Gewalttaten für eine Bandenmitgliedschaft qualifiziert, fanden sich hingegen keine Belege (Thornberry et al. 2003: 107).

Vielmehr stellen Banden und Cliquen „emergente" Kontexte sozialer Bindungen dar, in denen die gegenseitige Sozialisation der involvierten Akteure Verlaufspfade einschlagen kann, die von den einzelnen so nicht intendiert waren. Wenn Jugendliche aus Immigrantenfamilien bevorzugt soziale Bindungen zu Peers ihrer Herkunftsgruppe eingehen (Haug 2003; Kecskes 2003), in diesen Gruppen jedoch die Orientierung an gewaltlegitimierenden Männlichkeitsnormen vorherrscht und auch andere Risikofaktoren stärker ausgeprägt sind, sind die sozialen Bindungen weniger protektiv als die der einheimischen Deutschen. Dementsprechend wären Effekte der ethnischen Herkunft auf das Gewalthandeln auch mit Eigenarten der jeweiligen sozialen Netzwerke korreliert.

Bei der statistischen Analyse von Determinanten schwerer Gewaltdelikte ist zu berücksichtigen, dass zwei latente Gruppen vorliegen, die durch eine „strukturelle Barriere" voneinander getrennt sind: Der großen Mehrheit der Jugendlichen kommt nicht einmal auf die Idee, ein schweres Körperverletzungsdelikt zu begehen. Hingegen ist die Wahrscheinlichkeit von Mehrfachtäterschaft erhöht, wenn Jugendliche nicht durch die „strukturelle Barriere" davor geschützt ist, eine schwere Gewalttat zu begehen. Tatsächlich existiert ein großer Anteil an Jugendlichen, die noch niemals ein gefährliches Körperverletzungsdelikt begangen haben. Technisch ausgedrückt ist die Verteilung der Anzahl der Delikte in der Population „zero-inflated", d.h. eine Anzahl von Null tritt inflationär auf.

Wie Abbildungen 3 und 4 zeigen, deutet die extrem schiefe Verteilung der Anzahl der Delikte zwei unterschiedliche Prozesse an. Der erste Prozess bestimmt, mit welcher Wahrscheinlichkeit ein Jugendlicher der Gruppe der Nichttäter zuzurechnen ist, in der also keine Delikte auftreten. Im Gegensatz dazu beeinflusst der zweite Prozess die Anzahl der im letzten Jahr begangenen Delikte innerhalb der Tätergruppe. Beide Prozesse können durch unterschiedliche Merkmale bedingt sein. Ein statistisches Modell, welches beide Prozesse adäquat abbildet, wird in weiter unten beschrieben.

Anhand von Daten der im Frühjahr 2005 durchgeführten KfN Schülerbefragung (Baier et al. 2006) wird nachfolgend gezeigt, inwieweit sich die ethnischen Gruppen hinsichtlich der Risikofaktoren, die auf die Neigung zu schweren Gewaltdelikten einwirken könnten, unterscheiden. Sodann wird untersucht, durch welche Faktoren Prävalenz und Inzidenz schwerer Körperverletzungsdelikte tatsächlich erklärt werden können. Die empirischen Befunde zeigen unter anderem Folgendes: Ist weder das soziale Netzwerk noch die Selbstkontrolle im Modell berücksichtigt, haben die gewaltlegitimierenden Männlichkeitsnormen (GLMN) einen starken Einfluss auf das Gewalthandeln. Erweitert man das Modell jedoch um diese Faktoren, ergibt sich ein deutlich stärkerer Einfluss der Selbstkontrolle. Auch wenn die Kausalität dieser Bezie-

Abbildung 3: Anzahl der im vorangegangenen Jahr begangenen gefährlichen Körperverletzungsdelikte, Jungen in %

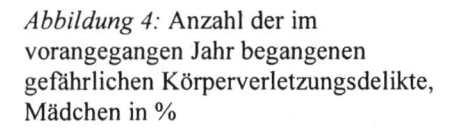

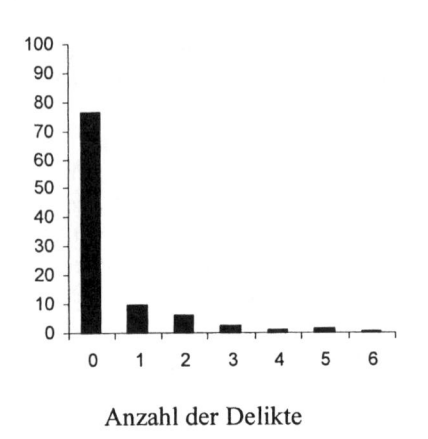

Abbildung 4: Anzahl der im vorangegangenen Jahr begangenen gefährlichen Körperverletzungsdelikte, Mädchen in %

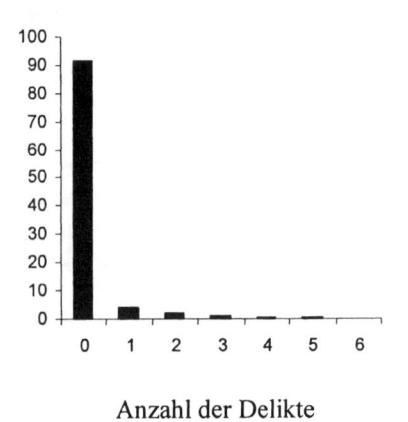

Anzahl der Delikte

Anzahl der Delikte

Quelle: KfN Schülerbefragung 2005

hung sich nicht allein aus den Querschnittsdaten der Schülerbefragung ergibt, sondern durch theoretische Überlegungen und empirische Befunde bisheriger Forschung begründet werden muss, deutet sich an, dass diese Normen in hohem Maße mit der Einbettung in soziale Netzwerke der Gleichaltrigengruppe korrespondieren. Derartige Netzwerke sind hauptsächlich bei Jugendlichen türkischer und arabischer/ afrikanischer Herkunft verbreitet.

3 Daten und Methoden

3.1 Die KfN Schülerbefragung 2005

Im Frühjahr 2005 führte das Kriminologische Forschungsinstitut Niedersachsen (KfN) in Zusammenarbeit mit mehreren Städten und Gemeinden Schülerbefragungen durch. Für die Datenerhebung wurde die Population im ersten Schritt nach Schultyp stratifiziert. Anschließend wurde innerhalb einer Schicht eine Zufallsstichprobe von Schulklassen gezogen. Inhaltliche Schwerpunkte der Befragungen waren unter anderem Medienkonsum, Viktimisierung, selbstberichtete Delinquenz, elterliches Erziehungsverhalten sowie Einstellungen zu Schulabsentismus und zur Schule im Allgemeinen. Befragt wurden alle regulär beschulten Jungen und Mädchen der 9. Jahrgangsstufe in neun Städten und zwei Landkreisen.[4]

Tabelle 1 zeigt Fallzahlen und grundlegende Verteilungen dieser Stichprobe, während in Tabelle 2 die Anteile der ethnischen Gruppen über die Befragungsorte sowie über die beiden Kategorien sozialer Benachteiligung (Geringe Bildung der Eltern und Arbeitslosigkeit/ Sozialhilfebezug der Eltern) dargestellt sind.

Grundsätzlich sollte bei Analysen selbstberichteter Delinquenz beachtet werden, dass Effekte der sozialen Erwünschtheit oder des Misstrauens gegenüber dem Interviewer das Antwortverhalten beeinflussen können. Allerdings ist der Charakter der Verzerrung ambivalent, da sowohl falsch negative als auch falsch positive Antworten auftreten. Letztere entstehen, wenn die Befragten die Interviewsituation nicht ernst nehmen. In einer jüngeren Untersuchung zur Reliabilität der Angaben über selbstberichtete Delinquenz wurde festgestellt, dass bei Befragungen im Klassenkontext, bei denen Schülerinnen und Schüler die Fragebögen selbst ausfüllen, ehrlichere Angaben gemacht werden, als in persönlichen Interviews, die in der Wohnung der Befragten durchgeführt werden (Köllisch/Oberwittler 2004: 719). In vielen Fällen konnten im Nachhinein auch inkorrekt und inkonsistent ausgefüllte Fragebögen identifiziert werden.

Angaben zur eigenen Delinquenz wurden für unterschiedliche Delikte erbeten. Die Frage nach selbst begangenen schweren Körperverletzungsdelikten lautete folgendermaßen:

> „Fast alle Menschen haben als Jugendliche schon einmal unerlaubte Dinge getan, z.B. geklaut oder absichtlich fremdes Eigentum kaputt gemacht. Einige haben auch schon mal absichtlich jemanden verprügelt oder verletzt. (Damit meinen wir aber nicht solche Situationen, bei denen Jugendliche aus Spaß miteinander kämpfen.) Wie ist das bei Dir?"

---

[4] Je nach Sampling Point wurden entweder Zufallsstichproben von Schulklassen gezogen oder Vollerhebungen durchgeführt. Die Befragungsorte waren: die Städte Dortmund, Kassel, München, Oldenburg sowie Stuttgart, die Kleinstädte Schwäbisch-Gmünd und Lehrte sowie die Landkreise Peine und Soltau-Fallingbostel. Folglich ist das Sample einerseits keine Zufallsstichprobe der gesamten Schülerschaft der 9. Jahrgangsstufe im Bundesgebiet. Andererseits deckt es aber ein breites Spektrum an unterschiedlichen Regionen und sozio-ökonomischen Kontexten ab (vgl. Tabelle 1). In Ostdeutschland wurde im Land Thüringen eine Zufallsstichprobe von Klassen der 9. Jahrgangsstufe gezogen. Weil dort einerseits die Anteile von Jugendlichen mit Migrationshintergrund sehr gering sind und zudem das Ziehungsverfahren ein anderes war als in Westdeutschland, wurden die Schülerinnen und Schüler Thüringens aus der Analyse ausgeschlossen.

Tabelle 1: Beschreibung des Samples, 9. Jahrgangstufe, nach Erhebungsregion

	N	Anteil in Privatschule	Anteil Jungen	Mittleres Alter (Jahre)	Anteil Migrationshintergrund	Anteil arbeitslos oder Sozialhilfe
Dortmund	2352	2.8 %	48.3 %	15.13	29.5 %	15.2%
Kassel (VE)	1659	10.4 %	50.0 %	15.14	32.4 %	14.0%
München	2846	10.5 %	49.8 %	15.25	30.4 %	7.4%
Oldenburg (VE)	1364	7.0 %	48.8 %	14.99	13.8 %	11.4%
LK Peine (VE)	1164	--	49.3 %	15.07	13.9 %	11.6%
Schwäbisch-Gmünd (VE)	740	5.8 %	50.5 %	14.99	29.6 %	7.2%
LK Soltau-Fallingbostel (VE)	1510	1.7 %	48.4 %	15.06	13.3 %	10.1%
Stuttgart	2231	14.9 %	52.8 %	15.08	36.6 %	8.8%
Lehrte (VE)	435	--	51.3 %	15.07	20.2 %	11.7%
insgesamt	14301	7.3 %	49.8 %	15.11	26.4 %	10.8%
Cramer's V / F (df=8)		0.193 ***	0.029 n.s.	20.7 ***	0.194 ***	0.091* **

** $p < .01$, *** $p < .001$; LK = Landkreis, VE = Vollerhebung
Quelle: KfN Schülerbefragung 2005

„Hast Du schon mal ... ... einen anderen Menschen verprügelt und dabei verletzt?" (Nein/Ja). „Wenn Du „ja" angekreuzt hast: Wie oft hast Du das in den letzten 12 Monaten getan?" ____ mal.

Tabelle A1 im Anhang zeigt Items, die das elterliche Erziehungsverhalten messen, dem das Kind vor dem Alter von 12 Jahren ausgesetzt war. Bildet man aus diesen Items eine Mittelwertskala, erhält man allerdings eine sehr linksschiefe Verteilung, da die große Mehrheit der Jugendlichen in der Kindheit keine Gewalt erlebt hat. Darum wurde eine Dummyvariable gebildet mit dem Wert 1, wenn die Schülerin oder der Schüler niemals Gewalt durch die Eltern erlebt hat.

Außerdem sind in Tabelle A2 im Anhang acht Items der Skala „gewaltlegitimierende Männlichkeitsnormen" (GLMN) aufgeführt. Diese Skala wurde von Brettfeld, Enzmann und Wetzels (2003) entwickelt und liefert

Tabelle 2: Ethnische Herkunft nach Erhebungsregion und Deprivation (N=14285, Prozentangaben)

	Deutsch [1])	Russisch	Osteuropa	Türkei	Jugosl./ Alban.	Südeuropa	Arab./ Nordafr.	Andere
Dortmund	70.5	4.7	5.6	11.2	2.3	1.4	2.8	1.6
Kassel (VE)	67.7	7.9	5.9	9.3	2.1	1.3	4.3	1.6
München	69.7	2.3	4.3	10.2	6.3	2.3	2.6	2.3
Oldenburg (VE)	86.2	5.1	2.0	3.4	0.1	0.1	1.5	1.5
LK Peine (VE)	86.2	3.8	2.5	4.8	1.2	0.2	0.9	0.4
Schwäbisch-Gmünd (VE)	70.4	9.2	4.6	8.8	2.2	2.3	1.8	0.8
LK Soltau-Fallingbostel (VE)	86.8	6.5	1.9	3.2	0.5	0.1	0.4	0.5
Stuttgart	63.5	3.8	3.6	12.7	6.4	5.6	1.9	2.4
Lehrte (VE)	79.8	5.7	2.3	8.3	0.5	1.1	1.1	1.1
insgesamt	73.7	4.9	3.9	8.7	3.2	1.9	2.2	1.6
Geringe Bildung Eltern [2])	15.1	8.4	7.8	67.4	32.1	54.5	31.0	18.4
arbeitslos oder Sozialhilfe	8.1	24.4	9.1	19.9	14.1	11.5	28.0	17.2

1) enthält auch Befragte, bei denen nur ein Elternteil deutsch ist, 2) maximal Hauptschule
Quelle: KfN Schülerbefragung 2005

Indikatoren für das zugrundeliegende Konzept der „Kultur der Ehre". Um die Interpretation der Effekte zu erleichtern, wurde die Skala so transformiert, dass sie zwischen 0 und 100% des maximalen empirischen Wertes variiert. Dieselbe Transformation wurde für die Indikatoren der Selbstkontrolle (Grasmick et al. 1993: 8) durchgeführt. In der folgenden Analyse basiert die Messung der Selbstkontrolle auf fünf Items der Subdimension „Temperament" und auf vier Items der Subdimension „Risikosuche" (vgl. Tabellen A3 und A4, Anhang).

Wie im theoretischen Abschnitt diskutiert, unterscheiden sich die Jugendlichen auch hinsichtlich der sozialen Bindungen zu Personen, die von ihnen Konformität mit legalen Normen und allgemein akzeptierten Verhaltensstandards verlangen. Tabelle A5 im Anhang zeigt eine Fallvignette zur Messung des normativen Drucks, den Bezugspersonen im sozialen Netzwerk auf die Jugendlichen ausüben. Unterschieden wurde dabei zwischen Erwachsenen und Gleichaltrigengruppe. Normativer Druck der Gleichaltrigengruppe wurde gemessen als Ausmaß der Missbilligung des in der Vignette geschilderten Vorfalls durch die Freundin/ den Freund, die Clique/ die Freunde, den besten Freund/ die beste Freundin sowie die Mitschüler. Normativer Druck durch Erwachsene wurde gemessen als Ausmaß der Missbilligung durch die Mutter, den Vater und die Lehrer. Für beide Teilnetzwerke wurden jeweils Mittelwertskalen gebildet und ebenfalls in den Prozentwert des maximalen empirischen Wertes der Skala transformiert. Die Verteilung der Skala „normativer Druck durch Erwachsene" ist allerdings rechtsschief, da immerhin 43,8% der Befragten den maximalen Wert angeben. Andererseits zeigen die Werte unterhalb des Maximums hinreichend Varianz, so dass eine Umkodierung in diskrete Kategorien nicht erforderlich war.

Schließlich wurde eine Dummyvariable gebildet mit dem Wert 1 für Befragte mit gewalttätigen Freunden und dem Wert 0, wenn dies nicht der Fall war. Die deskriptiven Statistiken zeigt Tabelle A6 in Anhang.

3.2 Täter und Nichttäter: Das "zero-inflated" Zähldatenmodell

Um Daten mit extremen Verteilungen wie die in den Abbildungen 3 und 4 gezeigten Inzidenzen schwerer Gewaltdelikte auswerten zu können, werden zero-inflated Poisson- und zero-inflated negative Binomialregressionen verwendet (Bushway et al. 2003: 138). In diesen Modellen wird die gesamte Wahrscheinlichkeit k Delikte zu begehen berechnet aus der gemischten Wahrscheinlichkeit der Zugehörigkeit zur latenten Gruppe A der Nichttäter und der Wahrscheinlichkeit von k Delikten unter Bedingung, der latenten Gruppe der Täter A' anzugehören (Greene 2000: 890; Long 1998: 243ff; Chin/Quddus 2003). Diese Unterstellung zweier unterschiedlicher „Regime" (Greene 2000: 890), die das Auftreten der Ereignisse steuern, spiegelt sehr genau die Überlegungen zur „strukturellen Barriere" wider: Die Mehrheit der Schülerinnen und Schüler begeht niemals ein schweres Körperverletzungsdelikt, weil beispielsweise protektiv wirkende Eigenschaften der sozialen Herkunft sie davor bewahren. Ist aber die Schwelle in den Täterstatus einmal überschritten und wurde dieses Delikt bereits begangen, wird die Inzidenzrate der Delikte möglicherweise durch einen anderen Prozess gesteuert, als der Übergang in den Täterstatus.

Nehmen wir an, eine Gruppe A besteht aus Personen, die niemals schwere Körperverletzungsdelikte begehen, und Gruppe A' besteht aus Personen, die bereits zu den Tätern gehören. Im ersten Schritt schätzt ein logistisches Regressionsmodell Effekte auf die Wahrscheinlichkeit der Zugehörigkeit zur latenten Gruppe A der Nichttäter (1).

$$\pi = \frac{\exp(BZ')}{1+\exp(BZ')} \qquad (1)$$

Dabei ist π die vorhergesagte Wahrscheinlichkeit, BZ' ist ein Vektor der Regressionsgewichte B und ein Zeilenvektor der erklärenden Variablen Z'. Weil auch bei einer Person in der latenten Gruppe der Täter im letzten Jahr Null Delikte auftreten können, berechnet sich die gesamte Wahrscheinlichkeit von Null Delikten aus

$$Pr(y_i = 0 \mid x_i, z_i) = \pi_i + \{ (1 - \pi_i) \times Pr(y_i = 0 \mid x_i, A_i = 0) \} \qquad (2)$$

Im zweiten Schritt können unter der oben getroffenen Annahme, dass in Gruppe A die Wahrscheinlichkeit einer positiven Anzahl von Ereignissen Null beträgt, von Null abweichende Resultate unter der Bedingung geschätzt werden, dass $A_i = 0$:

$$Pr(y_i = k \mid x_i, z_i) = (\pi_i \times 0) + \{ (1 - \pi_i) \times Pr(y_i = k \mid x_i, A_i = 0) \} \qquad (3)$$

$$= (1 - \pi_i) \times Pr(y_i = k \mid x_i, A_i = 0)$$

Gleichung (3) zeigt die Wahrscheinlichkeit von k Ereignissen, die berechnet wird aus der Anzahl der Delikte in der latenten Tätergruppe gewichtet mit der Wahrscheinlichkeit π, der Tätergruppe *nicht* anzugehören.

Der annähernd normalverteilte Vuong-Test (Greene 2000: 891; Long 1998: 248) liefert ein formales Verfahren, mit dem die Anpassung der zero-inflated negativen Binomialregression überprüft werden kann. Überdispersion, die eine Schätzung auf Basis der Poissonverteilung verbietet, erzeugt immer einen Exzess an Nullen (Greene 2000: 890) und in vielen Anwendungen wird ein moderater Exzess an Nullen durch die negative Binomialverteilung gut abgebildet (Osgood 2000: 36). Wendet man die zero-inflated negative Binomialregression in dieser Situation an, unterliegt man dem Risiko einer Fehlinterpretation der Nullen als Folge zweier latenter Klassen, während faktisch nur unbeobachtete Heterogenität vorliegt. Der Vuong-Test vergleicht die zero-inflated Version mit der Standardversion des jeweiligen Zähldatenmodells. Es wird demnach geprüft, ob noch ein Exzess an Nullen vorliegt, nachdem die Überdispersion durch die negative Binomialverteilung berücksichtigt ist (Greene 2000: 891).[5]

---

[5] Bisher sind zero-inflated Zähldatenmodelle mit zufälligen Effekten, wie von Hall (2000) vorgeschlagen, die eine korrekte Schätzung der Standardfehler auch bei Clusterung der Schüler in

4 Ergebnisse

Im ersten Schritt der Analyse werden die zentralen Prädiktoren schwerer Gewaltdelikte als abhängige Variablen betrachtet, um mögliche Entstehungsbedingungen von Risikofaktoren aufzuzeigen. Dabei handelt es sich auf der Persönlichkeitsebene um die beiden Dimensionen der Selbstkontrolle, nämlich „Temperament" und „Risikosuche", sowie um die Zustimmung zu gewaltlegitimierenden Männlichkeitsnormen (GLMN). Auf der Ebene der sozialen Netzwerke handelt es sich um normativen Druck der Gleichaltrigengruppe, den normativen Druck der Erwachsenen sowie um eine Dummyvariable, die indiziert, ob die Jugendlichen im Freundeskreis Gewalttäter haben oder nicht (vgl. Tabelle A7). Mit Ausnahme der dichotomen Variablen der „gewalttätigen Freunde" können die Regressionskoeffizienten in Tabelle 3 als Unterschiede in Prozentpunkten interpretiert werden, da die Skalen auf einen Range von 0 bis 100% transformiert wurden. Effekte auf das Risiko des Umgangs mit gewalttätigen Freunden sind dagegen als Veränderungen der Odds zu interpretieren.

Zu sehen ist in Tabelle 3, dass Mädchen gegenüber Jungen einen um 12.6 Prozentpunkte geringeren Wert auf der GLMN Skala aufweisen. Außerdem ist die Zustimmung zu GLMN sowohl vom Erziehungsverhalten der Eltern als auch vom Niveau der Schule abhängig. Jene, die niemals Elterngewalt erlebt haben, weisen gegenüber allen anderen eine um 3.4 Prozentpunkte geringere Zustimmung auf. Noch stärker sind die Nettoeffekte der ethnischen Herkunft auf die Zustimmung zu den GLMN. Im Vergleich zu den einheimischen Deutschen erreichen Befragte türkischer Herkunft einen 12.8 Prozentpunkte höheren Wert auf der Skala. Sehr ähnlich verhält es sich mit Befragten arabischer oder afrikanischer Herkunft, die eine um 10.9 Prozentpunkte höhere Zustimmung aufweisen. Bei den russischen Befragten ist der Wert gegenüber einheimischen Deutschen immerhin um 8.4 Punkte erhöht.

Dagegen variiert die Selbstkontrolldimension „Temperament" nur geringfügig zwischen den ethnischen Gruppen. Anderseits finden wir wiederum nennenswerte Unterschiede hinsichtlich der Dimension der „Risikosuche". Während russische Jugendliche einen 2.6 Prozentpunkte höheren Wert der Risikosuche aufweisen als einheimische Deutsche, ist dieser Wert bei Jugendlichen türkischer und insbesondere arabischer/afrikanischer Herkunft um 2.4 bzw. um 5.9 Prozentpunkte reduziert.

Zudem finden wir Effekte des Schultyps auf die Selbstkontrolle sowie auf die Zustimmung zu den GLMN, die relativ zur Referenzgruppe der

---

Klassen liefern, in STATA nicht implementiert. In den geschätzten Modellen wurden die Signifikanzen daher auf Basis der robusten Standardfehler von Huber-White angegeben (vgl. Snijders/Bosker 1999: 251).

Gymnasiasten zu interpretieren sind: Befragte in Hauptschulen weisen die höchsten Werte beim Temperament auf, gefolgt von Befragten der IGS, während nur bei letzteren erhöhte Werte der Risikosuche zu finden sind. GLMN sind in den Hauptschulen am höchsten, während Befragte in Waldorfschulen gegenüber den Gymnasiasten eine um 2.7 Prozentpunkte geringere Zustimmung aufweisen.

Hinsichtlich des normativen Drucks, den die Gleichaltrigengruppe auf die Jugendlichen ausübt, sind mit Ausnahme der Waldorfschule in allen Schulen geringere Werte als im Gymnasium festzustellen. Außerdem finden wir bei Befragten in Hauptschulen das höchste Risiko, gewalttätige Freunde zu haben. Gegenüber den Gymnasiasten ist dieses Risiko um das 1.6fache erhöht. Mit Ausnahme von Waldorf- und Realschule nehmen zudem Befragte aller anderen Schultypen einen geringeren normativen Druck durch Erwachsene wahr.

Nicht überraschend sind überdies die Einflüsse der familiären Situation auf die in Tabelle 3 dargestellten abhängigen Variablen. So reduziert das elterliche Monitoring (vgl. Tabelle A7, Anhang) sowohl die Zustimmung zu den GLMN, als auch die Werte der beiden Selbstkontrolldimensionen „Temperament" und „Risikosuche", während es den wahrgenommen normativen Druck durch Eltern und Gleichaltrigengruppe erhöht. Außerdem ist bei jenen, die mit beiden leiblichen Elternteilen zusammenleben, die Zustimmung zu GLMN leicht erhöht. Kinder und Jugendliche leben im Trennungs- oder Scheidungsfall häufig allein mit der Mutter, so dass dieser Befund möglicherweise aus der weiblich dominierten Erziehung resultiert, in deren Folge Items wie „Einem Mann als Familienvater müssen Frau und Kinder gehorchen" oder „Als Vater ist ein Mann das Oberhaupt der Familie und darf sich notfalls auch mit Gewalt durchsetzen" weniger Zustimmung erhalten. Möglicherweise ist aber auch in jenen Familien, die ihren Kindern die „Kultur der Ehre" stärker vermitteln, die Trennungs- und Scheidungsrate reduziert.[6] Schließlich reduziert ein höherer normativer Druck durch Gleichaltrige auch das Risiko, gewalttätige Freunde zu haben.

Bei allen Immigrantengruppen ist das Risiko des Umgangs mit gewalttätigen Freunden erhöht. Im Vergleich mit einheimischen deutschen Jugendlichen ist dieses Risiko bei den türkischen Befragten 1.6 mal höher. Daraus folgt, dass die sozialen Bindungen der Jugendlichen mit Migrationshintergrund deutlich problematischer sind, dass sich diese Jugendlichen also häufiger in einem gewalttätigem Umfeld bewegen, als deutsche Jugendliche.

---

[6] Eine Vailidierung der Faktorstruktur der GLMN für unterschiedliche ethnische Gruppen findet man in Baier et al. (2006).

Tabelle 3: OLS und Logistische Regression von „Kultur der Ehre", Selbstkontrolle und sozialen Bindungen, unstandardisierte Koeffizienten

Erklärende Variable:	GLMNa)	Selbstkontrolle: "Temperament"	Selbstkontrolle: "Risikosuche"	Normativer Druck Gleichaltrige	Normativer Druck Erwachsene	OR: gewalttätige Freunde
Mädchen (1=ja)	-12.637**	0.969*	-10.326**	9.908**	6.555**	1.038
Alter (Jahre)	0.471*	0.194	0.465	0.617*	-0.229	1.165**
Bildung Eltern: unbekannt	2.159**	-0.478	-2.665**	-1.193	-1.541	1.001
Bildung Eltern: Hauptschule	2.760**	2.210**	-0.778	-1.421*	-2.073**	1.155*
Bildung Eltern: Realschule	2.223**	1.298*	-0.213	-0.095	-1.683**	1.147*
Bildung Eltern: Abitur	1.860**	1.332*	-0.146	-0.368	-1.675**	1.097
Bildung Eltern: Universität/FH	Referenz	Referenz	Referenz	Referenz	Referenz	Referenz
Elterngewalt: nie (1=ja)	-3.420**	-6.206**	-4.861**	0.339	0.290	0.735**
Lebt mit beiden Elternteilen (1= ja)	1.258**	-0.238	-2.240**	-0.298	1.858**	0.894*
Monitoring Eltern (0-100%)	-0.106**	-0.149**	-0.242**	0.066**	0.213**	0.997*
Gymnasium	Referenz	Referenz	Referenz	Referenz	Referenz	Referenz
Integrierte Haupt-/Realsschule	3.870**	2.089	2.348	-6.651**	-5.341**	1.524**
IGS	2.190**	2.673**	2.490**	-4.059**	-3.230**	1.441**
Realschule	1.922**	0.961	1.206	-4.546**	-0.700	1.479**
Hauptschule	5.932**	2.943**	0.739	-5.402**	-2.554**	1.632**
Waldorfschule	-2.700**	-1.915	-0.299	2.824	-2.369	0.976
Eltern arbeitslos/ bez. Sozialhilfe	0.655	0.674	-0.826	0.773	1.200	0.944

einheimisch Deutsche	Referenz	Referenz	Referenz	Referenz	Referenz	Referenz
Russland	8.415**	0.131	2.625*	-1.286	1.017	1.360**
türkisch	12.810**	3.078**	-2.391**	-0.180	5.165**	1.604**
arabisch/afrikanisch	10.986**	-0.644	-5.914**	0.568	3.674*	1.539**
andere	5.203**	1.745**	-0.777	-0.635	1.872**	1.539**
GLMN (0-100%)	--	--	--	-0.178**	-0.201**	1.014**
SK: Temperament (0-100%)	--	--	--	-0.108**	-0.046**	1.011**
SK: Risikosuche (0-100%)	--	--	--	-0.122**	-0.092**	1.015**
normativer Druck Erwachs. (0-100%)	--	--	--	0.462**	--	1.001
normativer Druck der Gleichaltrigengruppe (0-100%)						0.987**
Konstante	33.708**	48.732**	57.490**	13.806**	75.257**	--
R^2	0.26	0.06	0.11	0.42	0.15	0.24 b)
N	12946	12946	12946	12946	12946	12946

* $p < 0,05$; ** $p < 0,01$ Huber-white robuste Standardfehler.
a) Gewalt legitimierende Männlichkeitsnormen
b) Nagelkerke
Quelle: KfN Schülerbefragung, eigene Berechnungen

Der von der Gleichaltrigengruppe ausgeübte normative Druck unterscheidet sich nicht zwischen den ethnischen Gruppen. Türkische Befragte sowie Befragte arabischer/afrikanischer Herkunft nehmen sogar einen stärkeren normativen Druck der Erwachsenen wahr, als dies bei einheimischen Deutschen der Fall ist.

Je mehr die Jugendlichen den gewaltlegitmierenden Männlichkeitsnormen zustimmen und je geringer die Selbstkontrolle in Form hohen Temperaments und hoher Risikosuche ist, desto höher sind zum einen die Odds gewalttätiger Freunde, desto geringer ist zum anderen der wahrgenommene normative Druck durch Gleichaltrige und Erwachsene.

Schließlich zeigt das Modell in der ganz rechten Spalte der Tabelle 3, dass ein Anstieg des normativen Drucks durch Gleichaltrige um einen Prozentpunkt das

Risiko gewalttätiger Freunde um 1.3% reduziert (= (0.987 –1) *100%). Speziell in diesem Fall ist allerdings die Richtung der kausalen Beziehung nicht eindeutig, da Jugendliche, deren Freunde größtenteils gewalttätig sind, möglicherweise gerade darum geringem normativen Druck durch Gleichaltrige ausgesetzt sind.

Zumindest eine wesentliche Einsicht lässt sich aus den explorativen Analysen der Tabelle 3 folgern. Vor dem Hintergrund der theoretischen Diskussion erhärten sie die Vermutung deutlicher Zusammenhänge zwischen ethnischer Herkunft und Selbstkontrolle, kulturellen Orientierungen und vergleichsweise riskanten sozialen Bindungen. Unter Umständen lässt sich in der empirischen Analyse des eigenen Gewalthandelns zeigen, dass sich durch diese Merkmale inter-ethnische Unterschiede erklären lassen. Außerdem deutet sich eine Gegenläufigkeit der sozialen Bindungen von Jugendlichen mit türkischer und arabisch/afrikanischer Herkunft an: Einerseits unterliegen sie einem deutlich erhöhten Risiko, gewalttätige Freunde zu haben, was wiederum eine höhere Neigung zu eigenen Gewaltdelikten vermuten lässt. Anderseits nehmen sie einen stärkeren normativen Druck durch Erwachsene wahr, der eigentlich dem eigenen Gewalthandeln entgegenwirken sollte. Respekt und Ehrfurcht gegenüber älteren Autoritätspersonen haben einen hohen Stellenwert in türkischen Familien, jedoch steht dies offensichtlich nicht in Widerspruch zu gewalttätigen Freunden, mit denen man sich in der Freizeit umgibt. Türkische Befragte unterscheiden wohl zwischen der innerfamiliären Ehrfurcht, die Achtung gegenüber Verhaltenserwartungen der Eltern verlangt, und dem Alltag im Netzwerk der Gleichaltrigengruppe.

4.1 Prävalenz und Inzidenz schwerer Körperverletzungsdelikte

Im zweiten Schritt der empirischen Analyse wird das eigene Gewalthandeln der Jugendlichen im Alter von ungefähr 14-15 Jahren als abhängige Variable betrachtet. Tabelle 4 zeigt die Ergebnisse dreier zero-inflated negativer Binomialregressionen.[7] In jedem Modell zeigt die erste Spalte Effekte auf die Chancen, der Gruppe *A* der Nichttäter anzugehören, und die zweite Spalte zeigt

---

[7] Ein grafischer Test zeigte, dass Poissonregression, negative Binomialregression sowie zero-inflated Poissonregression schlechtere Anpassung an die empirischen Verteilungen lieferte als die zero-inflated Version der negativen Binomialregression. Ferner wurde über die Güte der Anpassung des negativen Binomialmodells und dem zero-inflated negativen Binomialmodells durch einen formalen Test entschieden, indem die Vuong-Statistik berechnet wurde. Mit einem Wert von V= 8.43 (p<=.000) wird das zero-inflated negative Binomialmodell dessen Standardversion vorgezogen.

innerhalb der Tätergruppe Effekte auf das Verhältnis der Inzidenzraten schwerer Körperverletzung im Jahr vor der Befragung.

In Modell I ist zu sehen, dass Mädchen im Vergleich zu Jungen 9.9 mal höhere Chancen haben, der Gruppe der Nichttäter anzugehören. Der Gruppe der Täterinnen angehörende Mädchen haben zudem signifikant geringere Inzidenzraten, allerdings ist dieser Unterschied in den Modellen II und III nicht mehr signifikant. In allen drei Modellen weist das Lebensalter einen positiven Effekt auf die Anzahl der Delikte auf: Mit jedem weiteren Lebensjahr nimmt die Inzidenzrate um den Faktor 1.1 zu (Modell III). Bei der Interpretation des Alterseffektes ist zu bedenken, dass Schülerinnen und Schüler der 9. Jahrgangsstufe tendenziell altershomogen sind und dass Befragte höheren Alters insofern eine Problemgruppe darstellen, als viele von ihnen bereits Jahrgangsstufen wiederholt haben und dieser Sachverhalt wohl mit der Gewaltaffinität korreliert ist. Modell III zeigt außerdem, wie sich erlebte Elterngewalt in der Kindheit auf das Gewalthandeln im Jugendalter auswirkt: Jene, die niemals Gewalt durch die Eltern erleben mussten, haben um 61.1% (= (1.611 − 1) *100%) höhere Chancen, den Nichttätern anzugehören.

Erwartungsgemäß finden wir wieder deutliche Effekte der Schultypen, allerdings nur auf die Odds der Zugehörigkeit zur Gruppe der Nichttäter, die in Realschulen und Hauptschulen signifikant geringer sind als in den Gymnasien (Modell III).

Nach Modell I finden wir bei zwei ethnischen Gruppen signifikant geringere Odds, der Nichttätergruppe anzugehören. Dabei handelt es sich um Jugendliche arabischer/ afrikanischer Abstammung sowie um die Residualkategorie der „anderen" Herkunftsgruppen. Zudem ist bei türkischen Jugendlichen die Inzidenzrate signifikant erhöht. Was geschieht jedoch, wenn wir die Risikofaktoren in Modell II einführen, von denen wir bereits wissen, dass auch sie sich zwischen den ethnischen Gruppen unterscheiden? Zunächst ist in Modell II festzustellen, dass die signifikanten Unterschiede der Gewaltrate zwischen deutschen Jugendlichen und Jugendlichen mit Migrationshintergrund verschwinden, sobald die GLMN kontrolliert sind. Demnach unterscheiden sich Befragte mit Migrationshintergrund hinsichtlich der Gewaltbelastung nicht von einheimischen deutschen Jugendlichen, wenn sie ein ähnlich hohes Niveau an Zustimmung zu GLMN aufweisen. Dabei ist der Effekt der GLMN auf das eigene Gewalthandeln recht stark: erhöht sich die Zustimmung zu den GLMN um einen Prozentpunkt, gehen die Chancen auf den Nichttäterstatus um 5% zurück ((0.950 − 1) *100%). Zugleich nimmt die Inzidenzrate in der Tätergruppe um 2.1% zu. In Modell III finden wir noch immer Effekte der GLMN, die auch unter Kontrolle der sozialen Bindungen, der gewalttätigen Freunde sowie der Selbstkontrolldimensionen Temperament und Risikosuche signifikant sind. Modell III zeigt aber auch, dass die GLMN Skala nicht alle interethnischen Unterschiede vollständig zu erklären vermag, da nun die Inzidenzrate türkischer Täter um 41.5% höher ist, als die der einheimischen deutschen Täter. Sowohl das Vorzeichen als auch die Stärke der Effekte beider Selbstkontrolldimensionen entsprechen dem Effekt der GLMN. Überdies stellen wir fest, dass die Odds, Nichttäter zu sein, um 1.2% zunehmen, wenn der wahrgenommene normative Druck der Gleichaltrigengruppe um einen Prozentpunkt steigt. Hingegen finden wir keinen signifikanten Effekt des normativen Drucks von Seiten der Erwachsenen, weder auf den Nichttäterstatus noch auf die Inzidenzrate innerhalb der Tätergruppe. Demnach hat also der normative Druck der Gleichaltrigen zwar einen Einfluss darauf, ob man der Tätergruppe angehört oder nicht. Ist man aber bereits Teil der Tätergruppe, reduziert der normative Druck der Gleichaltrigen nicht mehr die Inzidenzrate.

Dagegen reduziert der Umgang mit gewalttätigen Freunden sehr deutlich die Chancen, der Nichttätergruppe anzugehören und erhöht zugleich die Inzidenzrate schwerer Körperverletzungsdelikte innerhalb der Tätergruppe. Thornberry et al. (2003: 106f) zogen aus Befunden ihrer Längsschnittanalyse den Schluss, Bandenmitgliedschaft hätte in erster Linie eine „erleichternde" Wirkung auf die Wahrscheinlichkeit von Gewaltdelikten, während sich kaum Hinweise fanden auf eine Selektion in dem Sinne, dass eigenes Gewalthandeln Voraussetzung für den Eintritt in die Jugendbande ist. Gewalttätige Freunde reduzieren nach Modell III die Chancen Nichttäter zu sein um 81.9% (= (0.181–1)*100%) und erhöhen die Inzidenzrate in der Tätergruppe um 56.9%.

Um in nicht-linearen Modellen die Relevanz von Prädiktoren zu veranschaulichen, bieten sich Vorhersagen an, bei denen auf Basis der Regressionsmodelle die Wahrscheinlichkeit für jede Inzidenzkategorie geschätzt wird. Setzt man in die Gleichung Mittelwerte der Kontrollvariablen ein, lassen sich für die jeweils interessierenden Variablen unterschiedliche Szenarien veranschaulichen. In den Abbildungen 5a bis 5d sind Szenarien für männliche Befragte türkischer Herkunft dargestellt. Abbildungen 5a, 5b und 5d basieren auf Modell III in Tabelle 4, Abbildung 5c basiert auf Modell II. Die gestrichelte Linie beschreibt jeweils ein protektives, die durchgezogene Linie ein belastendes Szenario. „Protektiv" ist definiert durch eine Standardabweichung (SD) unterhalb des Mittelwertes bei den Variablen Temperament, Risikosuche, normativer Druck und GLMN, während das belastende Szenario jeweils durch eine SD oberhalb des Mittelwertes definiert ist.

Tabelle 3: Effekte auf Prävalenz und Inzidenz schwerer Körperverletzung. Zero-inflated negative Binomialregression

	Modell I		Modell II		Modell III	
	OR(Y=0)	IRR(Y=k)	OR(Y=0)	IRR(Y=k)	OR(Y=0)	IRR(Y=k)
Mädchen (1=ja)	9.969**	0.794*	4.066**	1.048	3.668**	0.919
Alter (Jahre)	0.857	1.151**	0.904	1.140**	0.957	1.112*
Bildung Eltern: unbekannt	0.741	0.661**	0.790	0.635**	0.848	0.783
Bildung Eltern: Hauptschule	0.617*	0.890	0.767	0.887	0.785	0.852
Bildung Eltern: Realschule	0.642*	0.800	0.705	0.769*	0.744	0.820
Bildung Eltern: Abitur	0.783	1.002	0.828	0.975	0.889	0.970
Bildung Eltern: Universität/FH	Referenz		Referenz		Referenz	
Elterngewalt: nie (1=ja)	2.852**	0.889	2.350**	0.959	1.611**	1.042
Lebt mit beiden Elternteilen (1=ja)	1.500*	0.954	1.542**	0.923	1.264	0.952
Monitoring Eltern (0-100%)	1.011**	0.986**	1.006	0.989**	0.991**	0.991**
Gymnasium	Referenz		Referenz		Referenz	
Integrierte Haupt-/Realschule	0.180*	0.998	0.313*	0.933	0.482	0.982
IGS	0.265**	0.933	0.352**	0.908	0.605	0.945
Realschule	0.407**	1.062	0.485**	1.019	0.636*	0.976
Hauptschule	0.215**	1.333*	0.286**	1.146	0.460**	1.160
Waldorfschule	1.537	1.172	1.298	1.245	1.250	1.086
Eltern arbeitslos/ beziehen Sozialhilfe	0.749	0.935	0.672	0.877	0.724	0.918
einheimisch Deutsche	Referenz		Referenz		Referenz	
Russland	0.630	1.165	0.948	1.018	0.872	1.061
türkisch	0.621	1.748**	0.815	1.163	0.835	1.415**
arabisch/afrikanisch	0.284*	1.113	0.238	0.775	0.288*	1.115
andere	0.593*	1.285*	0.828	1.098	0.774	1.091
GLMN (0-100%)	--	--	0.950**	1.021**	0.987**	1.009**
SK: Temperament (0-100%)	--	--	--	--	0.976**	1.010**
SK: Risikosuche (0-100%)	--	--	--	--	0.989**	1.011**

normativer Druck Erwachsene (0-100%)	--	--	--	--	1.005 1.000
normativer Druck der Gleichaltrigengruppe (0-100%)	--	--	--	--	1.012** 0.998
gewalttätige Freunde (1=yes)	--	--	--	--	0.181** 1.569**
N/N non-zero	12946/2052		12946/2052		12946/2052
α	4.107**		3.045**		1.634**
Cragg-Uhler(Nagelkerke) R2:	0.13		0.19		0.31

* signifikant bei 5%; ** signifikant bei 1% Huber-White robuste Standardfehler.
Voung-Test Modell III: V=8.43 (p<.000)
Quelle: KfN Schülerbefragung, eigene Berechnungen

Betrachten wir zunächst Abbildung 5a, in der zwei Szenarien der sozialen Bindungen bzw. der sozialen Netzwerke dargestellt sind. Jungen türkischer Herkunft haben sich in bisherigen Untersuchungen (Baier et al. 2006) als die am stärksten belastete Gruppen erwiesen, weshalb die folgenden Szenarien auf diese Gruppe zugeschnitten sind. Die gestrichelte Linie zeigt unter ansonsten gleichen Bedingungen die Wahrscheinlichkeit der jeweiligen Inzidenzkategorie für Jungen türkischer Herkunft, die sowohl seitens der Gleichaltrigen als auch seitens der Eltern einen hohen normativen Druck wahrnehmen (= Mittelwert + 1 SD) und die keine gewalttätigen Freunde haben. In einem derartig protektiven Szenario haben diese Jugendlichen eine Wahrscheinlichkeit von 92%, im Jahr vor der Befragung kein schweres Körperverletzungsdelikt begangen zu haben, eine 4% Wahrscheinlichkeit für ein Delikt und 2% für zwei Delikte. Demgegenüber verteilen sich die Wahrscheinlichkeiten nach dem belastenden Szenario, definiert durch geringen normativen Druck der Gleichaltrigen und der Erwachsenen (Mittelwert − 1 SD) bei Jugendlichen, die gewalttätige Freunde haben, folgendermaßen: 61% für kein Delikt, 15% für ein Delikt und 9% für zwei Delikte. Somit beträgt hinsichtlich der Nichttäterwahrscheinlichkeit die Differenz zwischen beiden Szenarien immerhin 31 Prozentpunkte.

Durchaus ähnlich ist die Relevanz beider Selbstkontrolldimensionen zusammengenommen. In Abbildung 5b finden wir bei türkischen Jungen mit geringem Temperament und geringer Risikosuche (Mittelwert − 1 SD) wieder eine 92%-Wahrscheinlichkeit, kein schweres Körperverletzungsdelikt begangen zu haben. Indessen beträgt die Wahrscheinlichkeit nur 67% im belastenden Szenario, wenn diese Persönlichkeitsmerkmale also stark ausgeprägt sind (Mittelwert + 1 SD). Die Wahrscheinlichkeit für ein Delikt beträgt im belastenden Szenario der Selbstkontrolle (Mittelwert + 1 SD) 12%, im protektiven Szenario (Mittelwert − 1 SD) hingegen nur 5%.

Anders als die übrigen Abbildungen basiert 5c auf Modell II (Tabelle 4). Selbstkontrolle, gewalttätige Freunde sowie normativer Druck durch Gleichaltrige und Erwachsene wurden in Modell II *nicht* kontrolliert. In Abbildung 5c scheint der Einfluss der GLMN zunächst von ähnlicher Relevanz wie die Selbstkontrolle und die sozialen Bindungen: Nach dem protektiven Szenario haben männliche Befragte türkischer Herkunft eine 89% Wahrscheinlichkeit für Null Delikte im letzten Jahr, 6% für ein Delikt und 2% für zwei Delikte. Ist deren Zustimmung zu den GLMN aber eine SD höher als der Mittelwert (belastendes Szenario), beträgt die Wahrscheinlichkeit für Null Delikte nur 66%, für ein Delikt 12% und für zwei Delikte 7%. Nach Modell II und Abbildung 5c resultiert eine Differenz von 23 Prozentpunkten in der Wahrscheinlichkeit, kein Delikt begangen zu haben, allein durch die Variation von je einer SD um den Mittelwert der GLMN.

Wir erhalten jedoch ein anderes Bild, wenn wir den Effekt der GLMN auf Basis von Modell III vorhersagen, in dem neben den sozialen Bindungen auch die beiden Selbstkontrolldimensionen Temperament und Risikosuche kontrolliert sind. Das Resultat der Vorhersage nach dem Modell ist in Abbildung 5d grafisch dargestellt, in der zu sehen ist, dass nun der Nettoeffekt der GLMN deutlich geringer ist: Türkische Jungen mit geringen Werten der GLMN (Mittelwert − 1 SD), also im protektiven Szenario, haben eine 86%ige Wahrscheinlichkeit für Null Delikte im Jahr vor der Befragung, 7% für ein Delikt und 3% für zwei Delikte. Für das belastende Szenario (Mittelwert + 1 SD) betragen die korrespondierenden Wahrscheinlichkeiten 78%, 10% und 5%. Die Unterschiede zwischen dem protektiven und dem belastenden Szenario der GLMN sind also nach Modell III geringer ausgeprägt als nach Modell II, denn die Differenz der Nichttäterwahrscheinlichkeit beträgt zwischen beiden Szenarien nur 8 Prozentpunkte.

Man könnte nun die Auffassung vertreten, der Vergleich der Relevanz der Effekte sei „unfair", denn immerhin handelt es sich bei der Selbstkontrolle um zwei Skalen, die in der Vorhersage simultan variieren, während die gewaltlegitimierenden Männlichkeitsnormen nur durch eine Skala gemessen wurden. Dem ist jedoch entgegenzuhalten, dass das theoretische Konzept der Selbstkontrolle umfassender ist und im Gegensatz zu den GLMN die Ableitung mehrerer unterschiedlicher Dimensionen erlaubt. Folglich resultiert die im Vergleich zu den GLMN bessere Vorhersagekapazität der Selbstkontrolle letztlich aus der differenzierten theoretischen Ausarbeitung komplexer Persönlichkeitsmerkmale, die es erlaubt, simultan zwei Konstrukte zu variieren.

Insgesamt führen die Abbildungen 5a bis 5d zu mehreren Einsichten. Erstens wird durch die beiden Selbstkontrolldimensionen Temperament und Risikosuche die Prävalenz und Inzidenz schwerer Körperverletzungsdelikte sehr deutlich erhöht. Gewalttätige Freunde und normativer Druck der Gleichaltrigen haben ebenfalls einen starken Einfluss auf das eigene Gewalthandeln. Zweitens wurde dargelegt, dass das Konzept der „Kultur der Ehre", operationalisiert durch die Skala der gewaltlegitimierenden Männlichkeitsnormen (GLMN), eine theoretisch gut begründete Erklärung dafür liefert, warum Jugendliche aus Immigrantenfamilien aus dem „Süden" eine höhere Affinität zu schweren Körperverletzungsdelikten zeigen. Nachdem das Modell erweitert wurde um Effekte der Selbstkontrolle, der sozialen Bindungen und gewalttätiger Freunde, stellte sich heraus, dass Täter türkischer Herkunft dennoch eine höhere Inzidenzrate schwerer Gewaltdelikte aufweisen als Täter der einheimisch deutschen Referenzgruppe. In Tabelle 3 wurde dargestellt, dass Befragte türkischer Herkunft gegenüber einheimischen Deutschen ein um 60.4% erhöhtes Risiko des Umgangs mit gewalttätigen Freunden aufweisen und zudem stärker zu erhöhtem Temperament neigen. Zusammengenommen zeigen die Ergebnisse, dass die Bedingungen des Gewalthandelns sowohl in problematischen Dispositionen der Persönlichkeit, in kulturellen Orientierungsmustern und nicht zuletzt in den sozialen Bindungen liegen. Soziale Bindungen in Form gewalttätiger Freunde und normativen Drucks, der aus dem Netzwerk der Gleichaltrigengruppe und der Erwachsenen auf die Jugendlichen ausgeübt wird, erweisen sich aufgrund der Vorhersage von Prävalenz und Inzidenz schwerer Körperverletzungsdelikte als die relevantesten Faktoren. Hingegen scheinen GLMN auch ein Mediator für den Effekt der ethnischen Herkunft, der gewalttätigen Freunde sowie des normativen Drucks der Gleichaltrigengruppe zu sein. Es wurde im Anschluss an bisherige Studien argumentiert, dass Cliquen und Banden gewalttätiger Jugendlicher eine Ermöglichungsbedingung für den Einstieg in das Gewalthandeln darstellen. Wie gezeigt wurde, tragen GLMN in erheblichem Maße dazu bei, einen geringen normativen Druck der Gleichaltrigengruppe wahrzunehmen, wodurch sich andeutet, dass die GLMN möglicherweise den Eintritt in eher problematische soziale Netzwerke erleichtern. In weiteren Studien sollten diese Prozesse mit Hilfe von Längsschnittdaten detailliert erforscht werden.

Soziale Netzwerke, Persönlichkeit und Jugendgewalt 189

Abbildung 5a: Soziale Bindungen, Vorhersagen nach Modell III

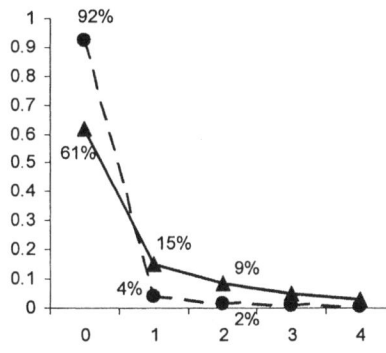

Abbildung 5b: Geringe Selbstkontrolle (Temperament + Risikosuche), Vorhersagen nach Modell III

Anzahl schwerer KV Delikte, türkische Jungen

Anzahl schwerer KV Delikte, türkische Jungen

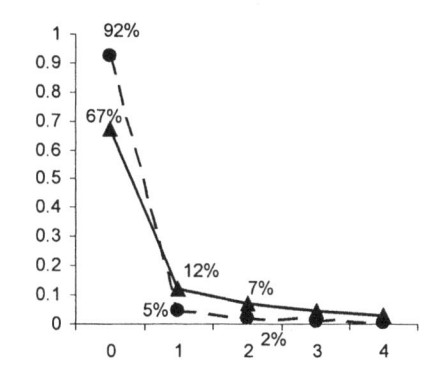

Abbildung 5c: GLMN, Vorhersagen nach Modell II ohne Selbstkontrolle + gewalttätige Freunde

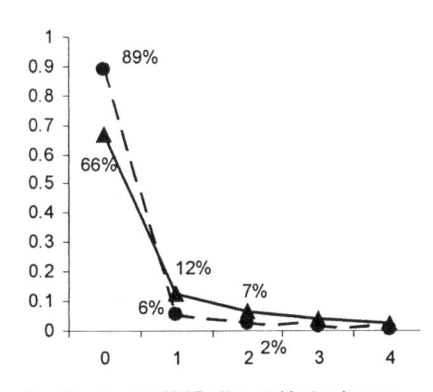

Abbildung 5d: GLMN, Vorhersagen nach Modell III

Anzahl schwerer KV Delikte, türkische Jungen

Anzahl schwerer KV Delikte, türkische Jungen

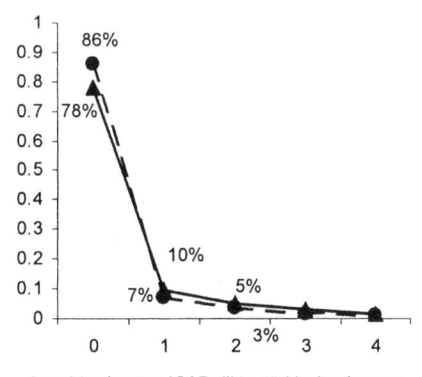

Quelle: KfN Schülerbefragung, eigene Berechnungen, Skalen von 0% bis 100%

5 Zusammenfassung und Ausblick

Im ersten Schritt der Untersuchung wurden die beiden Selbstkontrolldimensionen „Temperament" und „Risikosuche", die GLMN, der normative Druck durch Erwachsene und Gleichaltrige sowie der Umgang mit gewalttätigen Freunden als abhängige Variablen betrachtet. Es wurde davon ausgegangen, dass es sich bei diesen Merkmalen um mögliche Prädiktoren schwerer Körperverletzungsdelikte handelt. Es war daher von Interesse, durch welche Faktoren diese entweder protektiv oder belastend wirkenden Merkmale vorhergesagt werden können und inwieweit die ethnischen Gruppen sich hinsichtlich dieser Merkmale unterscheiden.

Es wurde bekräftigt, dass Jugendliche türkischer Herkunft die höchsten Werte auf der GLMN-Skala sowie auf der Selbstkontroll-Subdimension des Temperaments aufweisen. Zur Subdimension der Risikosuche hingegen neigen sie signifikant weniger, als Jugendliche der Referenzgruppe der einheimischen Deutschen. Interessanterweise ist das Risiko des Umgangs mit gewalttätigen Freunden bei Jugendlichen türkischer und arabisch/afrikanischer Herkunft zwischen 53 und 60% erhöht – und dieses problematische Freundesnetzwerk stellte sich am Ende als starker Prädiktor für eigenes Gewalthandeln heraus.

Anderseits zeigte sich, dass der wahrgenommene normative Druck aus dem die Jugendlichen umgebenden Netzwerk der Erwachsenen bei den einheimischen deutschen Jugendlichen am geringsten ausgeprägt war. Möglicherweise haben Jugendliche türkischer und arabischer/afrikanischer Herkunft in stärkerem Maße die Norm des Respekts gegenüber Erwachsenen, vor allem gegenüber den Eltern, verinnerlicht, während einheimische deutsche Jugendliche liberaler und weniger autoritär erzogen werden. Dafür spricht zumindest auch die bei deutschen Jugendlichen deutlich geringere Prävalenz schwerer Elterngewalt während der Kindheit. Wenn türkische und arabische/afrikanische Befragte also einerseits in geringerem Maße eine laisser-faire Haltung bei Lehrern und Eltern wahrnehmen, anderseits jedoch häufiger gewalttätige Freunde haben, scheinen sie die Unterscheidung zwischen Vorder- und Hinterbühne zu vollziehen, wie sie Ervin Goffman (1959) im Rahmen seiner Theater-Metapher beschrieben hat: Vermutlich wissen die Eltern nur wenige Details darüber, was die Jugendlichen während ihrer Freizeit außerhalb des elterlichen Haushalts tun.

Im zweiten Schritt der empirischen Analyse wurde untersucht, wie sich Selbstkontrolle, „Kultur der Ehre" und soziale Netzwerke auf das Risiko und die Häufigkeit eigenen Gewalthandelns auswirken. Abbildung 6 zeigt eine Zusammenfassung der wesentlichen Bestimmungsgründe schwerer Köperverletzungsdelikte, die sich im Modell III der Tabelle 4 herausstellten. Jugendliche arabischer/afrikanischer Herkunft haben eine geringere Chance der Gruppe der

Nichttäter anzugehören, die durch eine „strukturelle Barriere" tendenziell davor geschützt ist, ein schweres Körperverletzungsdelikt zu begehen. Zustimmung zu gewaltlegitimierenden Männlichkeitsnormen (GLMN) reduziert die Chance, Nichttäter zu sein und erhöht die Anzahl der begangenen Delikte in der Tätergruppe. Jedoch stellte sich ebenfalls heraus, dass türkische Täter im Vergleich zu deutschen Tätern eine 41,5% höhere Anzahl schwerer Körperverletzungsdelikte begehen, nachdem die beiden Selbstkontrolldimensionen und die Merkmale der sozialen Netzwerke kontrolliert wurden. Somit lassen sich inter-ethnische Unterschiede in der Häufigkeit schwerer Gewaltdelikte nicht erschöpfend durch die GLMN erklären, wenn man die Netzwerkszusammensetzung und weitere Persönlichkeitsdimensionen kontrolliert. Womit diese Unterschiede letztlich zu zusammenhängen, konnte jedoch auch in diesem Beitrag nicht geklärt werden.

Ähnliche Effekte wurden für die beiden Indikatoren geringer Selbstkontrolle ermittelt, die sich ebenfalls als gute Prädiktoren des Gewalthandelns erwiesen haben. Bemerkenswert ist zudem, dass der normative Druck, den das Netzwerk der Gleichaltrigengruppe auf die Jugendlichen ausübt, zwar die Chance erhöht, der Gruppe der Nichttäter anzugehören. Innerhalb der Tätergruppe hat dieser Aspekt sozialer Bindungen jedoch keinen Effekt mehr.

Normativer Druck aus dem Netzwerk der Gleichaltrigengruppe hält die Jugendlichen also davor zurück, eine schwere Gewalttat zu begehen, doch wenn sie bereits Gewalttäter sind, reagieren sie nicht mehr auf Verhaltenserwartungen, die dieses Netzwerk an sie richtet. Mit der Hoffnung, konformistischer normativer Druck aus dem Netzwerk der Gleichaltrigengruppe würde bei den Tätern die Zahl der Delikte reduzieren, verhält es sich daher so, als würde man die Stalltüre schließen, nachdem die Pferde bereits entlaufen sind. Es scheint, als wären jugendliche Täter den Normen der Mehrheitsgesellschaft entrückt und kaum mehr empfänglich für deren Verhaltenserwartungen. Ob wirklich ein Prozess des sukzessiven Abwendens der Täter von der normativen Ordnung der Gesamtgesellschaft stattfindet, ausgelöst durch stigmatisierendes Schamgefühl infolge eines „ ... denial of confidence in the morality of the offender" (Braithwaite 1989: 72), kann allein auf Grundlage der hier verwendeten Daten allerdings nicht untersucht werden.

Schließlich fanden wir starke Effekte des Netzwerks gewalttätiger Freunde auf eigenes Gewalthandeln. Sie reduzieren die Chance, Nichttäter zu sein und erhöhen die geschätzte Anzahl der Delikte innerhalb der Tätergruppe. Sicherlich ist die kausale Abfolge in dieser Form nicht durch die Daten allein gegeben. Jedoch haben Längsschnittanalysen gezeigt, dass die Mitgliedschaft in Banden oder Cliquen hauptsächlich eine das eigene Gewalthandeln „erleichternde" Wirkung hat (Thornberry/Krohn et al. 2003). Erwähnenswert sind in diesem

Zusammenhang auch Konteksteffekte der sozialen Komposition auf das Gewalthandeln von Kindern, die in einer Studie zur Gewalt im Kontext der Grundschule (Baier/Windzio 2006) festgestellt wurden.

Im letzten Teil des empirischen Abschnitts wurden auf Basis der geschätzten Zähldatenmodelle Vorhersagen für männliche Befragte türkischer Herkunft getroffen. Dadurch konnte auch die Relevanz der Selbstkontrolle, der „Kultur der Ehre", der gewalttätigen Freunde sowie des normativen Drucks der Gleichaltrigengruppe veranschaulicht werden. Ein Vergleich zweier unterschiedlicher Modelle zur Vorhersage der Anzahl schwerer Gewaltdelikte – ein Modell einschließlich beider Dimensionen der Selbstkontrolle und der sozialen Netzwerke sowie ein Modell ohne diese Prädiktoren – offenbarte, dass Effekte gewaltlegitimierender Männlichkeitsnormen (GLMN) mit sozialen Netzwerken und geringer Selbstkontrolle konfundiert sind. Denkbar ist, dass

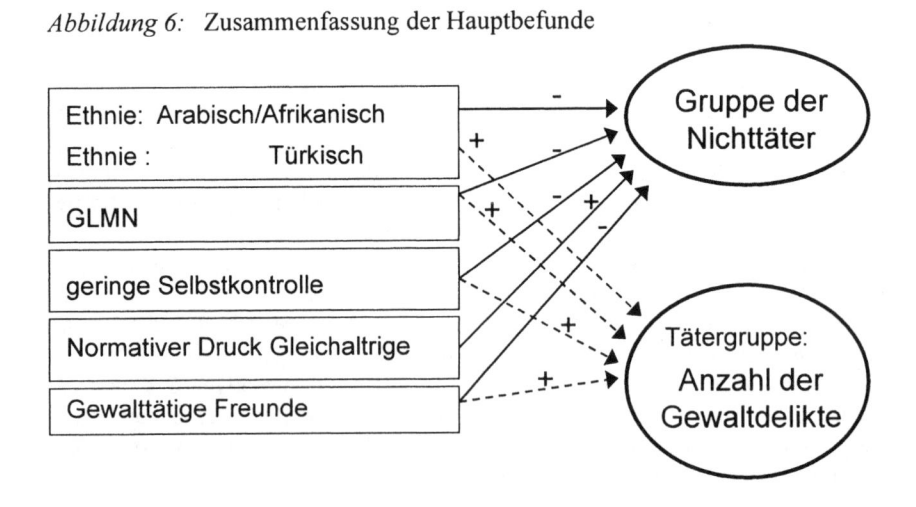

Abbildung 6: Zusammenfassung der Hauptbefunde

gerade bei männlichen türkischen Jungendlichen die GLMN eine Art Eintrittsvoraussetzung in Netzwerke gewalttätiger Freunde darstellen, woraufhin anschließend die eigene Gewaltneigung zunimmt. Ist das der Fall, wäre dies ein möglicher Grund dafür, dass die Wirkung der gewalttätigen Freunde und des normativen Drucks der Gleichaltrigen bereits einen erheblichen Anteil des

Effektes der GLMN abdeckt. Derartig verflochtene Kausalitätsbeziehungen mindern keineswegs die Wichtigkeit der „Kultur der Ehre", sondern liefern Hinweise auf die Wirkung der GLMN auf die Wahl sozialer Beziehungsnetzwerke. Erst solche Konzepte sowie ihre Operationalisierung helfen, die Entstehung gewalttätiger Vergemeinschaftungen von Jugendlichen zu verstehen.

Literatur

Baier, D., M. Windzio (2006): Gewalt unter Kindern im Kontext der Grundschule. Praxis der Rechtspsychologie 16: 53-81.
Baier, D., C. Pfeiffer, M. Windzio, S. Rabold (2006): Schülerbefragung 2005: Gewalterfahrungen, Schulabsentismus und Medienkonsum von Kindern und Jugendlichen. Abschlussbericht über eine repräsentative Befragung von Schülerinnen und Schülern der 4. und 9. Jahrgangsstufe. Hannover: KfN.
Braithwaite, J. (1989): Crime, shame and reintegration. Cambridge: University Press.
Burton, V. S., F. T. Cullen, T. D. Evans, L. F. Alarid and R. G. Dunaway (1998). Gender, self-control, and crime. Journal of Research in Crime and Delinquency 35, 123-147
Bushway, S. D., T. P. Thornberry and M. D. Krohn (2003): Desistance as a developmental process: A comparison of static and dynamic approaches. Journal of Quantitative Criminology 19, 129-153
Chin, H. C., M. A. Quddus (2003): Modeling count data with excess zeros. An empirical application to traffic accidents. Sociological Methods and Research 31, 90-116
Cohen, P., J. Cohen, L S. Aiken, S. G. West (1999). The problem of units and the circumstance for POMP. Multivariate Behavioural Research 34, 315-346
Coleman, J. S. (1988): Social capital in the creation of human capital. In: American journal of sociology 94: S95-S120.
Eisner, M. (2001). Modernization, self-control and lethal violence. The long-term dynamics of European homicide rates in theoretical perspective. British Journal of Criminology 41, 618-638
Elias, N. (1991) The society of individuals. New York: Continuum
Elias, N. (1998). On civilization, power, and knowledge. Selected writings. Chicago: University Press
Enzmann, D., K. Brettfeld and P. Wetzels (2003). Männlichkeitsnormen und die Kultur der Ehre. Empirische Prüfung eines theoretischen Modells zur Erklärung erhöhter Delinquenzraten jugendlicher Migranten. In D. Oberwittler, S. Karstedt (ed.): Soziologie der Kriminalität. Sonderheft 43 der Kölner Zeitschrift für Soziologie und Sozialpsychologie, 264-287. Wiesbaden: Westdeutscher Verlag
Gibbs, J. J., D. Giever and G. E. Higgins (2003): A test of Gottfredson and Hirschi's general theory using structural equation modelling. Criminal Justice and Behaviour 30, 441-458
Goffman, E. (1957): The presentation of self in everyday life. New York: Doubleday&Company.
Gottfredson, M. R. and T. Hirschi (1990). A general theory of crime. Stanford: University Press.
Grasmick, H. G., Ch. R. Tittle, R. J. Bursik and B. J. Arneklev (1993). Testing the implications of Gottfredson and Hirschi's theory of crime. Journal of Research in Crime and Delinquency 30, 5-29
Greene, W. H. (2000): Econometric Analysis. London: Prentice Hall.
Hall, D. B. (2000). Zero-inflated poisson and binomial regression with random effects: A case study. Biometrics 56, 1030-1039

Haug, S. (2003): Interethnische Freundschaftsbeziehungen und soziale Integration – Unterschiede in der Ausstattung mit sozialem Kapital bei jungen Deutschen und Immigranten. In: Kölner Zeitschrift für Soziologie und Sozialpsychologie 55: 716-736.

Hoffmann, L., H. Even (1984): Soziologie der Ausländerfeindlichkeit. Zwischen nationaler Identität und multikultureller Gesellschaft, Weinheim/Basel.

Kecskes, R. (2003): Ethnische Homogenität in sozialen Netzwerken türkischer Jugendlicher. In: Zeitschrift für Soziologie der Erziehung und Sozialisation 23: 68-84.

Köllisch, T. and D. Oberwittler (2004). Wie ehrlich berichten Jugendliche über ihr delinquentes Verhalten? Ergebnisse einer externen Validierung. Kölner Zeitschrift für Soziologie und Sozialpsychologie 56, 708-735

Long, J. S. (1998): Regression models for categorical and limited dependent variables. London: Sage.

Naplava, Th., D. Oberwittler (2001). Family factors and adolescents delinquency – findings from sociological research in Germany. Working paper of the project ‚Social Problems and Juvenile Delinquency in Ecological Perspective' at the Max Planck Institute for Foreign and International Criminal Law, No. 4, Freiburg im Breisgau

Nisbett, R. E, D. Cohen (1996): Culture of honor. The psychology of violence in the South. Denver CO: Westview Press.

Osgood, D. W. (2000). Poisson based Regression analysis of aggregate crime rates. Journal of Quantitative Criminology 16, 21-43

Pridemore, W. A. (2003). Demographic, temporal and spatial patterns of homicide rates in Russia. European Sociological Review 19, 41-49

Ribeaud, D. M. Eisner (2006). „The drug-crime link from a self-control perspective", European Journal of Criminology 3: 33-67.

Sampson, R. J. and J. H. Laub (1993). Crime in the making. Pathways and turning points through life. Cambridge: Harvard University Press.

Snijders, T., R. Bosker (1999): Multilevel Analysis. An introduction to basic and advanced multilevel modelling. London: Sage.

Thorlindsson, Th. and J. G. Bernburg (2004). Durkheim's theory of social order and deviance: a multi-level test. European Sociological Review 20, 271-285

Thornberry, T. P., M. D. Krohn, A. J. Lizotte, C. A. Smith, K. Tobin (2003): Gangs and delinquency in a developmental perspective. Cambridge: University Press.

Wetzels, P., D. Enzmann, E. Mecklenburg and Ch. Pfeiffer (2001). Jugend und Gewalt. Eine repräsentative Dunkelfeldanalyse in München und acht anderen deutschen Städten. Baden-Baden: Nomos

Anhang

Tabelle A1: Erlebte Elterngewalt vor dem Alter von 12
(1=nie, 2=selten, 3= manchmal, 4=häufig)

Meine Mutter hat mich mit der Faust geschlagen oder mich getreten
Mein Vater hat mich mit der Faust geschlagen oder mich getreten
Meine Mutter hat mich mit einem Gegenstand geschlagen
Mein Vater hat mich mit einem Gegenstand geschlagen
Meine Mutter hat mich geprügelt, zusammengeschlagen
Mein Vater hat mich geprügelt, zusammengeschlagen

Quelle: KfN Schülerbefragung 2005

Tabelle A2: Gewaltlegitimierende Männlichkeitsnormen (GLMN)

Was gehört dazu, in richtiger Mann zu sein? Bitte gib an, in welchem Maße Du die folgenden Aussagen für richtig hältst, (alpha=.784)
(1= stimme gar nicht zu, 2=stimme eher nicht zu, 3= stimme eher zu, 4=stimme völlig zu)

Ein richtiger Mann ist stark und beschützt seine Familie.
Ein Mann, der nicht bereit ist, sich gegen Beleidigungen mit Gewalt zu wehren, ist ein Schwächling.
Als Vater ist ein Mann das Oberhaupt der Familie und darf sich notfalls auch mit Gewalt durchsetzen.
Wenn eine Frau ihren Mann betrügt, darf der Mann sie schlagen.
Ein Mann sollte bereit sein, Frau und Kinder mit Gewalt zu verteidigen.
Einem Mann als Familienvater müssen Frau und Kinder gehorchen.
Ein richtiger Mann ist bereit, sich mit körperlicher Gewalt gegen jemanden durchzusetzen, der schlecht über seine Familie redet.
Männern sollte es erlaubt sein, Schusswaffen zu besitzen, um Familie oder Eigentum zu beschützen.

Quelle: KfN Schülerbefragung 2005

Tabelle A3: Geringe Selbstkontrolle: "Temperament"

(1=stimmt gar nicht, 2= stimmt nicht, 3=stimmt eher nicht, 4= stimmt eher, 5=stimmt, 6=stimmt voll und ganz), alpha = 0.762

Ich verliere ziemlich schnell die Beherrschung.
Bei einer ernsten Meinungsverschiedenheit ist es normalerweise schwer für mich, ruhig darüber zu reden, ohne mich aufzuregen.
Wenn ich mit jemandem wirklich Streit habe, kann ich nur schwer ruhig bleiben.
Wenn ich echt wütend bin, gehen mir die Anderen besser aus dem Weg.
Wenn ich mich über andere ärgere, habe ich oft mehr Lust, sie zu verletzen, als mit ihnen darüber zu reden.

Quelle: KfN Schülerbefragung 2005

Tabelle A4: Geringe Selbstkontrolle : "Risikosuche"
(1=stimmt gar nicht, 2= stimmt nicht, 3=stimmt eher nicht, 4= stimmt eher, 5=stimmt, 6=stimmt voll und ganz), alpha = 0.865

Ich teste gerne meine Grenzen, indem ich etwas Gefährliches mache.
Ich gehe gern ein Risiko ein, einfach weil es Spaß macht.
Manchmal finde ich es aufregend, Dinge zu tun, die mich in Gefahr bringen können.
Aufregung und Abenteuer sind mir wichtiger als Sicherheit.

Quelle: KfN Schülerbefragung 2005

Tabelle A5: Normativer Druck des sozialen Netzwerks

> „Stell dir jetzt bitte einmal vor, Du wärst in der Pause mit jemandem aus einer anderen Klasse in Streit geraten. Du wirst ganz wütend und schlägst ihm mit der Faust voll ins Gesicht. Er fällt hin, seine Jeans bekommt einen Riss und seine Nase blutet stark. Du selbst bleibst unverletzt."

„Wenn Du so etwas tun würdest: *Wie schlimm würden die folgenden Menschen das finden?*"

... findet/finden das	gar nicht schlimm		einigermaßen schlimm		sehr schlimm	Habe ich nicht
	1	2	3	4	5	
Meine Mutter	O	O	O	O	O	O
Mein Vater	O	O	O	O	O	O
Mein fester Freund/Meine feste Freundin	O	O	O	O	O	O
Meine Lehrer/Meine Lehrerinnen	O	O	O	O	O	
Die in meiner Freundesgruppe/Clique	O	O	O	O	O	O
Die anderen in meiner Klasse	O	O	O	O	O	
Mein bester Freund	O	O	O	O	O	O
Meine beste Freundin	O	O	O	O	O	O

Quelle: KfN Schülerbefragung 2005

Soziale Netzwerke, Persönlichkeit und Jugendgewalt

Tabelle A6: Deskriptive Statistiken (N=12946)

variable	mean	stdev	min	max
Anzahl der Delikte	0.52	1.99	0	20
Mädchen (1=ja)	0.51	-	0	1
Alter (Jahre)	15.09	0.75	12	20
Bildung Eltern: unbekannt	0.14	-	0	1
Bildung Eltern: Hauptschule	0.17	-	0	1
Bildung Eltern: Realschule	0.27	-	0	1
Bildung Eltern: Abitur	0.15	-	0	1
Bildung Eltern: Universität/FH	0.27	-	0	1
Elterngewalt: nie (1=ja)	0.57	-	0	1
Lebt mit beiden Elternteilen (1= ja)	0.71	-	0	1
Monitoring Eltern (0-100%)	74.80	19.26	0	100
Integrierte Haupt-/Realschule	0.02	-	0	1
IGS	0.10	-	0	1
Realschule	0.29	-	0	1
Hauptschule	0.21	-	0	1
Waldorfschule	0.02	-	0	1
Gymnasium	0.35	-	0	1
Eltern arbeitslos/ beziehen Sozialhilfe	0.10	-	0	1
einheimisch Deutsche	0.75	-	0	1
Russland/Kasachstan	0.05	-	0	1
türkisch	0.08	-	0	1
arabisch/afrikanisch	0.02	-	0	1
Andere	0.10	-	0	1
GLMN (0-100%)	31.34	18.40	0	100
SK: Temperament (0-100%)	39.85	21.85	0	100
SK: Risikosuche (0-100%)	36.64	24.84	0	100
normativer Druck Erwachsene (0-100%)	79.41	24.35	0	100
normativer Druck Gleichaltrigengruppe (0-100%)	51.90	27.35	0	100
gewalttätige Freunde (1=ja)	0.38	-	0	1

Quelle: KfN Schülerbefragung, eigene Berechnungen

Tabelle A7:   Monitoring Eltern

(1= stimmt nicht, 2=stimmt kaum, 3= stimmt eher, 4=stimmt genau), alpha 0.674

Meine Eltern interessieren sich sehr dafür, was ich in meiner Freizeit mache.
Meine Eltern wollen oft wissen, wo ich in meiner Freizeit bin.
Ich kann in der Freizeit machen was ich will, meine Eltern sagen dazu nichts.
Meine Eltern fragen oft danach, mit welchen Jugendlichen ich mich treffe.
Ich glaube, es ist meinen Eltern völlig egal, was ich in meiner Freizeit mache.

Quelle: KfN Schülerbefragung 2005

Freiwillige Vereinigungen als Katalysatoren von Sozialkapital? Ergebnisse einer repräsentativen Bevölkerungsbefragung in Deutschland

Sebastian Braun

1 Problemstellung

In einer einfachen Definition kann man freiwillige Vereinigungen als frei gewählte Zusammenschlüsse von Menschen charakterisieren, die ihre Ziele gemeinsam im Rahmen einer formalen – d.h. geplanten, am Ziel der Vereinigung ausgerichteten und von bestimmten Personen unabhängigen – Organisationsstruktur zu verfolgen suchen (vgl. dazu ausführlich Braun, 2003). Diese Zielstellungen sind bekanntlich breit gestreut. Das Spektrum reicht von der Pflege traditionellen Brauchtums über gesellige, kulturelle oder sportliche Aktivitäten bis hin zur (wechselseitigen) Hilfe in spezifischen Notlagen (Drogenabhängigkeit, Krankheit etc.) oder aber dem Engagement für religiöse, philanthropische, wissenschaftliche oder politische Themen. Vielfach verfolgt eine Vereinigung allerdings nicht nur ihre primäre Zielstellung, sondern übernimmt auch andere Aufgaben. So sind z.B. Sportvereine nicht nur solche Organisationen, in denen man gemeinsam mit Anderen Sport treiben kann. Darüber hinaus erstellen sie häufig auch soziale Dienstleistungen (z.B. im Bereich der Jugend- und Jugendsozialarbeit) oder bieten Möglichkeiten, Bedürfnisse nach alltäglicher Kommunikation und Geselligkeit zu befriedigen.

Lange Zeit galt diese „Multifunktionalität" als eine maßgebliche Schwäche von freiwilligen Vereinigungen, die als antiquiert und vormodern betrachtet wurden, da sie sich der Differenzierungslogik moderner Gesellschaften entzogen und insofern den Geleitzug der Moderne verpasst hätten (vgl. dazu Zimmer, 1996; Zimmer & Priller, 1997). Diese Sichtweise hat sich in den letzten Jahren zunehmend geändert; denn mittlerweile wird die „strukturelle Unbestimmtheit" von freiwilligen Vereinigungen immer häufiger „als Chance und Innovationspotenzial zur Reformierung und Umgestaltung des traditionellen institutionellen Settings der Industriemoderne erachtet" (Zimmer & Priller, 2001, S. 274).

Exemplarisch dafür steht die Debatte über das „soziale Kapital" in modernen (Bürger-) Gesellschaften, die in den letzten Jahren hohe Wellen in Wissenschaft und Politik geschlagen hat (vgl. z.B. Beck, 2000; Braun, 2002;

Graf, Platthaus & Schleissing, 1999; Enquete-Kommission, 2002; Offe & Fuchs, 2001; Kistler, Noll & Priller, 1999). Hintergrund und Auslöser dieser Debatte sind die Arbeiten des amerikanischen Politikwissenschaftlers Robert D. Putnam (1993, 1995, 2000, 2001), der mit sozialem Kapital drei zentrale Elemente bezeichnet: erstens soziales Vertrauen, das er als das „Gleitmittel" des gesellschaftlichen Lebens beschreibt (Putnam & Goss, 2001, S. 22), da es die Kooperation zwischen den Individuen erleichtere, die wiederum zur gesellschaftlichen Koordination unabdingbar sei; zweitens die Norm generalisierter Reziprozität, die zur Lösung sozialer Dilemmata beitrage – im Sinne von: „Ich helfe dir jetzt, aber in der selbstverständlichen und unausgesprochenen Erwartung, dass du mir in der Zukunft ebenso hilfst, wenn ich deine Hilfe brauche"; und schließlich drittens „secondary associations" bzw. freiwillige Vereinigungen, die soziales Vertrauen aufbauen und generalisierte Reziprozitätsnormen pflegen würden (vgl. dazu ausführlich Braun, 2001b; Braun & Weiß, i. Dr.).

Freiwillige Vereinigungen sind also der Dreh- und Angelpunkt in Putnams Konzept von sozialem Kapital; denn in ihnen sieht er – wie Cohen (1999) in ihrer fundierten Kritik an Putnams Arbeiten systematisch gezeigt hat – „the sole source of what he calls social capital" (S. 217). Der bislang kaum explizierte Kerngedanke, der sich hinter dieser Vorstellung von freiwilligen Vereinigungen als „Sozialkapital-Produzenten" in modernen Gesellschaften versteckt, lässt sich vereinfacht wie folgt zusammenfassen: Aufgrund der interaktiven Prozesse, die sich in dem normativen Feld des jeweiligen Sozialsystems permanent abspielen würden, etabliere sich in freiwilligen Vereinigungen eine besondere Wertsphäre, in der die Mitglieder „bürgerschaftliche Kompetenzen" (Münkler, 1997) erwerben würden. Dieses Kompetenzen würden sie dann, so die weiterführende Argumentation, als habitualisierte Dispositionen auf andere Lebensbereiche übertragen, so dass aus freiwilligen Vereinigungen letztlich der „kompetente Bürger" hervorginge, der über entsprechende kognitive und soziomoralische Eigenschaften verfüge, die in demokratischen Gesellschaften als qualifikatorische Zugangsvoraussetzungen zum Bürgerstatus zu betrachten seien (vgl. dazu ausführlich Braun, 2004).

Hinter diesem Kerngedanken verbergen sich zwei aufeinander aufbauende Annahmen: einerseits eine „Sozialisationsannahme", insofern als davon ausgegangen wird, dass die Mitglieder spezifische Sozialisationsprozesse in freiwilligen Vereinigungen durchliefen, in denen sie weitreichende bürgerschaftliche Kompetenzen erwerben würden; und andererseits eine „Transferannahme", insofern als vermutet wird, dass diese Kompetenzen „generalisiert" würden und somit in unterschiedlichen Handlungsbereichen zum Tragen kämen. Weniger abstrakt formuliert: „Fähigkeiten und Dispositionen wie

Initiative, Aufmerksamkeit, Vertrauen, Organisationsfähigkeit, egalitäre Einstellungen und Toleranz gegenüber Fremden, die im Vereinsleben erworben und verstärkt werden, verbreiten sich über ihre jeweiligen sozialen, thematischen und temporären Entstehungszusammenhänge hinaus und können einen wesentlichen Beitrag zur demokratischen politischen Kultur leisten" (Offe & Fuchs, 2001, S. 429).

Allein diese Formulierung verweist bereits auf die hohen Erwartungen, die in der Diskussion über das soziale Kapital in modernen Gesellschaften an die freiwilligen Vereinigungen in der unmittelbaren Lebenswelt der Menschen gestellt werden. Umso bemerkenswerter ist es, dass diese Erwartungen kaum einmal systematisch expliziert, geschweige denn in Forschungsfragen übersetzt und empirisch untersucht werden. Schärfer formuliert: Einem hoch aufgehängten normativen Diskurs über die scheinbare Unumgänglichkeit, neues soziales Kapital in modernen Gesellschaften zu „akkumulieren" und dann gar zu „verzinsen" (Heinze & Strünck, 2000), steht bislang ein auffälliges Desinteresse gegenüber, sich mit jenen Institutionen detaillierter zu befassen, die als maßgebliche Orte zur (Re-)Produktion von sozialem Kapital gelten.

Dieses Desinteresse schlägt sich schon auf einer ganz allgemeinen Ebene nieder. Denn bislang ist unklar, ob und inwieweit in freiwilligen Vereinigungen überhaupt entsprechende Sozialisationsprozesse zu konstatieren sind, die dazu beitragen könnten, dass sich die Mitglieder zu „kompetenten Bürgern" entwickeln. Und selbst wenn man unterstellt, dass die Mitglieder umfassende Sozialisationsprozesse in freiwilligen Vereinigungen durchlaufen: Ist es dann nicht auch möglich, dass die dortige Sozialisation eher Orientierungen wie Intoleranz, Indifferenz oder Misstrauen gegenüber all jenen befördert, die nicht zum „vereinigten Sozialkreis" gehören? Zumindest hatte schon Max Weber (1924) in seiner Rede auf dem ersten deutschen Soziologentag im Jahr 1910 vermutet, dass die freiwilligen Vereinigungen in der unmittelbaren Lebenswelt der Menschen vor allem den „guten Staatsbürger" hervorbringen würden – bei ihm allerdings ganz im passiven Sinne des Wortes gemeint: „'Wo man singt, da laß dich ruhig nieder'. Große starke Leidenschaften und starkes Handeln fehlen da" (S. 445).

Aber nicht nur die Frage, ob und welche Orientierungen in freiwilligen Vereinigungen sozialisiert werden, ist bislang unklar. Darüber hinaus stellt sich auch die Frage, ob diese Sozialisationsannahme prinzipiell für alle Mitglieder gleichermaßen gelten kann. Zumindest lassen allein schon umgangssprachliche Begriffe wie „passives Mitglied" oder „Karteileiche" es fraglich erscheinen, ob die Mitgliedschaft ein hinreichendes Kriterium sein kann, um diese sozialisationstheoretische Argumentationsfigur zu fundieren. In diesem Sinne wurde zuletzt auch mehrfach kritisiert, dass die Verwendung von

Mitgliedschaftsquoten als Indikator für den „stock of social capital" in einer Gesellschaft ebenso zu kurz greife wie die gängige Vorstellung von steigenden oder fallen Mitgliedschaftszahlen und einer entsprechenden Mehrung und Verringerung des Sozialkapitals (vgl. z.B. Braun, 2001a; Heinze & Olk, 1999; Heinze & Strünck, 2000; Schöb, 1999). Sozialisationstheoretisch betrachtet erscheint diese Kritik durchaus begründet. Denn in dieser Perspektive wäre vielmehr davon auszugehen, dass man in freiwilligen Vereinigungen bestenfalls dann bestimmte Sozialisationsprozesse durchläuft, wenn man an gemeinsamen Aktivitäten kontinuierlich mitarbeitet und auch praktisch folgenreich mitwirken kann; denn eine nachhaltige Engagementbereitschaft wird sich vermutlich nur dann entfalten, wenn durch reale Möglichkeiten, an Entscheidungs- und Veränderungsprozessen zu partizipieren, „symbolische Beteiligung vermieden wird. Ohnmachterfahrungen und Enttäuschungen pflastern die Wege der Scheinpartizipation" (Roth, 2000, S. 40). Nur unter diesen Bedingungen erscheint es prinzipiell denkbar, dass in einer Vereinigung Einflüsse wirksam werden, die bei den Mitgliedern bürgerschaftliche Kompetenzen generieren, die dann als habitualisierte Dispositionen auch auf andere Lebensbereiche übertragen werden (vgl. dazu ausführlich Braun, Hansen & Ritter, i. Dr.).

Aber nicht nur die Formel „Mitglied gleich Mitglied" erweist sich als problematisch. Ähnlich fragwürdig ist es auch, allen freiwilligen Vereinigungen dieselben Sozialisationsfunktionen zuzuschreiben. Wer einmal am „Vereinsleben" eines Kaninchenzüchter- oder Sportvereins, einer Selbsthilfegruppe oder Tafelinitiative, eines Museumsvereins oder aber einer Bürgerinitiative teilgenommen hat, wird vermutlich erhebliche Zweifel an der Idee „Vereinigung gleich Vereinigung" anmelden. Zwar ist es auf einem relativ hohen Abstraktionsniveau hilfreich, von der freiwilligen Vereinigung als einem analytischen Idealtypus' zu sprechen, der im Vergleich zu staatlichen oder erwerbswirtschaftlichen Organisationen bestimmte Strukturbesonderheiten aufweist und insofern einen distinkten Organisationstyp in modernen Gesellschaften darstellt (vgl. z.B. Horch, 1983, 1992; Wex, 2002). Gegenüber der sozialen Wirklichkeit bleibt dieser Idealtypus aber relativ inhaltsleer.

Darauf verweist allein schon der Systematisierungsvorschlag von freiwilligen Vereinigungen, den Gordon und Babchuk (1959) bereits in den 1950er Jahren vorgelegt haben. Sie konzipierten seinerzeit zwei Gegenpole eines Kontinuums, die sich mit den Begriffen „binnenorientierte" und „außerorientierte" Vereinigung bezeichnen lassen. Außenorientierte Vereinigungen gelten dabei als Mittel, um gesellschaftspolitische Ziele zu erreichen und Einfluss auf die soziale Umwelt auszuüben, wobei die Zielstellung je nach Handlungsfeld und Politikbereich variiere (vgl. z.B. von Alemann, 1989). Mit dieser am „public-policy influence" (Knoke, 1990) orientierten Zielstellung wird auch die Beitrittsmotivation der Mitglieder begründet, die gemeinsam mit anderen Ziele zu verwirklichen suchten, die außerhalb der Organisation lägen. Deshalb wird außenorientierten Vereinigungen die Eigenschaft zugeschrieben, die bürgerschaftlichen Kompetenzen ihrer Mitglieder zu fördern und insofern vor allem „integrative at the societal level" zu sein (Babchuk & Edwards, 1965, S. 154). In diesem Sinne hat z.B. Rucht (1997) die in sozialen Bewegungen agierenden Vereinigungen als „Feld politischer Sozialisation" charakterisiert, in dem die Mitglieder „staatsbürgerliche Kompetenzen" erlernten, da „sie ihr Wissen um politische Prozesse und Institutionen erweitern, Ansatzpunkte für gesellschaftliche Veränderungen erkennen, aber auch Grenzen des politisch Möglichen und Machbaren erfahren" (S. 392 f).

Anders verhalte es sich hingegen bei binnenorientierten Vereinigungen, die sich am Ziel des „member serving" (Knoke, 1990) orientierten. Ihnen trete man bei, um an je unterschiedlichen Clubgütern teilzuhaben, die auf privater Basis nicht oder nur unter höheren Kosten erzeugt werden könnten (vgl. dazu grundlegend Buchanan, 1965; neuerdings z.B. Verba, Schlozman & Brady, 1995). Diese Vereinigungen orientierten sich also in erster Linie daran, „to furnish for members as an end in itself" (Gordon & Babchuk, 1959, S. 25), so dass die Mitglieder vor allem als eine separate Gruppe mit kollektiven Werten und Orientierungen agierten (vgl. z.B. Heinze & Strünck, 2000, S. 185). Insofern würden diese Vereinigungen zwar das Gefühl von sozialer Nähe, Zugehörigkeit und Einbindung vermitteln und somit zur „integration of the personality system" (Babchuk & Edwards, 1965, S. 151) in einer überschaubaren sozialen Gruppe beitragen; von der Sozialisation bürgerschaftlicher Kompetenzen wird in diesem Zusammenhang aber nicht gesprochen. Vor diesem Hintergrund argumentieren dann auch Offe und Fuchs (2001): „Je stärker außen- und öffentlichkeitsorientiert eine Vereinigung ist, desto mehr trägt sie zur (Re-) Produktion von Sozialkapital bei" (S. 428).

Die angesprochenen Problemstellungen, mit denen Fragen nach der „organisationalen Sozialisation" von Mitgliedern in freiwilligen Vereinigungen und der „Generalisierung" der dort ggf. erworbenen sozialen und politischen Orientierungen thematisiert werden, stehen im Zentrum des vorliegenden Beitrags. Ziel ist es, empirisch begründete Hinweise zu geben, inwieweit die skizzierte Annahme, in freiwilligen Vereinigungen werde der „kompetente Bürger" sozialisiert, Plausibilität beanspruchen kann. Drei Fragestellungen werden in diesem Zusammenhang verfolgt:

(1) Inwieweit unterscheiden sich die Mitglieder in freiwilligen Vereinigungen überhaupt von jenen Bevölkerungsmitgliedern in Deutschland, die keiner Vereinigung angehören, wenn man die sozialen und politischen Orientierungen beider Gruppen miteinander vergleicht? Weisen die Mitglieder

freiwilliger Vereinigungen tatsächlich solche Orientierungsmuster auf, die dafür sprechen könnten, dass sie über umfangreichere bürgerschaftliche Kompetenzen verfügen?

(2) Inwieweit zeigen sich Differenzen, wenn man die sozialen und politischen Orientierungen der freiwillig engagierten Mitglieder mit jenen Mitgliedern vergleicht, die sich in ihrer Vereinigung nicht freiwillig engagieren? Lässt sich die Vermutung erhärten, dass die aktive Beteiligung am „Vereinsleben" und an der Leistungserstellung der jeweiligen Vereinigung, aber insbesondere auch die Möglichkeit, Entscheidungs- und Veränderungsprozesse in einer Vereinigung in Gang zu setzen und zu gestalten, dazu beitragen, dass man bürgerschaftliche Kompetenzen entwickelt?

(3) Inwieweit unterscheiden sich die sozialen und politischen Orientierungen von Mitgliedern in unterschiedlichen freiwilligen Vereinigungen, wenn man zwischen binnen- und außenorientierten Vereinigungen differenziert? Sind es tatsächlich eher die außenorientierten Vereinigungen, die aufgrund ihrer Zielstellungen und auf den öffentlichen Raum bezogenen Aktivitäten dazu beitragen, dass die Mitglieder bürgerschaftliche Kompetenzen erwerben?

Diesen Fragestellungen werden wir in drei Untersuchungsschritten nachgehen: Zunächst werden die Datengrundlage, Operationalisierungsansätze und Indikatoren skizziert, auf denen die empirische Analyse aufbaut. Diese Analyse wird dann in einem zweiten Schritt entlang der drei angesprochenen Fragestellungen und den damit verbundenen Vergleichsperspektiven vorgenommen. In einem abschließenden Schritt werden wir die Ergebnisse knapp resümieren und auf Grenzen unserer Untersuchung ebenso eingehen wie auf weiterführende Forschungsperspektiven.

2 Datengrundlage, Operationalisierung und Indikatoren

Empirische Datengrundlage, auf die im Folgenden Bezug genommen wird, ist eine repräsentative Bevölkerungsbefragung in Deutschland, die wir im Jahr 2001 durchgeführt haben (vgl. zusammenfassend Baur & Braun, 2003). Diese Erhebung war als schriftliche postalische Befragung angelegt und basierte auf dem so genannten TPI-Access-Panel, das von einem Schwester-Institut der Infratest Burke-Gruppe, dem Test-Panel-Institut (TPI), geleitet wird. Diese bundesweit repräsentative Quotenstichprobe umfasste im Erhebungsjahr rund 50 000 Haushalte mit etwa 120 000 befragungsbereiten Personen, wobei die Stichprobe für die Bevölkerungsbefragung aus einem Teilbestand dieses Panels gezogen wurde (ca. 30 000 Haushalte mit rund 64 000 Personen). Für die Ziehung dieser Stichprobe wurden Soll-Verteilungen entwickelt, um zu gewährleisten, dass bestimmte Merkmale in dem Sample etwa in derselben Häufigkeit vorkommen wie in der Wohnbevölkerung der Bundesrepublik Deutschland ab 18 Jahren. Neben der Entwicklung der Soll-Verteilungen wurden disproportionale Verteilungen nach alten und neuen Bundesländern vorgenommen, um mit ausreichend großen Fallzahlen Einzelanalysen für West- und Ostdeutschland durchführen zu können, die im vorliegenden Beitrag allerdings unberücksichtigt bleiben. Der Stichprobenumfang wurde so angelegt, dass mindestens 1300 Interviews in den alten und 700 Interviews in den neuen Bundesländern zu erwarten waren. Insgesamt konnten jedoch deutlich höhere Netto-Fallzahlen realisiert werden: 2582 der auf dem Postweg zugestellten 3000 Fragebögen konnten als gültig und bereinigt ausgewiesen und für die Datenanalyse verwendet werden, womit eine Rücklaufquote von 86 % erzielt wurde.

Im Rahmen dieser Erhebung wurden unter anderem die Mitgliedschaften in unterschiedlichen freiwilligen Vereinigungen, das freiwillige Engagement der Mitglieder in ihrer Vereinigung sowie soziale und politische Orientierungen in der Bevölkerung erhoben.

2.1 Mitgliedschaft und Engagement in freiwilligen Vereinigungen

Um die Mitgliedschaften in freiwilligen Vereinigungen zu erheben, haben wir den Befragten eine Liste unterschiedlicher Vereinigungen vorgelegt, auf der angekreuzt werden sollte, ob man einer oder mehreren dieser Vereinigungen angehört.[1] Die Befragten sollten sich allerdings nur dann als Mitglied eintragen, wenn sie „dem Verein auch 'offiziell' als Mitglied angehören. (Gemeint ist nicht, dass Sie nur 'Anhänger' oder 'Sympathisant' sind)". Zwei Drittel (66 %) der insgesamt 2 582 Befragten gaben an, Mitglied in einer oder verschiedenen freiwilligen Vereinigungen zu sein.

---

[1] Diese Liste umfasste folgende Vereinigungen: Sportverein (keine kommerzielle Einrichtung wie z.B. Fitness-Studio oder Tanzschule) – Heimatverein – Hobbyvereinigung (z.B. Kleingärtner-, Hundezüchterverein) – kulturelle Vereinigung (z.B. Gesangsverein, Museumsverein) – Bürgerinitiative, Bürgerbüro, Stadtteilinitiative – Partei oder politische Gruppierung – Gewerkschaft – berufliche Vereinigung, Berufsverband – Kirche, konfessionelle oder religiöse Vereinigung – Freiwillige Feuerwehr, Unfall- und Rettungsdienst – karitative Vereinigung, Vereinigung für soziale Arbeit (z.B. Volkssolidarität, Arbeitslosenvereinigung, Malteser Hilfsdienst) – Vereinigung für Menschenrechte, Dritte Welt, Umwelt- und Naturschutz – Vereinigung für Nachbarschaftshilfe und Hilfen im Alltag (z.B. bei der Kinderbetreuung, Elternarbeit) – Vereinigung für gesundheitliche Selbsthilfe (z.B. im Bereich Suchtprävention, psychosoziale Selbsthilfe, Behinderte) – anderer Verein.

Diese Mitglieder sollten darüber hinaus die Frage beantworten, „ob Sie im jeweiligen Verein ein *Amt ausüben* oder ob Sie regelmäßig *mithelfen*, ohne ein Amt innezuhaben, oder 'weder noch', wenn Sie zwar Mitglied sind, aber kein Amt ausüben bzw. nicht regelmäßig mithelfen." Als zusätzliche Erklärung wurde folgendes Begriffsverständnis vorgegeben: „Als *'Amt'* wird hier eine ehrenamtliche Tätigkeit verstanden, die man freiwillig und unbezahlt oder gegen geringe Aufwandsentschädigung ausübt. (Gemeint sind nicht neben- oder hauptberufliche Tätigkeiten gegen Bezahlung.) In ein Amt wird man gewählt, berufen oder man wird mit ihm beauftragt (also z.b. Vorsitzender, Schriftführerin oder Übungsleiter in einem Sportverein). Man kann in einem Verein aber auch *mithelfen und mitarbeiten, ohne dass man ein Amt innehat."* Vor diesem Hintergrund werden im Folgenden drei Mitgliedergruppen unterschieden: (1) die Funktionsträger, die weitgehend formalisierte Ämter im Leitungs-, Organisations- und Betreuungsbereich der Vereinigungen übernehmen, (2) diejenigen Mitglieder, die auf informeller Ebene mitarbeiten, wenn aktuell zu bewältigende oder projektbezogene Aufgaben zu lösen sind, und schließlich (3) all jene, die sich nicht in ihrer Vereinigung engagieren.

Um darüber hinaus den Vergleich zwischen Mitgliedern unterschiedlicher Vereinigungen in die empirische Analyse aufzunehmen, werden wir uns auf vier verschiedene Typen von freiwilligen Vereinigungen konzentrieren, die nach dem Kriterium der „Binnen-" und „Außenorientierung" ausgewählt wurden. Dabei haben wir uns für solche Vereinigungen entschieden, die in der Forschung üblicherweise einem der beiden Pole relativ eindeutig zugeordnet werden: auf der einen Seite Sportvereine und Hobbyvereinigungen, denen eine starke Binnenorientierung zugeschrieben wird; auf der anderen Seite karitativ-soziale und politische Vereinigungen, die als außenorientiert gelten (vgl. dazu z.B. Braun et al., i. Dr.; Otte, 1998; Zimmer, 1996).[2] In der empirischen Analyse werden wir nur jene Mitglieder in diesen vier Typen von Vereinigungen berücksichtigen, die keine Mehrfachmitgliedschaften angegeben haben.

2.2 Soziale und politische Orientierungen

Die drei skizzierten Merkmale – die Mitgliedschaft bzw. Nicht-Mitgliedschaft in freiwilligen Vereinigungen, das freiwillige Engagement in den Vereinigungen und die Mitgliedschaft in einer der vier Typen von Vereinigungen – dienen als Differenzierungskriterien, entlang derer die sozialen und politischen

---

[2] Karitativ-soziale Vereinigungen wurden im Erhebungsbogen als „karitative Vereinigung, Vereinigung für soziale Arbeit (z.B. Volkssolidarität, Arbeitslosenvereinigung, Malteser Hilfsdienst)" und politische Vereinigungen als „Partei oder politische Gruppierung" bezeichnet.

Orientierungen der verschiedenen Gruppen untersucht und miteinander verglichen werden. Diese Orientierungen werden vor dem Hintergrund eines begrifflichen Rahmens analysiert, der in den letzten Jahren in die deutsche Sozialkapital-Forschung eingebracht wurde (vgl. z.B. Heinze & Strünck, 2000; Offe & Fuchs, 2001). Den Kern dieses Rahmens bilden die Komponenten „Aufmerksamkeit" für öffentliche Angelegenheiten und „Vertrauen", wobei von der folgenden grundlegenden These ausgegangen wird: Jede dieser beiden Komponenten wachse „durch die Mitgliedschaft und das Engagement in 'civic associations' und vergrößert das soziale Kapital" in der Gesellschaft (Heinze & Strünck, 2000, S. 178 f).

Der Begriff der „Aufmerksamkeit" soll dabei all jene kognitiven Orientierungen gegenüber dem gesellschaftlichen und politischen Leben bezeichnen, die sich auf „öffentliche Angelegenheiten" im weitesten Sinne beziehen (z.b. materielle Wohlfahrt, moralisches Verhalten, persönliche Entwicklung, ästhetische Qualitäten etc.). „Aufmerksamkeit ist in diesem Sinne zunächst eine Eigenschaft des Einzelnen, die nicht unbedingt eine Disposition in Richtung der 'Fürsorge für andere' oder des aktiven Engagements in der Gemeinschaft beinhaltet. Sie signalisiert lediglich Aufgeschlossenheit für die Qualität des öffentlichen Lebens einschließlich der das öffentliche Leben berührenden symbolischen Praktiken; ihr Vorhandensein impliziert jedoch nicht automatisch, dass man sich gegenüber allen Entwicklungen blind zeigt, die nicht die eigene Situation betreffen" (Offe & Fuchs, 2001, S. 419). Insofern sei „Aufmerksamkeit" zwar eher ein schwacher Indikator für Sozialkapital, zugleich aber die notwendige Voraussetzung für die Teilnahme am assoziativen Leben. Entsprechende Antipoden von Aufmerksamkeit seien Ignoranz, Indifferenz oder opportunistische Meinungsbildung.

Ein stärkerer Indikator für Sozialkapital sei hingegen das individuelle Vertrauen, bei dem Offe und Fuchs (2001) zwischen einer „schwachen" und „starken" Variante unterscheiden. Die 'schwache' Variante impliziere die Abwesenheit von Angst und Misstrauen in einer (hypothetischen) Interaktion mit anderen Menschen. „Wenn jemand die Ergebnisse einer Interaktion bereits negativ antizipiert, dann ist das Kriterium des 'schwachen Vertrauens' nicht mehr erfüllt. Ein Hindernis für Interaktion kann allerdings auch im mangelnden Selbstvertrauen liegen, d.h., jemand traut sich nicht zu, sich in einer Interaktion angemessen durchzusetzen" (S. 419). Bei der „starken" Variante von Vertrauen wird hingegen davon ausgegangen, dass nicht nur eine optimistische Sichtweise vorherrsche, die meisten Menschen seien umgänglich und kooperativ. Diese generelle Sichtweise müsse durch die Vorstellung erweitert werden, aus kooperativem Handeln könne ein gegenseitiger intrinsischer und instrumenteller Nutzen gezogen werden.

Um diese beiden Komponenten von sozialem Kapital zu erheben, haben wir in der empirischen Erhebung Items zu den sozialen und politischen Orientierungen der Bevölkerung eingesetzt, die sich an den Arbeiten einer Forschergruppe um Vester orientierten (vgl. Vester, von Oertzen, Geiling, Hermann & Müller, 2001, insbesondere S. 433 ff). Diese 63 Items (vgl. die Übersicht im Anhang) sollten auf einer vierstufigen Skala von „trifft überhaupt nicht zu" (= 1) bis „trifft ganz genau zu" (= 4) beantwortet werden. Sie wurden auf der Grundlage einer Faktorenanalyse (mit Varimax-Rotation) zu Skalen zusammengefasst, wobei wir im Folgenden – auf der Grundlage der Skalenmittelwerte – zwischen schwachen (Skalenmittelwerte von 1.00 bis 2.00), mittleren (2.01 bis 2.99) und starken (3.00 bis 4.00) Werten (Zustimmungen bzw. Ablehnungen) unterschieden werden.

Die Frage nach der „Aufmerksamkeit" für öffentliche Angelegenheiten wird dabei auf der Grundlage jener Skalen untersucht, die in Tabelle 1 dargestellt sind. Sie thematisieren einerseits die „individualistische Orientierung" und „politische Indifferenz" der Menschen und andererseits deren subjektives Verständnis von sozialer Ungleichheit im Hinblick auf drei Aspekte: „sozialdarwinistische Orientierungen", „Fremdenfeindlichkeit" und „Geschlechtergleichheit".

Die Frage nach dem „Vertrauen" haben wir sowohl in seiner „schwachen" als auch in seiner „starken" Variante aufgenommen. Die schwache Variante bezieht sich auf Aspekte der „sozialen Ängste" des Einzelnen und auf dessen „gesellige Orientierung" in alltäglichen Sozialzusammenhängen (vgl. Tabelle 2). Demgegenüber thematisiert die starke Variante Fragen nach dem „allgemeinen sozialen Misstrauen" und dem „Misstrauen in die Politik" wie auch nach der „Hilfsbereitschaft" für andere und die „erwartete Hilfsbereitschaft" von anderen (vgl. Tabelle 3).

Tabelle 1: Skalen zur „Aufmerksamkeit" der Bevölkerungsmitglieder.

Skala „individualistische Orientierung"	M	SD
▪ Jeder sollte sich um seine eigenen Angelegenheiten kümmern.	2.17	0.96
▪ Es interessiert mich überhaupt nicht, was die Leute über mich reden.	2.64	0.95
▪ Wenn ich Probleme habe, helfe ich mir selbst, da brauche ich niemanden.	2.29	0.93
▪ Mein Privatleben ist mir wichtiger als alles andere.	2.73	0.94
▪ Ich will machen, was ich will, und die anderen sollen machen, was sie wollen.	2.13	1.05
Skala: M = 2.39, SD = 0.60, Min = 1.0, Max = 4.0; Cronbachs α = .59		

Skala „politische Indifferenz"
- Für mich gibt es wichtigere Dinge zu tun, als mich um Politik zu kümmern.   2.33   0.95
- Ich fühle mich ganz einfach überfordert, in der großen Politik mitreden zu können.   2.49   1.01
- Ich meine: Die Politiker sollen regieren und den Bürger in Ruhe lassen.   1.85   0.96

Skala: M = 2.22, SD = 0.70, Min = 1.0, Max = 4.0; Cronbachs α = .53

Skala „Verständnis von sozialer Ungleichheit: sozialdarwinistische Orientierungen"
- Die meisten, die heutzutage im Leben nichts erreichen, sind selber schuld.   2.33   0.90
- Viele Menschen versuchen, auf Kosten anderer zu leben.   3.27   0.83
- In der heutigen Zeit muss sich jeder alleine durchsetzen und sollte nicht auf die Hilfe anderer rechnen.   2.44   0.98
- Wer sich menschlich verhält, hat davon nur Nachteile.   2.08   0.95
- In unserer Gesellschaft ist sich jeder selbst der Nächste.   2.71   0.94
- Soziale Gerechtigkeit heißt für mich, dass jeder den Platz in der Gesellschaft erhält, den er aufgrund seiner Leistungen verdient.   2.85   0.98

Skala: M = 2.61, SD = 0.55, Min = 1.0, Max = 4.0; Cronbachs α = .63

Skala „Verständnis von sozialer Ungleichheit: Fremdenfeindlichkeit"
- Die vielen Flüchtlinge aus allen Teilen der Welt entwickeln sich zu einer ernsten Bedrohung für unser Land.   2.39   0.96
- Ich finde es gut, wenn Angehörige vieler Nationen in einem Land zusammenleben. (invertiert)   2.38   0.93
- Bei uns in der Bundesrepublik werden Ausländer bevorzugt und Deutsche benachteiligt.   2.21   1.02

Skala: M = 2.32, SD = 0.77, Min = 1.0, Max = 4.0; Cronbachs α = .72

Skala „Verständnis von sozialer Ungleichheit: Geschlechtergleichheit"
- Frauen sind genauso wie Männer geeignet, führende Positionen in der Gesellschaft einzunehmen.   3.71   0.62
- Ich meine: Politik ist Männersache. (invertiert)   3.73   0.64

Skala: M = 3.72, SD = 0.51, Min = 1.0, Max = 4.0; Cronbachs α = .49

Tabelle 2: Skalen zum „Vertrauen" der Bevölkerungsmitglieder (schwache Variante).

Skala „soziale Ängste"	M	SD
▪ Manchmal traue ich mich nicht, im Bekanntenkreis etwas zu sagen, weil ich einen dummen Fehler machen könnte.	1.63	0.91
▪ Ich fühle mich oft als Außenseiter.	1.59	0.89
▪ Ich fürchte, dass andere Leute mich nicht leiden können.	1.62	0.82
Skala: M = 1.61, SD = 0.65, Min = 1.0, Max = 4.0; Cronbachs α = .60		
Skala „gesellige Orientierung"		
▪ Es fällt mir schwer, Freundschaften zu schließen. (invertiert)	3.04	0.91
▪ Ich kenne unheimlich viele interessante Leute.	2.58	0.92
▪ Viele meiner Freunde habe ich im Verein kennen gelernt.	1.79	1.04
▪ Ich habe außerhalb meiner Familie kaum Freunde und Bekannte. (invertiert)	3.44	0.88
▪ Ich habe Freunde aus allen Kreisen, vom Handwerker bis zum Akademiker.	2.95	1.07
▪ Im Freundeskreis verabreden wir uns oft spontan.	2.85	0.96
▪ Ich feiere meinen Geburtstag gerne mit vielen Leuten.	2.77	1.09
▪ Ich kenne genug Menschen, denen ich vertrauen kann und die mir helfen.	2.98	0.87
▪ Meine Freunde sind für mich wie eine große Familie.	2.80	0.90
▪ Viele Freunde zu haben, ist für mich sehr wichtig.	2.78	0.94
▪ Ich unternehme viel gemeinsam mit meinen Freunden und Bekannten.	2.69	0.89
Skala: M = 2.79, SD = 0.56, Min = 1.0, Max = 4.0; Cronbachs α = .82		

Tabelle 3: Skalen zum „Vertrauen" der Bevölkerungsmitglieder (starke Variante).

	M	SD
Skala „allgemeines soziales Misstrauen"		
▪ Das Verhältnis der Menschen untereinander wird immer unpersönlicher.	3.27	0.80
▪ Die meisten Leute kümmern sich in Wirklichkeit gar nicht darum, was mit ihren Mitmenschen geschieht.	3.07	0.80
▪ Wenn man genau hinsieht, findet man in unserer Gesellschaft viel Hilfsbereitschaft. (invertiert)	2.50	0.84
Skala: M = 2.95, SD = 0.58, Min = 1.0, Max = 4.0; Cronbachs α = .51		
Skala „Misstrauen gegenüber der Politik"		
▪ Ich meine, dass die Politiker viele Probleme unnötig verkomplizieren.	3.32	0.79
▪ Politiker können versprechen, was sie wollen, ich glaube ihnen nicht mehr.	3.07	0.84
▪ Moralische Grundsätze gelten heute in der Politik nicht mehr.	3.09	0.86
▪ Es ist egal, welche Partei man wählt, ändern wird sich doch nichts.	2.83	1.08
▪ Eigentlich zählen heute nur Macht und Geld.	3.20	0.86
Skala: M = 3.10, SD = 0.61, Min = 1.0, Max = 4.0; Cronbachs α = .72		
Skala „Hilfsbereitschaft"		
▪ Ich helfe gerne anderen Leuten, wenn ich dazu in der Lage bin.	3.58	0.64
▪ Ich werde von Freunden und Bekannten öfter um Rat gefragt.	2.84	0.79
▪ Ich bin jederzeit bereit, mich für die Interessen anderer einzusetzen, wenn mich das überzeugt.	3.12	0.82
Skala: M = 3.18, SD = 0.53, Min = 1.0, Max = 4.0; Cronbachs α = .48		
Skala „erwartete Hilfsbereitschaft"		
▪ Mit meinen Freunden muss ich all meine Sorgen und Probleme besprechen können.	2.88	0.97
▪ Ich finde es keine Schande, ein Hilfsangebot anzunehmen.	3.32	0.82
▪ Ich erwarte von meinen Freunden, dass sie sich in meine Probleme einfühlen können.	2.46	0.89
▪ Ich kann mir von meinen Freunden und Bekannten jederzeit Rat und Hilfe holen.	3.33	0.75
Skala: M = 3.00, SD = 0.59, Min = 1.0, Max = 4.0; Cronbachs α = .62		

2.3 Sozialisations- oder Selektionsprozesse?

Bevor die empirischen Ergebnisse skizziert werden, die wir auf der Grundlage dieser Indikatoren ermittelt haben, ist noch ein grundsätzlicher „methodischer" Hinweis angebracht, der bei der Ergebnisinterpretation immer zu berücksichtigen ist. Denn wenn freiwillige Vereinigungen als Institutionen gelten, in denen die Mitglieder soziale und politische Orientierungen erwerben, die einen „kompetenten Bürger" auszeichneten, dann liegt dieser Annahme die angesprochene sozialisationstheoretische Argumentationsfigur zugrunde. Gleichwohl – und darauf ist explizit hinzuweisen – kann diese Argumentationsfigur anhand des verfügbaren Datenmaterials nicht geprüft werden. Diese Daten erlauben es lediglich, statistische Zusammenhänge z.b. zwischen den Mitgliedern und Nicht-Mitgliedern in freiwilligen Vereinigungen einerseits und den sozialen und politischen Orientierungen beider Gruppen andererseits zu ermitteln.

Sofern sich entsprechende Korrelationen zwischen diesen beiden Gruppen oder aber zwischen den Funktionsträgern, informell engagierten und nicht-engagierten Mitgliedern in freiwilligen Vereinigungen empirisch belegen lassen sollten, könnte man anstelle der angesprochenen sozialisationstheoretischen auch eine selektionstheoretische Interpretation aufnehmen. Demnach würden freiwillige Vereinigungen weniger solche Handlungsräume eröffnen, in denen spezifische soziale und politische Orientierungen erworben werden; vielmehr würden sie auf Bevölkerungsgruppen mit bestimmten Orientierungen besonders anziehend wirken – nach dem Motto: „Der Nesthocker-Mensch lernt nicht im Verein politisch zu fliegen, er kommt vielmehr bereits dorthin geflogen, aber nur, wenn er auch politisch schon flügge ist" (Simon, 1983, S. 256). Da die vorliegenden Daten prinzipiell beide Interpretationsrichtungen zulassen, ist diese Selektionsannahme im Hinterkopf zu behalten. Gleichwohl werden wir in der folgenden empirischen Analyse zunächst von der sozialisationstheoretischen Prämisse ausgehen, die den theoretischen Hintergrund in der laufenden Diskussion über freiwillige Vereinigungen als Institutionen zur (Re-)Produktion von sozialem Kapital in modernen Bürgergesellschaften darstellt. In dem abschließenden Ausblick dieses Beitrags werden wir auf diese Problematik aber nochmals zu sprechen kommen.

3 Empirische Ergebnisse

3.1 Mitglieder und Nicht-Mitglieder in freiwilligen Vereinigungen: Ein Vergleich auf der Bevölkerungsebene

Vergleicht man in einem ersten Schritt die Mitglieder in freiwilligen Vereinigungen mit jenen Bevölkerungsmitgliedern, die keiner Vereinigung angehören,[3] dann lassen die empirischen Ergebnisse auf einer allgemeinen Ebene erkennen, dass die Mitglieder freiwilliger Vereinigungen gegenüber gesellschaftlichen und politischen Angelegenheiten aufgeschlossener sind und auch ein höheres Vertrauen aufweisen, also eine optimistischere Einstellung im Hinblick auf zwischenmenschliche Interaktionen und Kooperationen haben.

Betrachtet man vor diesem Hintergrund zunächst die empirischen Ergebnisse zur *Aufmerksamkeit* gegenüber öffentlichen Angelegenheiten, dann wird deutlich, dass die Mitglieder freiwilliger Vereinigungen weniger individualistisch, sozialdarwinistisch und ablehnend gegenüber Ausländern bzw. Fremden eingestellt sind und darüber hinaus auch ein größeres politisches Interesse artikulieren (vgl. Tabelle 4). Im Einzelnen bedeutet das: Rund ein Viertel aller Nicht-Mitglieder weisen starke individualistische Orientierungen auf – sind also unter anderem der Meinung, dass sich jeder um seine eigenen Angelegenheiten kümmern sollte –, während dies nur auf 17 % der Mitglieder zutrifft. Auch gegenüber Ausländern bzw. Fremden sind Nicht-Mitglieder insofern „radikaler" eingestellt, als sie signifikant häufiger Flüchtlinge als Bedrohung ansehen, Deutsche im Vergleich zu Ausländern als benachteiligt betrachten und es zudem weniger gut heißen, wenn Angehörige vieler Nationen in einem Land zusammenleben. Sozialdarwinistische Auffassungen, die zumeist als Rechtfertigungsideologie für bestehende soziale Ungleichheiten dienen, indem davon ausgegangen wird, dass nur die Tüchtigsten im gesellschaftlichen Konkurrenzkampf „überleben" würden, sind ebenfalls in der Gruppe der Nicht-Mitglieder häufiger zu beobachten. Schließlich unterscheiden sich beide Gruppen auch in ihrer Haltung gegenüber der Politik, wobei sich die Mitglieder freiwilliger Vereinigungen wiederum als aufgeschlossener und politisch interessierter erweisen.

---

[3] Zur sprachlichen Vereinfachung werden diese Personen im Folgenden als Nicht-Mitglieder bezeichnet.

Tabelle 4: Aufmerksamkeit, differenziert nach Mitgliedern (N = 1 710) und Nicht-Mitgliedern (N = 872). Mittelwerte (Standardabweichungen) und Prozentwerte (gewichtete Mitgliederstichprobe).

	schwach	mittel	stark	M (SD)	
Individualistische Orientierung					
Mitglieder	36.1	47.0	17.0	2.35 (0.58)	t (1 504) = 4.72,
Nicht-Mitglieder	28.2	47.6	24.2	2.47 (0.62)	$p < .001$, d = 0.21
Politische Indifferenz					
Mitglieder	52.5	32.5	15.1	2.15 (0.69)	t (2 443) = 6.94,
Nicht-Mitglieder	39.8	35.1	25.1	2.35 (0.70)	$p < .001$, d = 0.30
Verständnis von sozialer Ungleichheit: Leistungsideologie					
Mitglieder	18.7	55.4	25.9	2.57 (0.54)	t (2 368) = 5.14,
Nicht-Mitglieder	15.0	51.2	33.8	2.69 (0.55)	$p < .001$, d = 0.22
Verständnis von sozialer Ungleichheit: Ausländer/Fremde					
Mitglieder	46.2	28.8	25.0	2.28 (0.78)	t (2 429) = 3.82,
Nicht-Mitglieder	38.8	31.8	29.4	2.41 (0.76)	$p < .001$, d = 0.16
Verständnis von sozialer Ungleichheit: Geschlechter					
Mitglieder	1.8	5.4	92.8	3.72 (0.51)	t (2 486) = 0.02,
Nicht-Mitglieder	1.9	6.0	92.1	3.72 (0.52)	$p > .05$, d = 0.00

Durchaus ähnliche Differenzen sind auch bei der Frage nach dem *Vertrauen* zu erkennen. Im Vergleich zu all jenen Personen, die keiner freiwilligen Vereinigung angehören, haben die Mitglieder solcher Vereinigungen offenkundig nicht nur weniger Furcht und Misstrauen in zwischenmenschlichen Beziehungen. Sie zeichnen sich auch durch eine vertrauensvollere „Weltsicht" aus (vgl. Tabelle 5): Fast die Hälfte aller Mitglieder, aber nicht einmal ein Drittel aller Nicht-Mitglieder charakterisiert eine starke gesellige Orientierung, die unter anderem darin zum Ausdruck kommt, dass man Freundschaften schätzt, pflegt und auch tatsächlich hat und nicht nur lockere Verbindungen eingeht, indem man wie „Billardkugeln" (Elias, 1987, S. 44) nur für kurze Augenblicke mit anderen Akteuren „zusammenprallt", um sich dann recht schnell wieder von diesen zu entfernen. Das allgemeine soziale, aber auch das politische Misstrauen sind ebenfalls unter den Nicht-Mitgliedern stärker ausgeprägt, insofern als sie eher der Auffassung sind, dass das Verhältnis der Menschen untereinander immer

Tabelle 5: Vertrauen, differenziert nach Mitgliedern (N = 1 710) und Nicht-Mitgliedern (N = 872). Mittelwerte (Standardabweichungen) und Prozentwerte (gewichtete Mitgliederstichprobe)

	schwach	mittel	stark	M (SD)	
Soziale Ängste					
Mitglieder	81.4	13.6	5.0	1.60 (0.63)	t (1 507) = 0.89, $p > .05$, d = 0.05
Nicht-Mitglieder	80.6	13.0	6.3	1.63 (0.69)	
Gesellige Orientierung					
Mitglieder	7.0	46.6	46.4	2.87 (0.54)	t (1 432) = -8.84, $p < .001$, d = -0.40
Nicht-Mitglieder	16.2	52.6	31.3	2.65 (0.58)	
Allgemeines soziales Misstrauen					
Mitglieder	10.2	35.1	54.7	2.88 (0.57)	t (2 438) = 8.27, $p < .001$, d = 0.36
Nicht-Mitglieder	5.2	27.1	67.7	3.08 (0.56)	
Hilfsbereitschaft					
Mitglieder	3.4	17.7	78.8	3.21 (0.51)	t (1 536) = -3.74, $p < .001$, d = -0.16
Nicht-Mitglieder	5.3	23.8	70.9	3.12 (0.55)	
erwartete Hilfsbereitschaft					
Mitglieder	6.8	32.2	61.0	3.01 (0.58)	t (2 412) = -1.73, $p > .05$, d = -0.07
Nicht-Mitglieder	9.7	30.9	59.5	2.97 (0.61)	
Misstrauen gegenüber der Politik					
Mitglieder	6.5	32.7	60.7	3.05 (0.61)	t (2 403) = 6.12, $p < .001$, d = 0.27
Nicht-Mitglieder	4.5	24.3	71.3	3.21 (0.60)	

unpersönlicher werde und dass man von Politikern im Grunde nichts Positives zu erwarten habe bzw. ihnen nicht trauen könne.

Die Hilfsbereitschaft für andere ist hingegen bei den Mitgliedern freiwilliger Vereinigungen stärker ausgeprägt. Allerdings sind sie offenbar nicht nur bereit, sich eher für die Bedürfnisse und Interessen anderer einzusetzen; sie erwarten auch häufiger, dass ihnen Hilfe und Unterstützung bereitgestellt wird, sofern sie darauf angewiesen sind. Anders formuliert: Im Vergleich zu den Nicht-Mitgliedern sind die Mitglieder freiwilliger Vereinigungen nicht nur eher bereit, Hilfeleistungen zu erbringen; im Sinne der Norm generalisierter Reziprozität erwarten sie offenbar auch eher, dass ihnen im Bedarfsfall geholfen wird.

3.2 Funktionsträger, informell Engagierte und Nicht-Engagierte: ein Vergleich auf der Mitgliederebene

Die Aufmerksamkeit für öffentliche Angelegenheiten und das Vertrauen unterscheiden sich allerdings nicht nur zwischen Mitgliedern freiwilliger Vereinigungen und den Personen, die keiner Vereinigung angehören, sondern auch zwischen Funktionsträgern in mehr oder minder formalisierten und mutmaßlich auch entscheidungsrelevanten Positionen, den informell engagierten Mitgliedern, die zwar regelmäßig in ihrer Vereinigung mitarbeiten, dabei aber eher spontan anfallende Aufgaben übernehmen, und den nicht-engagierten Mitgliedern. Funktionsträger weisen gegenüber den informell engagierten, insbesondere aber gegenüber den nicht-engagierten Mitgliedern eher jene Komponente des Sozialkapitals auf, die hier mit dem Begriff Aufmerksamkeit umschrieben wird und die als Voraussetzung für die aktive Teilnahme am assoziativen Leben gilt (vgl. Abschnitt 2). So sind sie beispielsweise weniger individualistisch, sozialdarwinistisch, ausländerfeindlich und politisch indifferent eingestellt als die informell Engagierten, die unter diesen Gesichtspunkten wiederum etwas „positivere" Werte als die Nicht-Engagierten erzielen (vgl. Tabelle 6).

In Zahlen: Während ein Zehntel der Funktionsträger eine starke individualistische Orientierung kennzeichnet, liegt der entsprechende Anteil bei den informell Engagierten bei 16 % und bei den Nicht-Engagierten sogar bei 21 %. Der Anteil der politisch Indifferenten ist in der Gruppe der informell und der nicht-engagierten Mitglieder ebenfalls signifikant höher als in der Gruppe der Funktionsträger: Etwa 9 % der Funktionsträger, aber immerhin 16 % der informell Engagierten und sogar 18 % aller Nicht-Engagierten weisen eine starke politische Gleichgültigkeit auf. Vertreter sozialdarwinistischer Überzeugungen sind ebenfalls eher unter den Nicht- oder den informell Engagierten als unter den Funktionsträgern zu finden: Rund 30 % aller Nicht- bzw. informell Engagierten,

Tabelle 6: Aufmerksamkeit, differenziert nach Funktionsträgern (N = 456), informell Engagierten (N = 377) und Nicht-Engagierten (N = 883). Mittelwerte (Standardabweichungen) und Prozentwerte (gewichtete Mitgliederstichprobe).

	Funktionsträger	informell Engagierte	Nicht-Engagierte
Individualistische Orientierung			
schwach	40.1	36.4	33.9
mittel	49.6	47.5	45.1
stark	10.2	16.1	21.0
M (SD)	2.24 (0.51)	2.33 (0.56)	2.41 (0.61)
	$F(2, N = 1\,615) = 11.75, p < .001, \eta^2 = .014$		
Politische Indifferenz			
schwach	60.6	48.6	49.8
mittel	30.2	35.6	32.3
stark	9.2	15.7	17.9
M (SD)	2.02 (0.67)	2.20 (0.70)	2.20 (0.68)
	$F(2, N = 1\,632) = 10.61, p < .001, \eta^2 = .013$		
Verständnis von sozialer Ungleichheit: Leistungsideologie			
schwach	24.6	18.7	15.6
mittel	58.5	53.7	54.6
stark	16.8	27.6	29.9
M (SD)	2.43 (0.49)	2.57 (0.54)	2.63 (0.55)
	$F(2, N = 1\,579) = 20.16, p < .001, \eta^2 = .025$		
Verständnis von sozialer Ungleichheit: Ausländer/Fremde			
schwach	51.8	44.5	43.7
mittel	25.6	30.3	29.8
stark	22.6	25.2	26.5
M (SD)	2.19 (0.78)	2.30 (0.77)	2.32 (0.78)
	$F(2, N = 1\,619) = 4.07, p < .05, \eta^2 = .005$		
Verständnis von sozialer Ungleichheit: Geschlechter			
schwach	1.1	1.6	2.2
mittel	5.0	6.8	5.0
stark	93.9	91.5	92.8
M (SD)	3.75 (0.46)	3.72 (0.52)	3.70 (0.53)
	$F(2, N = 1\,658) = 1.36, p > .05, \eta^2 = .002$		

Tabelle 7: Vertrauen, differenziert nach Funktionsträgern (N = 456), informell Engagierten (N = 377) und Nicht-Engagierten (N = 883). Mittelwerte (Standardabweichungen) und Prozentwerte (gewichtete Mitgliederstichprobe).

	Funktionsträger	Informell Engagierte	Nicht-Engagierte
Soziale Ängste			
schwach	84.1	80.9	79.9
mittel	12.9	14.5	13.7
stark	3.0	4.6	6.4
M (SD)	1.57 (0.57)	1.60 (0.63)	1.63 (0.66)
	$F(2, N = 1\,633) = 1.32, p > .05, \eta^2 = .002$		
Gesellige Orientierung			
schwach	3.5	5.3	9.6
mittel	40.9	39.8	53.0
stark	55.6	54.9	37.3
M (SD)	2.99 (0.48)	2.96 (0.52)	2.76 (0.56)
	$F(2, N = 1\,486) = 31.55, p < .001, \eta^2 = .041$		
Allgemeines soziales Misstrauen			
schwach	11.3	9.3	10.0
mittel	41.4	34.5	31.9
stark	47.2	56.2	58.1
M (SD)	2.80 (0.56)	2.90 (0.55)	2.92 (0.59)
	$F(2, N = 1\,637) = 6.00, p < .01, \eta^2 = .007$		
Hilfsbereitschaft			
schwach	3.1	4.1	3.2
mittel	11.0	16.0	22.3
stark	85.8	79.9	74.5
M (SD)	3.29 (0.49)	3.23 (0.52)	3.15 (0.51)
	$F(2, N = 1\,642) = 11.28, p < .001, \eta^2 = .014$		
Erwartete Hilfsbereitschaft			
schwach	4.2	6.4	8.5
mittel	30.2	27.9	34.8
stark	65.6	65.6	56.7
M (SD)	3.06 (0.54)	3.06 (0.56)	2.97 (0.60)
	$F(2, N = 1\,614) = 5.15, p < .01, \eta^2 = .006$		
Misstrauen gegenüber der Politik			
schwach	9.9	7.7	4.1

mittel	35.7	25.7	34.4
stark	54.5	66.6	61.5
M (SD)	2.94 (0.66)	3.10 (0.59)	3.08 (0.59)
	$F(2, N = 1\,602) = 8.89, p < .001, \eta^2 = .011$		

aber nur 17 % aller Funktionsträger stimmen Aussagen wie „Jeder muss sich alleine durchsetzen" oder „In unserer Gesellschaft ist sich jeder selbst der Nächste" voll und ganz zu. Auch gegenüber Ausländern bzw. Fremden nehmen Nicht- bzw. informell Engagierte häufiger eine kritisch-distanzierte Haltung ein als die Funktionsträger.

Auch das *Vertrauen* ist bei den Funktionsträgern stärker ausgeprägt als bei den informell oder den Nicht-Engagierten, insofern als die Funktionsträger nach eigener Auskunft geselliger, hilfsbereiter und weniger misstrauisch gegenüber der Politik bzw. ihren Mitmenschen sind als die informell und die nicht-engagierten Mitglieder (vgl. Tabelle 7). Dies zeigt sich z.B. daran, dass der Anteil der Mitglieder mit starker geselliger Orientierung von den Funktionsträgern (56 %) über die informell Engagierten (55 %) zu den Nicht-Engagierten (37 %) recht deutlich abnimmt. Ein ähnliches Bild ergibt sich bei der Hilfsbereitschaft, da die Funktionsträger eher bereit sind als die informell oder nicht-engagierten Mitglieder, anderen Menschen zu helfen, wenn sie dazu in der Lage sind. Allerdings erwarten die Funktionsträger und auch die informell Engagierten eher als die Nicht-Engagierten, dass ihnen bei anstehenden Problemen ebenfalls geholfen wird. Auch beim allgemeinen sozialen Misstrauen ist ein Gefälle von den Funktionsträgern über die informell Engagierten zu den Nicht-Engagierten festzustellen – allerdings mit anderen Vorzeichen: Ein starkes soziales Misstrauen benennen 47 % aller Funktionsträger, aber immerhin 56 % bzw. 58 % aller informell bzw. nicht-engagierten Mitglieder. Demgegenüber sind es vor allem die informell Engagierten, die mit 67 % ein starkes Misstrauen gegenüber der Politik hegen, während die Nicht-Engagierten einen Wert von 62 %, die Funktionsträger hingegen nur einen Wert von 55 % erreichen.

3.3 Mitglieder binnen- und außenorientierter Vereinigungen: ein Vergleich auf der Ebene freiwilliger Vereinigungen

Schließlich weisen die Ergebnisse darauf hin, dass Mitglieder von außenorientierten Vereinigungen über umfangreichere bürgerschaftliche Kompetenzen verfügen als die Mitglieder binnenorientierter Vereinigungen. Die Mitglieder in karitativ-sozialen und politischen Vereinigungen sind z.B. politisch interessierter und Ausländern bzw. Fremden gegenüber weniger kritisch einge-

Tabelle 8: Aufmerksamkeit, differenziert nach ausgewählten innenorientierten und außenorientierten Vereinigungen. Mittelwerte (Standardabweichungen) und Prozentwerte (gewichtete Mitgliederstichprobe).

	Sportverein N = 615	Hobby- vereinigung N = 137	politische Vereinigung N = 51	karitativ- soziale Vereinigung N = 86
individualistische Orientierung				
schwach	36.7	30.9	47.8	44.4
mittel	47.1	52.8	28.3	40.7
stark	16.2	16.3	23.9	14.8
M (SD)	2.33 (0.56)	2.40 (0.56)	2.27 (0.67)	2.26 (0.61)
	$F(3, N = 831) = 1.19, p > .05, \eta^2 = .004$			
politische Indifferenz				
schwach	49.4	46.8	65.3	66.7
mittel	35.5	35.7	14.3	25.0
stark	15.1	17.5	20.4	8.3
M (SD)	2.19 (0.64)	2.27 (0.69)	1.92 (0.81)	1.95 (0.66)
	$F(3, N = 842) = 6.42, p < .001, \eta^2 = .022$			
Verständnis von sozialer Ungleichheit: Leistungsideologie				
schwach	17.8	11.4	20.4	19.2
mittel	56.4	59.3	53.1	56.4
stark	25.8	29.3	26.5	24.4
M (SD)	2.57 (0.53)	2.67 (0.50)	2.52 (0.58)	2.48 (0.54)
	$F(3, N = 824) = 2.29, p > .05, \eta^2 = .008$			
Verständnis von sozialer Ungleichheit: Ausländer/Fremde				
schwach	44.1	33.9	53.3	51.8
mittel	30.0	30.6	31.1	32.5
stark	25.9	35.5	15.6	15.7
M (SD)	2.33 (0.74)	2.51 (0.80)	2.02 (0.79)	2.13 (0.70)
	$F(3, N = 840) = 6.92, p < .001, \eta^2 = .024$			
Verständnis von sozialer Ungleichheit: Geschlechter				
schwach	1.2	1.5	5.9	2.4
mittel	4.7	10.0	0.0	1.2
stark	94.1	88.5	94.1	96.5
M (SD)	3.75 (0.48)	3.61 (0.57)	3.72 (0.65)	3.77 (0.46)
	$F(3, N = 862) = 3.01, p < .05, \eta^2 = .010$			

stellt als die Mitglieder von Sportvereinen oder Hobbyvereinigungen. In Letzteren sind zudem vergleichsweise häufiger chauvinistische Einstellungen anzutreffen, die vor allem darin zum Ausdruck kommen, dass Mitglieder von Hobbyvereinigungen Männer als geeigneter für wichtige Positionen in Gesellschaft und Politik einstufen als Frauen (vgl. Tabelle 8).

Auch beim individuellen Vertrauen der Mitglieder gibt es offenbar Unterschiede zwischen solchen Vereinigungen, die in erster Linie Clubgüter für ihre Mitglieder erzeugen, und jenen, die außerhalb der Organisation liegende Ziele zu verwirklichen suchen. Demnach ist die schwache Version von Vertrauen vor allem bei den Sportvereinsmitgliedern deutlich ausgeprägt: Über die Hälfte von ihnen weist nach eigener Auskunft eine starke gesellige Orientierung auf, während die entsprechenden Quoten in den beiden außenorientierten Vereinigungen bei geringeren 45 % liegen. Allgemeines soziales Misstrauen und Misstrauen in die Politik sind allerdings bei den Sportvereinsmitgliedern häufiger anzutreffen als z.B. bei den Mitgliedern von politischen Vereinigungen.

In Zahlen: Während 35 % der Mitglieder politischer Vereinigungen ein starkes allgemeines Misstrauen benennen, liegen die entsprechenden Anteile bei den Mitgliedern von Sportvereinen bzw. Hobbyvereinigungen bei deutlich höheren 58 % bzw. 50 %. Ähnlich verhält es sich mit dem Misstrauen gegenüber der Politik, das in seiner starken Ausprägung deutlich seltener bei Parteimitgliedern (33 %) als bei Mitgliedern von Sportvereinen (61 %) oder Hobbyvereinigungen (73 %) zu registrieren ist. Die Bereitschaft, anderen Menschen zu helfen bzw. sich für die Interessen anderer einzusetzen, ist schließlich bei den Mitgliedern karitativ-sozialer und politischer Vereinigungen stärker ausgeprägt als bei jenen in Sportvereinen und Hobbyvereinigungen (vgl. Tabelle 9).

Die Annahme, dass die Formel „Vereinigung gleich Vereinigung" kaum der empirischen Wirklichkeit entspricht, wird jedoch nicht nur beim Vergleich zwischen den ausgewählten binnen- und außenorientierten Vereinigungen deutlich. Sie erhält zusätzliches Gewicht, wenn man die sozialen und politischen Orientierungen der Mitglieder in Sportvereinen, Hobbyvereinigungen, politischen und karitativ-sozialen Vereinigungen mit den entsprechenden Einstellungen jener Personen vergleicht, die keiner freiwilligen Vereinigung angehören:[4]

So sind z.B. die Mitglieder von Hobbyvereinigungen ($M = 2.27$, $SD = 0.69$) ähnlich politisch indifferent wie die Nicht-Mitglieder ($M = 2.35$, $SD = 0.70$); Erstere ($M = 2.67$, $SD = 0.50$) haben weitgehend gleich stark ausgeprägte

---

[4] Die Unterschiede in den sozialen und politischen Orientierungen der Mitglieder und Nicht-Mitglieder wurden mit Hilfe von Scheffé- bzw. Tamhane-Tests ermittelt.

sozialdarwinistische Orientierungen wie Letztere ($M = 2.69$, $SD = 0.55$); und auch bei der Frage nach ausländerfeindlichen Einstellungen lassen sich keine Unterschiede zwischen den Nicht-Mitgliedern ($M = 2.41$, $SD = 0.76$) und den Mitgliedern von Hobbyvereinigungen ($M = 2.51$, $SD = 0.80$), aber auch jenen von Sportvereinen ($M = 2.33$, $SD = 0.74$) erkennen. Darüber hinaus ist auch das individuelle Vertrauen bei den Mitgliedern der ausgewählten Vereinigungen nicht durchgängig höher als bei den Nicht-Mitgliedern. Um nur zwei Befunde herauszugreifen: Einerseits weisen die Mitglieder politischer Vereinigungen ($M = 2.79$, $SD = 0.68$) weitgehend identische gesellige Orientierungen auf wie die Nicht-Mitglieder ($M = 2.65$, $SD = 0.58$); andererseits ist das politische Misstrauen bei Letzteren ($M = 3.21$, $SD = 0.60$) ähnlich weit verbreitet wie bei den Mitgliedern von Hobbyvereinigungen ($M = 3.25$, $SD = 0.56$).

Tabelle 9: Vertrauen, differenziert nach ausgewählten innenorientierten und außenorientierten Vereinigungen. Mittelwerte (Standardabweichungen) und Prozentwerte (gewichtete Mitgliederstichprobe).

	Sportverein N = 615	Hobby- vereinigung N = 137	politische Vereinigung N = 51	karitativ- soziale Vereinigung N = 86
soziale Ängste				
schwach	80.1	82.3	72.0	88.0
mittel	15.5	13.7	16.0	9.6
stark	4.4	4.0	12.0	2.4
M (SD)	1.61 (0.61)	1.56 (0.62)	1.82 (0.76)	1.49 (0.57)
	$F(3, N = 844) = 3.13, p < .05, \eta^2 = .011$			
gesellige Orientierung				
schwach	3.9	9.9	16.7	6.7
mittel	44.8	41.4	38.1	48.0
stark	51.3	48.6	45.2	45.3
M (SD)	2.96 (0.49)	2.82 (0.56)	2.79 (0.68)	2.86 (0.56)
	$F(3, N = 769) = 3.54, p < .05, \eta^2 = .014$			
allgemeines soziales Misstrauen				
schwach	6.8	13.6	14.6	16.7
mittel	35.3	36.8	50.0	31.0
stark	57.9	49.6	35.4	52.4
M (SD)	2.94 (0.57)	2.82 (0.59)	2.70 (0.59)	2.84 (0.67)
	$F(3, N = 844) = 3.83, p < .05, \eta^2 = .014$			

Hilfsbereitschaft				
schwach	2.7	7.1	0.0	0.0
mittel	17.7	18.9	16.0	13.3
stark	79.5	74.0	84.0	86.7
M (SD)	3.19 (0.48)	3.16 (0.57)	3.29 (0.50)	3.41 (0.47)
	F (3, N = 847) = 5.69, $p < .01$, $\eta^2 = .020$			
erwartete Hilfsbereitschaft				
schwach	5.3	4.1	15.2	6.0
mittel	30.4	35.5	30.4	23.8
stark	64.3	60.3	54.3	70.2
M (SD)	3.04 (0.56)	3.07 (0.57)	2.88 (0.61)	3.06 (0.53)
	F (3, N = 831) = 1.29, $p > .05$, $\eta^2 = .005$			
Misstrauen gegenüber der Politik				
schwach	5.9	0.0	28.6	3.7
mittel	33.2	26.7	38.8	41.5
stark	60.9	73.3	32.7	54.9
M (SD)	3.05 (0.58)	3.25 (0.56)	2.57 (0.82)	2.99 (0.56)
	F (3, N = 824) = 15.47, $p < .001$, $\eta^2 = .054$			

4 Resümee und Ausblick

Versucht man die empirischen Ergebnisse entlang der drei eingangs aufgeworfenen Fragestellungen auf einer allgemeinen Ebene zu resümieren, dann kann man *erstens* erkennen, dass Mitglieder in freiwilligen Vereinigungen gegenüber öffentlichen Angelegenheiten aufgeschlossener sind und ein höheres Vertrauen aufweisen als jene Bevölkerungsmitglieder, die keiner Vereinigung angehören. *Zweitens* weisen die Befunde darauf hin, dass die Funktionsträger, die in ihren Vereinigungen mehr oder minder formal definierte Ämter übernehmen und mutmaßlich auch in einem mehr oder weniger eng begrenzten Rahmen praktisch folgenreich agieren können, im Vergleich zu den nicht-engagierten, zum Teil aber auch zu den informell engagierten Mitgliedern weniger individualistisch, sozialdarwinistisch, politisch indifferent und fremdenfeindlich eingestellt sind. Darüber hinaus erweisen sie sich als geselliger, hilfsbereiter und weniger misstrauisch gegenüber der Politik bzw. ihren Mitmenschen. Schließlich ist *drittens* zu konstatieren, dass Mitglieder in den ausgewählten außenorientierten Vereinigungen hilfsbereiter und weniger misstrauisch gegenüber Mitmenschen und der Politik sind als die Mitglieder in den ausgewählten binnenorientierten Vereinigungen, die ihrerseits durch ausgeprägtere gesellige, aber auch chauvinistische und fremdenfeindliche Orientierungen gekennzeichnet sind. Insgesamt stützen die Ergebnisse der Bevölkerungsbefragung also die gängigen Vorstellungen, dass freiwillige Vereinigungen offenbar über ein besonderes Potenzial verfügten, um „die Mitglieder in den Gebrauch von Tugenden und Verhaltensweisen einzuüben, die auch über den Kreis der unmittelbar Beteiligten hinaus zu Kommunikations-, Kooperations-, Hilfsbereitschaft und Urteilsfähigkeit disponieren" (Offe, 1999, S. 114). In dieser Argumentationsrichtung scheinen freiwillige Vereinigungen solche bürgerschaftlichen Kompetenzen bei den Mitgliedern zu fördern, die „langfristig eine große Wirkung nach außen haben. Sie können dazu beitragen, dass bestimmte Verhaltenstugenden, die in der Praxis des Vereinslebens realisiert werden, für die Mitglieder ihr Leben lang entscheidend sind, d.h. weit über die Dauer der aktiven Mitgliedschaft hinaus" (Offe, 2002, S. 278). Folgt man dieser Annahme, dann scheint dies insbesondere in zweifacher Hinsicht zu gelten: einerseits um so aktiver man sich am Vereinsleben und an der Leistungserstellung der jeweiligen Vereinigung beteiligt und desto höhere praktische Relevanz das Engagement für Entscheidungs- und Veränderungsprozesse in der Vereinigung hat; und andererseits um so mehr sich die Ziele der Vereinigung an Aktivitäten orientieren, die sich weniger auf die Erstellung von Clubgütern, sondern vor allem auf öffentliche bzw. außerhalb des Vereins liegende Problemstellungen beziehen. Pointiert: Die Sozialisationsannahme und die darauf aufbauende Transferannahme könnten durchaus plausible Ansätze darstellen, um die spezifische Rolle von freiwilligen Vereinigungen zur Herausbildung des „kompetenten Bürgers" zu erklären.

So verlockend diese These in normativer Hinsicht erscheinen mag und so sehr sie zum common sense der laufenden Diskussion gehört, so werden an dieser Stelle aber auch die Grenzen der Analyse deutlich – Grenzen, die bislang der Sozialkapital-Debatte zu eigen sind. Denn die aggregierten Massendaten und die auf dieser Grundlage ermittelten Zusammenhänge zwischen den verschiedenen Variablen liefern keine Informationen darüber, was sich eigentlich in der „black box" einer Vereinigung abspielt. Insofern lassen sich über die – hinter der Sozialisationsannahme stehenden – intraorganisatorischen Sozialisationsprozesse der Mitglieder ebenso wenig fundierte Aussagen machen wie über die – hinter der Transferannahme versteckten – Mechanismen der „Generalisierung" von sozialen und politischen Orientierungsmustern, die man möglicherweise in freiwilligen Vereinigungen erworben hat. Aus diesem Forschungsdefizit resultieren eine Fülle von Forschungsfragen, die wir derzeit im Forschungszentrum für Bürgerschaftliches Engagement an der Universität Paderborn in einer breit angelegten und von der Deutschen Forschungsgemeinschaft (DFG) geförderten Untersuchung zum Thema „Bürgerkompetenz und Sozialkapital – soziale und politische Integrationsleistungen freiwilliger Vereinigungen" bearbeiten (vgl. dazu Braun et al., i. Dr; Braun, Hansen & Ritter, i. Dr.). Um abschließend nur drei grundlegende Fragestellungen anzusprechen, die in diesem Beitrag offen bleiben mussten, im Rahmen der laufenden DFG-Studie aber beantwortet werden sollen:

Erstens stellt sich die Frage, warum man in freiwilligen Vereinigungen bestimmte bürgerschaftliche Kompetenzen erwerben sollte, die man nicht auch in anderen Organisationen – z.B. staatlichen oder erwerbswirtschaftlichen Organisationen – erwerben kann? Bislang wurde in der Sozialkapital-Forschung kaum versucht, dieser Frage systematisch nachzugehen. Lediglich bei Offe und Fuchs (2001) findet sich ein knapper Hinweis. Sie argumentieren, dass freiwilligen Vereinigungen „sowohl die Gewissheit der autoritativ definierten Ziele – die das Charakteristikum 'tertiärer' formeller Organisationen darstellen – als auch die Gewissheit einer 'vorgegebenen' Mitgliedschaft [fehle] – das Charakteristikum von Familien. Mit diesen Ambiguitäten müssen sich die Mitglieder bürgergesellschaftlicher Vereinigungen abfinden. Im Training der Fähigkeiten und sozialen Kompetenzen, die für den Umgang mit diesen Merkmalen sekundärer Vereinigungen notwendig sind, sehen wir ihren spezifischen Beitrag zur Bildung von Sozialkapital" (S. 423 ff). Offe und Fuchs (2001) gehen also davon aus, dass das Aktivsein in den spezifischen Strukturen freiwilliger Vereinigungen von den Mitgliedern bestimmte Orientierungs- und Handlungsmuster verlange, die in den entsprechenden sozialen Prozessen entweder gestützt und gestärkt oder aber erst erlernt werden und die dann als habitualisierte Orientierungs- und Handlungsmuster dauerhaft erhalten blieben.

Diese bislang eher vage und auch nicht weiter ausgearbeitete Vermutung geht zwar über das hinaus, was die Sozialkapital-Forschung bisher an Erklärungsansätzen angeboten hat. Sie würde allerdings erheblich an Substanz gewinnen, wenn man organisationssoziologische Studien über die Strukturbesonderheiten freiwilliger Vereinigungen, durch die sich Letztere gegenüber staatlichen und erwerbswirtschaftlichen Organisationen auszeichnen, berücksichtigen würde (vgl. dazu ausführlich Braun, 2003). Denn dann könnten mutmaßlich auch die sehr allgemein gehaltenen und vielfach auch idealisierten Vorstellungen vom „Vereinsleben" als einem Übungsfeld demokratischen Denkens und Handelns differenzierter gefasst, aber auch relativiert werden. Die Diskussion über mögliche „Selbstzerstörungsprozesse" von freiwilligen Vereinigungen im Prozess rationaler Vergesellschaftung (Horch, 1996) könnte in diesem Zusammenhang vielfältige Anknüpfungspunkte bieten (vgl. zusammenfassend Braun, 2004).

Auf einer solchen empirischen Datengrundlage könnte man dann – zweitens – auch die Frage detaillierter verfolgen, ob die Unterschiede in den Orientierungsmustern von Mitgliedern in freiwilligen Vereinigungen und den übrigen Bundesbürgern tatsächlich als Sozialisationsprozesse zu verstehen sind, die die Mitglieder in ihrer Vereinigung durchlaufen, oder ob es sich womöglich eher um Selektionsprozesse beim Zugang zu freiwilligen Vereinigungen handelt. Anders formuliert: „Sind durch die Mitgliedschaft oder dauerhaftes Engagement gebundene Menschen von vornherein mit einer größeren Vertrauensbasis ausgestattet und organisieren sich aus diesem Grund stärker als andere, oder ist es vielmehr umgekehrt, daß sich erst über das Engagement Vertrauen formt, das weitere soziale Beziehungen und Netzwerke tragen kann?" (Heinze & Strünck, 2000, S. 209). Und vielleicht ließe sich ja auch zeigen, dass sich in freiwilligen Vereinigungen vor allem solche Menschen zusammenschließen, die unabhängig von ihrer Mitgliedschaft und ihrem Engagement ein höheres soziales Vertrauen und eine höhere Aufmerksamkeit gegenüber öffentlichen Anliegen aufweisen, deren Aufmerksamkeit und Vertrauen aber durch die Mitgliedschaft in freiwilligen Vereinigungen gestützt und gestärkt werden, wobei die Mitgliedschaft wiederum davon beeinflusst wird, welche Aufmerksamkeit der Einzelne öffentlichen Angelegenheiten gegenüber zeigt und wie stark sein soziales Vertrauen entwickelt ist.

Diese Problemstellung verweist bereits auf die dritte Frage. Denn es ist bisher theoretisch und empirisch noch unklar, wie der Mechanismus funktionieren soll, dass die Mitglieder die in ihrer Vereinigung ggf. erworbenen sozialen und politischen Orientierungen auf andere Lebensbereiche übertragen. So ist z.B. soziales Vertrauen per Definition spezifisch und kontextgebunden, d.h. es wird durch wiederholte face to face-Interaktionen in bestimmten sozialen Kontexten generiert. Cohen (1999) hat insofern argumentiert, dass „without other mechanisms for the 'generalization' of trust, participation in associations and membership in social networks could foster particularism, localism, intolerance, exclusion, and generalized mistrusts of outsiders, of the law, and of government" (S. 221).

Zwar können die Ergebnisse unserer Bevölkerungsbefragung diese Vermutung nicht erhärten, was aber auch in diesem Fall bleibt, ist das grundsätzliche Problem in der Sozialkapital-Forschung, dass das Fleisch auf dem blanken Knochen der Statistik noch relativ mager ist. Nach Abschluss der unserer noch laufenden DFG-Studie zur Frage der sozialen und politischen Integrationsleistungen freiwilliger Vereinigungen soll diesem Knochen mehr Substanz verliehen worden sein...

Literatur

Alemann, U. von (1989). Organisierte Interessen in der Bundesrepublik (2. Aufl.). Opladen: Leske + Budrich.
Babchuk, N. & Edwards, J. (1965). Voluntary associations and the integration hypothesis. Sociological Inquiry, 35, 149-161.
Baur, J. & Braun, S. (Hrsg.) (2003). Integrationsleistungen von Sportvereinen als Freiwilligenorganisationen. Aachen: Meyer & Meyer.
Beck, U. (Hrsg.) (2000). Die Zukunft von Arbeit und Demokratie. Frankfurt am Main: Suhrkamp.
Braun, S. (2001a). Bürgerschaftliches Engagement – Konjunktur und Ambivalenz einer gesellschaftspolitischen Debatte. Leviathan, 29, 83-109.
Braun, S. (2001b). Putnam und Bourdieu und das soziale Kapital in Deutschland. Der rhetorische Kurswert einer sozialwissenschaftlichen Kategorie. Leviathan, 29, 337-354.
Braun, S. (2002). Soziales Kapital, sozialer Zusammenhalt und soziale Ungleichheit. Integrationsdiskurse zwischen Hyperindividualismus und der Abdankung des Staates. Aus Politik und Zeitgeschichte, B 29-30, 6-12.
Braun, S. (2003). Freiwillige Vereinigungen zwischen Staat, Markt und Privatsphäre. Konzepte, Kontroversen und Perspektiven. In J. Baur & S. Braun (Hrsg.), Integrationsleistungen von Sportvereinen als Freiwilligenorganisationen (S. 43-87). Aachen: Meyer & Meyer.
Braun, S. (2004). Die Wiederentdeckung des Vereinswesens im Windschatten gesellschaftlicher Krisen. Forschungsjournal Neue Soziale Bewegungen, 17 (1), 26-35.
Braun, S. et al. (i. Dr.) Sozialkapital und Bürgerkompetenz – soziale und politische Integrationsleistungen von Vereinen. Eine theoretische und empirische Untersuchung. Wiesbaden: VS Verlag für Sozialwissenschaften.
Braun, S., Hansen, S. & Ritter, S. (i. Dr.). Vereine als Katalysatoren sozialer und politischer Kompetenzen? Ergebnisse einer qualitativen Untersuchung. In L. Schwalb & H. Walk (Hrsg.), Bürgerschaftliches Engagement und Local Governance. Wiesbaden: VS Verlag für Sozialwissenschaften.
Braun, S. & Weiß, C. (i. Dr.). Sozialkapital. In S. Gosepath, W. Hinsch & B. Rössler (Hrsg.), Handbuch der politischen Philosophie und Sozialphilosophie. Berlin: Walter de Gruyter.
Buchanan, J. (1965). An economic theory of clubs. Economica, 32, 1-14.
Cohen, J. (1999). Trust, voluntary association and workable democracy: the contemporary American discourse of civil society. In M. E. Warren (Ed.), Democracy and Trust (pp. 208-248). Cambridge: University Press.
Elias, N. (1987). Die Gesellschaft der Individuen. Frankfurt am Main: Suhrkamp.
Enquete-Kommission „Zukunft des Bürgerschaftlichen Engagements" Deutscher Bundestag (2002). Bericht Bürgerschaftliches Engagement: auf dem Weg in eine zukunftsfähige Bürgergesellschaft. Opladen: Leske + Budrich.

Erzberger, C. (1998). Zahlen und Wörter. Die Verbindung quantitativer und qualitativer Daten und Methoden im Forschungsprozeß. Weinheim: Deutscher Studien Verlag.

Gordon, C. W. & Babchuk, N. (1959). A typology of voluntary associations. American Sociological Review, 24, 22-29.

Graf, F. W., Platthaus, A. & Schleissing, S. (Hrsg.). (1999). Soziales Kapital in der Bürgergesellschaft. Stuttgart: Kohlhammer.

Heinze, R. G. & Olk, T. (1999). Vom Ehrenamt zum bürgerschaftlichen Engagement. Trends des begrifflichen und gesellschaftlichen Strukturwandels. In E. Kistler & H.-H. Noll & E. Priller (Hrsg.), Perspektiven gesellschaftlichen Zusammenhalts. Empirische Befunde, Praxiserfahrungen, Meßkonzepte (S. 77-100). Berlin: Edition Sigma.

Heinze, R. G. & Strünck, C. (2000). Die Verzinsung des sozialen Kapitals. Freiwilliges Engagement im Strukturwandel. In U. Beck (Hrsg.), Die Zukunft von Arbeit und Demokratie (S. 171-216). Frankfurt am Main: Suhrkamp.

Horch, H.-D. (1983). Strukturbesonderheiten freiwilliger Vereinigungen. Analyse und Untersuchung einer alternativen Form menschlichen Zusammenarbeitens. Frankfurt am Main: Campus.

Horch, H.-D. (1992). Geld, Macht und Engagement in freiwilligen Vereinigungen. Grundlagen einer Wirtschaftssoziologie von Non-Profit-Organisationen. Berlin: Duncker & Humblot.

Horch, H.-D. (1996). Selbstzerstörungsprozesse freiwilliger Vereinigungen. In Rauschenbach, T., Sachße, C. & Olk, T. (Hrsg.), Von der Wertegemeinschaft zum Dienstleistungsunternehmen. Jugend- und Wohlfahrtsverbände im Umbruch (2. Aufl., S. 280-296). Frankfurt am Main: Suhrkamp.

Kistler, E., Noll, H.-H. & Priller, E. (Hrsg.). (1999). Perspektiven gesellschaftlichen Zusammenhalts. Empirische Befunde, Praxiserfahrungen, Meßkonzepte. Berlin: Edition Sigma.

Knoke, D. (1990). Organizing for collective action. The political economies of associations. New York, NY: de Gruyter.

Münkler, H. (1997). Der kompetente Bürger. In A. Klein & R. Schmalz-Bruns (Hrsg.), Politische Beteiligung und Bürgerengagement in Deutschland. Möglichkeiten und Grenzen (S. 153-172). Baden-Baden: Nomos.

Nagel, M. (2003). Soziale Ungleichheiten im Sport. Aachen: Meyer & Meyer.

Offe, C. (1999). „Sozialkapital". Begriffliche Probleme und Wirkungsweise. In E. Kistler, H.-H. Noll & E. Priller, E. (Hrsg.), Perspektiven gesellschaftlichen Zusammenhalts. Empirische Befunde, Praxiserfahrungen, Meßkonzepte (S. 113-120). Berlin: Edition Sigma.

Offe, C. (2002). Reproduktionsbedingungen des Sozialvermögens. In Enquete-Kommission „Zukunft des Bürgerschaftlichen Engagements" Deutscher Bundestag (Hrsg.), Bürgerschaftliches Engagement und Zivilgesellschaft (S. 273-282). Opladen: Leske + Budrich.

Offe, C. & Fuchs, S. (2001). Schwund des Sozialkapitals? Der Fall Deutschland. In R. D. Putnam (Hrsg.), Gesellschaft und Gemeinsinn. Sozialkapital im internationalen Vergleich (S. 417-514). Gütersloh: Verlag Bertelsmann Stiftung.

Otte, G. (1998). Auf der Suche nach „neuen sozialen Formationen und Identitäten" – Soziale Integration durch Klassen oder Lebensstile? In J. Friedrichs (Hrsg.), Die Individualisierungs-These (S. 181-220). Opladen: Leske + Budrich.

Putnam, R. D. (1993). Making democracy work: Civic traditions in modern Italy. Princeton, NJ: Princeton University Press.

Putnam, R. D. (1995). Bowling alone: America's declining social capital. Journal of Democracy, 6, 65-78.

Putnam, R. D. (2000). Bowling alone. The collapse and revival of American community. New York, NY: Simon & Schuster.

Putnam, R. D. (Hrsg.). (2001). Gesellschaft und Gemeinsinn. Sozialkapital im internationalen Vergleich. Gütersloh: Verlag Bertelsmann-Stiftung.

Putnam, R. D. & Goss, K. A. (2001). Einleitung. In R. D. Putnam (Hrsg.), Gesellschaft und Gemeinsinn. Sozialkapital im internationalen Vergleich (S. 15-43). Gütersloh: Verlag Bertelsmann-Stiftung.

Roth, R. (2000). Bürgerschaftliches Engagement – Formen, Bedingungen, Perspektiven. In A. Zimmer & S. Nährlich. (Hrsg.), Engagierte Bürgerschaft. Traditionen und Perspektiven (S. 25-48). Opladen: Leske + Budrich.

Rucht, D. (1997). Soziale Bewegungen als demokratische Produktivkraft. In A. Klein & R. Schmalz-Bruns (Hrsg.), Politische Beteiligung und Bürgerengagement in Deutschland. Möglichkeiten und Grenzen (S. 382-403). Bonn: Bundeszentrale für politische Bildung.

Schöb, A. (1999). Verminderung gesellschaftlichen Zusammenhalts oder stabile Integration? Empirische Analysen zur sozialen und politischen Beteiligung in Deutschland. ISI, 22, 8-11.

Simon, K. (1983). Lokale Vereine – Schule der Demokratie? In O. W. Gabriel (Hrsg.), Bürgerbeteiligung und kommunale Demokratie (S. 241-269). München: Minerva.

Verba, S., Schlozman, K. L. & Brady, H. E. (1995). Voice and equality. Civic voluntarism in American politics. Cambridge, MA: Harvard University Press.

Vester, M., Oertzen, P. von, Geiling, H., Hermann, T. & Müller, D. (2001). Soziale Milieus im gesellschaftlichen Strukturwandel. Zwischen Integration und Ausgrenzung (2. Aufl.). Frankfurt am Main: Suhrkamp.

Weber, M. (1924). Rede auf dem Deutschen Soziologentag in Frankfurt. In M. Weber, Gesammelte Aufsätze zur Soziologie und Sozialpolitik (S. 431-449). Tübingen: J.C.B. Mohr.

Wex, T. (2002). Der Nonprofit-Sektor der Organisationsgesellschaft. Unveröffentlichte Dissertation, Technische Universität Chemnitz.

Zimmer, A. (1996). Vereine – Basiselemente der Demokratie. Opladen: Leske + Budrich.

Zimmer, A. & Priller, E. (1997). Zukunft des Dritten Sektors in Deutschland. In H. K. Anheier, E. Priller, W. Seibel & A. Zimmer (Hrsg.), Der Dritte Sektor in Deutschland. Organisationen zwischen Staat und Markt im gesellschaftlichen Wandel (S. 249-383). Berlin: Edition Sigma.

Zimmer, A. & Priller, E. (2001). Mehr als Markt oder Staat – Zur Aktualität des Dritten Sektors. In E. Barlösius, H.-P. Müller & S. Sigmund (Hrsg.), Gesellschaftsbilder im Umbruch. Soziologische Perspektiven in Deutschland (S. 269-288). Opladen: Leske + Budrich.

Anhang

Tabelle A1: Liste der Items zu den sozialen und politischen Orientierungen der Bevölkerung.

1. Ich feiere meinen Geburtstag gerne mit vielen Leuten
2. Ich habe Freunde aus allen Kreisen, vom Handwerker bis zum Akademiker
3. Ich unternehme viel gemeinsam mit meinen Freunden und Bekannten
4. Für die Pflege von Freundschaften habe ich leider zu wenig Zeit
5. Ich kenne unheimlich viele interessante Leute
6. Manchmal traue ich mich nicht, im Bekanntenkreis etwas zu sagen, weil ich einen dummen Fehler machen könnte
7. Ich habe außerhalb meiner Familie kaum Freunde und Bekannte
8. Meine Freunde und ich haben in vielen Dingen die gleichen Ansichten
9. Ich fürchte, dass andere Leute mich nicht leiden können
10. Ich mag es nicht, wenn man mich unangekündigt besucht
11. Ich finde es wichtig, dass die Familie auf jeden Fall zusammenhält
12. Im Freundeskreis haben wir oft Probleme, einen gemeinsamen Termin zu finden
13. Meine Freunde und ich haben in etwa die gleichen Interessen
14. Es interessiert mich überhaupt nicht, was die Leute über mich reden
15. Wenn ich mich mit Freunden treffen will, muss ich das richtig planen
16. Viele Freunde zu haben, ist für mich sehr wichtig
17. Mit meinen Freunden muss ich all meine Sorgen und Probleme besprechen können
18. Im Freundeskreis verabreden wir uns oft spontan
19. Ich helfe gerne anderen Leuten, wenn ich dazu in der Lage bin
20. Wenn ich kurzfristig eingeladen werde, sage ich meistens ab
21. Meine Freunde sind für mich wie eine große Familie
22. Ich werde von Freunden und Bekannten öfter um Rat gefragt
23. Ich bin jederzeit bereit, mich für die Interessen anderer einzusetzen, wenn mich das überzeugt
24. Die Menschen, denen ich nahe stehe, haben im Großen und Ganzen dieselben sozialen und politischen Vorstellungen wie ich
25. Es fällt mir schwer, Freundschaften zu schließen

26. Ich kann mir von meinen Freunden und Bekannten jederzeit Rat und Hilfe holen
27. Ich bin gern mit meinen Verwandten zusammen
28. Ich erwarte von meinen Freunden, dass sie sich in meine Probleme einfühlen können
29. Viele meiner Freunde habe ich im Verein kennen gelernt
30. Ich will machen, was ich will, und die anderen sollen machen, was sie wollen
31. Mein Privatleben ist mir wichtiger als alles andere
32. Jeder sollte sich um seine eigenen Angelegenheiten kümmern
33. Wenn ich Probleme habe, helfe ich mir selbst, da brauche ich niemanden
34. Ich fühle mich oft als Außenseiter
35. Ich kenne genug Menschen, denen ich vertrauen kann und die mir helfen
36. Ich finde es keine Schande, ein Hilfsangebot anzunehmen
37. Wenn man heute als Bürger politisch etwas erreichen will, muss man die Dinge selbst in die Hand nehmen
38. Ich finde es gut, wenn Leute für ihre politischen Ziele auf die Straße gehen
39. Ich glaube, dass es in einer Bürgerinitiative menschlicher zugeht als sonst in der Politik
40. Ich meine: Politik ist Männersache
41. Frauen sind genauso wie Männer geeignet, führende Positionen in der Gesellschaft einzunehmen
42. Ich meine: Die Politiker sollen regieren und den Bürger in Ruhe lassen
43. Für mich gibt es wichtigere Dinge zu tun, als mich um Politik zu kümmern
44. Ich fühle mich ganz einfach überfordert, in der großen Politik mitreden zu können
45. Es ist egal, welche Partei man wählt, ändern wird sich doch nichts
46. Moralische Grundsätze gelten heute in der Politik nicht mehr
47. Politiker können versprechen, was sie wollen, ich glaube ihnen nicht mehr
48. Ich meine, dass die Politiker viele Probleme unnötig verkomplizieren
49. Früher lebten die Menschen glücklicher, weil es noch nicht so viele Probleme gab
50. Das Verhältnis der Menschen untereinander wird immer unpersönlicher

51. Es ist Aufgabe der Politik, den Bürgern ein Gefühl der Geborgenheit zu geben
52. In der heutigen Zeit muss sich jeder alleine durchsetzen und sollte nicht auf die Hilfe anderer rechnen
53. Die meisten Leute kümmern sich in Wirklichkeit gar nicht darum, was mit ihren Mitmenschen geschieht
54. Eigentlich zählt heute nur Macht und Geld
55. Die meisten, die heutzutage im Leben nichts erreichen, sind selber schuld
56. Soziale Gerechtigkeit heißt für mich, dass jeder den Platz in der Gesellschaft erhält, den er aufgrund seiner Leistungen verdient
57. Bei uns in der Bundesrepublik werden Ausländer bevorzugt und Deutsche benachteiligt
58. Ich finde es gut, wenn Angehörige vieler Nationen in einem Land zusammenleben
59. Die vielen Flüchtlinge aus allen Teilen der Welt entwickeln sich zu einer ernsten Bedrohung für unser Land
60. Wer sich menschlich verhält, hat davon nur Nachteile
61. Viele Menschen versuchen, auf Kosten anderer zu leben
62. Wenn man genau hinsieht, findet man in unserer Gesellschaft viel Hilfsbereitschaft
63. In unserer Gesellschaft ist sich jeder selbst der Nächste

Solidarität im Wohlfahrtsstaat – Prekäre Lebenslagen und soziale Integration

Petra Böhnke

1 Einleitung

Lebenslagen gelten als besonders prekär, wenn Versorgungsdefizite mit dem Verlust sozialen Rückhalts einhergehen. Der Zusammenhang von Armut und sozialer Integration steht aber nur selten im Mittelpunkt vergleichender europäischer Forschung. Man weiß wenig darüber, ob Armut länderübergreifend eingeschränkte soziale Beziehungen und fehlende Unterstützung mit sich bringt, oder ob prekäre Lebensbedingungen eher Solidarität fördern und eine Intensivierung sozialer Netzwerke bewirken. Im Mittelpunkt dieses Beitrags steht die Frage, in welchem Zusammenhang materielle und soziale Benachteiligungen in Ländern mit unterschiedlichen ökonomischen, kulturellen und wohlfahrtsstaatlichen Rahmenbedingungen stehen und welche Konsequenzen sich aus der Kumulation von Benachteiligungen für die individuelle Lebensqualität ergeben.

Soziale Beziehungen sind sowohl in individueller als auch in gesamtgesellschaftlicher Perspektive eine nützliche Ressource. Unterstützungsleistungen erfüllen elementare individuelle Bedürfnisse nach sozialer Einbindung, Verortung und Zugehörigkeit. Familiäre, freundschaftliche und organisatorische Netzwerke bieten emotionalen Halt, sind Quelle für diverse Gefälligkeiten, hilfreiche Informationen und finanzielle Unterstützung. Soziale Isolation hingegen führt zu Angst und Depression, lässt das allgemeine Wohlbefinden sinken und steht mit einem schlechten Gesundheitszustand sowie mit erhöhter Mortalität in Zusammenhang (Wilkinson 1996, Putnam 2000). Die Zugehörigkeit zu Beziehungsnetzwerken wird als soziales Kapital verstanden, das im Bedarfsfall aktiviert werden kann und unter bestimmten Voraussetzungen auch in ökonomisches Kapital konvertierbar ist (Bourdieu 1983). In der makrosoziologischen Perspektive gilt die Einbindung in soziale Netzwerke als wichtiger Gradmesser für Solidarität, Integration und sozialen Zusammenhalt. Persönliche Beziehungen und Netzwerke generieren Vertrauen, machen

Erwartungen verlässlich und werden als Grundstein für Normbildung und Normbindung angesehen (Granovetter 1985, Coleman 1988).[1] Soziale Unterstützung und Einbindung in soziale Netzwerke sind in Europa unterschiedlich ausgeprägt. Familiärer Zusammenhalt ist insbesondere in mediterranen und osteuropäischen Ländern vorherrschend. In skandinavischen Ländern sind soziale Kontakte weniger familienzentriert und werden auch über Freunde und Vereinsaktivitäten hergestellt (Paugam/Russell 2000, Oorschot et al 2006, Kääriäinen et al 2006). Dieses als Defamilisierung bezeichnete Phänomen wird oft mit einem Mangel an sozialem Kapital gleich gesetzt und mit einem universellen Wohlfahrtsstaat in Verbindung gebracht, der die Familie als Wohlfahrtsproduzent überflüssig macht und in Folge dessen Solidarität schmälert und Isolation begünstigt (Scheepers et al 2002).

Dahinter verbirgt sich die generelle Annahme eines Zusammenhangs zwischen Sozialpolitik und privater Unterstützungsbereitschaft: Sind staatliche Unterstützung und soziale Dienste schwach, verlagere sich Hilfestellung notgedrungen ins Private. Diese Crowding-Out-These konnte bislang nicht überzeugend empirisch belegt werden: Wohlfahrtsstaatliche Absicherung muss private Solidarität nicht unbedingt verhindern; im Gegenteil, sie kann sie sogar fördern (Künemund/Rein 1999, Oorschot/Arts 2005). Die Pluralisierung sozialer Kontakte und die Ausdifferenzierung sozialer Netzwerke in skandinavischen Wohlfahrtsstaaten mit universellen Sicherungssystemen bspw. erhöht das Unterstützungspotenzial und stärkt soziales Kapital (Saraceno/Olagnero 2006). Zwar verspricht die Konzentration auf die Familie insbesondere in mediterranen und postkommunistischen Staaten verlässliche Unterstützung, verhindert aber den Aufbau eines weiter reichenden Netzwerks und geht mit eingeschränkten außerfamiliären Kontakten und mangelndem Vertrauen in Mitmenschen einher.

Haben wohlfahrtsstaatliche Merkmale also einen Einfluss auf die Verfügbarkeit sozialer Netzwerke und die Qualität sozialer Integration? Wird der vergleichsweise niedrige Lebensstandard in der Mehrheit der postkommunistischen EU-Länder durch ein gut ausgebautes und stabiles Netz sozialer Beziehungen und weit reichende Solidarität kompensiert? Der vorliegende

---

[1] Zur Gesamtheit sozialer Beziehungen, die das soziale Netzwerk einer Person ausmachen, zählen Familien- und Verwandtschaftsbeziehungen sowie Beziehungen zu Nachbarn, Freunden, Bekannten und Arbeitskollegen. Auch die Partizipation und Mitgliedschaft in Vereinen und Assoziationen spielt eine bedeutsame Rolle (Diewald 1991: 61). Die Vielfalt möglicher Unterstützungsleistungen macht folgende Typologisierung deutlich: Unterschieden werden konkrete Interaktionen (Arbeitshilfen, Pflege, materielle Unterstützung, Intervention, Information, Beratung, Geselligkeit, Alltags-Interaktion), die Vermittlung von Kognitionen (Anerkennung, Wertschätzung, Status-Vermittlung, Orientierung, Zugehörigkeit, Erwartbarkeit von Hilfe, Erwerb sozialer Kompetenzen) sowie die Vermittlung von Emotionen (Geborgenheit, Liebe und Zuneigung, motivationale Unterstützung) (ebda: 71).

Beitrag möchte die wenigen Studien, die es zu dieser Thematik gibt, ergänzen, in dem er sich 1) auf alle Länder der erweiterten EU bezieht, 2) als Determinanten von sozialer Integration nicht nur Individual-, sondern auch Kontextmerkmale berücksichtigt, die neben wohlfahrtsstaatlichen auch ökonomische, kulturelle und religiöse Ländercharakteristika umfassen, und 3) darüber hinaus die Variationen sozialer Integration insbesondere für die Armutspopulation untersucht. Es wird gefragt, ob materielle und soziale Benachteiligungen kumulieren und wenn ja, unter welchen Bedingungen die Stärke dieser Kumulation variiert. Dadurch wird der Blick geschärft für das Vermögen von Wohlfahrtsstaaten mit unterschiedlichen Gerechtigkeits- und Solidaritätsnormen, die soziale Integration von Menschen in prekären Versorgungslagen zu gewährleisten.

Abschließend wird nach der Funktionalität sozialer Beziehungen in verschiedenen Ländern gefragt. Untersucht wird der Stellenwert sozialer Einbindung für die Lebenszufriedenheit. Hat sozialer Rückhalt eine kompensatorische Wirkung und schützende Funktion und kann er Auswirkungen von Armut auf die subjektive Lebensqualität abfedern? Diesbezügliche Länderunterschiede komplettieren die Suche nach Mustern sozialer Integration in Europa und ihren Rahmenbedingungen.

2 Daten

Im Folgenden wird auf den European Quality of Life Survey (EQLS) von 2003 zurückgegriffen, der Informationen über Lebensbedingungen, Einstellungen und Wahrnehmungen der EU-Bürger bereitstellt (Alber et al. 2004). Für diesen Datensatz spricht die relativ gute Dokumentation des sozialen Lebens in der subjektiven Einschätzung der Befragten, die zudem für alle Länder der erweiterten Union vorliegt. Darüber hinaus lassen sich mit Hilfe von Einkommensangaben und Informationen zur Versorgung mit Basiskonsumgütern der individuelle Lebensstandard und prekäre materielle Lebenslagen vergleichsweise gut abbilden.

Zur Erfassung des Unterstützungspotenzials werden mehrere Indikatoren ausgewählt. Dazu zählen die Häufigkeit der Kontakte mit Freunden und Nachbarn, die Verfügbarkeit von Unterstützung in Notsituation, die Haushalts- bzw. Lebensform sowie die Einschätzung und Bewertung des sozialen und familiären Lebens und der gesellschaftlichen Integration. Aus den Einzelindikatoren wird ein zusammenfassendes Maß konstruiert, das mehrere Defizite im Bereich sozialer Beziehungen summiert und auf diese Weise soziale Integration bzw. Desintegration operationalisiert. Mit der Mehrzahl dieser

Indikatoren wird nicht tatsächlich erfahrene Unterstützung abgebildet, sondern die Bewertung und das Vertrauen in das persönliche Netzwerk sowie die Erwartung, im Bedarfsfall darauf zurückgreifen zu können. Es ist somit ein Maß für wahrgenommene soziale Integration und keine direkte Illustration von in Anspruch genommener Hilfe oder tatsächlich zur Verfügung stehender Unterstützung in einer konkreten Situation. Auch antizipierte Isolation in Notsituationen und Unzufriedenheit mit dem sozialen Umfeld, dem Familienleben und der gesellschaftlichen Teilhabe sind aber sichere Zeichen für einen Mangel an sozialem Kapital; dies um so deutlicher, wenn sie zusammentreffen. Um Aussagen zu niedrigem Einkommen und Armut machen zu können, wird auf das haushaltsgewichtete Pro-Kopf-Einkommen und auf Angaben zur Verfügbarkeit alltäglicher Basisgüter zurückgegriffen.

In Anlehnung an Esping-Andersen (1990, 1999) und modifizierende Klassifikationen (Leibfried 1992, Siaroff 1994, Ferrera 1996, Bonoli 1997) werden fünf Wohlfahrtsregimetypen unterschieden, die für jeweils spezifische Umverteilungsmechanismen und Relationen von Markt, Staat und Familie stehen. Die südeuropäischen Länder bilden ein eigenes Cluster und umfassen auch Malta und Zypern. Ausschlaggebend dafür ist die in dieser Region vorzufindende hohe Wertschätzung familiären Zusammenhalts und intergenerationaler Solidarität sowie die eher rudimentär gestalteten Sozialleistungen. Auch die postkommunistischen Staaten bilden ein separates Cluster. Dafür spricht die gemeinsame Erfahrung des Umbruchs in den Transformationsländern, vor allem die Kürzungen der Sozialleistungen trotz steigenden Bedarfs durch wachsende Armut und Arbeitslosigkeit. Zwar werden in einigen postkommunistischen Ländern Liberalisierungsstrategien konsequenter verfolgt als in anderen; insgesamt werden jedoch wohlfahrtsstaatliche Praktiken sowohl der Bismarck'schen als auch der Beveridge'schen Linie folgend implementiert (Deacon 2000). Diese Klassifikation von Ländern greift sicherlich mitunter zu kurz. Insbesondere Einstellungen zu Religion und familiärem Zusammenhalt können Länderunterschiede bei sozialer Integration erklären helfen und müssen der Wohlfahrtsstaatstypologie ergänzend zur Seite gestellt werden (Reher 1998).

Tabelle 1: Indikatoren zur Operationalisierung sozialer Desintegration und prekärer Versorgungslagen, EQLS 2003

	Indikator	**Operationali-sierung**	**Frage**
Soziale Einbindung	Kontakt-häufigkeit	Kontakt mit Freunden oder Nachbarn	On average, thinking of people living outside your household, how often do you have direct face-to-face contact with any of your friends and neighbours? (several times a year/less often)
	Haushalts-/Lebensform	Alleinlebend	
	Unterstützungspotenzial	Keinerlei Unterstützung in Notsituationen	From whom would you get support in each of the following situations? If you needed help around the house when ill, if you needed advice about a serious personal or family matter, if you were feeling a bit depressed and wanting someone to talk to, if you needed to urgently raise €1000 (EU-15) / €500 (NMS) to face an emergency? (nobody)
	Wahrnehmung sozialer Integration	Unzufrieden mit sozialem / familiären Leben	Can you please tell me on a scale from 1 to 10 how satisfied you are with your family life (social life), where 1 means you are very dissatisfied and 10 means you are satisfied? (0-5)
		Wahrnehmung der gesellschaftlichen Integration	I feel left out of society (yes)
		Summenindex aus neun Indikatoren (Cronbach's alpha: .627).	Limited contact to friends and neighbours, living alone, no support (illness, advice, depression, money), dissatisfied with family and social life, feeling left out of society)

Materielle Versorgungslage	Niedrigeinkommen	Haushaltsäquivalenzeinkommen, unterstes Quartil	
	Deprivation	Fehlen von Basisgütern zur Gewährleistung eines minimalen Lebensstandards (der Schwellenwert zur Deprivation wird länderspezifisch in Anlehnung an den jeweiligen Durchschnitt der fehlenden Items berechnet)[2]	For each of the following items, can your household afford it if you want it? Keeping your home adequately warm; paying for a week's annual holiday away from home (not staying with relatives); replacing worn-out furniture; a meal with meat, chicken or fish every second day if you want it; buying new, rather than second-hand, clothes; having friends or family for a drink or meal at least once a month; car or van for private use; home computer; washing machine (No)

3 Soziale Einbindung und das Risiko sozialer Desintegration in Europa

In den meisten europäischen Ländern ist sozialer Rückhalt für die überwiegende Mehrheit der Bevölkerung ohne Probleme gegeben (Tabelle 2). Der den Auswertungen zugrunde liegende Index summiert neun Defizite sozialer

---

[2] Als depriviert gilt, wer sich in einem Land doppelt so viele Lebensstandard-Güter nicht leisten kann wie die Gesamtbevölkerung im Durchschnitt. Das ergibt folgende Deprivationsschwellen: mehr als zwei fehlende Items von neun (Österreich, Belgien, Dänemark, Finnland, Frankreich, Deutschland, Großbritannien, Irland, Italien, Luxemburg, Niederlande, Slowenien, Spanien, Schweden), mehr als drei fehlende Items (Zypern, Malta), mehr als vier fehlende Items (Tschechische Republik, Griechenland), mehr als fünf fehlende Items (Ungarn, Polen, Slowakei, Portugal), mehr als sechs fehlende Items (Estland, Lettland, Litauen).

Tabelle 2: Soziale Einbindung und das Risiko sozialer Desintegration in Europa

	Keine Defizite	1 oder 2 Defizite	3 oder mehr Defizite	Mittelwert
	(von neun)*, % der Bevölkerung			
Mediterran	**61,0**	**32,9**	**6,1**	**0,645**
Spanien	70,1	26,7	3,2	0,437
Malta	63,8	33,5	2,7	0,524
Zypern	60,0	31,4	8,5	0,752
Portugal	57,7	34,7	7,6	0,736
Griechenland	53,9	37,8	8,3	0,773
Kontinental	**54,8**	**39,3**	**5,9**	**0,722**
Italien	65,8	30,0	4,2	0,530
Luxembourg	60,1	36,3	3,6	0,598
Österreich	59,3	36,8	3,9	0,598
Deutschland	51,3	4,05	8,2	0,816
Belgien	50,5	41,9	7,6	0,826
Frankreich	44,2	48,7	7,1	0,908
Sozialdemokratisch	**53,7**	**41,3**	**5,0**	**0,678**
Niederlande	59,0	35,7	5,2	0,621
Finnland	53,5	40,3	6,2	0,695
Dänemark	53,0	43,9	3,1	0,638
Schweden	49,1	45,4	5,5	0,759
Liberal	**52,4**	**39,0**	**8,6**	**0,835**
Irland	60,7	35,7	3,6	0,556
Großbritannien	44,3	42,3	13,4	1,109
Postkommunistisch	**44,0**	**42,9**	**13,1**	**1,065**
Slowenien	52,1	40,1	7,8	0,802
Tschechische Republik	49,9	39,3	10,8	0,918
Ungarn	49,5	42,0	8,6	0,858
Polen	46,7	44,3	9,0	0,913
Slowakei	44,3	44,5	11,2	1,00
Litauen	42,2	41,7	16,2	1,172
Estland	35,7	45,2	19,1	1,343
Lettland	31,9	45,8	22,3	1,526

Quelle: EQLS 2003.
Anmerkungen: * die Prozentwerte beziehen sich auf den Desintegrations-Index, der neun Items zusammenfasst (siehe Tabelle 1).

Einbindung. Etwa die Hälfte der Bevölkerung in nahezu allen Ländern ist von keinem dieser Defizite betroffen. Deutlich schlechter ist die Situation in den postkommunistischen Ländern. Vor allem in Estland und Lettland sagt nur etwa ein Drittel der Bevölkerung, dass ihr soziales Leben in diesem Sinne problemfrei sei. Es sind die südeuropäischen Länder, in denen soziale Integration für einen vergleichsweise großen Teil der Bevölkerung gewährleistet ist: 70 Prozent der Spanier haben keinerlei Defizite mit der Einbindung in soziale Netzwerke zu beklagen.

Bei Personen mit drei oder mehr dieser Defizite kann man von einem erhöhten Risiko sozialer Desintegration und einem ausgeprägten Mangel an sozialem Kapital ausgehen. Der Anteil derjenigen, die nur mangelhaft sozial integriert sind, variiert von Land zu Land und nach Wohlfahrtsstaatstyp erheblich: Integrativ sind insbesondere die skandinavischen Länder. Nur fünf Prozent der Bevölkerung haben große Schwierigkeiten, sozialen Rückhalt zu finden. Ähnlich gering ist der Anteil der sozial schwach Eingebundenen in den mediterranen und kontinentaleuropäischen Ländern, obwohl die Schwankungen zwischen den einzelnen Ländern in diesen beiden Ländergruppen größer sind. Luxemburg und Italien (vier Prozent) schneiden bspw. besser ab als Deutschland und Belgien (acht Prozent), Spanien und Malta (drei Prozent) besser als Zypern (neun Prozent). Es sind die postkommunistischen Staaten, in denen ein erheblicher Anteil der Bevölkerung, im Durchschnitt 13 Prozent, Probleme mit sozialer Unterstützung und Integration hat. In Slowenien, Ungarn und Polen liegt dieser Anteil noch unter zehn Prozent. In den baltischen Staaten hat aber mindestens jeder Fünfte ein erhöhtes Risiko sozialer Desintegration. Irland gilt zwar wie Großbritannien als liberaler Wohlfahrtsstaat, ist aber im Vergleich eine hoch solidarische Gesellschaft. Während Irlands Bevölkerung sehr gut integriert ist und nur etwa vier Prozent massive Probleme beklagen, ist das Risiko sozialer Desintegration in Großbritannien weiter verbreitet (13 Prozent).

Anhand der beschriebenen Verteilungen springt vor allem der markante Unterschied zwischen alten Mitgliedsstaaten und postkommunistischen Ländern ins Auge. Selbst die so unterschiedlich organisierten Regime der Skandinavier und Südeuropäer produzieren ähnliche Ergebnisse im Hinblick auf die soziale Integration ihrer Bevölkerung. Eine mögliche Erklärung für dieses Muster könnte sein, dass in beiden Regimetypen Solidarität groß geschrieben, aber anders organisiert wird. Aber auch die Kontinentaleuropäer sind in der Gesamtschau nur unwesentlich schlechter integriert. Die neuen Mitgliedsstaaten hingegen, insbesondere das Baltikum, weisen die schwächste Solidaritätsstruktur auf. Auf der Grundlage dieser Gesamtverteilungen kann die These vom crowding-out, die davon ausgeht, dass private Hilfepotenziale in ausgebauten Wohlfahrtsstaaten verdrängt werden und insbesondere dort hoch sind, wo der

Solidarität im Wohlfahrtsstaat – Prekäre Lebenslagen und soziale Integration 243

Staat wenig Verantwortung für Umverteilungen übernimmt, zunächst zurückgewiesen werden. Sie könnte nur Gültigkeit beanspruchen, wenn insbesondere die skandinavische Bevölkerung in höherem Maße desintegriert wäre und die postkommunistischen Staaten eine bessere Bilanz aufwiesen.

Tabelle 3: Determinanten sozialer Integration

	Sozial-demokra-tisch	Konti-nental-korporatistisch	Liberal	Medi-terran	Post-kommu-nistisch
Bildung (mittlere Bildung)					
Niedrige Bildung	.021	-.018	-.049*	.086*	.080
Hohe Bildung	.029	.030*	.021	.031	-.026
Im Studium	.079	.035*	.042	-.020	.188*
Erwerbsstatus (erwerbstätig)					
Arbeitslos	-.289***	-.056***	-.093***	-.047	-.286***
In Rente	-.181***	.021	-.147***	-.077	.058
Frau (Mann)	.055*	-.023	.018	-.121***	-.075**
Alter	-.014***	-.236***	-.047	-.014***	-.018***
Lebensstandard	-.246***	-.311***	-.374***	-.151***	-.186***
Krank (gesund)	-.140***	-.073***	-.127***	-.204***	-.245***
Kinder (keine)	.481***	.194***	.066**	.356***	.454***
% erklärte Varianz	23%	18%	27%	19%	25%

Anmerkungen: Abhängige Variable ist der Index zu sozialer Desintegration, siehe Tabelle 1 und 2. Für die bessere Lesbarkeit sind die Vorzeichen der Koeffizienten geändert worden: ein negatives Vorzeichen bedeutet einen negativen Einfluss auf soziale Integration. Signifikanzniveau: *** < .001, ** <.01, * <.05.

Individuelle Determinanten sozialer Integration sind in Tabelle 3 dargestellt. Von Armut geht ein dominant negativer Einfluss auf soziale Integration in allen Ländergruppen aus. Je niedriger der Lebensstandard, desto wahrscheinlicher wird das Risiko sozialer Desintegration. Dies gilt insbesondere in den kontinentaleuropäischen und liberalen Ländern. Davon unabhängig ist auch mit Arbeitslosigkeit ein hohes Risiko sozialer Desintegration verbunden. Dies ist besonders ausgeprägt in den Ländern des sozialdemokratischen und postkommunistischen Clusters. Für die Südeuropäer hingegen ist dieser Zusammenhang nicht signifikant. Der Effekt von Bildung ist bei Kontrolle des Lebensstandards und Erwerbsstatus nicht mehr groß. In den postkommunistischen Staaten sind vor allem Studierende gut sozial integriert. Der Rentenstatus ebenso wie ein hohes Alter und vor allem gesundheitliche Einschränkungen haben negative Auswirkungen auf soziale Integration. Flexibilität und Mobilität schwinden und damit sowohl die Gelegenheiten, Kontakte aufrecht zu erhalten oder zu knüpfen, als auch die Zuversicht, Unterstützung zu erhalten. Hat man Kinder und einen erweiterten Familienkreis, auf den man zurückgreifen kann, so erhöhen sich die Chancen, sozial integriert zu sein und sich auf Hilfeleistungen verlassen zu können.

Solidarität und sozialer Zusammenhalt werden demnach in prekären Lebenslagen nicht verstärkt. Im Gegenteil: Menschen, deren Lebensbedingungen von Armut, Arbeitslosigkeit oder Krankheit gekennzeichnet sind, sind auch sozial isolierter und können seltener auf sozialen Rückhalt zählen. Im Folgenden soll der Zusammenhang von Armut und sozialer Integration näher untersucht werden.

4 Armut und soziale Integration im Wohlfahrtsstaat

In Notlagen und belastenden Situationen sind soziale Beziehungen besonders wertvoll. Belastungen werden als weniger stressig empfunden, wenn emotionale, materielle und immaterielle Bewältigungsressourcen zur Verfügung stehen (Turner 1983, Andreß 1999). Als informations- und Kontakt vermittelnde Instanz spielen soziale Netzwerke bspw. bei der Überwindung von Arbeitslosigkeit eine wichtige Rolle (Wegener 1989, Lin 1999, Freitag 2000), und es sind auch schwache Bindungen und lose Bekanntschaften, die hier gute Dienste leisten können (Granovetter 1973). Die Unterstützungsqualität sozialer Netzwerke bei Menschen mit höherer Bildung und einem höheren Einkommen ist tendenziell besser als bei weniger privilegierten Bevölkerungsschichten, Netzwerke sind größer und räumlich weiter verteilt (Fischer 1982, Diewald 1986, Crow 2004). Vor allem die subjektiv wahrgenommene Vereinsamung ist bei armen Menschen stark ausgeprägt und kostenintensive Aktivitäten werden eingestellt (Kern 2003).

Auch länderübergreifende empirische Untersuchungen zeigen zwar vorwiegend die Statusabhängigkeit sozialer Einbindung und bestätigen in unterschiedlicher Stärke die Kumulationsthese (Paugam 1996, Gallie/Paugam 2002, Böhnke 2004). Trotzdem ist es nur eine Minderheit der materiell Benachteiligten, die auf soziale Unterstützung verzichten muss (Tsakloglou/ Papadopoulos 2002, Russell/Whelan 2004). In den südeuropäischen Ländern ist der Zusammenhang zwischen materieller und sozialer Benachteiligung zudem schwächer als in den nordeuropäischen. Ob er überhaupt existiert, hängt offensichtlich auch vom gewählten Indikator ab: Zwar leben Arme und Arbeitslose öfter alleine, aber Kontakte mit Nachbarn oder etwa Vereinsaktivitäten sind bspw. nicht eingeschränkt (Gallie/Paugam/Jacobs 2003).[3] Zwei rivalisierende Thesen zum Zusammenhang von Armut und sozialen Beziehungen lassen sich aufstellen: Mit der *Kompensationsthese* geht man davon aus, dass im Falle materieller Benachteiligung Solidarität steigt, Netzwerke engmaschiger geknüpft und Hilfeleistungen in Anspruch genommen werden, die bei der Bewältigung einer prekären Versorgungslage nützlich sein können. Aus rationaler Perspektive ist nicht der Rückzug, sondern die Hinwendung zu anderen in einer Bedarfssituation plausibel. In diesem Zusammenhang lässt sich bspw. die Intensivierung familialer Unterstützung in Notlagen anführen wie etwa der verspätete Auszug arbeitsloser Jugendlicher aus ihrem Elternhaus in mediterranen Staaten (Saraceno 2004).

Vor allem im Zuge der Transformation Osteuropas und der damit einhergehenden sich sprunghaft verbreitenden Armut ist häufig auf die ausgeprägte Solidarität, die Stärke sozialer Netzwerke und den in postkommunistischen Ländern vorzufindenden Beziehungsreichtum verwiesen worden. Bietet der Staat kein ausreichendes Netz sozialer Sicherung und kann er kein Existenzminimum garantieren, so die sich dahinter verbergende These, wird diese Lücke mit einer verstärkten Hinwendung zu sozialen Netzwerken und gemeinschaftlich-privaten Bewältigungsstrategien kompensiert (Sik/Wellman 1999, Prisching 2003).

Trifft diese Annahme zu, so ließe sich eine erhöhte private Unterstützungsbereitschaft in postkommunistischen und mediterranen Ländern mit rudimentären Sozialleistungen und einer ausgeprägten solidarischen Wertorientierung erwarten, in abgeschwächter Form ebenfalls in kontinentaleuropäischen und liberalen Staaten, wo der Rückgriff auf die Familie als Wohlfahrtsproduzent sowie religiöse Bindungen von größerer Selbstverständlichkeit sind. In gut ausgebauten Sozialstaaten mit universellen sozialen Sicherungssystemen müsste hingegen der Effekt von Armut auf soziale

---

[3] Weitere Länderstudien zeigen, dass soziale Isolation nicht notwendigerweise proportional zur Armutsintensität ansteigen muss. Hübinger (1996) konnte für Deutschland zeigen, dass die Ärmsten der Armen durchaus stabile Netzwerke haben, die möglicherweise auf ein Arrangement mit der Situation oder auf die Entstehung einer Subkultur zurückzuführen ist. Walper (1991) stellt fest, dass nicht die Anzahl der Kontakte bei Armen abnimmt, sondern ein Rückzug auf die Familie zu beobachten ist, dies um so stärker, wenn Personen mit höherer Bildung einen sozialen Abstieg zu verkraften haben. Auch Andreß et al. (1995) stellen nur in geringem Ausmaß schwächere soziale Einbindung als Begleiterscheinung von Armut fest. Im unteren Einkommensbereich sind zwar das Hilfepotenzial sowie die Kontakte mit Freunden und Bekannten geringer, jedoch ist die Verwandtschaft prinzipiell besser erreichbar.

Desintegration höher sein, weil staatliche Unterstützung private Hilfen nach dieser Logik verdrängt.

Die *Kumulationsthese* versteht soziale Isolation als Begleiterscheinung von Armut. Als Erklärung dafür kann bspw. auf die bei Bourdieu formulierte These verwiesen werden, dass soziale Netzwerke der Pflege bedürfen und dabei Kosten entstehen. Mag innerhalb der Familie ein Solidaritätsprinzip vorherrschen, dass nicht auf unmittelbarer Gegenseitigkeit beruht, so werden doch die meisten außerfamiliären sozialen Beziehungen von der Logik des Austausches und der gegenseitigen Unterstützung getragen. Wenn Armut die Lebenslage bestimmt, fehlen die Mittel, um dieses Reziprozitätsprinzip aufrechterhalten zu können.

Benachteiligungen wie Armut oder Arbeitslosigkeit sind oft mit Scham und Stigmatisierung verbunden, so dass sich Betroffene zurückziehen oder gemieden werden. In der Folge brechen Beziehungen auseinander, die an einen bestimmten Lebensstandard oder eine nun nicht mehr bestehende Lebenssituation gebunden waren. Als Konsequenz daraus konzentrieren sich soziale Kontakte in Folge von Armut auf die Familie, und außerfamiliäre Netzwerke werden eingeschränkt. Stigmatisierung wird vermutlich eher in wohlhabenden Gesellschaften als Erklärung zutreffend sein, in denen sich soziale Benachteiligung in Form von niedrigem Lebensstandard auf eine Minderheit beschränkt. Ist Armut hingegen ein weit verbreitetes Phänomen, gilt sie als Kollektivschicksal und bietet deshalb weniger Anlass, sich stigmatisiert zu fühlen (Clark 2003). Fehlende Anerkennung, Resignation und verringerte Teilhabemöglichkeiten als Begleiterscheinungen von Armut machen die Annahme der Kumulation von Armut und sozialer Isolation länderübergreifend wahrscheinlich. Die Stärke des Zusammenhangs mag in Abhängigkeit vom generellen Wohlstandsniveau, von solidarischen Wertvorstellungen und der Reichweite sozialer Sicherungssysteme variieren: Mangelnde Unterstützung für Arme wird um so wahrscheinlicher, je höher der allgemeine Lebensstandard in einem Land, je schwächer der familiäre Zusammenhalt und je universeller das soziale Sicherungssystem.

Ungeachtet der Verbreitung sozialer Desintegration ist der Mechanismus der Kumulation im erweiterten Europa von materieller und sozialer Benachteiligung in jedem Land wirksam (Böhnke 2006). Länderspezifische Regression zeigen den gleichen Zusammenhang, wie oben für die Ländergruppen bereits beschrieben: Wenn die Versorgungslage eingeschränkt ist, sind weniger soziale Unterstützungsleistungen und Netzwerke verfügbar. Erkennbar sind allerdings Unterschiede in der Stärke des Zusammenhangs: Nicht in jedem Land sind Arme gleichermaßen desintegriert.

Der in Abbildung 1 ausgewiesene Armutseffekt verdeutlicht, wie stark der Zusammenhang zwischen Armut und Desintegration ist, wenn andere Einflussfaktoren kontrolliert werden. Gezeigt wird ein aus linearen Regressions-

Solidarität im Wohlfahrtsstaat – Prekäre Lebenslagen und soziale Integration 247

analysen gewonnener Indikator, der die Stärke des Effektes von Deprivation auf soziale Desintegration angibt, wenn Alter, Geschlecht, Bildung und Erwerbsstatus konstant gehalten werden. Je höher der Wert des ausgewiesenen Armutseffektes, desto stärker ist die Erklärungskraft eines stark unterdurchschnittlichen Lebensstandards für die individuell erfahrene Intensität sozialer Desintegration.

Abbildung 1: Der Effekt (Regressionskoeffizient B) von Deprivation auf soziale Desintegration

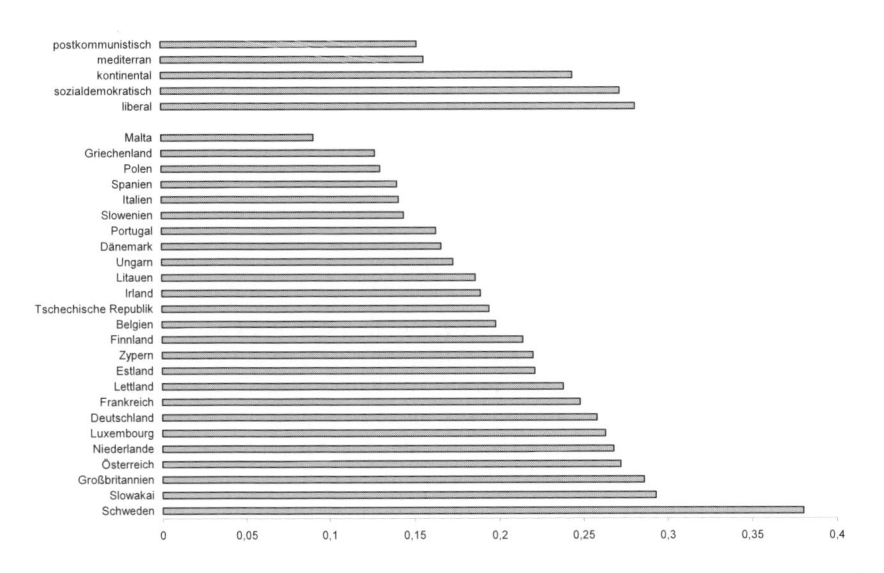

Anmerkung: Index zu sozialer Desintegration als abhängige Variable, Index zu fehlenden Konsumgütern als unabhängige Variable (siehe Tabelle 1), unter Kontrolle von Erwerbsstatus, Alter, Bildung und Geschlecht.
Quelle: EQLS 2003.

Neben Polen fallen vor allem die mediterranen Länder durch einen relativ geringen Zusammenhang von materieller Deprivation und schwacher sozialer Einbindung auf. Aber auch in den anderen postkommunistischen Staaten ist der Effekt vergleichsweise gering. Es sind also gerade die Länder, deren Sozialsysteme eher auf eine Basisunterstützung reduziert sind und die familiären Zusammenhalt hoch schätzen, in denen Arme weniger gefährdet sind, sozialen Rückhalt zu verlieren. Gleichzeitig sind es Länder, deren Lebensstandard generell niedriger ist, und die Schlussfolgerung liegt nahe, dass Armut umso weniger sozial stigmatisierend wirkt, je verbreiteter sie ist. Soziale Desintegration ist stärker in den wohlhabenden kontinentaleuropäischen und skandinavischen Ländern der alten EU mit materieller Benachteiligung assoziiert (Schweden, Österreich, Niederlande, Luxemburg, Deutschland, Frankreich). Ist Armut ein eher seltenes Phänomen, weil für die große Mehrheit der Bevölkerung ein überdurchschnittlicher Lebensstandard gesichert ist, kommt Solidarität mit der vergleichsweise kleinen Gruppe von Deprivierten weniger stark zum Tragen, und es bleibt mehr Raum für Stigmatisierungsgefühle. Auch Großbritannien fällt durch eine starke Assoziation zwischen Deprivation und mangelhafter sozialer Einbindung auf. Armut und Ungleichheit sind in Großbritannien vergleichsweise weit verbreitet und die Sicherungssysteme sind auf Basisversorgung ausgerichtet. In Irland werden diese Merkmale eines liberalen Wohlfahrtsstaats durch stärkere Solidaritätsbande ausgeglichen. Zudem ist die irische Armutsbevölkerung überdurchschnittlich jung, so dass familiärer Rückhalt wahrscheinlicher ist.

5   Zur Erklärung der Länderunterschiede

Kann man die unterschiedliche Stärke des Zusammenhangs zwischen Armut und Desintegration in Europa mit länderspezifischen Kontextmerkmalen erklären und systematische Variationen erkennen? Anhand einiger Indikatoren zur ökonomischen Lage, zu Sozialleistungen und Sozialstaat, Religion und vorherrschenden Werten innerhalb eines Landes sollen im Folgenden makrostrukturelle Zusammenhänge überprüft werden (Tabelle 4). Zur Erfassung der allgemeinen ökonomischen Lage wird auf das Bruttosozialprodukt pro Kopf zurückgegriffen. Die Armutsrisikoquote ebenso wie der Anteil der Deprivierten in einem Land lassen Rückschlüsse auf Stigmatisierungseffekte im Zusammenhang mit der allgemeinen Verbreitung von Armut in einem Land zu. Vorstellbar ist auch, dass Religiosität einen positiven Einfluss auf Hilfsbereitschaft hat und dass insbesondere der Katholizismus mit seiner starken Betonung familiärer Werte soziale Integration stärkt. Als Indikator dafür kommt die dominante Religionsform in einem Land in Frage und die Wichtigkeit, die jeder einzelne der Religion für sein Leben zuspricht.

Kulturelle Werte und Traditionen der Hilfsbereitschaft lassen sich über Einstellungen zur Solidarität mit Armen und die Zuschreibung von Verantwortlichkeiten ermitteln. Zur Verfügung stehen hier drei Indikatoren: Einer misst die Verbreitung der Meinung, dass sich die Familie in erster Linie um arme Menschen kümmern solle. Die beiden anderen geben Auskunft darüber, ob in einer Bevölkerung eher die Meinung vorherrscht, Armut läge in der individuellen Verantwortung jedes Einzelnen oder aber Armut sei eine Folge von Ungerechtigkeiten in der Gesellschaft. Solidarität und Hinwendung zu den Armen werden vermutlich größer sein, wenn die Verantwortung eher dem Staat zugeschrieben wird.

Ein letzter Block von Indikatoren erfasst Merkmale von Wohlfahrtsstaaten. Die Höhe der Ausgaben für sozialen Schutz zeigt die Reichweite von Sozialleistungen an. Je höher sie sind, desto besser dürften von Armut betroffene Personen materiell abgesichert sein. Folgt man der Crowding-Out-These, so müsste man daraus auf einen geringeren Grad an sozialer Integration armer Menschen schließen, denn private Hilfeleistungen würden weniger zentral. Der Anteil bedarfsgeprüfter Leistungen an den Sozialleistungen insgesamt zeigt die Universalität von Sozialleistungen an: Je verbreiteter die Bedürftigkeitsprüfung, desto restriktiver werden die staatlichen Unterstützungsleistungen sein und entsprechend den Bedarf an privat geleisteter Unterstützung erhöhen. Soziale Integration bei Armen sollte dieser Annahme zufolge deshalb ausgeprägt sein. Die Typologisierung von wohlfahrtsstaatlichen Regimen unterscheidet Länder schließlich nach spezifischen Merkmalen der Gewährung von Sozialleistungen und klassifiziert Traditionslinien des sozialen Ausgleichs. Die Frage ist, ob das soziale Kapital der deprivierten Bevölkerungsgruppe nach Regimetyp variiert. Trägt bspw. die eher limitierte und auf Basisversorgung abgestellte soziale Sicherung im Bedarfsfall in den mediterranen Ländern in Kombination mit dem hohen Stellenwert von familiärer Solidarität dazu bei, dass Arme besonders gut integriert sind?

Tabelle 4: Makroindikatoren für Kontexteffekte

Indikator	Quelle/Jahr	Frage
Ökonomische Lage		
Bruttosozialprodukt pro Kopf	Eurostat, structural indicators (web), Daten von 2005	
Armutsrisikoquote	Eurostat 2005, Daten von 2003	
Anteil der Deprivierten	EQLS 2003 (siehe Tabelle 1)	
Religiosität		
Religion	World Value Survey 1999/2000	Do you belong to a religious denomination?

Wichtigkeit von Religion	World Value Survey 1999/2000	In case you do, answer which one How important is religion in your life? (% very important)
Werte und Einstellungen		
Verantwortung der Familie	Eurobarometer 52.1, 1999 / Candidate Countries Eurobarometer 2002	In your opinion, which of the following currently provide most of the help to poor or socially excluded people in your country? (% "their family" erwähnt unter den top drei)
Armut als individuelles Versagen	Eurobarometer 56.1, 2001 / Candidate Countries Eurobarometer 2002	Why in your opinion are there people who live in need? (% of "because of laziness and lack of willpower")
Armut als Folge gesellschaftlicher Ungerechtigkeiten	Eurobarometer 56.1, 2001 / Candidate Countries Eurobarometer 2002	Why in your opinion are there people who live in need? (% of "because there is much injustice in our society")
Wohlfahrtsstaatlichkeit		
Sozialschutzausgaben in % vom BIP	Eurostat structural indicators (web) 2002	
Anteil der bedarfsgeprüften Leistungen an Sozialschutzausgaben insgesamt	Eurostat structural indicators (web) 2002	

Die einem Mehrebenenmodell mit Individualvariablen jeweils einzeln zugespielten Kontextfaktoren zeigen interessante Effekte (Tabelle 5): Deprivierte sind schlechter sozial integriert, wenn sie in Ländern leben, in denen relative Armut und Deprivation vergleichsweise seltene Phänomene sind. Ist der allgemeine Lebensstandard hoch (BIP pro Kopf), verstärkt sich der Druck auf diejenigen, die nicht mithalten können und die Schwierigkeiten für Deprivierte, auf soziale Unterstützung zählen zu können, wachsen. Die Berechnungen bestätigen darüber hinaus den wichtigen Einfluss von Religiosität: Im Vergleich zu vorwiegend protestantisch geprägten Ländern können Länder mit einer mehrheitlich katholischen und orthodoxen Bevölkerung den sozialen Rückhalt armer Menschen eher garantieren. Je wichtiger die Religion im Leben der Menschen in einem Land ist, desto größer ist offenbar die Selbstverständlichkeit, Arme sozial zu integrieren. Die soziale Integration von Armen ist auch dann eher gewährleistet, wenn in einem Land die Meinung vorherrscht, dass nicht Faulheit und fehlende Willenskraft Menschen in Notlagen bringt, sondern die Verantwortlichkeit dafür zu großen Teilen auch dem Staat oder allgemeiner den gesellschaftlichen Verhältnissen zugeschrieben wird. Wenn Armut als individuelles Versagen gilt, sind betroffene Menschen eher auf sich selbst gestellt und haben weniger Zugang zu unterstützenden Netzwerken. Diese Zusammenhänge zeigen, dass bevölkerungsweite Einstellungen zu Armut und deren Bekämpfung die Integration von Armen folgenreich prägen.

Auch wohlfahrtsstaatliche Merkmale beeinflussen die soziale Integration armer Menschen. Je höher die Ausgaben für sozialen Schutz, desto eher sind Deprivierte isoliert, ein Ergebnis, das sich leicht als Bestätigung der Crowding-Out-These interpretieren ließe. Hier ist sicherlich Vorsicht geboten, denn die Höhe der Sozialausgaben korreliert stark mit dem allgemeinen Wohlstandsniveau. In einem Land mit hohen Sozialausgaben ist die Anzahl der deprivierten Menschen oftmals gering, so dass vermutlich auch Stigmatisierungseffekte für die Desintegration der deprivierten Minderheit verantwortlich zu machen sind. Die These, dass die Höhe der bedarfsgeprüften Leistungen an den Sozialleistungen insgesamt einen positiven Einfluss auf die Integration der armen Bevölkerung in soziale Netzwerke hat, bestätigen die Ergebnisse nicht. Armut geht aber in mediterranen Staaten nicht so stark mit Desintegration einher wie im universellen Wohlfahrtsstaat sozialdemokratischen Typs.

Tabelle 5: Welche Kontextmerkmale erklären das länderspezifische Risiko sozialer Desintegration von Armen? Mehrebenenmodelle (random intercept)

		Standardisierte Koeffizienten	Signifikanz
Modell 1	BIP pro Kopf	.120	.019
Modell 2	Armutsrisiko	-.118	.034
Modell 3	Anteil der Deprivierten	-.012	.058
Modell 4	Religion (protestantisch)		
	katholisch	-.234	.000
	gemischt	-.034	.061
	orthodox	-.118	.015
Modell 5	Wichtigkeit von Religion	-.194	.000
Modell 6	Verantwortung der Familie	.015	.730
Modell 7	Armut als individuelles Versagen	.159	.015
Modell 8	Armut als Folge von Ungerechtigkeit	-.127	.007
Modell 9	Höhe der Sozialschutzausgaben	.153	.000
Modell 10	Anteil bedarfsgeprüfter Leistungen	.104	.065
Modell 11	Wohlfahrtsregimetyp (sozialdemokratisch)		
	Kontinental	-.010	.802
	Liberal	.059	.112
	Mediterran	-.142	.027
	Postkommunistisch	-.117	.121
Model 12	Kein Vertrauen in die Sozialversicherungssysteme	-.004	.945

Quelle: EQLS 2003.
Anmerkungen: Das Sample besteht aus Deprivierten (N = 4506) in 23 Ländern, Daten aus Zypern und Malta lagen für einige der Kontextfaktoren nicht vor; das Risiko sozialer Desintegration ist die abhängige Variable (Index, siehe Tabelle 1). Die Effekte der Individualvariablen (Alter, Geschlecht, Bildung, Erwerbsstatus, Gesundheit, Kinder, siehe Tabelle 3) sind hier nicht ausgewiesen. Um Multikollinearitätsprobleme zu vermeiden, wird jede Kontextvariable den Individualmerkmalen einzeln zugespielt. Mein Dank geht an Ulrich Kohler für seine kompetente Beratung in diesen Fragen.

Aus den eingangs geschilderten Verteilungen für die Gesamtbevölkerung wissen wir, dass soziale Integration für einen viel größeren Anteil der Bevölkerung in den postkommunistischen neuen Mitgliedsstaaten eher prekär ist, wohingegen die südeuropäischen Staaten ihre Bevölkerung in der Gesamtschau relativ gut integrieren. Dennoch ist in beiden Ländergruppen der Zusammenhang von Armut und Desintegration relativ schwach ausgeprägt. Die Bevölkerung der mediterranen Länder ist allgemein relativ gut sozial integriert und auch Arme sind in dieser Hinsicht nur geringfügig benachteiligt. In den postkommunistischen Ländern herrscht ein viel höheres Maß an Desintegration in der Gesamtbevölkerung vor und Arme sind nicht viel schlechter integriert als Nicht-Arme. Die viel weiter verbreitete Desintegration in den postkommunistischen Ländern spiegelt sich darin, dass Arme in Osteuropa wesentlich schlechter integriert sind als Arme in Südeuropa.

6 Zur Funktionalität sozialer Integration

Dass benachteiligte Menschen weniger soziale Unterstützung erfahren als privilegierte, haben die vorangegangenen Analysen gezeigt. Abschließend soll ein Blick auf die damit verbundenen Auswirkungen für die allgemeine Lebensqualität geworfen werden. Verstärkt fehlender sozialer Rückhalt die mit Armut einhergehenden Einbußen an allgemeiner Lebenszufriedenheit bzw. kann soziale Integration den negativen Einfluss von Armut auf das subjektive Wohlbefinden kompensieren?

Die Lebenszufriedenheitsforschung bestätigt immer wieder einen deutlichen Zusammenhang zwischen materiellen Lebensbedingungen und subjektivem Wohlbefinden (Layard 2005, Donovan/Halpern 2002, Diener et al 1999). Ist ein Existenzminimum gesichert und das allgemeine Lebensstandardniveau hoch, gewinnen soziale Beziehungen und Partizipation als Determinanten des Wohlbefindens an Gewicht. Nicht nur der relative Lebensstandard in einem Land, sondern auch das allgemeine Wohlstandsniveau, die Höhe der Sozialschutzausgaben und die Stabilität der Demokratie haben einen Einfluss auf die Lebenszufriedenheit: In jedem Land sind Arme unzufriedener mit ihrem Leben als Wohlhabende. Arme in reichen Ländern sind jedoch zufriedener als Reiche in armen Ländern (Delhey 2004, Böhnke 2005).

Auch in Abbildung 2 sieht man, dass die Unterschiede im Niveau der Lebenszufriedenheit zwischen den Ländergruppen gleich bleiben, egal, welche Bevölkerungsgruppe man sich anschaut. Sowohl die Gesamtbevölkerung als auch die Gruppe der desintegrierten Armen ist im Norden Europas am zufriedensten, in den neuen Mitgliedsstaaten am unzufriedensten. Außerdem zeigt sich, dass die Lebenszufriedenheit innerhalb aller Ländergruppen sinkt, wenn Benachteiligungen zusammentreffen. Im Vergleich zur Gesamtbevölkerung haben Menschen mit niedrigem Einkommen oder sehr geringem

Lebensstandard Einbußen in der Lebensqualität hinzunehmen. Diese Einschnitte sind allerdings bei weitem nicht so groß, wenn prekäre Lebensbedingungen durch den Rückhalt in sozialen Netzwerken und ein funktionierendes Sozialleben abgefedert werden. Trifft Armut mit sozialer Isolation zusammen, sinkt die Zufriedenheit mit dem Leben europaweit.

Abbildung 2: Durchschnittliche Lebenszufriedenheit nach Ländergruppen bei sozial integrierten und sozial desintegrierten Menschen in materiell prekärer Lebenslage

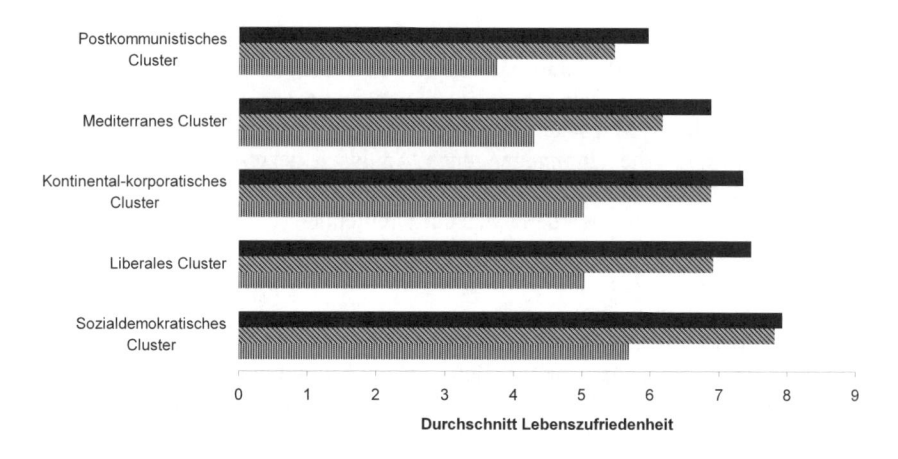

⦀ materiell prekär und sozial desintegriert ▧ materiell prekär und sozial integriert ■ Gesamt

Anmerkungen: Die Gruppe derjenigen in einer materiell prekären Lebenslage umfasst sowohl Niedrigeinkommensbezieher als auch Deprivierte. Als sozial desintegriert gelten alle, die drei oder mehr der Defizite des Desintegrations-Index benennen (Tabelle 1); Lebenszufriedenheit wird auf einer Skala von 1 (sehr unzufrieden) bis 10 (sehr zufrieden) gemessen.
Quelle: EQLS 2003.

Die nachfolgende Tabelle zeigt die kontrollierte Einflussstärke materieller und sozialer Benachteiligung auf die Lebenszufriedenheit sowohl unabhängig voneinander als auch in Interaktion. Die Modelle für die einzelnen Ländergruppen berücksichtigen zusätzlich die Merkmale Geschlecht, Alter, Bildung, Erwerbsstatus und Gesundheit, deren Effekte aber nicht ausgewiesen sind. Für alle fünf Ländergruppen ist der signifikant negative Einfluss einer prekären Versorgungslage auf die Lebenszufriedenheit deutlich erkennbar. Er ist am schwächsten in den skandinavischen, am stärksten in den postkommunistischen Ländern. Das ändert sich auch dann nicht, wenn man zusätzlich soziale Desintegration als Determinante von Lebenszufriedenheit prüft. Allerdings wird der Einfluss des Lebensstandards dann deutlich schwächer, was auf eine Interaktion hindeutet. Im skandinavischen Cluster verlieren die materiellen Lebensbedingungen sogar die signifikante Erklärungskraft für die Lebenszufriedenheit. Niedriges Einkommen allein trägt in den wohlhabenden nordeuropäischen Ländern nicht zur Verschlechterung des Wohlbefindens bei, sondern in erster Linie Desintegration. Dies bestätigen auch die Interaktionsvariablen. Wenn Niedrigeinkommensbezieher integriert sind, haben sie nur minimale Einbußen an Lebensqualität im Vergleich zu integrierten Wohlhabenden. Wohlhabende, die nicht in soziale Netzwerke eingebunden sind, sind sehr viel unzufriedener mit ihrem Leben. Treffen prekäre materielle Lebensbedingungen mit Desintegration zusammen, verschlechtert sich das subjektive Wohlbefinden am stärksten.

Die fehlende Einbindung in soziale Netzwerke erweist sich in allen Ländergruppen als starker Prädiktor für die wahrgenommene Lebensqualität, stärker sogar als die materiellen Lebensbedingungen[4]. Je niedriger das Wohlstandniveau in einem Land, desto mehr verliert die soziale Integration an Erklärungskraft für die Lebenszufriedenheit. In ärmeren Ländern beeinflussen materielle Lebensbedingungen das subjektive Wohlbefinden stärker, ein Ergebnis, das den oben kurz beschriebenen Forschungsergebnissen bisheriger Studien entspricht.

In allen Ländergruppen sind diejenigen am unzufriedensten, bei denen Versorgungsengpässe und soziale Desintegration zusammentreffen. In materieller Hinsicht benachteiligt zu sein und gleichzeitig nicht mehr auf soziale Unterstützung zählen zu können, hat schwerwiegende Konsequenzen für die Lebensqualität und das Wohlbefinden. Die materiellen Lebensbedingungen sind dabei aber nicht immer ausschlaggebend. Eine prekäre materielle Lebenslage kann durchaus durch die gelungene Integration in soziale Netzwerke kompensiert werden. In Kontinentaleuropa haben Arme, die sozial integriert sind, die gleiche Lebenszufriedenheit wie wohlhabende Menschen, denen sozialer Rückhalt fehlt. Im liberalen Cluster geht es desintegrierten Wohlhabenden sogar schlechter als integrierten Armen. Es sind die mediterranen und postkommunistischen Länder, in denen Armut die Lebenszufriedenheit deutlicher prägt. Zwar sind auch Wohlhabende ohne verlässliche soziale Einbindung deutlich unzufriedener. Doch hilft die soziale Integration denjenigen in prekärer Versorgungslage allein nicht über Sorgen und Nöte hinweg. Prekäre

---

[4] Dies wäre anders, wenn man einen reinen Armuts- oder Deprivationsindikator gewählt hätte. Wegen der niedrigen Fallzahlen wird hier auf ‚Niedrigeinkommen und/oder Deprivation' ausgewichen.

materielle Lebensbedingungen in armen Ländern bedeuten existenzielle Nöte und drücken auch dann deutlich die Lebenszufriedenheit, wenn die betroffenen Menschen integriert sind und sich nicht isoliert fühlen.

Tabelle 6: Der Einfluss materieller Lebensbedingungen und sozialer Integration auf die Lebenszufriedenheit

	Modell 1	Modell 2	Modell 3
Sozialdemokratisches cluster			
Prekäre materielle Lebenslage[1]	-.081***	-.027	
Desintegration[2]		-.333***	
Wohlhabend und desintegriert[3]			-.176***
Materiell prekär und integriert[3]			-.040**
Materiell prekär und desintegriert[3]			-.218***
Erklärte Varianz	7%	16%	13%
Kontinentales cluster			
Prekäre materielle Lebenslage	-.158***	-.118***	
Desintegration		-.274***	
Wohlhabend und desintegriert			-.129***
Materiell prekär und integriert			-.129***
Materiell prekär und desintegriert			-.187***
Erklärte Varianz	9%	16%	12%
Liberales Cluster			
Prekäre materielle Lebenslage	-.236***	-.150***	
Desintegration		-.351***	
Wohlhabend und desintegriert			-.216***
Materiell prekär und integriert			-.168***
Materiell prekär und desintegriert			-.306***
Erklärte Varianz	12%	21%	19%
Mediterranes Cluster			
Prekäre materielle Lebenslage	-.227***	-.177***	
Desintegration		-.262***	
Wohlhabend und desintegriert			-.116***
Materiell prekär und integriert			-.190***
Materiell prekär und			-.242***

desintegriert			
Erklärte Varianz	13%	19%	17%

Postkommunistisches Cluster

Prekäre materielle Lebenslage	-.309***	-.233***	
Desintegration		-.296***	
Wohlhabend und desintegriert			-.102***
Materiell prekär und integriert			-.254***
Materiell prekär und desintegriert			-.370***
Erklärte Varianz	18%	26%	23%

Anmerkungen: [1]Niedrigstes Einkommensquartil und/oder Deprivation; [2]Desintegrations-Index, siehe Tabelle 1; [3]Referenzkategorie: Wohlhabend (drei obere Einkommensquartile) und sozial integriert (0-2 Defizite mit sozialer Integration von neun); die Modelle sind kontrolliert für Alter, Geschlecht, Bildung, Erwerbsstatus, Gesundheitszustand.

7 Zusammenfassung

Die Bevölkerung Europas ist unterschiedlich gut sozial integriert. Das in den postkommunistischen Staaten allgemein vorherrschende niedrige Lebensstandardniveau und damit einhergehende existenzielle Nöte können nicht mit einer weit reichenden Solidarität und Unterstützungsbereitschaft kompensiert werden. In den neuen Mitgliedsstaaten ist soziale Desintegration viel weiter verbreitet als in den EU-15-Staaten. Vor allem in Skandinavien, aber auch in Südeuropa sind Unterstützung, Kontakte und Hilfeleistungen für die Gesamtbevölkerung leichter zugänglich.

Dies gilt jedoch nicht, wenn man den Blick auf Arme und Deprivierte lenkt. Schaut man sich den Zusammenhang von materieller und sozialer Benachteiligung in den einzelnen Länder an, so bestätigen die dargestellten Ergebnisse die Kumulationsthese: Arm sein in Europa heißt nicht nur, wenig Geld haben oder einen Lebensstandard deutlich unterhalb des Bevölkerungsdurchschnitts. Es heißt auch, auf soziale Kontakte verzichten zu müssen, wenig emotionalen Rückhalt zu haben und auf Unterstützung nicht in dem Maße zählen zu können, wie es in einer prekären Lebenssituation eigentlich nötig wäre. Für jedes Land in der erweiterten Union gilt, dass Personen in einer materiell prekären Versorgungslage stärker von sozialer Desintegration betroffen sind als privilegierte Bevölkerungsschichten. Allerdings variiert der Grad der Kumulation von Land zu Land.

Wie stark Armut und Desintegration zusammenhängen, wird von der Verbreitung prekärer Lebenslagen innerhalb einer Bevölkerung bestimmt. Je weniger relative Einkommensarmut das Gesellschaftsbild bestimmt und je kleiner die Gruppe derjenigen ist, deren Lebensstandard in Basisdimensionen nur unzureichend gesichert ist, desto schwerer fällt es diesen Menschen, sozialen Anschluss aufrecht zu erhalten und unterstützende soziale Kontakte in Anspruch zu nehmen. Stigmatisierung, Scham und persönliche Zurechnung sind plausible psychologische Mechanismen, die diesen Effekt erklären. In Ländern mit einem hohen Anteil von Armen ist die Polarisierung zwischen oben und unten nicht so stark ausgeprägt. Zwar sind auch dann soziale Netzwerke schwerer für die prekär Versorgten zugänglich. Der Unterschied zu den privilegierten Bevölkerungsgruppen ist jedoch nicht so groß, weil soziale Desintegration breite Bevölkerungsschichten betrifft.

Aber auch andere Kontexteffekte beeinflussen das Zusammenspiel von Armut und Desintegration. Sozialpolitik und damit verzahnte bevölkerungsweite Einstellungen zu Religion, Familie, Armut und ihrer Bekämpfung hinterlassen ihre Spuren in der Unterstützungskultur und Solidaritätsbereitschaft eines Landes. Religiosität, und hier vor allem der Katholizismus als dominante Religionsform in einem Land, mindert Desintegrationstendenzen bei den Armen. Je wichtiger religiöse Werte der Bevölkerung in einem Land sind, desto seltener müssen Menschen in prekären Versorgungslagen auf sozialen Rückhalt verzichten. Wenn sozialer Schutz weniger universell gestaltet ist, sind private Hilfen und soziale Integration für Arme wahrscheinlicher. Es sind die wohlhabenden skandinavischen und kontinental-europäischen Staaten der alten EU, bei denen Armut zwar nicht so weit verbreitet ist, aber in verstärktem Ausmaß den Verlust sozialen Rückhalts bedeutet. Arm sein in den reichsten Ländern der EU mit dem höchsten Sozialschutzniveau bedeutet in hohem Maße sozialen Ausschluss. Dies weist auf die Möglichkeit eines Crowding-Out-Effekts zumindest im Hinblick auf die Solidarität mit Armen hin.

Dahinter verbergen sich aber unterschiedliche Niveaus sozialer Integration der Gesamtbevölkerung. Selbst wenn arme Menschen in skandinavischen Ländern stark desintegriert sind im Vergleich zu Nicht-Armen, so sind sie immer noch stärker integriert als Arme in postkommunistischen Ländern, wo die Gesamtbevölkerung sowohl ärmer als auch desintegrierter ist. Solidaritätsbereitschaft und eine selbstverständliche Unterstützungskultur in der Gesamtbevölkerung, aber auch bei Menschen in prekären Lebenslagen, finden wir in den mediterranen Ländern, deren hohe Wertschätzung von Religion und Familie offenbar die relativ rudimentär gestalteten Sozialleistungen gut auszugleichen im Stande ist.

Die Ergebnisse zeigen außerdem, dass der Beziehungs- und Unterstützungsaspekt eine wesentliche Rolle spielt, wenn es um die Auswirkungen materieller Benachteiligung auf die Lebensqualität geht.

Menschen, die sowohl arm als auch desintegriert sind, haben in jeder Ländergruppe die niedrigste Lebenszufriedenheit. Sozialer Rückhalt mindert die Konsequenzen einer prekären Lebenslage für die wahrgenommen Lebensqualität erheblich.

Die aufgezeigten Interaktionen zwischen individuellem materiellem Lebensstandard, sozialem Unterstützungspotenzial und länderspezifischen Kontextbedingungen machen deutlich, wie komplex das Bedingungsgefüges ist, in dem Solidarität geleistet und in Anspruch genommen wird. Charakteristika des Landes, in dem Armut erfahren wird, bestimmen wesentlich darüber, ob arme Menschen auf soziale Unterstützung bauen können und welche Rolle sozialer Rückhalt für die Lebensqualität an sich und speziell in prekären Versorgungssituationen spielt.

Literatur

Alber, Jens, Jan Delhey, Wolfgang Keck, Ricarda Nauenburg (2004): Quality of Life in Europe, First European Quality of Life Survey 2003. European Foundation for the Improvement of Living and Working Conditions, Luxembourg: Office for Official Publications for the European Communities.

Andreß, Hans-Jürgen (1999): Leben in Armut. Analysen der Verhaltsweisen armer Haushalte mit Umfragedaten. Opladen: Leske + Budrich.

Andreß, Hans-Jürgen, Gero Lipsmeier, Kurt Salentin (1995): Soziale Isolation und mangelnde soziale Unterstützung im unteren Einkommensbereich?. Vergleichende Analysen mit Umfragedaten. In: Zeitschrift für Soziologie, 24 (4), S. 300-315.

Böhnke, Petra (2004): Perceptions of Social Exclusion and Integration in an enlarged Europe. European Foundation for the Improvement of Living and Working Conditions, Luxembourg, Office for Official Publications of the European Commission.

Böhnke, Petra (2005): Life satisfaction, happiness and sense of belonging. European Foundation for the Improvement of Living and Working Conditions, Luxembourg, Office for Official Publications of the European Commission.

Böhnke, Petra (2006): Einkommensarm, aber beziehungsreich? Zum Zusammenhang von Armut und sozialen Beziehungen in der erweiterten EU. In: Jens Alber und Wolfgang Merkel (Hrsg.), Europas Osterweiterung: Das Ende der Vertiefung, WZB-Jahrbuch 2005, Berlin: edition sigma, S. 107-134.

Bonoli, Giuliano (1997): Classifying welfare states: a two-dimensional approach. In: Journal of Social Policy 26/3, S. 351-372.

Bourdieu, Pierre (1983): Ökonomisches Kapital, kulturelles Kapital, soziales Kapital. In: Kreckel, Reinhard (Hg.), Soziale Ungleichheiten, Göttingen: Schwartz, S. 183-198.

Clark, Andrew E. (2003): Unemployment as a social norm: Psychological evidence from panel data. In: Journal of Labour Economics, 21/2, S.323-351.

Coleman, James S. (1988): Social Capital in the creation of human capital. In: American Journal of Sociology, 94, Supplement S95-S120.

Crow, Graham (2004): Social Networks and Social Exclusion: An Overview of the Debate. In: Phillipson, Chris, Graham Allan, David Morgan (Hrsg.), Social Networks and Social Exclusion. Sociological and Policy Perspectives, Ashgate, S. 7-19.

Deacon, Bob (2000): Eastern European welfare states: the impact of the politics of globalization. In: Journal of European Social Policy, 10/2, S. 146-161.

Delhey, Jan, European Foundation for the Improvement of Living and Working Conditions (2004): Life satisfaction in an enlarged Europe. Luxembourg, Office for Official Publications of the European Commission.

Diener, Ed, Eurikook M. Suh, Richard E. Lucas and Heidi L. Smith (1999): Subjective well-being: three decades of progress. In: Psychological Bulletin, 125, 1999, S. 276–302.

Diewald, Martin (1986): Sozialkontakte und Hilfeleistungen in informellen Netzwerken. In: Glatzer, Wolfgang / Berger-Schmitt, Regina (Hg.), Haushaltsproduktion und Netzwerkhilfe, Frankfurt, S. 51-84.

Diewald, Martin (1991): Soziale Beziehungen: Verlust oder Liberalisierung? Soziale Unterstützung in informellen Netzwerken. Berlin.

Donovan, Nick and Halpern, David (2002): Life satisfaction: the state of knowledge and implications for government, UK Cabinet Office, Paper of the Prime Minister's strategy unit.

Esping-Andersen, Gosta (1990): The three worlds of welfare capitalism. Oxford, Polity Press.

Esping-Andersen, Gosta (1999): Social Foundations of post-industrial economies. Oxford, Oxford University Press.

Eurostat (2005): Einkommensarmut und soziale Ausgrenzung in EU-25. Statistik kurz gefasst. Bevölkerung und soziale Bedingungen 13/2005.

Ferrera, Maurizio (1996): The "Southern" Model of Welfare in Social Europe, Journal of European Social Policy 6/1, S. 17-37.

Fischer, Claude S. (1982): To dwell among friends. Personal networks on town and city. Chicago/London.

Freitag, Markus (2000): Soziales Kapital und Arbeitslosigkeit. Eine empirische Analyse zu den Schweizer Kantonen. In: Zeitschrift für Soziologie, Heft 3, S. 186-201.

Gallie, Duncan, Serge Paugam (2002): Soziale Prekarität und soziale Integration. Bericht für die Europäische Kommission auf der Grundlage von Eurobarometer 56.1, Brüssel.

Gallie, Duncan, Serge Paugam, Sheila Jacobs (2003): Unemployment, poverty and social isolation. Is there a vicious circle of social exclusion? In: European Societies 5 (1), S. 1-32

Granovetter, Mark S. (1973): The strength of weak ties. In: American Journal of Sociology 78 (6), S. 1360-1380.

Granovetter, Mark S. (1985): Economic action and social structure: The problem of embeddedness. In: American Journal of Sociology 91, S. 481-510.

Hübinger, Werner (1996): Prekärer Wohlstand. Neue Befunde zu Armut und sozialer Ungleichheit. Freiburg.

Kääriäinen, Juha, Heikki Lehtonen (2006): The variety of social capital in welfare state regimes – a comparative study of 21 countries. In: European Societies 8/1, S. 27-57.

Kern, Stefanie (2003): Führt Armut zu sozialer Isolation? Eine empirische Analyse mit Daten des sozio-ökonomischen Panels. Universitätsbibliothek Trier.

Künemund, Harald, Martin Rein (1999): There is more to receiving than needing: theoretical arguments and empirical explorations of crowding in and crowding out. In: Ageing and Society, 19, S. 93-121.

Layard, Richard (2005): Happiness. Lessons from a new science. Penguin Press, New York.

Leibfried, Stephan (1992): Towards a European welfare state? On integrating poverty regimes into the European Community, in: Zsusa Ferge, John E. Kolberg (Hrsg.), Social Policy in a changing Europe, S. 227-259.

Lin, Nan (1999): Social networks and status attainment. In: Annual Review of Sociology 25, S. 467-487.
van Oorschot, Wim, Wil Arts (2005): The social capital of European welfare states: the crowding out hypothesis revisited. In: Journal of European Social Policy 15/1, S. 5-26.
van Oorschot, Wim, Wil Arts, John Gelissen (2006): Social Capital in Europe. Measurement and Social and Regional Distribution of a multifaceted phenomenon. In: Acta Sociologica 49/2, S. 149-167.
Paugam, Serge (1996): Poverty and social disqualification: A comparative analysis of cumulative social disadvantage in Europe. In: Journal of European Social Policy, 6 (4), S. 287-303.
Paugam, Serge, Helen Russell (2000): The effects of employment precarity and unemployment on social isolation. In: Gallie, Duncan, Serge Paugam (Hrsg.), Welfare regimes and the experience of unemployment in Europe. Oxford: Oxford University Press, 243-263.
Prisching, Manfred (2003): Solidarität: Der vielschichtige Kitt gesellschaftlichen Zusammenlebens. In: Lessenich, Stephan (Hg.), Wohlfahrtsstaatliche Grundbegriffe. Historische und aktuelle Diskurse, Frankfurt/New York, S. 157- 190.
Putnam, Robert D. (2000): Bowling alone. The Collapse and Revival of American Community. New York: Simon & Schuster.
Reher, David S. (1998): Family ties in Western Europe: Persistent contrasts. In: Population and development review 24 (2), S. 203-234.
Russell, Helen, Christopher T. Whelan (2004): Low income and deprivation in an enlarged Europe. European Foundation for the Improvement of Living and Working Conditions. Luxembourg: Office for Official Publications of the European Communities.
Saraceno, Chiara (2004): De-familization or re-familization? Trends in income tested family benefits. In: Trudie Knijn/Aafke Komter (Hrsg.), Solidarity Between the Sexes and the Generations: Transformations in Europe, Cheltenham: Edward Elgar, S. 68-88.
Saraceno, Chiara, Manuela Olagnero (2006): Social networks and patterns of informal social support, unpublished manuscript.
Scheepers, Peer, Manfred Te Grotenhuis, John Gelissen (2002): Welfare States and Dimensions of Social Capital. In: European Societies 4/2, S.185-207.
Siaroff, Alan (1994): Work, welfare and gender equality. A new typology. In: Diane Sainsbury (Hg.), Gendering welfare states. London: Sage. 82-100.
Sik, Endre, Barry Wellman (1999): Network capital in capitalist, communist and post communist countries, in: Barry Wellman (Hrsg.), Networks in the global village. Life in contemporary community. Boulder: Westview, pp. 225-253.
Tsakloglou, Panos, Fotis Papdopoulos 2002: Identifying Population Groups at High Risk of Social Exclusion: Evidence from the ECHP. In: Muffels, Ruud, Panos Tsakloglou and David G. Mayes (Hrsg.), Social Exclusion in European Welfare States, Edward Elgar, Cheltenham, 2002, pp. 135-169)

Turner, R. Jay (1983): Direct, indirect and moderating effects of social support on psychological distress and associated conditions. In: Kaplan, Heidi B. (Hg.), Psychological stress. New York, S. 105-155.

Walper, Sabine (1991): Finanzielle Belastungen und soziale Beziehungen. In: Bertram, H. (Hg.), Die Familie in Westdeutschland. Stabilität und Wandel familialer Lebensformen. Opladen, S. 351-386.

Wegener, Bernd (1989): Soziale Beziehungen im Karriereprozeß. In: Kölner Zeitschrift für Soziologie und Sozialpsychologie 41, S. 270-297.

Wilkinson, Richard G. (1996): Unhealthy Societies: The Afflictions of Inequality. London.

Modernisierung, Wohlfahrtstaat und Ungleichheit als gesellschaftliche Bedingungen sozialer Integration – Eine Analyse von 25 Ländern

Jörg Lüdicke und Martin Diewald

1 Fragestellung

Unterschiede in Lebensqualität und Wohlfahrt zwischen verschiedenen Nationen werden in der Regel auf der Ebene von ökonomischen Indikatoren wie Einkommen oder dem Bruttoinlandsprodukt betrachtet. Auch der Bildung als wichtigem „Rohstoff" der wirtschaftlichen und gesellschaftlichen Entwicklung wird zunehmend Aufmerksamkeit gezollt, wie nicht zuletzt die Pisa-Untersuchungen deutlich machen. Unter dem Begriff des „Sozialkapitals" ist in den letzten Jahren nun zunehmend auch die Qualität der *informellen* sozialen Beziehungen als wichtiger weiterer Faktor in den Blickpunkt gerückt. Zum einen soll Sozialkapital für die *gesellschaftliche* Entwicklung bedeutsam sein, also das ökonomische Wachstum oder die demokratische Entwicklung befördern, zum anderen für die *individuelle* Wohlfahrt, indem es alternativ oder komplementär zu anderen individuellen (Geld, Bildung, Position) und gesellschaftlichen – etwa infrastrukturellen – Ressourcen die Verfolgung verschiedener Lebensziele erleichtert. Damit wird Sozialkapital ebenso wie Einkommen und Bildung auch zu einer wichtigen Komponente der Ungleichheitsstruktur einer Gesellschaft. Allerdings bestehen im Unterschied zu Einkommen und Bildung vergleichsweise größere Probleme hinsichtlich einer Operationalisierung dessen, was intersubjektiv gültig als Sozialkapital bezeichnet werden kann (van Deth 2003, van der Gaag/Snijders 2004). Was unter Sozialkapital jeweils zu verstehen ist, lässt sich nämlich kaum ohne Berücksichtigung unterschiedlicher individueller Lagen, Lebensziele sowie gesellschaftlicher Rahmenbedingungen adäquat bestimmen.[1] Damit sind auch Unterschiede an „Sozialkapital" zwischen verschiedenen Nationen nur dann interpretierbar, wenn einerseits die Verfügbarkeit anderer, zum Nutzen des Sozialkapitals teilweise komplementärer Kapitalien mit berücksichtigt wird, zum anderen auch die unterschiedlichen institutionellen Gefüge Aufmerksamkeit finden, die in Form funktionierender

---

[1] Vgl. dazu unseren anderen Beitrag in diesem Band.

Märkte und wohlfahrtsstaatlicher Leistungen die Daseinsbewältigung erleichtern, indem sie die informellen Beziehungen von entsprechenden Aufgaben entlasten. Um es an einem Beispiel deutlich zu machen: Hilfe bei der Beschaffung von Materialien und Arbeitshilfen sind bei individueller Knappheit an materiellen Ressourcen und/oder mangelhafter Produktion und Distribution von Gütern und Dienstleistungen von größerer Wichtigkeit als bei Reichen in Ländern mit gut ausgebauten Märkten.

Im Folgenden wollen wir deshalb zunächst theoretisch versuchen, Anhaltspunkte für eine adäquate Operationalisierung international vergleichender Sozialkapital-Untersuchungen zu gewinnen. Dies geschieht zum einen anhand einer netzwerk- und unterstützungstheoretischen Differenzierung der Bedeutung informeller sozialer Beziehungen (Abschnitt 2.1), zum anderen über die Diskussion der unterschiedlichen Bedeutung informeller Beziehungen in Ländern mit unterschiedlichen Merkmalen und Graden der Modernisierung, des Wohlstands, wohlfahrtsstaatlicher Institutionen und der Sozialstruktur (Abschnitt 2.2). Auf dieser Basis wird eine Reihe untersuchungsleitender Hypothesen entwickelt (Abschnitt 3), die wir dann empirisch mit einem entsprechenden Datensatz, dem ISSP (International Social Survey Programme 2001) prüfen. Wir stellen im vierten Abschnitt diese Datenbasis und die von uns vorgenommenen Operationalisierungen vor und präsentieren dann entsprechende deskriptive Befunde (Abschnitt 5) sowie die Ergebnisse von multivariaten Mehrebenenanalysen. Im abschließenden siebenten Abschnitt werden die wichtigsten Befunde im Hinblick auf Schlussfolgerungen für die weitere Forschung diskutiert.

2 Theoretischer Hintergrund

2.1 Soziale Netzwerke, soziale Unterstützung und Sozialkapital

Ohne hier en detail auf unterschiedliche Versuche einer Dimensionierung des Konzepts eingehen zu wollen, scheinen uns folgende Unterscheidungen zur internen Differenzierung des Sozialkapitalkonzepts im Hinblick auf die Identifizierung möglichst allgemeiner und robuster Operationalisierungen besonders bedeutsam zu sein: instrumentelle versus emotionale Unterstützung sowie die Vermittlung von Zugehörigkeit und Nähe versus Anerkennung und Reziprozität. Wir orientieren uns dabei an bekannten Standards der Netzwerk- und Unterstützungsforschung (Diewald 1991, Lang 2003).

Emotionale Unterstützung ist für Alle wichtig, unabhängig von der Gesellschaftsform, wenn auch die Bedürfnisse nach emotionaler Unterstützung im Ausmaß schwanken mögen. Es geht dabei um so verschiedene Wahrnehmungen und Gefühlszustände wie Zugehörigkeit und Geborgenheit, Liebe und Zuneigung, Anerkennung und Wertschätzung sowie Aufmerksamkeit und Zuwendung in schwierigen Situationen (Diewald 1991, van der Gaag/Snijders 2004). Im Rahmen sozialer Produktionsfunktionen handelt es sich um instrumentelle Ziele des sozialen Wohlbefindens (Ormel et al. 1999) bzw. um Bindungsziele (Lang 2003). Informelle soziale Beziehungen sind hier besonders wichtig, da sie in diesen Funktionen kaum durch formale Institutionen substituiert werden können Dagegen geht es bei *instrumenteller Unterstützung* um den Nutzen für Lebensziele in anderen Lebensbereichen wie Beruf, Wohnen, materielle Lebensbedingungen u.ä... Im Rahmen sozialer Produktionsfunktionen handelt es sich um instrumentelle Ziele des physischen Wohlbefindens (Ormel et al. 1999) bzw. um Wirkungsziele (Lang 2003). Inwiefern hier informelle soziale Beziehungen wichtig sind, hängt sehr viel stärker als bei emotionaler Unterstützung vom Grad der funktionalen Differenzierung oder Modernisierung sowie des materiellen Wohlstands in einer Gesellschaft ab (vgl. Abschnitt 2.2). In jedem Fall sind sie hier nicht primär oder gar allein „zuständig".

Obwohl emotionale Unterstützung oft als ein homogener Block abgehandelt werden, lassen sich hier, teilweise sich mit den oben genannten Unterstützungsarten überschneidend, zwei unterschiedliche Beziehungsformen bzw. Mechanismen der Beziehungsregulation unterscheiden (Neyer/Lang 2003, Diewald 1997): für *Zugehörigkeit und Nähe* sind eher eine Domäne zugeschriebener Beziehungen, und damit sind vor allem Familienbeziehungen relevant. Hier geht es um voraussetzungslose soziale Unterstützung, die mit einer gewissen Fraglosigkeit erwartbar ist. Dagegen ist das *Aushandeln von Reziprozität* eher die Domäne von Wahlbeziehungen: Es geht um den wechselseitigen Austausch von (instrumentellen) Vorteilen und gegenseitiger sozialer Anerkennung, und dieser ist voraussetzungsvoll, stärker als Zugehörigkeit und Nähe an die eigene Attraktivität als Austauschpartner gebunden und damit tendenziell eher ungleichheitsverstärkend als -ausgleichend.

Als dritte, von beiden unabhängig zu sehende Komponente beziehen wir *generalisiertes Vertrauen* ein. Im Gegensatz zu allen bisher behandelten Komponenten bezieht es sich auf soziales Handeln in Beziehungen außerhalb des persönlichen Nahumfeldes und schließt insofern gewissermaßen nach außen an Beziehungen des Aushandelns von Reziprozität an. Generalisiertes Vertrauen existiert insofern, als Beziehungs- und Umwelterfahrungen Kooperationsverhalten auch außerhalb des vergleichsweise kontrollierten Bereichs direkter Beziehungen ermöglichen.

2.2 Modernisierung, Wohlfahrtsstaat und Sozialstruktur als Kontexte für die Bedeutung informeller Beziehungen

Die Soziologie hat sich seit ihrem Bestehen mit einem Pessimismus hinsichtlich der Auswirkungen von funktionaler Differenzierung und Verstädterung auf die soziale Integration auseinander gesetzt (vgl. dazu Fischer et al. 1977, Wellman 1979, Diewald 1991). Dieser Pessimismus speist sich aus mehreren Quellen, die hier nur kurz angerissen werden sollen. Zum einen geht es um die Konsequenzen der *funktionalen Differenzierung* selbst: Der expandierende Staat, aber auch funktionierende Märkte und aus funktionaler Differenzierung resultierender *Wohlstandsgewinn* schwächen informelle Beziehungen über deren Bedeutungsverlust, d.h. auch die sozialintegrativen Funktionen werden, da eher als Nebenprodukt instrumenteller Beziehungen gesehen, durch den Wegfall instrumenteller Notwendigkeiten quasi unbewusst und nebenbei geschwächt. Der zweite Aspekt ist die damit mehr oder weniger einhergehende kulturelle *Individualisierung*, die Selbstverwirklichungs- gegenüber Gemeinschaftswerten betont. Und schließlich schürt auch neuerdings die Globalisierung nicht nur die Angst vor dem Verlust von Arbeitsplätzen, sondern im Zuge von zunehmendem Arbeitsdruck, Beschleunigung und Verunstetigung auch Befürchtungen, keine stabilen und gehaltvollen Beziehungen mehr eingehen und aufrechterhalten zu können (Sennett 1998, Diewald 2003). Gemeinsamer Nenner dieser Lesart ist, dass das Bedürfnis nach Nähe, Zuneigung und Anerkennung nicht automatisch dazu führt, dass entsprechende Beziehungen eingegangen und gepflegt werden können. Vielmehr bedarf es dazu entsprechender Gelegenheiten, teilweise auch Zwänge, in denen diese Qualitäten gleichsam „nebenbei" entstehen können, wie es für die „Notgemeinschaften" der DDR vielfach berichtet wurde (Diewald 1995). Diesen Befürchtungen steht als Gegenthese die Vision einer „befreiten Gemeinschaft" (Wellman 1979) gegenüber. Nach dieser Lesart stärkt die Entlastung von Versorgungsaufgaben die Chancen, dass informelle Beziehungen für sozialintegrative bzw. emotionale Inhalte frei werden. Diese Spezialisierung und Leistungssteigerung wäre ja gerade der Vorteil der funktionalen Differenzierung innerhalb der Gesellschaft.

Diese bereits lang andauernde und auf die historische Durchsetzung der Modernisierung und die daraus resultierenden Folgen für die soziale Integration fokussierende Auseinandersetzung ist in den letzten Jahren ergänzt worden durch eine weitere Diskussion, die auf dieser älteren aufsitzt und sie für die verschiedenen Ausformungen moderner Wohlfahrtsstaaten weiter ausdifferenziert. Die Argumente sind ähnlich den bereits in Bezug auf Modernisierungsprozesse genannten, nur dass sie auf dem Sockel erfolgter funktionaler Differenzierung speziell auf mögliche negative Folgen eines ausgebauten

Wohlfahrtsstaats fokussieren (Scheepers/Te Grotenhuis/Gelissen 2002, van Oorschot/Arts 2005, Kääriäinen/Lehtonen 2006). Die "crowding out"-Hypothese lautet hier, dass ein ausgebauter Wohlfahrtsstaat Hilfebeziehungen als Versorgungs- und Sicherungssystem überflüssig erscheinen lasse und damit Selbstzentriertheit und soziale Isolation begünstige. Der Esping-Anderson'schen Typologie folgend, sei dieser Substitutionsprozess am deutlichsten in den skandinavischen Wohlfahrtsstaaten zu erwarten, während das vergleichsweise geringe Maß an Absicherung in den liberalen Marktgesellschaften sozialen Netzwerken noch eine höhere Bedeutung als Krisensicherung belassen habe. Am geringsten sei eine Tendenz der Substitution von informellen Beziehungen durch den Staat in den Wohlfahrtsstaaten des konservativen Typs zu erwarten, denn hier würden Tradition, Kirche und Subsidiaritätsprinzip speziell die Familie immer noch zur wichtigsten Quelle von Solidarität machen. Allerdings gibt es wiederum auch die Gegenthese, die allerdings in der Literatur eher weniger prominent vertreten scheint: Das "crowding in"-Argument vermutet die Zusammenhänge gerade anders herum, nämlich dass ein ausgebauter Wohlfahrtsstaat gerade erst die Bedingungen dafür schafft, dass Beziehungen frei entlang der eigenen Bedürfnisse gewählt und gepflegt werden (vgl. Künemund/Rein 1999).

Neben diesen drei klassischen Typen werden innerhalb von Europa noch zwei weitere Gruppen von Ländern thematisiert, die sich zumindest bisher nicht in dieses Dreierschema einpassen lassen. Zum einen geht es um die Gruppe der mediterranen südeuropäischen Länder, die sich durch einen schwachen Wohlfahrtsstaat und einen ausgeprägten kulturellen Familismus auszeichnen. Die Menschen in dieser Ländergruppe sollten deshalb besonders auf Sozialkapital angewiesen sein. Und schließlich gibt es noch die Gruppe der postsozialistischen Transformationsländer, womit auch ihr gemeinsames Definitionsmerkmal bereits benannt ist. Ansonsten handelt es sich hierbei um eine im Hinblick auf wohlfahrtsstaatliche Merkmale besonders heterogene Ländergruppe. Die immer noch nicht überwundene Umbruchsituation sollte allerdings in allen diesen Ländern zu einem Rückzug in kontrollierte kleine Inseln sozialer Beziehungen führen, während die weniger kontrollierbare Umwelt als hart und feindlich erlebt wird.

Während zu Unterschieden zwischen verschiedenen Typen des Wohlfahrtsstaats bereits einige wenige international vergleichende Untersuchungen vorliegen (Scheepers,/Te Grotenhuis/Gelissen 2002, van Oorschot/Arts 2005, Kääriäinen/Lehtonen 2006), ist das Ausmaß *gesellschaftlicher Ungleichheiten* unseres Wissens bisher noch nicht explizit in seiner Bedeutung für die Ausprägung von Sozialkapital untersucht worden. Zwar korreliert das Ausmaß sozialer Ungleichheit signifikant mit dem Typus des Wohlfahrtsstaats, doch gibt es durchaus beträchtliche Varianzen auch innerhalb der jeweiligen Ländergruppen (siehe Abschnitt 4). Ähnlich den Argumenten bezüglich liberaler Marktgesellschaften kann vermutet werden, dass ein hohes Maß an Ungleichheit Bedürfnisse nach Risikoabfederung durch informelle soziale Netzwerke verstärkt.

3 Untersuchungshypothesen

In Verbindung des in den Abschnitten 2.1 und 2.2 jeweils dargestellten Stands der Forschung scheinen uns im Folgenden nur *spezifische* Hypothesen im Hinblick auf *spezifische* Komponenten des Sozialkapitals sinnvoll zu sein. Wir verzichten hier auf explizite Hypothesen zu Zusammenhängen auf individueller Ebene, da es uns in diesem Papier nur um internationale Unterschiede geht. Wir erwarten jedoch – und haben dies für den hier verwendeten Datensatz auch geprüft – dass es insgesamt einen eher positiven Zusammenhang des Sozialkapitals mit anderen Ressourcen gibt, und zwar im Besonderen für Wahlbeziehungen, instrumentelle Unterstützung und generalisiertes Vertrauen.[2] Zusammenhänge zwischen Sozialkapital und anderen individuellen Ressourcen spielen im Folgenden jedoch insofern eine Rolle, als wir prüfen, inwiefern diese Zusammenhänge auf der Individuenebene durch Ländermerkmale moderiert werden.

Demnach erwarten wir für beide Ebenen der funktionalen Differenzierung, also sowohl für den Ausbaugrad des Wohlfahrtsstaates als auch für funktionierende, leistungsfähige, d.h. Wohlstand produzierende Märkte, dass in solchen Ländern weniger an instrumenteller Unterstützung existiert, und dass die Familie als Solidaritätsbasis eine geringere Bedeutung hat. Niedriger Wohlstand und geringe wohlfahrtsstaatliche Leistungen sollten dann umgekehrt mit starken familialen/verwandtschaftlichen Netzwerken („Notgemeinschaft") einhergehen. Gleiches lässt sich auch für postsozialistischen Transformationsgesellschaften erwarten, insofern hier das institutionelle Umfeld noch wenig Stabilität aufweist. Der Bedeutungsverlust von Familie sollte allerdings insbesondere für den unterschiedlichen Ausbaugrad des Wohlfahrtsstaats gelten, da es hier die direkteste Substitutionsbeziehung zwischen wohlfahrtsstaatlichen und familialen Leistungen gibt. Die „crowding out"-Hypothese unterstellt zusätzlich, dass über den geringeren Umfang an instrumenteller Unterstützung auch weniger emotionale Unterstützung fließen würde und dass davon auch nichtverwandtschaftliche Beziehungen betroffen seien. Letztlich spricht man

---

[2] Nähere Untersuchungen dazu befinden sich in unserem anderen Beitrag in diesem Band.

damit informellen sozialen Beziehungen ihren Eigensinn ab (Diewald 1995), indem persönliche Zuwendung auf den Status eines Nebenprodukts instrumenteller Hilfe reduziert würde. Die der „crowding out"-Hypothese entgegengesetzte Erwartung, die Wellman'sche „befreite Gemeinschaft" (s. Abschnitt 2.2), würde dagegen für moderne Wohlfahrtsstaaten generell und darüber hinausgehend insbesondere für die ausgebauten Wohlfahrtsstaaten annehmen, dass hier die soziale Partizipation in Wahlbeziehungen gestärkt würde und insbesondere emotionale Unterstützung häufiger verfügbar sei. Auch das generalisierte Vertrauen sollte in diesen Ländern besonders ausgeprägt sein. Schließlich haben wir die Vermutung, dass ein hohes Maß an sozialer Ungleichheit generalisiertes Vertrauen eher erschwert, instrumentelle Unterstützung als Kompensation für Marktrisiken und Familienbeziehungen als Unterstützungsoption für soziale Risiken dagegen wichtiger sind als in Gesellschaften mit einem geringen Ausmaß an sozialer Ungleichheit. Diese Begründung setzt unausgesprochen voraus, dass ein hohes Maß an sozialer Ungleichheit individuell insofern als Lebensrisiko eingeschätzt wird, als soziale Abstiege mit erheblichen Konsequenzen als möglich angenommen werden. Die Begründung ist also ähnlich derjenigen im Zusammenhang mit einem ausgebauten Wohlfahrtsstaat als Puffer gegen solche Risiken.

Darüber hinaus erwarten wir, dass die *Beziehung zwischen dem Vorhandensein von Sozialkapital und anderen Ungleichheiten* durch den gesellschaftlichen Kontext moderiert wird. Je ausgeprägter Ungleichheiten sind und je weniger sie durch Dekommodifizierung eingehegt werden, desto größer sollte ihre Bedeutung für Lebenschancen allgemein sein, und desto eher stehen sie bei Entscheidungen als Kriterien im Vordergrund. Demnach sollten sich in Ländern mit hoher Ungleichheit und mit geringer ausgebautem Wohlfahrtsstaat individuelle Unterschiede in der Verfügbarkeit anderer Kapitalien stärker auf die Verfügbarkeit von Sozialkapital auswirken, und zwar in der Form, dass in solchen Ländern Wahlbeziehungen noch stärker von Bildung und Einkommen abhängen sollten, bzw. Familienbeziehungen bei geringer Bildung und geringem Einkommen als Kompensationsressourcen ausgeprägter vorhanden sein sollten.

4 Daten, Operationalisierungen und Methoden

4.1 Datenbasis

Die Datengrundlage für die folgenden empirischen Analysen stellt das Modul des International Social Survey Programme zu sozialen Netzwerken von 2001 dar. Zum Themenschwerpunkt „Social Relations and Support Systems" wurden in 29 Ländern repräsentative Befragungen durchgeführt. Aufgrund von Unstimmigkeiten in den Daten wurden für die vorliegenden Analysen fünf Länder ausgeschlossen (Nord-Irland, Philippinen, der arabische Teil Israels, Zypern und Südafrika). Da Ost- und Westdeutschland als getrennte Länder behandelt werden, stehen für die Analysen 25 Länder zur Verfügung. Neben den entsprechenden Angaben zu den sozialen Beziehungen stehen einige Zusatzinformationen wie z.B. Einkommen, Bildung, Religiosität sowie standarddemografische Angaben zur Verfügung.

4.2 Operationalisierungen

4.2.1 Individualmerkmale

Soziales Kapital wird hier den bisherigen Ausführungen entsprechend als mehrdimensionales Konstrukt operationalisiert. Wir unterscheiden dabei zum einen zwischen emotionalen und instrumentellen Beziehungen, und zum anderen zwischen Familienbeziehungen und zum anderen sozialer Partizipation in Wahlbeziehungen, sowie drittens generalisiertem Vertrauen. Hinsichtlich *instrumenteller Unterstützung* wurde ein Mittelwert für drei verschiedene Hilfeleistungen während der letzten 12 Monate gebildet („Helped someone outside of your household with housework or shopping"; „Lent quite a bit of money to another person"; „Helped somebody to find a job"). Die Skala reicht von eins („Not at all in the past year") bis sechs („More than once a week"). Für die Messung *emotionaler Unterstützung* stand wiederum bezogen auf die letzten zwölf Monate vor der Befragung ein einziges Item zur Verfügung („Spent time talking with someone who was a bit down or depressed"). Die Skala reicht erneut von eins („Not at all in the past year") bis sechs („More than once a week").

Als Indikator für die Vitalität von *Familienbeziehungen* wurde die Kontakthäufigkeit zwischen den Befragten und deren (erwachsenen) Kindern und/oder Eltern herangezogen. Die Skala reicht von null („Never") bis sieben („Daily"). Das Vorhandensein von *Wahlbeziehungen* wurde nicht über die ebenfalls vorhandene Frage nach der Anzahl von Freunden operationalisert, weil das, was unter Freundschaft verstanden wird, interkulturell höchst unterschiedlich definiert wird. Wir haben stattdessen einen Indikator *sozialer Partizipation* verwendet, der sowohl die Inzidenz als auch die Häufigkeit der Teilnahme an öffentlichen Gruppen und Vereinen erfasst. Die Befragten konnten in Bezug auf sieben Arten von Vereinen angeben, ob und wie oft sie sich in den letzten zwölf Monaten an den Aktivitäten dieser Gruppen beteiligt haben. Die jeweiligen Items wurden von eins („I do not belong to such a group") bis vier („I have participated more than twice") kodiert und pro Person gemittelt. Je höher also der Wert, desto ausgeprägter die Partizipation. Für die Messung *generalisierten Vertrauens* wurden zwei Items zu einer Skala zusammengefasst (Cronbach's Alpha = 0,53). Die Befragten hatten die Möglichkeit, ihre Zustimmung oder Ablehnung zu folgenden Aussagen auf einer fünfstufigen Skala (Agree strongly bis Disagree strongly) auszudrücken: (1) „There are only a few people I can trust completely", und (2) "If you are not careful, other people will take advantage of you". Die Ablehnung dieser Stellungnahmen wird als Ausdruck von Vertrauen gewertet. Die Skala reicht insofern von eins bis fünf und je höher der Wert, desto höher das Vertrauen. Dass es sich dabei um nicht redundante Spezifizierungen des Sozialkapitals handelt zeigt Tabelle 1: Hoch korreliert sind nur instrumentelle und emotionale Unterstützung, doch liegt auch hier der Wert unter .5.

Tabelle 1: Korrelationen der abhängigen Variablen

	1	2	3	4	5
1 Generalisiertes Vertrauen	1	-0,02	0,02	0,17	0,02
2 Instrumentelle Unterstützung		1	0,43	0,14	0,07
3 Emotionale Unterstützung			1	0,15	0,07
4 Partizipation in Vereinen				1	0,05
5 Kontakt Familie					1

Anmerkung: Alle Korrelationen signifikant auf dem Niveau alpha < 0,01

Zur Messung des *ökonomischen Kapitals* wurde das Haushaltsäquivalenzeinkommen herangezogen. Dazu wurde von der gesamten Einkommensverteilung am oberen Ende ein Prozent abgeschnitten (zur Vermeidung von Ausreißereffekten), dann durch die Quadratwurzel der Anzahl der Haushaltsmitglieder geteilt und schließlich innerhalb der einzelnen Länder z-standardisiert, um eine einheitliche Skala zu erhalten. Zur Erfassung des *kulturellen Kapitals* wurde als Indikator der Bildungsgrad herangezogen. Gemessen wurde die Verweildauer in Jahren im jeweiligen Bildungssystem. Als Kontrollvariablen berücksichtigen wir neben dem Alter und dem Geschlecht auch, ob sich Kinder unter 18 Jahren im Haushalt befinden, ob die Zielperson in einer Partnerschaft lebt sowie die Haushaltsgröße. Zudem kontrollieren wir für

Erwerbstätigkeit (erwerbstätig vs. nicht erwerbstätig), die Dauer der Ansässigkeit am Wohnort (um durch räumliche Mobilität hervorgerufene Effekte zu kontrollieren) sowie für das Ausmaß an individueller Religiosität (gemessen über die Häufigkeit des Besuchs religiöser Veranstaltungen).

4.2.2 Varianz auf Länderebene

Für deskriptive Analysen unterscheiden wir zwischen skandinavischen Wohlfahrtsstaaten (Norwegen, Dänemark, Finnland), liberalen Wohlfahrtsstaaten (Großbritannien, Australien, USA, Neuseeland, Kanada), konservativen Wohlfahrtsstaaten (Westdeutschland, Österreich, Schweiz, Frankreich), europäischen Mittelmeerländern (Italien, Spanien), postsozialistischen Transformationsländern (Ostdeutschland, Ungarn, Tschechien, Slowenien, Polen, Russland, Lettland), Lateinamerika (Chile, Brasilien) sowie ohne Gruppierung Israel und Japan.

Für die multivariaten Modelle wurden nicht diese Ländergruppen einbezogen, sondern folgende drei Indikatoren als Einzelmerkmale: Der *gesellschaftliche Wohlstand* wurde gemessen über den Mittelwert des pro Kopf berechneten Bruttoinlandsprodukts in den letzten fünf Jahren vor der Befragung.[3] Die *soziale Ungleichheit* wurde erfasst durch einen landesspezifischen Gini-Index der Haushaltseinkommen.[4] Die *sozialstaatlichen Ausgaben* wurden relativ zum generellen Wohlstand berücksichtigt, d.h. als prozentualer Anteil am Bruttoinlandsprodukt. Diese drei Indikatoren messen direkter als die vorgenannte Typologie, worum es bei den Hypothesen theoretisch geht und vernachlässigen nicht die erhebliche Varianz hinsichtlich dieser Bedingungen innerhalb der Ländergruppen.

Die Richtigkeit dieser Vorgehensweise bestätigen die Abbildungen 1 bis 3. Die deutlichsten Länderunterschiede zeigen sich in Bezug auf den wirtschaftlichen Wohlstand (Coefficient of relative Variation = 0,62),[5] wobei die fünf reichsten Länder vier unterschiedlichen Wohlfahrtsstaatsregimes angehören. Länder mit einem Bruttoinlandsprodukt von über 30 Tausend US-Dollar jährlich pro Kopf sind Norwegen, Dänemark, die USA, die Schweiz und Japan. Die mit Abstand geringste Wirtschaftskraft besitzen die Transformationsländer (Ostdeutschland, Tschechien, Ungarn, Slowenien, Polen, Russland und Lettland) sowie die lateinamerikanischen Länder (Chile und Brasilien). Während

---

[3] Die Angaben entstammen dem International Monetary Fund. Siehe: http://www.imf.org/external/pubs/ft/weo/2001/01/data/index.htm
[4] Angaben aus: United Nations (2006): Human Development Report. URL: http://hdr.undp.org/
[5] Berechnung des relativen Variationskoeffizienten mit: Wessa, P. (2006), Free Statistics Software, Office for Research Development and Education, Version 1.1.18, URL: http://www.wessa.net/

Ostdeutschland mit knapp 15000$ und Slowenien mit rund 10000$ die Liste der Transformationsländer anführen, kommen die übrigen Länder nicht über einen Wert von 5000$ hinaus. Ähnlich verhält es sich in Chile (rund 5000$) und Brasilien (unter 5000$). Deutlich schwächer ausgeprägt sind die Länderunterschiede hinsichtlich der Einkommensungleichheit (Coefficient of relative Variation = 0,26). Bis auf drei Ausnahmen befinden sich alle Länder innerhalb eines Ranges von rund 0,25 (Dänemark, Lettland) und 0,36 (Großbritannien, Japan). Sehr hohe Ungleichheit herrscht in so unterschiedlichen Ländern wie den beiden lateinamerikanischen Staaten Chile (0,57) und Brasilien (0,59) sowie den Vereinigten Staaten (0,47). Wiederum etwas stärker ausgeprägt sind die Länderunterschiede hinsichtlich der relativen Wohlfahrtsausgaben (Coefficient of relative Variation = 0,32). Die beiden Länder mit den höchsten Sozialstaatsausgaben, gemessen am Bruttoinlandsprodukt, sind Dänemark (33%) und Finnland (32%). Norwegen hat mit 24% in dieser Hinsicht schon einen deutlich geringeren Wert aufzuweisen, der eher denjenigen der konservativen Wohlfahrtsstaaten ähnelt, gefolgt von den Mittelmeeranrainern Italien und Spanien und, auf vergleichbarem Niveau, den postsozialistischen Transformationsländern. Deutlich weniger geben die liberalen Wohlfahrtsstaaten aus. Allerdings weisen die Transformationsländer eine hohe interne Varianz auf. Das Land mit den geringsten Ausgaben innerhalb dieser Gruppe stellt Tschechien mit 12,5% dar. Dies ist nur unwesentlich mehr als die Ausgaben von Chile mit 11%. Eine extrem geringe Sozialstaatsquote hat Brasilien mit rund vier Prozent.

4.3 Methoden

In der folgenden Analyse sollen zwei Ebenen systematisch miteinander verknüpft werden: die Mikroebene von Personen und deren soziale Nahumwelt sowie die Makroebene von auf Länderebene gemessenen überindividuellen Eigenschaften. Für die methodische Umsetzung bedeutet dies die Verwendung von Mehrebenenmodellen. Da unsere abhängigen Variablen kontinuierliches Skalenniveau aufweisen, haben wir lineare Zwei-Ebenen-Modelle berechnet. Zur Analyse von länderspezifischen Einflüssen auf den *Zusammenhang* zwischen ökonomischem/ kulturellem Kapital und sozialem Kapital haben wir zudem Cross-Level-Interaktionseffekte berechnet.[6]

---

[6] Zur Theorie von Mehrebenenmodellen siehe Engel (1998) und Hox (2002).

5 Ergebnisse

Wir gehen hier nicht ausführlich auf die Ergebnisse von reinen Individualebenen-Analysen ein, denn sie sind nicht primärer Gegenstand dieses Papiers (vgl. jeweils Modell 1 in den Tabellen 2 bis 5). Wir möchten nur erwähnen, dass die erwarteten positiven Zusammenhänge des Sozialkapitals mit Einkommen, Bildung und Erwerbsstatus sich auch tatsächlich bestätigt haben. Bemerkenswert sind insbesondere die durchgängigen positiven Zusammenhänge des Einkommens und des Bildungsgrades mit *allen* hier untersuchten Sozialkapitaldimensionen.

5.1 Kollektive Determinanten von Sozialkapital – deskriptive Unterschiede

Wie verhält es sich nun mit der Konstitution des Sozialkapitals innerhalb der einzelnen Länder? In den Abbildungen 4 bis 6 sind die Ländermittelwerte für die jeweiligen Sozialkapitalindikatoren abgetragen. Im Falle des generalisierten Vertrauens ist zu erkennen, dass dies in den nordischen, liberalen sowie den konservativen Wohlfahrtsstaaten insgesamt leicht über dem der Mittelmeeranrainer sowie den Transformationsländern liegt. Am höchsten ist es in den skandinavischen Wohlfahrtsstaaten, was insgesamt eindeutig für die „community liberated" bzw. „crowding in"-These spricht und gegen ein „crowding out". Ein ähnliches Bild ergibt sich bei der Betrachtung der Partizipation in Vereinen. Vor allem Spanien und die Transformationsländer Ungarn, Polen, Russland und Lettland weisen hier sehr geringe Werte auf, ebenfalls die lateinamerikanischen Länder. Geringer ausgeprägt scheinen die Unterschiede hinsichtlich der Eingebundenheit in instrumentelle Unterstützungsbeziehungen zu sein. Leicht hervorstechen tun hier lediglich die USA und Russland mir relativ hohen Werten sowie Japan mit einem relativ geringen Wert. Wiederum etwas deutlicher ausgeprägt scheinen die Unterschiede hinsichtlich der emotionalen Unterstützung zu sein. Erneut weist Japan hier den geringsten Wert auf, die Vereinigten Staaten und Russland hingegen die höchsten. Ein interessantes Bild ergibt sich auch bei der Betrachtung der familiengenerationalen Kontakthäufigkeit. Die entsprechenden Maße sind zwischen den Ländern relativ ausgeglichen, allerdings gibt es zwei sehr deutliche Ausnahmen: Australien und Israel. Diese Länder weisen hier einen deutlich höheren Wert auf als die übrigen. Bei diesen Indikatoren weisen die Unterschiede zwischen den Ländergruppen also überwiegend in keine eindeutige Richtung.

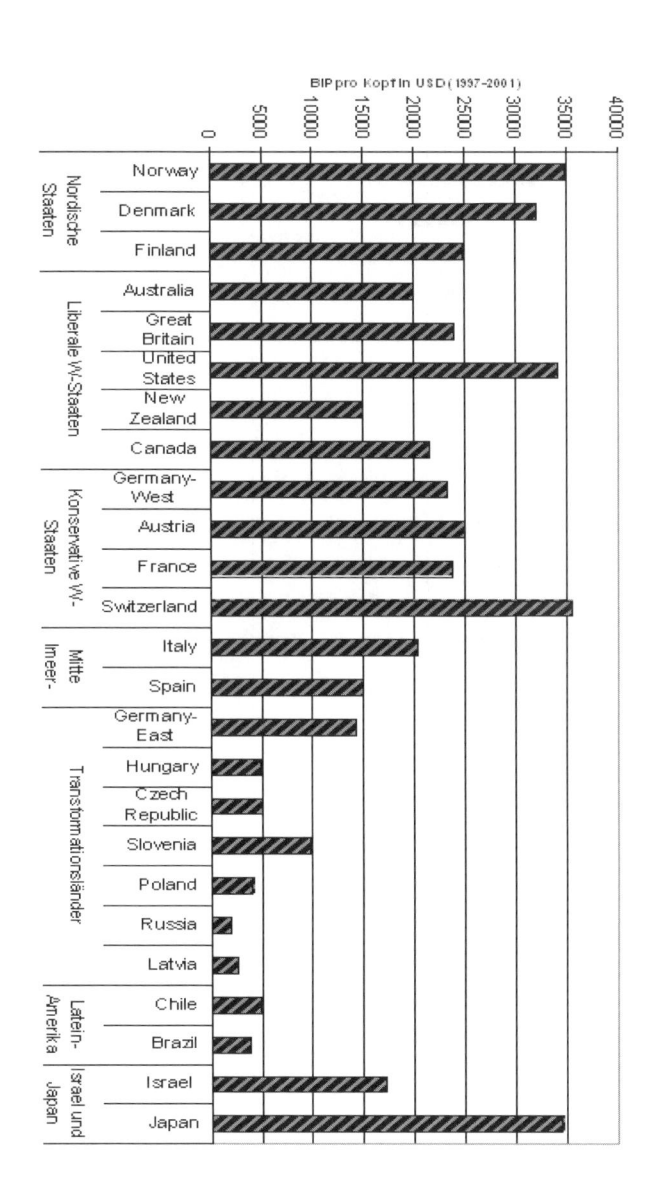

Gesellschaftliche Bedingungen sozialer Integration

Abbildung 1: Bruttoinlandsprodukt pro Kopf in US-Dollar (2001), Mittelwerte der Jahre

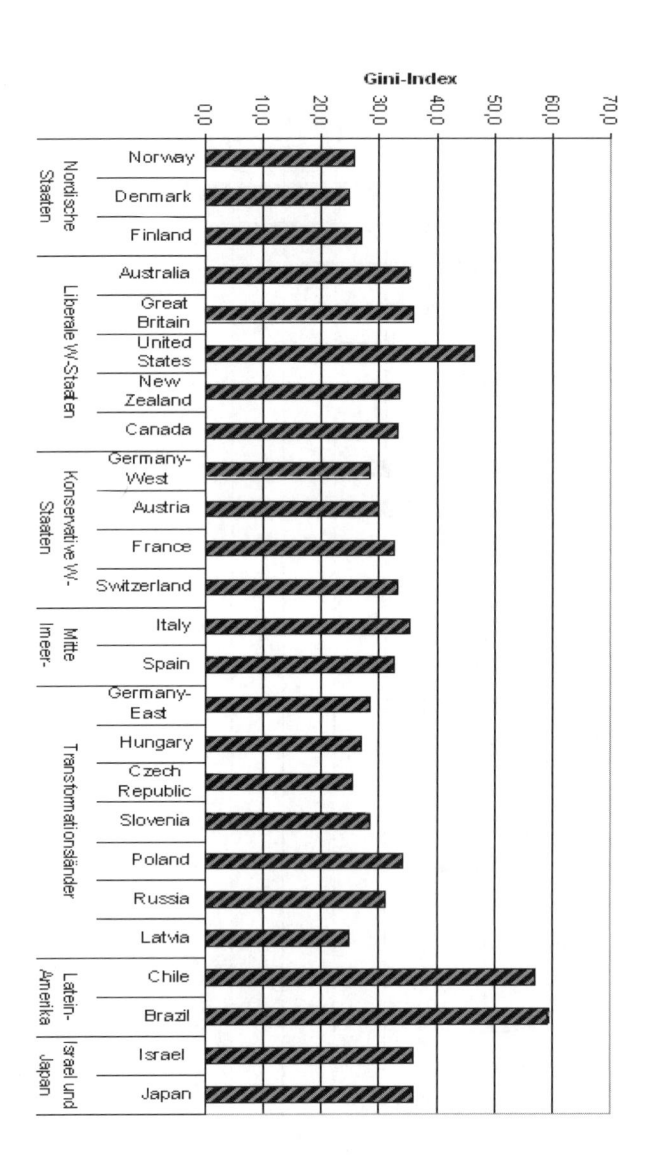

Abbildung 2: Soziale Ungleichheit, gemessen über den Gini-Index (Einkommen)

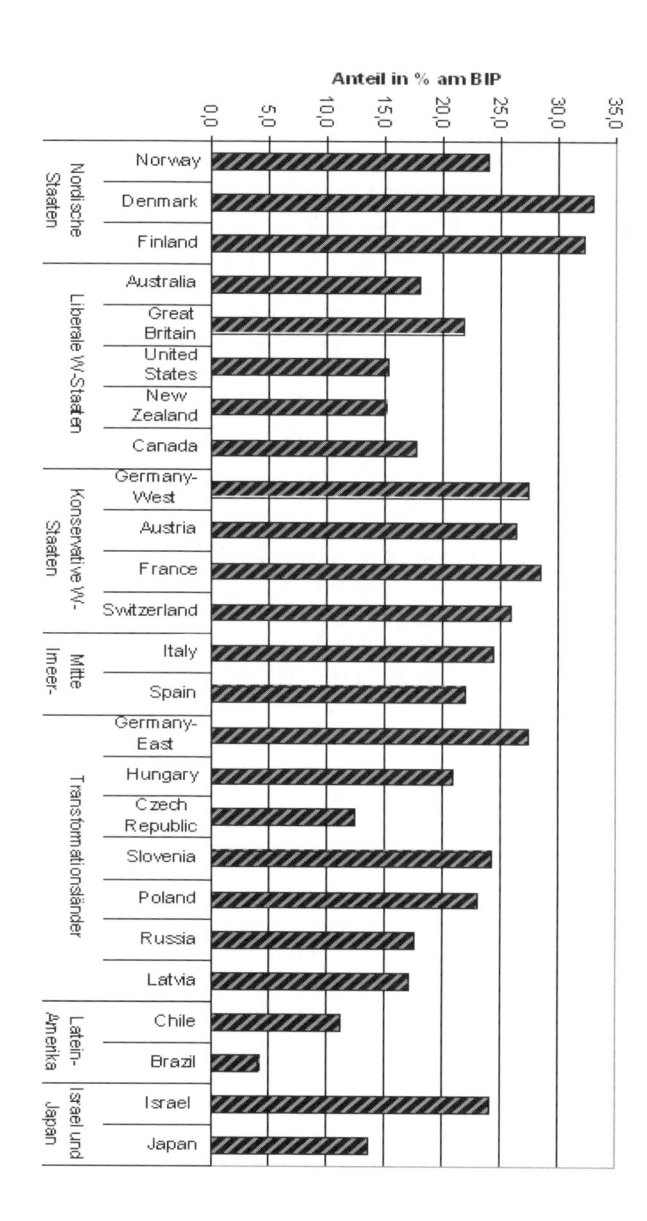

Gesellschaftliche Bedingungen sozialer Integration

Abbildung 3: Sozialstaatsausgaben als Anteil des Bruttoinlandsproduktes

5.2 Kollektive Determinanten von Sozialkapital – multivariate Analysen

Bei allen Sozialkapitalindikatoren ist die Varianz innerhalb der Länder deutlich höher als die Varianz zwischen den Ländern (vgl. Tabellen 2-6). Beginnen wir mit dem generalisierten interpersonalen Vertrauen. Die mit dem „Intercept only"-Modell geschätzten Varianzkomponenten[7], die den Anteil der durch die Ländergruppierung erklärten Varianz am Vertrauen anzeigen, weisen Werte von 89 (0,699) und 11 Prozent (0,084) auf. D.h., elf Prozent der Varianz des generalisierten Vertrauens ist auf die Länderunterschiede zurückzuführen, 89 Prozent der Varianz hingegen sind auf Unterschiede innerhalb der einzelnen Länder zurückzuführen. Im Falle der Partizipation ist die Varianz zwischen den Ländern deutlich höher als im Falle des Vertrauens: Hier lassen sich rund 18% der Varianz auf Unterschiede zwischen den Ländern zurückführen. Dies ist ähnlich hoch wie der Varianzanteil hinsichtlich der familiengenerationalen Kontakthäufigkeit, welcher 16% beträgt. Relativ gering hingegen sind die Varianzanteile, die sich hinsichtlich der instrumentellen und emotionalen Unterstützungsbeziehungen auf Unterschiede zwischen den Ländern zurückführen lassen: Sie betragen jeweils nur rund 5%. Dass der Einfluss beim generalisierten Vertrauen und der sozialen Partizipation am höchsten ist überrascht nach der vorangegangenen Diskussion weniger; dass er für Familienbeziehungen kaum geringer ausfällt ist schon eher überraschend, denn ihre Domäne der Zugehörigkeit und Näheregulierung schien eher universellen Charakter zu haben.

Die daran anschließende Frage ist nun, wie viel dieser internationalen Varianz wir durch die Berücksichtigung unserer Makro-Variablen aufklären können. Wir beginnen wieder mit dem generalisierten Vertrauen. Sowohl der gesellschaftliche Wohlstand als auch die erbrachten wohlfahrtsstaatlichen Leistungen haben einen positiven Einfluss auf das Niveau des Vertrauens in den jeweiligen Ländern, während die soziale Ungleichheit innerhalb der Länder sich in Bezug auf das vorherrschende Vertrauen negativ bemerkbar macht. Die stärkste Varianzaufklärung erreicht das Bruttoinlandsprodukt. Allein diese Variable vermag 37 Prozent der internationalen Varianz im Vertrauen aufzuklären. 20 Prozent dieser Varianz können durch die soziale Ungleichheit erklärt werden, rund 17 Prozent durch die Sozialstaatsquote. Freilich lassen sich

---

[7] „intraclass correlation coefficients", vgl. Hox 2002: 14ff..

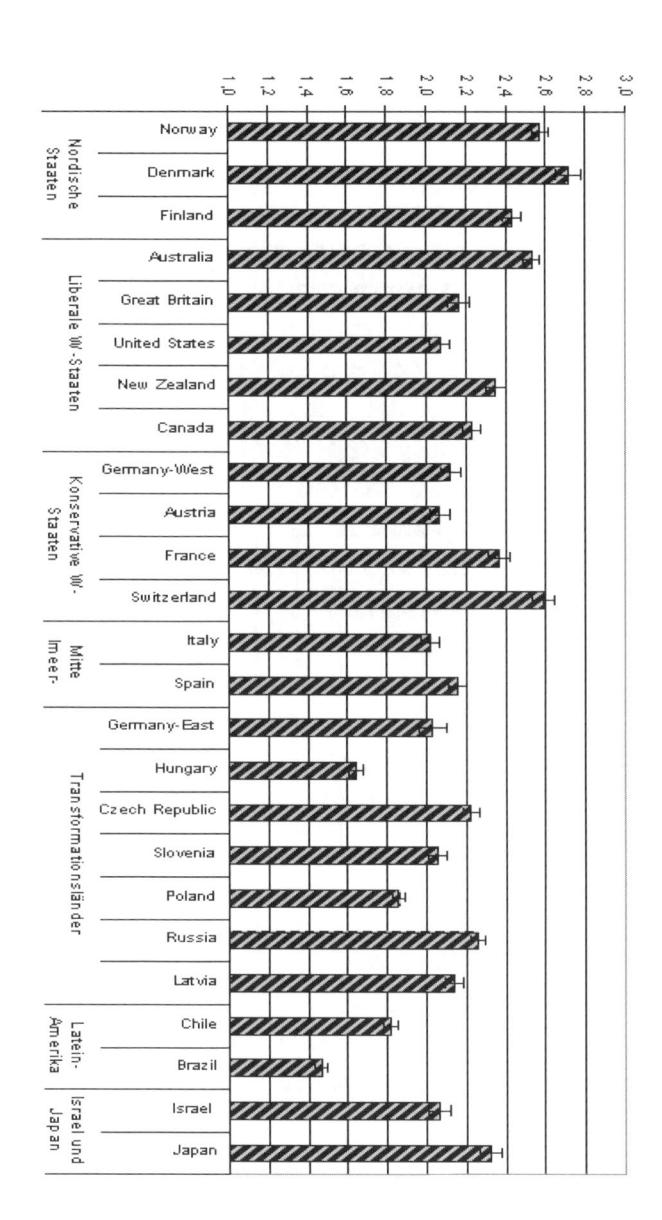

Gesellschaftliche Bedingungen sozialer Integration 281

Abbildung 4: Generalisiertes personales Vertrauen (Skala 1-5, Mittelwerte)

Anmerkung: Fehlerbalken indizieren Konfidenzintervall auf dem Niveau alpha < 0,05.

Abbildung 5: Partizipation in öffentlichen Gruppen und Vereinen (Skala 1–4, Mittelwerte)

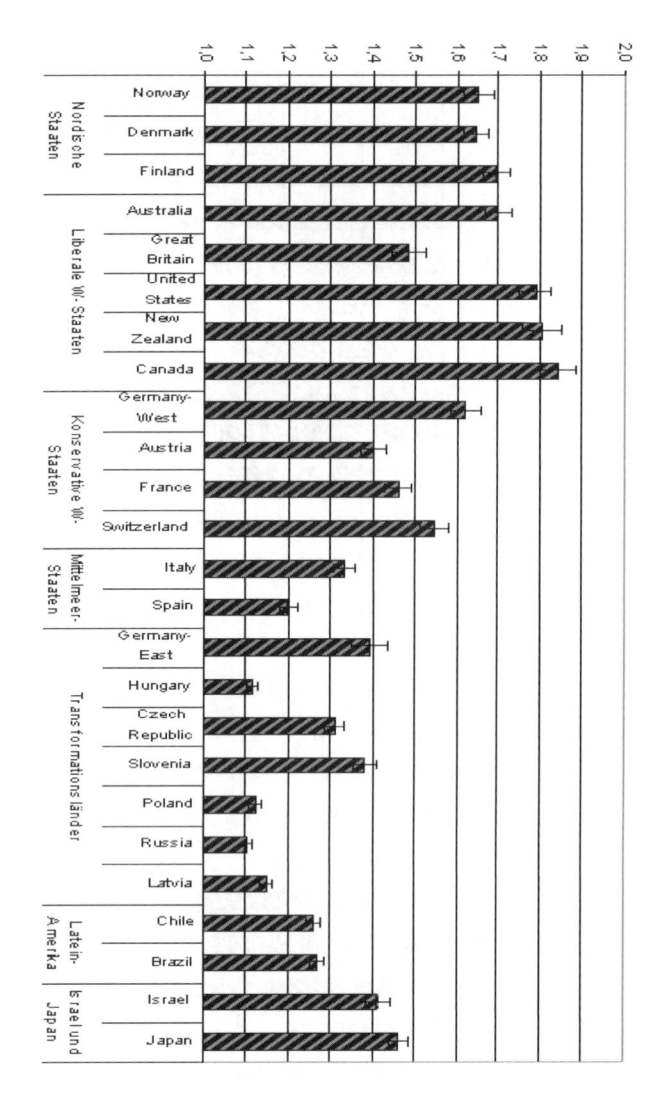

Anmerkung: Fehlerbalken indizieren Konfidenzintervall auf dem Niveau alpha < 0,05.

Gesellschaftliche Bedingungen sozialer Integration 283

Abbildung 6: Eingebundenheit in Netzwerke sozialer Unterstützung: Instrumentelle Unterstützung (Skala 1-6, Mittelwerte)

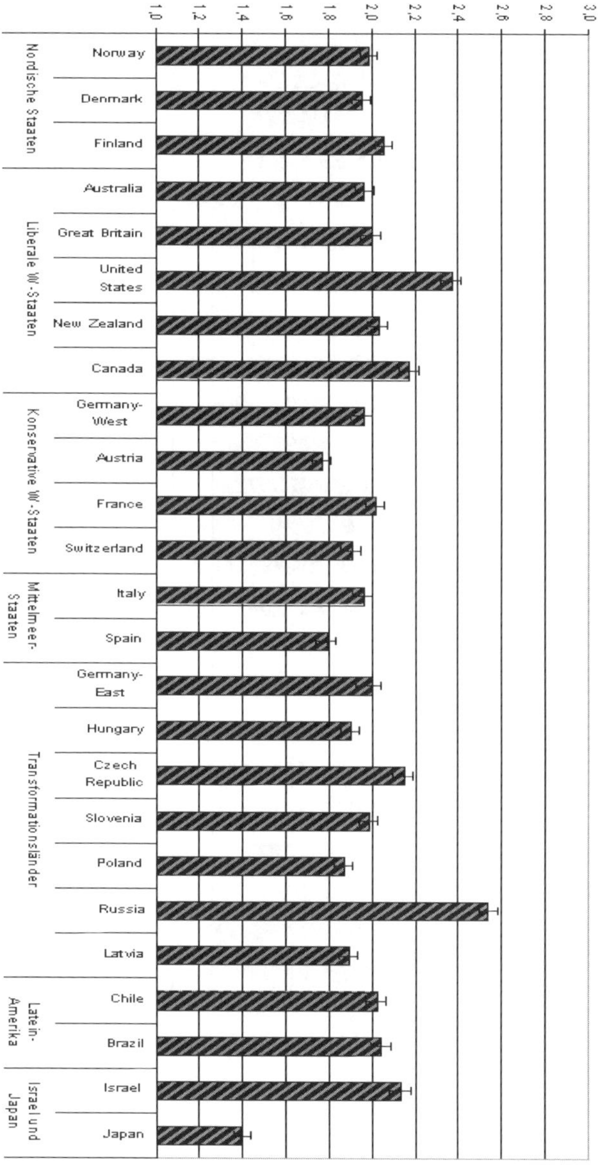

Anmerkung: Fehlerbalken indizieren Konfidenzintervall auf dem Niveau alpha < 0,05.

Abbildung 7: Eingebundenheit in Netzwerke sozialer Unterstützung: Emotionale Unterstützung (Skala 1-6, Mittelwerte)

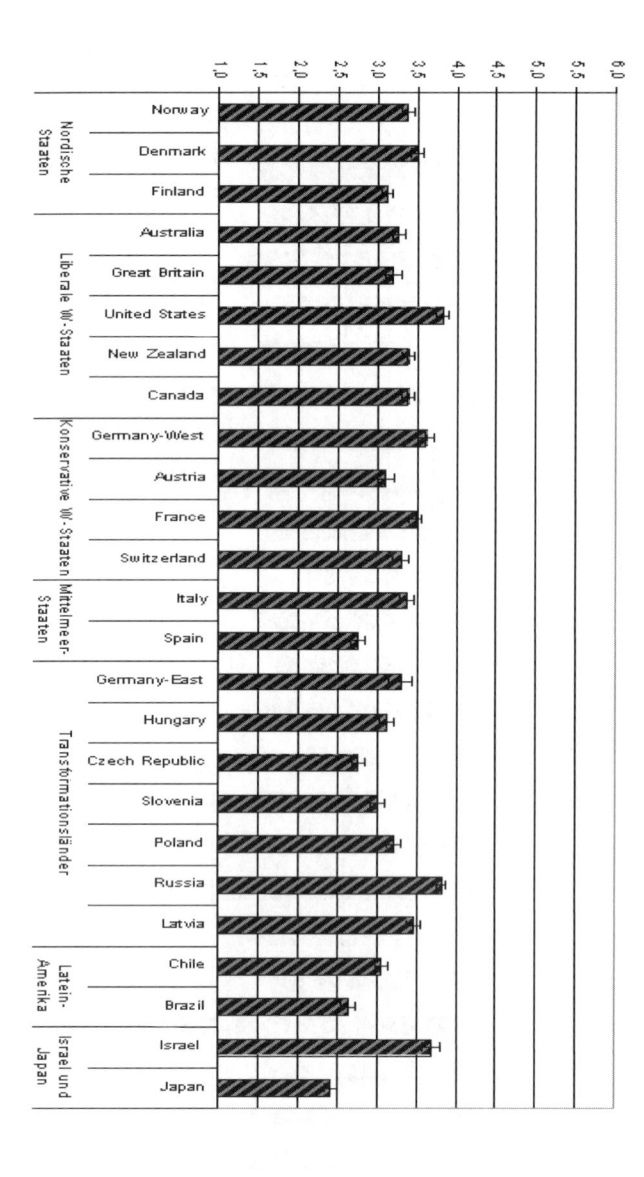

Anmerkung: Fehlerbalken indizieren Konfidenzintervall auf dem Niveau alpha < 0,05.

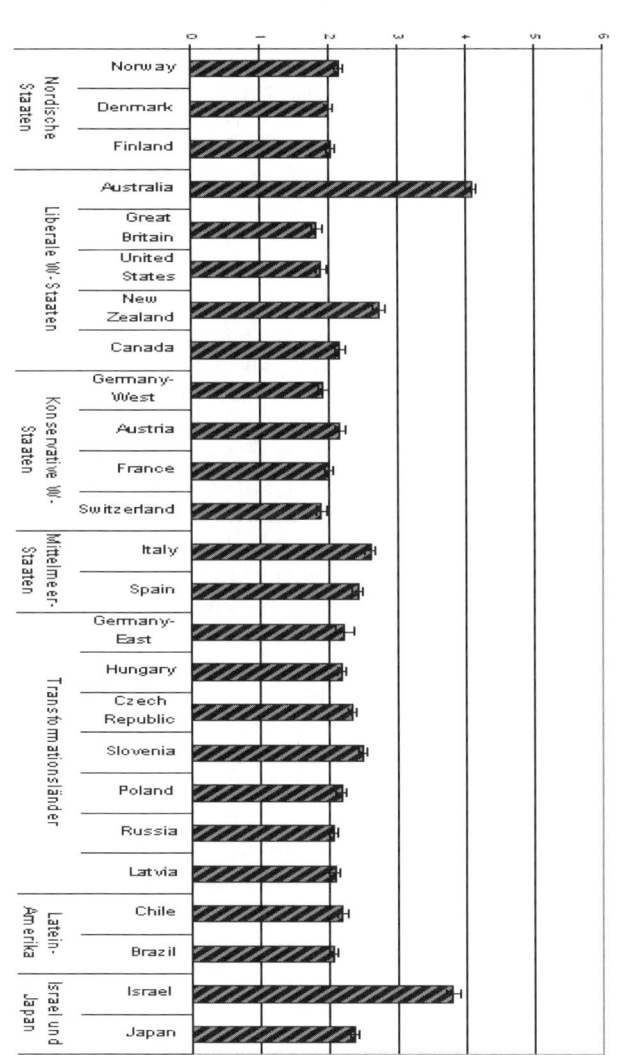

Gesellschaftliche Bedingungen sozialer Integration 285

Abbildung 8: Häufigkeit der Kontakte mit engeren Familienmitgliedern (Eltern und/oder erwachsene Kinder) (Skala 0-6, Mittelwerte)

Anmerkung: Fehlerbalken indizieren Konfidenzintervall auf dem Niveau alpha < 0,05.

diese Werte nicht addieren, da die Trennschärfe dieser Makrovariablen nicht eindeutig ist und sie partiell auch Gleiches erfassen dürften.[8] Hinsichtlich der Partizipation in Vereinen (vgl. Tabelle 3) lassen sich zwei unserer drei diesbezüglichen Hypothesen bestätigen: Der Wohlstand und der Anteil der Sozialstaatsausgaben am Wohlstand beeinflussen die Partizipation positiv. Der in Bezug auf die soziale Ungleichheit vorausgesagte negative Effekt tritt zwar ein, ist allerdings nicht signifikant. Während die Ungleichheit und die Sozialstaatsausgaben keinen Beitrag zur Varianzaufklärung leisten, ist die durch das Bruttoinlandsprodukt allein erklärte Varianz beträchtlich: Sie beträgt rund 48 Prozent. Ungefähr die Hälfte der Varianz hinsichtlich sozialer Partizipation, die zwischen den Ländern zu beobachten ist (zur Erinnerung: 18% der Gesamtvarianz), lässt sich somit durch den gesellschaftlichen Wohlstand erklären.

In Bezug auf die *instrumentelle Unterstützung* hatten wir sowohl für den Wohlstand als auch für die Sozialstaatsquote einen negativen Effekt vorhergesagt. Diese Vorhersagen lassen sich allerdings nicht bestätigen. Vor der Hintergrund einer insgesamt nur geringen bedeutung von Makrobedingungen für die Varianzaufklärung sind die Effekte zwar negativ, jedoch nicht signifikant. Lediglich das Bruttoinlandsprodukt vermag (trotz des nichtsignifikanten Effekts) hier knapp zehn Prozent der Varianz aufzuklären. Auch im Falle der *emotionalen Unterstützung* betrug der Varianzanteil zwischen den Ländern lediglich fünf Prozent. Im Unterschied zur instrumentellen Unterstützung lassen sich diese aber partiell aufklären. So lässt sich statt der „crowding out" eher die „crowding in"- Hypothese bestätigen, nach der die emotionalen Beziehungen durch wohlfahrtsstaatliche Leistungen eher gestärkt werden, Für die entsprechende „befreite Gemeinschafts"-Hypothese hinsichtlich des Wohlstands gilt dies jedoch nicht. Dennoch: Insgesamt lassen sich lediglich sieben Prozent der Varianz durch unsere Makro-Variable der Wohlfahrtsausgaben erklären. Schließlich blicken wir auf die *familiengenerationale Kontakthäufigkeit*. Hier lässt sich keine unserer Hypothesen bestätigen, denn internationale Unterschiede innerfamilialer Kontakthäufigkeiten lassen sich mit den uns zur Verfügung stehenden Variablen nicht erklären. Dies bestätigt sich bei einem Blick auf die Varianzkomponenten: Sowohl die Level 1-Variablen als auch die Level 2-Variablen tragen nicht zur Varianzaufklärung bei.

---

[8] Schätzt man diese Level 2-Effekte simultan in einem Modell erhält man eine Varianzaufklärung von rund 52%, allerdings ist der Effekt für Sozialstaatsaushaben nicht mehr signifikant. Aufgrund des z.T. unklaren Zusammenhangs zwischen den Makrovariablen und der durch die in relativ wenigen Fällen (25) aggregierten Daten per se hohen Korrelationen, haben wir uns für eine Bewertung der Effekte aufgrund einzelner Modellschätzungen entschieden.

Gesellschaftliche Bedingungen sozialer Integration

Tabelle 2: Zwei-Ebenen-Modelle und Cross-Level-Interaktionseffekte mit generalisiertem Vertrauen als abhängiger Variable

	M 1	M 2	M 3	M 4	M 5	M 6
Level 1						
Intercept	1,256	2,131	1,127	1,489	1,884	1,381
Kinder <18 im HH (1=ja)	-0,037	-0,037	-0,037	-0,037	-0,037	-0,037
Partner (1=ja)	0,015	0,015	0,015	0,015	0,014	0,014
Haushalt (N)	0,014	0,014	0,014	0,012	0,012	0,012
Erwerbstätig (1=ja)	-0,003	-0,003	-0,003	-0,005	-0,006	-0,006
Wohnhaft am gleichen Ort	-0,001	-0,001	-0,001	0,000	0,000	0,000
Religiosität	0,024	0,024	0,024	0,024	0,024	0,024
Geschlecht (1=Frauen)	0,085	0,085	0,085	0,088	0,087	0,088
Alter	0,004	0,004	0,004	0,003	0,003	0,003
Einkommen	0,039	0,039	0,039	0,003	0,046	0,006
Bildung	0,026	0,026	0,026	0,006	0,051	0,002
LEVEL 2 + Cross-Level-Interaktionseffekte						
BIP (pro Kopf in 1000 USD)	0,017			0,005		
Einkommen X BIP				0,002		
Bildung X BIP				0,001		
Ungleichheit (Gini-Index)		-0,017			-0,011	
Einkommen X Ungleichh.					0,000	
Bildung X Ungleichh.					-0,001	
Sozialstaatsausgaben			0,021			0,006
Einkommen X Sozialst.						0,002
Bildung X Sozialst.						0,001
Varianzzerlegung						
M1: "Intercept only"-Modell						
Level 1 – Varianz	0,699	0,699	0,699	0,699	0,699	0,699

Level 2 – Varianz (Icpt.)	0,084	0,084	0,084	0,084	0,084	0,084
M2: M1 + Level 1 Variablen						
Level 1 – Varianz	0,676	0,676	0,676	0,676	0,676	0,676
Level 2 – Varianz (Icpt.)	0,087	0,087	0,087	0,087	0,087	0,087
M3: M2 + Level 2 Variable(n)						
Level 1 – Varianz	0,676	0,676	0,676	0,671	0,671	0,671
Level 2 – Varianz (Icpt.)	0,053	0,067	0,070	0,075	0,069	0,078
Einkommen (Slope)				0,0001	0,0007	0,0005
Bildung (Slope)				0,0001	0,0003	0,0003
N (Level 1): 22655						
N (Level 2): 25						

Signifikanzniveaus: Level 1: alpha < 0.05 Level 2: alpha < 0.10

5.3 Wird der Zusammenhang der Kapitalarten durch Ländermerkmale moderiert?

Wir wollen uns nun der Frage zuwenden, ob der kumulative Zusammenhang zwischen dem ökonomischen sowie dem kulturellen Kapital einerseits und dem sozialen Kapital andererseits generell überall zu finden ist oder durch Ländermerkmale moderiert, d.h. durch bestimmte Merkmale eher verstärkt oder abgeschwächt wird. Um diese Frage beantworten zu können, haben wir Cross-Level-Interaktionseffekte zwischen unseren Makrovariablen einerseits und den Variablen Bildung und Einkommen andererseits geschätzt. Ein solcher ebenenübergreifender Interaktionseffekt basiert auf einer Schätzung des Einflusses der jeweiligen Makrovariablen auf den *Zusammenhang* zwischen jeweils Bildung und einer Sozialkapitaldimension und Einkommen und einer Sozialkapitaldimension. Es wird also, wenn man so will, für jedes Land ein bestimmter Effekt geschätzt und dieser Effekt selbst wird als abhängige Variable mit den Makrovariablen als unabhängigen Variablen modelliert. Um dies zu veranschaulichen, haben wir einen solchen Interaktionseffekt einmal versucht „zu Fuß" zu modellieren, und zwar für das generalisierte Vertrauen hinsichtlich der Interaktion von Bildung und gesellschaftlichem Wohlstand. Die Frage ist also: Hängt der allgemeine Wohlstand mit dem positiven Effekt zusammen, den Bildung auf soziales Kapital hat? Wir haben für jedes Land eine Regression gerechnet mit Vertrauen als abhängiger Variable und – neben allen anderen

Gesellschaftliche Bedingungen sozialer Integration

Tabelle 3: Zwei-Ebenen-Modelle und Cross-Level-Interaktionseffekte mit sozialer Partizipation als abhängiger Variable

	M 1	M 2	M 3	M 4	M 5	M 6
LEVEL 1						
Intercept	0,700	1,115	0,790	0,825	1,015	0,786
Kinder <18 im HH (1=ja)	0,009	0,009	0,009	0,010	0,010	0,010
Partner (1=ja)	0,001	0,001	0,001	-0,001	-0,001	-0,001
Haushalt (N)	0,013	0,013	0,013	0,012	0,012	0,012
Erwerbstätig (1=ja)	0,062	0,062	0,062	0,060	0,061	0,060
Wohnhaft am gleichen Ort	0,000	0,000	0,000	0,001	0,001	0,001
Religiosität	0,086	0,086	0,086	0,085	0,085	0,085
Geschlecht (1=Frauen)	-0,058	-0,058	-0,058	-0,056	-0,056	-0,056
Alter	0,002	0,002	0,002	0,002	0,002	0,002
Einkommen	0,032	0,032	0,032	0,019	0,017	0,028
Bildung	0,020	0,020	0,020	0,016	0,031	0,019
LEVEL 2 + Cross-Level-Interaktionseffekte						
BIP (pro Kopf in 1000 USD)	0,015			0,011		
Einkommen X BIP				0,001		
Bildung X BIP				0,000		
Ungleichheit (Gini-Index)		-0,004			-0,002	
Einkommen X Ungleichh.					0,000	
Bildung X Ungleichh.					0,000	
Sozialstaatsausgaben			0,009			0,007
Einkommen X Sozialst.						0,000
Bildung X Sozialst.						0,000
Varianzzerlegung						
M1: "Intercept only"-Modell						
Level 1 – Varianz	0,231	0,231	0,231	0,231	0,231	0,231

Level 2 – Varianz (Icpt.)	0,052	0,052	0,052	0,052	0,052	0,052
M2: M1 + Level 1 Variablen						
Level 1 – Varianz	0,207	0,207	0,207	0,207	0,207	0,207
Level 2 – Varianz (Icpt.)	0,055	0,055	0,055	0,055	0,055	0,055
M3: M2 + Level 2 Variable(n)						
Level 1 – Varianz	0,207	0,207	0,207	0,205	0,205	0,205
Level 2 – Varianz (Icpt.)	0,027	0,055	0,053	0,028	0,045	0,042
Einkommen (Slope)				0,0006	0,0007	0,0007
Bildung (Slope)				0,0001	0,0001	0,0001
N (Level 1): 21523						
N (Level 2): 25						

Signifikanzniveau: Level 1: alpha < 0.05 ; Level 2: alpha < 0.10

Individualebenenvariablen – Bildung als zentraler unabhängiger Variable. Wir haben dann den landesspezifischen Regressionskoeffizienten zum landesspezifischen Bruttoinlandsprodukt in Beziehung gesetzt. In Abbildung 9 sieht man, dass im Falle des Vertrauens ein starker Zusammenhang besteht, nämlich ein Zusammenhang von r=0,62. D.h., je höher der allgemeine gesellschaftliche Wohlstand ist, desto enger ist der Zusammenhang zwischen kulturellem und sozialem Kapital. Diese Art von Zusammenhängen haben wir nun systematisch in Bezug auf alle Dimensionen des Sozialkapitals mit Hilfe unserer Mehrebenenmodelle geprüft. Die Ergebnisse finden sich jeweils in den Modellen 4 bis 6 der Tabellen 2 bis 6 wieder.

Anhand der Modelle 4 und 5 in Tabelle 2 ist zu erkennen, dass sich unsere Hypothesen nur teilweise bestätigen lassen: In Bezug auf das Ausmaß der sozialen Ungleichheit zeigt sich kein Interaktionseffekt. Hingegen besitzt der allgemeine Wohlstand einen ungleichheitsverstärkenden Effekt: Je höher das Bruttoinlandsprodukt, desto enger ist der Zusammenhang zwischen erstens der Bildung einer Person und dem generalisierten Vertrauen und zweitens zwischen dem Einkommen einer Person und ihrem Vertrauen. Die Interpretation der Effektstärke (vgl. Hox 2002: 17f) sei kurz am Beispiel des Einkommenseffektes demonstriert: Pro Eintausend US-Dollar im Bruttoinlandsprodukt der Länder,

Tabelle 4: Zwei-Ebenen-Modelle und Cross-Level-Interaktionseffekte mit instrumenteller Unterstützung als abhängiger Variable

	M 1	M 2	M 3	M 4	M 5	M 6
LEVEL 1						
Intercept	2,296	2,113	2,281	2,175	2,128	2,232
Kinder <18 im HH (1=ja)	-0,052	-0,053	-0,053	-0,051	-0,052	-0,052
Partner (1=ja)	-0,024	-0,024	-0,024	-0,024	-0,024	-0,024
Haushalt (N)	0,005	0,005	0,005	0,005	0,005	0,005
Erwerbstätig (1=ja)	0,118	0,118	0,118	0,118	0,118	0,118
Wohnhaft am gleichen Ort	0,002	0,002	0,002	0,001	0,001	0,001
Religiosität	0,025	0,025	0,025	0,026	0,026	0,026
Geschlecht (1=Frauen)	0,018	0,018	0,018	0,016	0,016	0,016
Alter	-0,010	-0,010	-0,010	-0,010	-0,010	-0,010
Einkommen	0,025	0,025	0,025	0,050	0,005	0,047
Bildung	0,012	0,012	0,012	0,023	0,010	0,018
LEVEL 2 + Cross-Level-Interaktionseffekte						
BIP (pro Kopf in 1000 USD)		-0,005			0,003	
Einkommen X BIP					-0,002	
Bildung X BIP					0,001	
Ungleichheit (Gini-Index)			0,003			0,003
Einkommen X Ungleichh.						0,001
Bildung X Ungleichh.						0,000
Sozialstaatsausgaben				-0,004		0,000
Einkommen X Sozialst.						-0,001
Bildung X Sozialst.						0,000
Varianzzerlegung						
M1: "Intercept only"-Modell						

Level 1 – Varianz	0,740	0,740	0,740	0,740	0,740	0,740
Level 2 – Varianz (Icpt.)	0,042	0,042	0,042	0,042	0,042	0,042
M2: M1 + Level 1 Variablen						
Level 1 – Varianz	0,692	0,692	0,692	0,692	0,692	0,692
Level 2 – Varianz (Icpt.)	0,040	0,040	0,040	0,040	0,040	0,040
M3: M2 + Level 2 Variable(n)						
Level 1 – Varianz	0,692	0,692	0,692	0,688	0,688	0,688
Level 2 – Varianz (Icpt.)	0,038	0,041	0,041	0,026	0,029	0,028
Einkommen (Slope)				0,0008	0,0011	0,0010
Bildung (Slope)				0,0001	0,0002	0,0002
N (Level 1): 22152						
N (Level 2): 25						

Signifikanzniveau: Level 1: alpha < 0.05 ; Level 2: alpha < 0.10

steigt der Effekt, den Einkommen auf das Vertrauen hat, um 0,002 Einheiten an. Da das Bruttoinlandsprodukt eine Spannweite von 33.616 besitzt, beträgt die vorhergesagte Differenz zwischen dem Land, in dem der Einkommenseffekt am schwächsten ist und dem Land, in dem der Einkommenseffekt am stärksten ist, 33,616 x 0,002 = 0,067, so dass der Einkommenseffekt insgesamt zwischen ungefähr 0,04 und 0,11 rangiert – in positiver Abhängigkeit vom Bruttoinlandsprodukt. Da die Einkommensvariable standardisiert ist, beträgt eine Einheit genau eine Standardabweichung. D.h., in dem Land mit dem stärksten Zusammenhang zwischen Einkommen und Vertrauen nimmt das Vertrauen pro Standardabweichung im Einkommen um 0,11 Einheiten zu, was ungefähr einem Achtel Standardabweichung beim Vertrauen entspricht.

Die Vermutung, dass die Sozialstaatsausgaben den Zusammenhang von Bildung und Einkommen einerseits und generalisiertem Vertrauen andererseits eher dämpfen, lässt sich nicht bestätigen. Im Gegenteil, auch hier ist ein ungleichheitsverstärkender Effekt in Bezug auf Bildung festzustellen, für den wir keine Erklärung haben. Anders als vermutet zeigen sich hinsichtlich der sozialen Partizipation *keine* ungleichheitsspezifischen Effekte. Anders sieht es dagegen wieder im Falle der instrumentellen Unterstützung aus. Aufgrund der zu erwartenden Knappheit relevanter Tauschgüter in wohlstandsarmen Ländern und

Tabelle 5: Zwei-Ebenen-Modelle und Cross-Level-Interaktionseffekte mit emotionaler Unterstützung als abhängiger Variable

	M 1	M 2	M 3	M 4	M 5	M 6
LEVEL 1						
Intercept	2,253	2,493	1,957	2,119	2,465	1,892
Kinder <18 im HH (1=ja)	-0,055	-0,055	-0,055	-0,055	-0,056	-0,055
Partner (1=ja)	-0,104	-0,105	-0,105	-0,105	-0,105	-0,105
Haushalt (N)	0,005	0,005	0,005	0,005	0,005	0,005
Erwerbstätig (1=ja)	0,046	0,047	0,047	0,046	0,046	0,046
Wohnhaft am gleichen Ort	0,000	0,000	0,000	0,000	0,000	0,000
Religiosität	0,070	0,070	0,070	0,071	0,071	0,071
Geschlecht (1=Frauen)	0,589	0,589	0,589	0,584	0,584	0,584
Alter	-0,011	-0,011	-0,011	-0,011	-0,011	-0,011
Einkommen	0,040	0,040	0,040	0,094	-0,008	0,114
Bildung	0,046	0,045	0,045	0,057	0,049	0,051
LEVEL 2 + Cross-Level-Interaktionseffekte						
BIP (pro Kopf in 1000 USD)	0,002			0,009		
Einkommen X BIP				-0,003		
Bildung X BIP				-0,001		
Ungleichheit (Gini-Index)		-0,006			-0,006	
Einkommen X Ungleichh.					0,002	
Bildung X Ungleichh.					0,000	
Sozialstaatsausgaben			0,016			0,018
Einkommen X Sozialst.						-0,003
Bildung X Sozialst.						0,000
Varianzzerlegung						
M1: "Intercept only"-Modell						
Level 1 – Varianz	2,467	2,467	2,467	2,467	2,467	2,467

Level 2 – Varianz (Icpt.)	0,120	0,120	0,120	0,120	0,120	0,120
M2: M1 + Level 1 Variablen						
Level 1 – Varianz	2,235	2,235	2,235	2,235	2,235	2,235
Level 2 – Varianz (Icpt.)	0,097	0,097	0,097	0,097	0,097	0,097
M3: M2 + Level 2 Variable(n)						
Level 1 – Varianz	2,235	2,235	2,235	2,228	2,228	2,223
Level 2 – Varianz (Icpt.)	0,101	0,098	0,090	0,121	0,135	0,112
Einkommen (Slope)				0,0021	0,0029	0,0026
Bildung (Slope)				0,0003	0,0003	0,0003
N (Level 1): 22402						
N (Level 2): 25						

Signifikanzniveau: Level 1: alpha < 0.05 ; Level 2: alpha < 0.10

den damit verbundenen günstigen Bedingungen instrumenteller Tauschnetzwerke haben wir in Bezug auf den Zusammenhang zwischen den Kapitalarten und der instrumentellen Unterstützung in Abhängigkeit vom Wohlstand einen negativen Effekt prognostiziert. Diese Prognose lässt sich teilweise bestätigen, und zwar im Falle des Einkommens: Je höher der gesellschaftliche Wohlstand, desto geringer ist der Zusammenhang zwischen Einkommen und der Einbindung in Netzwerke instrumenteller Unterstützung. Der Effekt ist allerdings recht schwach: Im Land mit dem stärksten Zusammenhang zwischen Einkommen und instrumenteller Unterstützung benötigt es eine Steigerung einer Standardabweichung im Einkommen für einen Rückgang an *instrumenteller Unterstützung* um acht Prozent einer Standardabweichung. In Bezug auf die Bildung zeigt sich hingegen der umgekehrte Effekt: Je höher der Wohlstand, desto stärker ist der Zusammenhang zwischen Bildung und der Integration in instrumentelle Beziehungen. Da der Effekt den gleichen Wert besitzt wie im Falle des Vertrauens, und da auch der Wert der Standardabweichungen sowohl beim Vertrauen als auch bei der instrumentellen Unterstützung gleich ist, gilt für die Effektstärke hier das gleiche wie im Falle des Vertrauens und wir können von einem moderaten positiven Effekt ausgehen. Da hier keine Haupteffekte unterdrückt werden, steigt erwartbarer Weise die erklärte Varianz an. Während durch die alleinige Berück-

Tabelle 6: Zwei-Ebenen-Modelle und Cross-Level-Interaktionseffekte mit der innerfamilialen Kontakthäufigkeit als abhängiger Variable

	M 1	M 2	M 3	M 4	M 5	M 6
LEVEL 1						
Intercept	1,852	1,917	1,854	1,522	2,057	1,429
Kinder <18 im HH (1=ja)	-0,524	-0,524	-0,524	-0,521	-0,520	-0,521
Partner (1=ja)	-0,020	-0,020	-0,020	-0,022	-0,022	-0,022
Haushalt (N)	0,229	0,229	0,229	0,230	0,230	0,230
Erwerbstätig (1=ja)	0,134	0,134	0,134	0,133	0,133	0,134
Wohnhaft am gleichen Ort	0,006	0,006	0,006	0,006	0,006	0,006
Religiosität	0,021	0,021	0,021	0,020	0,020	0,020
Geschlecht (1=Frauen)	0,196	0,196	0,196	0,194	0,194	0,194
Alter	-0,001	-0,001	-0,001	-0,001	-0,001	-0,001
Einkommen	0,053	0,053	0,053	0,059	0,103	0,057
Bildung	0,000	0,000	0,000	0,028	-0,016	0,037
LEVEL 2 + Cross-Level-Interaktionseffekte						
BIP (pro Kopf in 1000 USD)	-0,001			0,018		
Einkommen X BIP				-0,001		
Bildung X BIP				-0,002		
Ungleichheit (Gini-Index)		-0,002			-0,007	
Einkommen X Ungleichh.					-0,001	
Bildung X Ungleichh.					0,000	
Sozialstaatsausgaben			-0,001			0,019
Einkommen X Sozialst.						0,000
Bildung X Sozialst.						-0,002
Varianzzerlegung						
M1: *"Intercept only"-Modell*						
Level 1 – Varianz	1,561	1,561	1,561	1,561	1,561	1,561

Level 2 – Varianz (Icpt.)	0,287	0,287	0,287	0,287	0,287	0,287
M2: M1 + Level 1 Variablen						
Level 1 – Varianz	1,420	1,420	1,420	1,420	1,420	1,420
Level 2 – Varianz (Icpt.)	0,298	0,298	0,298	0,298	0,298	0,298
M3: M2 + Level 2 Variable(n)						
Level 1 – Varianz	1,420	1,420	1,420	1,413	1,412	1,413
Level 2 – Varianz (Icpt.)	0,311	0,311	0,311	0,273	0,308	0,295
Einkommen (Slope)				0,0014	0,0012	0,0014
Bildung (Slope)				0,0002	0,0005	0,0004
N (Level 1): 22715						
N (Level 2): 25						

Signifikanzniveau: Level 1: alpha < 0.05 ; Level 2: alpha < 0.10

sichtigung des Bruttoinlandsprodukt lediglich zehn Prozent der Level 2-Varianz aufgeklärt werden konnten, sind dies unter Berücksichtigung der Interaktionsterme (Einkommen x BIP und Bildung x BIP) rund 38 Prozent. Ein großer Anteil davon wiederum ist dem Interaktionsterm in Bezug auf die Bildung geschuldet, nämlich rund 63% (24% der Gesamtvarianz beim Modell mit allen Level 1-Variablen, dem BIP-Haupteffekt sowie dem Interaktionsterm Bildung x BIP). Ein Großteil der Ländervarianz in Bezug auf instrumentelle Unterstützung kann somit der länderspezifischen Ungleichheitsstruktur zugeschrieben werden. Dabei fördert geringeres Einkommen die Einbindung in instrumentelle Unterstützungsbeziehungen, kompensiert also fehlende materielle Ressourcen, während kulturelles Kapital in stärkerem Ausmaß positiv mit dieser Form der Integration zusammenhängt. Bei der *emotionalen Unterstützung* findet sich als einziger signifikanter Effekt der Einkommenseffekt wieder – mit dem gleichen Vorzeichen wie im Falle der instrumentellen Unterstützung. Mit höherem gesellschaftlichem Wohlstand nimmt also der Zusammenhang zwischen individuellem Einkommen und der Einbindung in emotionale Unterstützungsbeziehungen ab. Dies werten wir als eine weitere bisher nicht beachtete Facette der „befreite Gemeinschaft"-Hypothese, nämlich dass wachsender Wohlstand nicht nur die Beziehungen freier für emotionale Unterstützung werden lässt, sondern auch weniger abhängig von materiellen

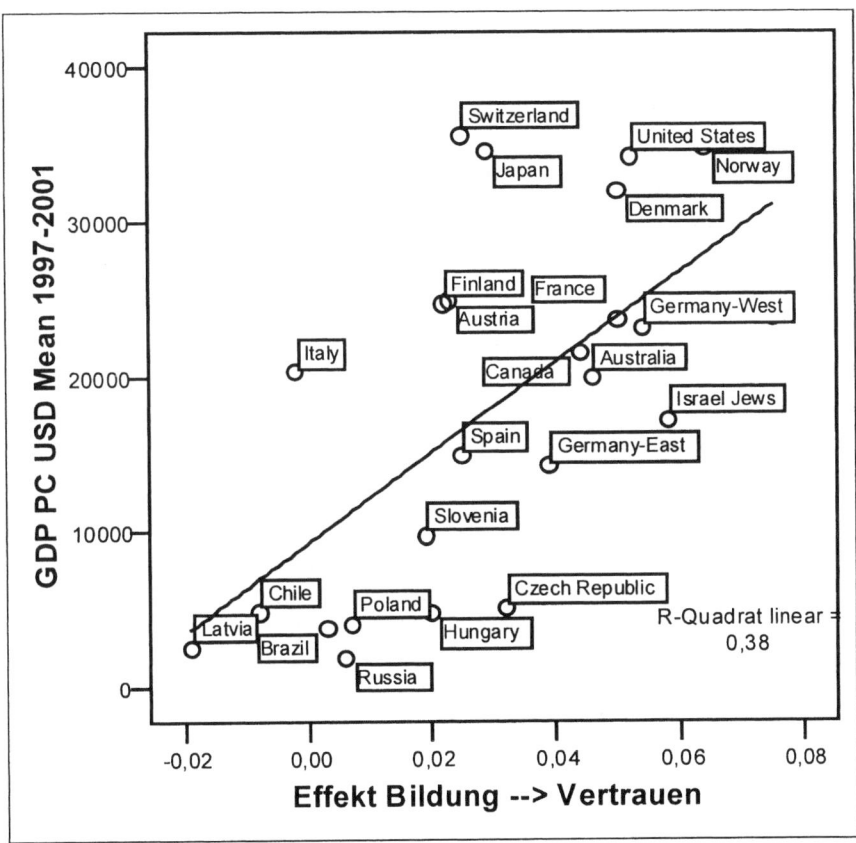

Abbildung 9: Landesspezifischer Bildungseffekt auf Vertrauen nach wirtschaftlichem Wohlstand

Ungleichheiten. Der Effekt ist allerdings nur schwach ausgeprägt. Umgekehrt finden wir keinen Beleg für die Befürchtung, dass emotionale Unterstützung in modernen Ländern im Sinne eines hohen BIP bildungsabhängiger wäre. Abschließend betrachten wir die Kontakthäufigkeit innerhalb von Beziehungen der familialen Generationenlinie (Tabelle 6). Interessanterweise wird durch die Hereinnahme der Interaktionseffekte ein Haupteffekt hinsichtlich des Bruttoinlandsproduktes und der Wohlfahrtsausgaben sichtbar. Würde man dies wiederum substantiell interpretieren, müsste man sagen, dass unter Kontrolle des länderspezifischen – und in diesem Falle vom Wohlstand und der Wohlfahrt abhängigen – Zusammenhangs von kulturellem Kapital und sozialem Kapital der

Wohlstand und die Wohlfahrt selbst einen positiven Einfluss auf die Familienkontakte haben, und zwar gegen die Vermutung einer Schwächung von Familienbeziehungen durch Wohlstand und Wohlfahrtsstaat! Betrachtet man nun die Interaktionsterme selbst, so fällt auf, dass beide Bildungsterme ein negatives Vorzeichen aufweisen. D.h., je höher der Wohlstand und je höher die sozialstaatlichen Ausgaben, desto niedriger ist der Zusammenhang zwischen Bildung und der familiengenerationalen Kontakthäufigkeit. Familienbeziehungen sind also vor allem in ärmeren Ländern und solchen ohne ausgebauten Wohlfahrtsstaat kompensatorisch bei den bildungsärmeren Schichten vorhanden. Die Effektstärken sind allerdings wiederum relativ schwach.

6 Zusammenfassung und Diskussion

Die erste Frage unseres Beitrags bezog sich auf das Vorhandensein sowie das Ausmaß an Unterschieden zwischen einzelnen Ländern hinsichtlich individuellen sozialen Kapitals. Die Antwort ist, dass es eine solche internationale Varianz zweifelsohne gibt, jedoch sind die Unterschiede *innerhalb* der Länder deutlich größer als *zwischen* den Ländern. Die Analyse von Varianzkomponenten hat gezeigt, dass das höchste Maß an internationaler Varianz mit einem Anteil von rund 18 Prozent an der Gesamtvarianz im Falle der sozialen Partizipation vorliegt, gefolgt von der intergenerationalen Kontakthäufigkeit mit einer Varianz von 16 Prozent. Hinsichtlich des Vertrauens konnte eine Inter-Gruppen-Varianz von rund elf Prozent diagnostiziert werden, während bei den zwei übrigen Dimensionen sozialen Kapitals – instrumentelle und emotionale Unterstützung – die Länderunterschiede mit jeweils rund fünf Prozent eher gering ausfallen.

Unsere zweite Frage bezog sich auf die Ländermerkmale, die diese Unterschiede bedingen. Im Falle des generalisierten interpersonalen Vertrauens konnte ein Großteil der internationalen Varianz über den gesellschaftlichen Wohlstand und das relative Ausmaß der sozialstaatlichen Leistungen erklärt werden, und zwar als Bestätigung der „befreite Gemeinschaft"- und „crowding in"- Hypothesen, während sich umgekehrt das Ausmaß sozialer Ungleichheit als vertrauensreduzierend erwies. Ähnlich verhielt es sich bei der gesellschaftlichen Partizipation. In dritter Linie unterstützten auch die Ergebnisse zu emotionaler Unterstützung die beiden vorgenannten Hypothesen, während es für die Erwartung von „crowding out"-Phänomenen keine Unterstützung gab. Die Untersuchungen zum Zusammenhang von Sozialkapital mit Einkommen und Bildung in Abhängigkeit von Merkmalen auf der Makroebene relativierten diese optimistische Sichtweise jedoch in einem wichtigen Punkt: In modernen Wohlfahrtsstaaten wird die Verfügbarkeit von Sozialkapital insgesamt tendenziell abhängiger von anderen individuellen Ressourcen, wobei Familienbeziehungen eine kompensatorische Bedeutung für diejenigen zuwächst, die über weniger Einkommen und Bildung verfügen.

Literatur

Diewald, M. 1991: Soziale Beziehungen. Verlust oder Liberalisierung. Berlin: sigma.
Diewald, M. 1995: "Kollektiv", "Vitamin B" oder "Nische"? Persönliche Netzwerke in der DDR. S. 223-260 in: Johannes Huinink, Karl Ulrich Mayer et al.: Kollektiv und Eigensinn. Lebensverläufe in der DDR und danach. Berlin: Akademie Verlag.
Diewald, M. 1997: Getrennte Welten oder kreative Verschmelzung? Integrations- und Solidaritätspotentiale in Familien- und Freundschaftsbeziehungen. Ethik und Sozialwissenschaften 8, 1: 19-21.
Diewald, M. 2003: Kapital oder Kompensation? Erwerbsbiographien von Männern und die sozialen Beziehungen zu Verwandten und Freunden. Berliner Journal für Soziologie Heft 2/2003, S. 213-238.
Dogan, M./D. Pelassy 1984: How to compare nations – Strategies in comparative politics. London: Chatham House Publishers.
Engel, Uwe (1998): Einführung in die Mehrebenenanalyse. Opladen: Westdeutscher Verlag.
Hox, Joop (2002): Multilevel Analysis – Techniques and Applications. Mahwah: Lawrence Erlbaum.
Fischer, C.S. et al. 1977: Networks and places. Social relations in urban settings. New York: Free Press.
Kääriäinen, J./H. Lehtonen 2006: The Variety of Social Capital in Welfare State Regomes – A Comparative Study of 21 Countries. European Societies 8(1):27-57
Künemund, Harald, Martin Rein (1999): There is more to receiving than needing: theoretical arguments and empirical explorations of crowding in and crowding out. In: Ageing and Society, 19, S. 93-121.
Lang, F. R. 2003. Die Gestaltung und Regulation sozialer Beziehungen im Lebenslauf: Eine entwicklungspsychologische Perspektive. *Berliner Journal für Soziologie, 13*, 175 – 195.
Lin, Nan 2000: Inequality in social capital. Contemporary Sociology, 29, 785-795
Neyer, F. J. & Lang, F. R. 2003: Blood is thicker than water: Kinship orientation across adulthood. *Journal of Personality and Social Psychology, 84*, 310-321..
Ormel, J., Lindenberg, S., Steverink, N. and Verbrugge, L.M. (1999) 'Subjective well being and social production functions', *Social Indicator Research* 46: 61-90.
Ragin, C./D. Zaret 1983: Theory and method in comparative research: Two strategies, in: Social Forces 61 (3): 731 – 754
Scheepers, P./M. Te Grotenhuis/John Gelissen 2002: Welfare States and Dimensions od Social Capital. Cross-national Comparisons of Social Contacts in European Countries. European Societies 4(2):185-207
van der Gaag, Martin/Tom Snijders 2004: Proposals for the Measurement of Individual Social Capital. S.199-218 in: *Henk Flap* und *Beate Völker* (Hg.), Creation and Return of Social Capital. A New Research Program. London und New York: Routledge.
Sennett, R. (1998): Der flexible Mensch: Die Kultur des neuen Kapitalismus. Berlin: Berlin Verlag.

van Deth, Jan W. 2003: Measuring social capital: orthodoxies and continuing controversies. International Journal of Social Research Methodology 6, S. 79-92.
van Oorschot, W./W. Arts 2005: The Social Capital of European Welfare States: The Crowding Out Hypothesis Revisited., Journal of European Social Policy 15(1): 5-26.
Wellman, B. 1979: The community question. The intimate networks of East Yorkers. American Journal of Sociology 84: 1201-1231.

Sozialstruktur

Eva Barlösius
Die Macht der Repräsentation
Common Sense über soziale
Ungleichheiten
2005. 192 S. Br. EUR 26,90
ISBN 978-3-531-14640-9

Helmut Bremer /
Andrea Lange-Vester (Hrsg.)
**Soziale Milieus und Wandel
der Sozialstruktur**
Die gesellschaftlichen Herausforderungen
und die Strategien der sozialen Gruppen
2006. 419 S. Br. EUR 34,90
ISBN 978-3-531-14679-9

Rauf Ceylan
Ethnische Kolonien
Entstehung, Funktion und Wandel am
Beispiel türkischer Moscheen und Cafés
2006. 272 S. Br. EUR 32,90
ISBN 978-3-531-15258-5

Rainer Geißler
Die Sozialstruktur Deutschlands
Zur gesellschaftlichen Entwicklung
mit einer Bilanz zur Vereinigung
Mit einem Beitrag von Thomas Meyer
4., überarb. und akt. Aufl. 2006. 428 S.
Br. EUR 26,90
ISBN 978-3-531-42923-6

Wilhelm Heitmeyer /
Peter Imbusch (Hrsg.)
**Integrationspotenziale einer
modernen Gesellschaft**
2005. 467 S. Br. EUR 36,90
ISBN 978-3-531-14107-7

Stefan Hradil
**Die Sozialstruktur Deutschlands
im internationalen Vergleich**
2. Aufl. 2006. 304 S. Br. EUR 24,90
ISBN 978-3-531-14939-4

Matthias Richter /
Klaus Hurrelmann (Hrsg.)
Gesundheitliche Ungleichheit
Grundlagen, Probleme, Perspektiven
2006. 459 S. Br. EUR 39,90
ISBN 978-3-531-14984-4

Jörg Rössel
Plurale Sozialstrukturanalyse
Eine handlungstheoretische
Rekonstruktion der Grundbegriffe
der Sozialstrukturanalyse
2005. 402 S. Br. EUR 39,90
ISBN 978-3-531-14782-6

Erhältlich im Buchhandel oder beim Verlag.
Änderungen vorbehalten. Stand: Januar 2007.

www.vs-verlag.de

VS VERLAG FÜR SOZIALWISSENSCHAFTEN

Abraham-Lincoln-Straße 46
65189 Wiesbaden
Tel. 0611.7878-722
Fax 0611.7878-400